海上丝绸之路研究书系（史料篇）

王元林 主编

广东海上丝绸之路史料汇编

清代卷

广东省人民政府参事室
广东省人民政府文史研究馆 编

刘正刚 钱源初 编

SPM
南方出版传媒
广东经济出版社
·广州·

图书在版编目（CIP）数据

广东海上丝绸之路史料汇编．清代卷／广东省人民政府参事室，广东省人民政府文史研究馆编，刘正刚，钱源初编．—广州：广东经济出版社，2017.12

（海上丝绸之路研究书系．史料篇）

ISBN 978-7-5454-5800-8

Ⅰ．①广… Ⅱ．①广…②广…③刘…④钱… Ⅲ．①海上运输-丝绸之路-史料-广东-清代Ⅳ．①K296.5

中国版本图书馆CIP数据核字（2017）第236504号

出 版 人：姚丹林
责任编辑：周　晶
责任技编：许伟斌
装帧设计：友间文化

Guangdong Haishang Sichouzhilu Shiliao Huibian（Qingdai Juan）

出版发行	广东经济出版社（广州市环市东路水荫路11号11～12楼）
经销	全国新华书店
印刷	佛山市浩文彩色印刷有限公司 （南海狮山科技工业园A区兴旺路）
开本	730毫米×1020毫米　1/16
印张	21.25　2插页
字数	300 000字
版次	2017年12月第1版
印次	2017年12月第1次
书号	ISBN 978-7-5454-5800-8
定价	64.00元

如发现印装质量问题，影响阅读，请与承印厂联系调换。
发行部地址：广州市环市东路水荫路11号11楼
电话：（020）38306055　37601950　邮政编码：510075
邮购地址：广州市环市东路水荫路11号11楼
电话：（020）37601980　营销网址：http：//www.gebook.com
广东经济出版社新浪官方微博：http：//e.weibo.com/gebook
广东经济出版社常年法律顾问：何剑桥律师
·版权所有　翻印必究·

《海上丝绸之路研究书系》
编撰组织成员名单

组委会

主　任：徐少华
副主任：张爱军　张小兰　周　義

编委会

主　任：张小兰　周　義
副主任：陈小敏　麦淑萍　黄　尤　彭　赟　庄福伍
编　委：（按姓氏笔画排序）
　　　　王培楠　古伟中　白　玲　刘胜利　苏泽群　胡浩民
　　　　洪三泰　索健元　黄淼章　蔡高声　蔡玉明

学术委员会

主　任：黄伟宗
副主任：司徒尚纪　王元林
委　员：（按姓氏笔画排序）
　　　　叶春生　田　丰　朱　竑　刘正刚　李庆新　杨兴锋
　　　　吴松营　冷　东　张　磊　陈永正　陈海烈　郑楚宣
　　　　侯月祥　顾涧清　徐远通　衷海燕　黄启臣　章文钦
　　　　韩　强　曾　骐　谭元亨

史料篇编辑部

主　编：王元林
编　委：刘正刚　衷海燕　周永卫

广东省人民政府参事室
广东省人民政府文史研究馆
广东省海上丝绸之路研究开发项目组
广东省珠江文化研究会
组　编

凡例

1. 本丛书为"海上丝绸之路研究书系"之"史料篇",分"秦汉至五代卷""宋元卷""明代卷""清代卷"四个分册。每册大致由以下几部分内容组成:政治关系(贡使往来、涉外关系)、商贸往来(市舶朝贡贸易、海禁与民间贸易、贸易商品、关税征收等)、海防体系(海防布局、倭夷海寇)、港口航线、船舶与航海技术、军器与火炮技术、文化交流。

2. 举凡正史、政书、类书、丛书、文集、笔记、方志、谱牒、碑刻等均在本书搜集辑录范围。凡与广东海上丝绸之路相关的史料按类辑录。

3. 本书编纂以类项为经,以时间为纬。每章分若干节,节下分目,属类比事,以顺排列。凡属综述某一时期史事的史料,以年代最迟者系时,无法确切系时的史料,则置于时间相近者之末尾,个别放置相同史事记载之后。标题由编者按史料内容拟定。

4. 凡大段史料,能够拆分辑录,则尽量拆分辑录,以避免冗长繁复。如若拆分辑录会影响原意者则原样照录。

5. 保留史料原貌,一般不加评论性按语,必要时则加简要说明文字,以"编者按"标明。

6. 本书收所辑录的史料吸收了前人标点校勘整理成果。为简洁起见,不出校勘记,凡不同版本间的一般差异,悉照收录;凡可确认原文错讹者,则在原文后加【 】,写入正确的文字。为避免产生歧意或误解,会在文中某些字、词后加( )。

7. 本书每段辑录史料后都注明出处、卷次、页码,多次出现且冗长的文献名则用简称。为避免重复,正文中一般略去作者姓名、出版社等信息,详可参照书后所附"参考文献",以便核对。

8. 为方便大多数读者,本书文字一律采用国家通行的标准简体汉字。

总序

"丝绸之路"也称"瓷器之路""香药之路"。最早正式提出"丝绸之路"(Silk Route)这一学术名称的,是德国地理学家李希霍芬(Ferdinand von Richthofen,1833—1925),在其1877年出版的《中国旅行日记》第一卷中,首次使用"丝绸之路"(Seidentrassen)。法国著名汉学家沙畹(Edouard Chavannes,1865—1918)在其《西突厥史料》中言:"丝路有陆、海二道,北道出康居,南道为通印度诸港之海道",提出陆、海"丝绸之路"。①1936年,瑞典人斯文·赫定编著《丝绸之路》一书出版,除陆上丝绸之路外,他指出"在楼兰废弃之前,大部分丝绸贸易已开始从海路运往印度、阿拉伯、埃及和地中海沿岸城镇"②。此后致力于"丝绸之路"研究的学者和著述不断增多。

1955年,季羡林先生在《中国蚕丝输入印度问题的初步研究》一文中,指出中国蚕丝输入印度有"南海道、西域道、西藏道、缅甸道、安南道"五条道路,并论证自西汉时中国蚕丝即从南海道的雷州半岛发船输入印度,历魏晋南北朝、隋、唐、宋、元、明等朝代而不衰。③1963年,法国学者布尔努瓦夫人(Llice Roulnois)出版专著《丝绸之路》,指出海上丝绸之路"从中国广州湾的南海岸出发,绕过印度支那半岛,穿过马六甲海峡,再逆流而上,直至恒河河口……商品一直运输到西海岸的海港、波斯和阿拉伯地区,后来也运销于欧洲"④。1967年日本学者三杉隆敏出版专论"海上丝绸之路"的专著《探索海上的丝绸之路》。1974年,著名学者饶宗颐发表长篇论文《蜀布与

---

① 沙畹编著,冯承钧译:《西突厥史料》,北京:中华书局,2004年,第167页。
② 斯文·赫定著,江红、李佩娟译:《丝绸之路》,乌鲁木齐:新疆人民出版社,1996年,第214页。
③ 季羡林:《中国蚕丝输入印度问题的初步研究》,《历史研究》1955年第4期。
④ 布尔努瓦著,耿昇译:《丝绸之路》,济南:山东画报出版社,2001年,第45页。

Cinapatta——论早期中、印、缅之交通》，其中《海道之丝路与昆仑舶》一节指出"海道的丝路是以广州为转口中心。近可至交州，远则及印度。南路的合浦，亦是一重要据点……广州自来为众舶所凑"①。

改革开放之后，有关陆、海丝绸之路的研究出现热潮，相关研究成果不断涌现。1985年北京大学陈炎教授出版《陆上和海上丝绸之路》《海上丝绸之路与中外文化交流》两本专著。1990年联合国教科文组织发起"海上丝绸之路"综合考察，1991年2月联合国教科文组织海上丝绸之路考察团到达广州考察有关海上丝绸之路文化遗址，并在广州举行"广州与海上丝绸之路"学术座谈会，出版《广州与海上丝绸之路》论文集和《南海丝绸之路文物图集》。同年，陈高华、吴泰等编写的《海上丝绸之路》由海洋出版社出版。1998年，汕头大学出版社出版了《海上丝绸之路与潮汕文化》。2003年，黄启臣教授主编的《广东海上丝绸之路史》由广东经济出版社出版。近年来，有关海上丝绸之路的学术研究更加蓬勃发展。

作为海上丝绸之路的最早发祥地，广东在海上丝绸之路中独特的作用和地位，尤其值得重视。广东背南岭，面南海，海岸线漫长，港口众多，自然条件、地理区位得天独厚，自古成为海外珍宝汇聚、四方民众杂错之地。近代以来，广东又是海外华侨华人"下南洋"的出发地，成为我国最大的侨乡。五岭以南、南海以北的这块神奇的"岭海"土地，"开风气之先"，至今仍是我国经济发展的排头兵，也是我国"一带一路"倡议实施的核心地。因此，加强历史时期广东海上丝绸之路的研究，发掘、弘扬广东海上丝绸之路"敢为天下先"的探索精神，不仅是有助于这一领域的学术研究，也将对国家"一带一路"倡议具有一定的助益。

2013年10月3日，习近平主席在印尼国会大厦演讲中指出，中国愿与东盟国家加强海上合作，共同建设21世纪"海上丝绸之路"。2015年3月28日，经国务院授权，国家发展改革委、外交部、商务部联合发布了《推动共建丝绸之路经济带和21世纪海上丝绸之路的愿景与行动》。其中，在"框架思路"部分提出，"21世纪海上丝绸之路重点方向是从中国沿海港口过南海到印度洋，延伸至欧洲；从中国沿海港口过南海到南太平洋"；在"中国各地方开放态势"部分，针对"沿海和港澳台地区。利用长三角、珠三角、海峡西岸、环渤海等经济区开放程度高、经济实力强、辐射带动作用大的优势。充分发挥深圳前

---

① 饶宗颐：《选堂集林·史林》上册，香港：中华书局，1982年，第390页。

海、广州南沙、珠海横琴、福建平潭等开放合作区作用，深化与港澳台合作，打造粤港澳大湾区……加强上海、天津、宁波—舟山、广州、深圳、湛江、汕头、青岛、烟台、大连、福州、厦门、泉州、海口、三亚等沿海城市港口建设，强化上海、广州等国际枢纽机场功能。以扩大开放倒逼深层次改革，创新开放型经济体制机制，加大科技创新力度，形成参与和引领国际合作竞争新优势，成为'一带一路'特别是21世纪海上丝绸之路建设的排头兵和主力军。"广东在国家"一带一路"的重要作用日益凸显。

中央提出"一带一路"倡议以来，广东省积极行动，精心策划。2015年6月，广东在全国率先发布《广东省参与建设"一带一路"的实施方案》，明确了将广东省打造成为"一带一路"的战略枢纽、经贸合作中心和重要引擎的定位。《实施方案》包括六个章节、九个方面的合作设想（即九项重点任务），以及三大"广东特色"：第一，建世界级港口群。广东将优化沿海的港口布局，以广州港、深圳港为龙头，包括珠海港、湛江港、汕头港、潮州港，联合香港，构建互利共赢的格局，将这几个港口建设成为海上丝绸之路的重要支点。广东还将推进滨海旅游，以广州、深圳、珠海为核心，汕头、湛江为支撑，来发展滨海旅游的黄金海岸带，培育广州、深圳邮轮母港旅游。第二，突出与港澳合作。重点是建设粤港澳大湾区。打造世界一流粤港澳大湾区，建设国际金融贸易中心、科技创新中心、交通航运中心、文化交流中心，建设粤港澳大湾区物流枢纽。第三，突出经贸合作。利用广交会、高交会等平台，扩大沿线国家的贸易往来，在境外要建一些产业园区，推进农业制造业和服务领域的投资合作。

2016年8月17日，习近平总书记在推进"一带一路"建设工作座谈会上发表重要讲话强调，总结经验、坚定信心、扎实推进，聚焦政策沟通、设施联通、贸易畅通、资金融通、民心相通，聚焦构建互利合作网络、新型合作模式、多元合作平台，聚焦携手打造绿色丝绸之路、健康丝绸之路、智力丝绸之路、和平丝绸之路，以钉钉子精神抓下去，一步一步把"一带一路"建设推向前进，让"一带一路"建设造福沿线各国人民。[①]2016年8月23日，时任广东省委书记胡春华强调，要切实把思想和行动统一到习近平总书记在推进"一带一路"建设工作座谈会上的重要讲话精神上来，深刻认识"一带一路"倡议的重大意义，主动服务国家战略，努力在参与"一带一路"建设上争取更多早期收

---

① 《人民日报》，2016年8月18日。

获,在推进"一带一路"倡议中更好发挥广东作用。①

在"一带一路"倡议大背景下,以翔实的历史资料,论证、还原广东是"海上丝绸之路"发源地之一,彰显历史时期广东在海上丝绸之路中的独特作用和地位,为当下"一带一路"倡议中凸显广东地位,显得尤为必要,也是文史工作者应当承担的责任。有鉴于此,我们在广东省人民政府参事室、广东省人民政府文史研究馆的指导下,由广东省珠江文化研究会承担并策划推出了"海上丝绸之路研究书系",本套"史料篇"即是"海上丝绸之路研究书系"的组成部分。

早在秦汉时期,广东已成为海上丝绸之路重要的节点,在中外交通、贸易中发挥作用。"番禺,亦其一都会也。珠玑、犀、玳瑁、果、布之凑"②,"中国往商贾者多取富焉"③。据《汉书·地理志》详细地记载了从广东沿海港口出发的海上航线:

> 自日南障塞、徐闻、合浦船行可五月,有都元国;又船行可四月,有邑卢没国;又船行可二十余日,有谌离国;步行可十余日,有夫甘都卢国。自夫甘都卢国船行可二月余,有黄支国,民俗略与珠崖相类。其州广大,户口多,多异物,自武帝以来皆献见。有译长,属黄门,与应募者俱入海市明珠、璧流离、奇石异物,赍黄金杂缯而往。所至国皆禀食为耦,蛮夷贾船,转送致之。亦利交易,剽杀人。又苦逢风波溺死,不者数年来还。大珠至围二寸以下。平帝元始中,王莽辅政,欲耀威德,厚遗黄支王,令遣使献生犀牛。自黄支船行可八月,到皮宗;船行可二月,到日南、象林界云。黄支之南,有已程不国,汉之译使自此还矣。④

都元国(今越南南部)、邑卢没国(今泰国湾沿岸)、谌离国(今泰国湾沿岸)、夫甘都卢国(为缅甸的蒲甘阳城遗址)、黄支国(今印度半岛东岸马德拉斯附近的康契普拉姆)、已程不国(今斯里兰卡)等,都是海上丝绸之路经过的古国。汉代沿南海西岸航行到达泰国湾、马来半岛,直到印度洋沿岸的印度、斯

---

① 《南方日报》,2016年8月24日。
② 《史记》卷一二九《货殖列传》。
③ 《汉书》卷二八下《地理志》。
④ 《汉书》卷二八下《地理志》。

里兰卡等国。①而考古发现的广州南越王墓出土中山四路附近的南越国宫署遗址证明，来自西亚的乳香、非洲的象牙、银盒、焊金花泡饰和玻璃珠玑等与海上交通贸易相关珍贵文物，是目前岭南发现最早的一批海外珍品，充分说明番禺是当时重要的中外贸易海港。

魏晋南北朝时期，广东海上丝绸之路初步发展。建安二十二年（217年），孙吴政权迁交州州治于番禺城。黄武五年（226年），分"交州置广州"，广州作为岭南政治中心的地位得到强化，对广州成为海上丝绸之路的起点及整个广州的海外贸易产生重要影响。西晋太康二年（281年），大秦国使臣经广东前来朝贡，"众宝既丽，火布尤奇"。伴随海上丝绸之路的畅通，除商贸繁荣外，中外僧人往来期间，促进了佛教等中外文化交流。西晋时，天竺僧耆域、迦摩罗先后至广州，建有三归寺、王仁寺。东晋时，罽宾僧人昙摩耶舍至广州建造王园寺（即今光孝寺）。梁普通七年（526年），高僧菩提达摩在广州登陆。中国高僧法显游历天竺，循海经广州回国。

隋唐五代时期，广东海上丝绸之路呈现繁盛的局面。隋唐王朝保持开放心态，奉行积极发展海外贸易的政策，其主旨在于：一是通过海外贸易活动加强中外政治经济联系，维护隋唐王朝的国际威望；二是通过海外贸易进口各种海外奇珍异物以满足上层社会的奢侈性需求；三是通过发展海外贸易增加政府的财政收入。据《新唐书·地理志》附贾耽"广州入四夷路程"所载"广州通海夷道"：自广州出发沿着传统南海海路，穿越南海、马六甲海峡，进入印度洋、波斯湾，至乌剌国，沿波斯湾西海岸航行，出霍尔木兹海峡后，进入阿曼湾、亚丁湾和东非海岸。②这是当时世界最长的远洋航线，也是唐朝重要的海上交通线。文献记载："海外诸国，日以通商。齿革羽毛之殷，鱼盐蜃蛤之利，上足以备府库之用，下足以赡江淮之求"。黄巢起义后，人称"南海市舶利不赀，贼得益富，而国用屈"。南海贸易利润十分可观。唐朝在广州首设专门管理南海邦交贸易的专职使职"市舶使"，成立"市舶使院"，这是中国现代海关的雏形，在唐代对外关系史中占有重要的地位。唐代广州港成为"海上丝绸之路"东方首港，其重要的地位一直延续。南汉高度重视海上贸易，采取一系列促进海上贸易政策，如废除"市舶制"，实行自由贸易；大力"招徕海中蛮夷商贾"，"经营海上通商事业，增辟良港"。

---

① 陈伟明、王元林：《古代中外交通史略》，北京：中国华侨出版社，2002年6月。
② 《新唐书》卷四十三下《地理志》。

宋元时期，广东海上丝绸之路持续繁荣。造船技术和航海技术均有显著进步。广船一般用铁栗木制造，闽船则用松木或杉木。海船一般分割成十多个船舱，各船舱之间互相密隔，即便个别船舱漏水也不至于全船沉没。船员水手熟练掌握海洋季风，借以出海或返航。熟练的舟师能通过观测天象辨别方向，而指南针等被普遍用于航海。造船技术和航海技术的发展，直接推动海上丝绸之路航线的扩大。广东沿海贸易港口，除广州是第一大港外，潮州、雷州也是重要的贸易港口。元朝统治者认识到，汲取先进文化，发展经济才能巩固统治基础。而通过发展海外贸易"以损中国无用之货，易远方难致之物"，从而达到"天子不自有，凡诸蕃辅之"的目的。元人陈大震在《大德南海志》中进一步指出："山海为天地之宝藏，珍货从出，有中国之所无。风化既通，梯航交集；以此之有，易彼之无。古人贸易之良法也。"可见这一时期发展海外贸易的目的已颇为明确，即互通有无，实现使用价值的转换。广州海外贸易发展的繁盛图景，在元人笔下多有记载。"岭南诸郡近南海，海外真腊、占城、流求诸国蕃舶岁至，象犀、珠玑、金贝、名香、宝布，诸凡瑰奇珍异之物宝于中州者，咸萃于是"[①]。

明清时期，从广州以及其他港口起航的"海上丝绸之路"，发展到商品贸易全球化阶段，标志着"海上丝绸之路"到了极盛时代。从明初洪武时期到郑和七次下西洋，海上丝绸之路的新旧航线，使得广东与东南亚、非洲、欧洲和拉丁美洲的许多国家和地区进行广泛的贸易活动。到隆庆时期（1567—1572年），广州"几垄断西南海之航线，西洋海舶常泊广州"[②]。清代鸦片战争之前，清代海外贸易政策大体经历了禁海（1656—1682年）—开放（1683—1756年）—关闭（1757—1842年）的过程。在康熙二十四年（1685年）确定以广州、漳州、宁波、云台山为对外贸易港口，设置海关，各海关直属户部，不受地方行政管辖、监督，直接向皇帝和户部负责。四个海关中，粤海关最为重要，是清政府管理对外贸易的重要机构。自乾隆二十二年（1757年），停止厦门、宁波、定海等港口的贸易，限制外国来华商船在广州一口贸易，并规定外商不准和官府直接交往，由公行办理一切有关外商的交涉事宜。一口通商政策持续了八十多年，直到1842年签订《南京条约》，被迫开放五口通商。清王朝海外贸易的政策，不论是开海时期，还是一口通商时期，广州在对外贸易中的

---

① 杨翮：《佩玉斋类稿》卷四《送玉庭训赴惠州照磨序》。
② 谢清高撰，冯承钧校释：《海录》卷上。

地位都是举足轻重的。

本丛书为"海上丝绸之路研究书系"之"史料篇",分秦汉至五代、宋元、明代、清代四卷,是在广东省人民政府参事室、广东省人民政府文史研究馆的指导下,由广东省珠江文化研究会承担的"海上丝绸之路研究书系"组成部分。在编写过程中,我们始终得到广东省人民政府参事室、广东省人民政府文史研究馆各位领导和参事、馆员的大力支持和指导。在本书付梓之际,谨向他们表示衷心的感谢。最后,感谢陈鸿钧先生对本书的审阅。

由于我和编撰者的才识、精力所限,本书不足乃至纰缪之处,在所难免,恳请读者批评指正。

王元林

丁酉年夏

目录

清代卷

第一章　朝贡贸易　／ 001

第二章　行商夷馆　／ 027

第三章　贸易冲突　／ 049

第四章　商贸往来　／ 100

第五章　贸易物品　／ 131

第六章　商税征收　／ 160

第七章　港口航线　／ 193

第八章　海盗夷寇　／ 214

第九章　移民海外　／ 230

第十章　海难救助　／ 248

第十一章　船舶类型　/ 255

第十二章　文化交流　/ 265

第十三章　社会影响　/ 301

参考文献　/ 324

后记　/ 329

第一章
朝贡贸易

一、禁海时期

顺治四年，总督佟养甲奏："法兰西国人居濠镜澳互市有年，后深入省会激变，遂行禁止。请复通商裕国"。案：是时广东初平，佟养甲招降海上四姓贼，而海贼马元生等众数万，内犯讨平之。明阁部陈子壮、尚书张家玉复起兵犯广州，佟养甲奏请移大同兵五千防剿，部议征顺治三年额银四分之一以给军，养甲以粤省连遭寇掠奏，缓之。时军饷告匮，故为此请。部议前事可鉴，止令在澳贸易。八年，广东都司刘世虎巡海遇风至广南，其王差中国人赵文炳送归，时方严海禁，特恩慰谕文炳还国，船货免其入官。十二年，荷兰入贡，降敕奖赍，定八年一次来朝，员役毋过百人，令二十人到京，货物在馆交易，不得于广东海上私卖。康熙初，议定外国非贡期不得贸易，时仅准荷兰、暹罗各一次，五年停止。

（清）王庆云：《石渠余纪》卷6《纪市泊》，北京古籍出版社，1985年，第282页。

礼部尚书郎丘题报外国向化事

礼部尚书臣郎丘等谨题为恭报外国向化事。主客清吏司案呈，奉本部送礼科钞出平南王尚可喜、靖南王耿继茂各题同前事内称，本年正月十二日据署海道沈时报称，海外荷兰国管台湾北港地方等处事尼高胜氏攀直武禄遣使初璘，乘甲板船一只航海致书礼于臣，内称僻处遐荒，跂慕新朝德化，祈赐裁夺，转报国主，愿岁修朝贡，并通贸易。又捕道倪素与我国拘隙，更藉鼎力调护。等情到臣。据此，该臣除宴赏安插防护外，即咨会抚臣李栖凤商确事宜去后。二月十二日，准抚臣批行布按司道，详查广省通志，从无荷兰入广朝贡事实，咨覆到臣。该臣看得，荷兰僻居海外，红毛碧眼，匪易驯化，若从其时来贸易，又与捕道倪拘隙，政恐叛服靡常，致生意外之变。查捕道倪即久住香山县濠镜澳之西洋种属也，万一互相妒斗，反滋扰乱。若固拒之，又非臣仰体皇仁四海为家大义，事干重大，臣不敢擅便。因道路遥远，风汛难以久待，除臣优礼遣发回国，候请命下，伏乞皇上勅部查议入贡事宜，应从某地入境，可否三年、二年进贡一次，准其来船几只，转行粤东该抚遵行，以彰皇上柔远德意。等因。……

该臣等议得：荷兰国进贡之例，查会典旧例，俱无开载，今初归进贡来朝，皆皇上恩德加及四海所致也。但荷兰朝贡事属新服，应该平南王、靖南王同抚、按详确查问情节，果系诚心进贡者，方准朝贡，至于该国从本地来朝进贡人数、船只，不知其贡物多少，臣部难以凭定，相应该王同抚、按酌议举行，俟进贡到粤，量其贡物，差伴起送。其荷兰从粤进贡来京人数不过二十名，所有往来驿递，应听兵部议覆。至于定夺以后来贡船只、人数，及进贡年次，俟朝贡到日，臣部另行酌议，奏请裁夺，永为定例。

顺治十年四月十二日题，四月十四日奉圣旨依议。

杨继波等主编：《明清时期澳门问题档案文献汇编》第1册，人民出版社，1999年，第32-33页。

（顺治）十年，复有荷兰国蕃舶至澳门，恳求进贡。时盐课提举司白万举、藩府参将沈上达以互市之利说尚王，遂咨部允行。乃仍明市舶馆地，而厚给其廪饩，招纳远人焉。

同治《南海县志》卷26《杂录二》。

（顺治）十年，广东巡抚奏称荷兰国遣使航海，请修朝贡。十三年，贡使哶吶哦悦嘢哈哇噧等到京，其贡道由广东入。

（清）穆彰阿、潘锡恩等纂修：《大清一统志》卷551《荷兰》，顾廷龙主编：《续修四库全书》史部第624册，上海古籍出版社，2002年，第730页。

（顺治）十三年，议准荷兰国五年一贡，贡道由广东入，每次进贡员役不得过百人，入京员役止二十名，余俱留住广东，该地方道将严加防卫。俟进京人回一同遣还本国，不得久住海滨。又奉谕荷兰国慕义输忱，航海修贡，念其道路险远，着八年一次来朝，以示体恤远人之意……

谨按：《会典》荷兰国于康熙五年入贡一次，六年违例从福建入贡，申令嗣后务由广东。二十五年复请五年一贡，许之。而贡道任从福建朝贡事宜具载福建志，余详外蕃传。

道光《广东通志》卷170《经政略十三》。

（顺治十三年八月）甲辰，荷兰国贡使归国，上赐其国王银币，仍降敕谕曰：尔国僻在西陲，海洋险远。……着八年一次来朝，所携货物，在馆贸易，不得于广东海上私行货卖。

《世祖章皇帝圣训》卷5《谕外藩》，《文津阁四库全书》史部第141册，商务印书馆，2005年，第531—532页。

怀远驿，在西关十八甫。顺治十年，暹罗国有蕃舶至广州表请入贡。

同治《南海县志》卷26《杂录二》。

康熙二年，暹罗国正贡船二只，行至七洲洋海面遇风飘失，止有护贡船一只来至虎门，仍令遣回。……

（康熙）四年，暹罗国进贡至京，题定贡期三年一次，贡道由广东。

道光《广东通志》卷170《经政略十三》。

（康熙四年）是年，题定：暹罗国贡期三年一次，贡道由广东，例于常贡外有加贡，无定额。

（清）梁廷枏：《粤道贡国说》卷1《暹罗国一》，中华书局，1993年，第176页。

国朝康熙六年（西洋）通朝贡，以道远无贡期，贡物亦无定额。嗣是比年一至。十年，贡使马诺勿回至山阳病卒，祭葬如礼。十七年，西洋国王阿丰肃遣贡狮子。马诺勿、阿丰肃其属西洋何国，不可考。至雍正三年，西洋意大里亚国教化王伯纳第多遣使奉表、贡方物，则今澳夷之大西洋也。世宗降敕嘉赉。五年，西洋博尔都噶尔国王若望复遣使奉表入贺，丰其廪给，又遣郎中一员同在京西洋人往迎及送亦如之，盖异数也。

（清）印光任、张汝霖著，赵春晨点校：《澳门记略》，广东高等教育出版社，1988年，第41页。

康熙时两广总督卢兴祖等进呈姚启圣货单贿单审答折

总督两广文武事务、兼理粮饷、兵部右侍郎兼都察院右副督御史臣卢兴祖,为县官事败投到等事。谨将查过广东广州府香山县姚启圣货单贿单审答过情节备缮进呈。计开:

一件原开,为大逆欺君叛国,阻挠朝贡,交通外洋,赃真罪确,亟恳立赐题参,以肃法纪,以弭边患事。大逆闽商王位中现娶交趾国女为妻,又买通暹罗国王,其进贡船四只,内三只系暹罗的,位中货装其半,又新贡船一只竟系位中买林风子之船,假扮贡船往来外国,私行贸易,数年累赃巨万,犹不知足,乘哆等贡船到澳,差侄毕官口称,一照暹罗国事例,每只要银五千两调停通贡贸易,否则发兵剿拿。切哆等漂泊十数万里,经年九死一生,慕化进贡焉,有五六万金使费。况进贡虽系暹罗之名,船货俱属位中之物,万耳万目,久而自败。哆等初来通贡,若再效尤,诚恐玉石俱焚,彼时难办。朝贡岂容大逆阻挠,外国岂容大逆私通,事关合澳万人性命,与暹罗航海飘来无住址者不同,不得不冒死按陈,伏乞钦命大老爷立赐题参,正法肃纪,以弭边患,以救澳命,外黏本赃单一并缴切上告。行濠镜澳议事亭彝目唛嚟哆。前件问知县姚启圣,亲笔供,这呈子稿儿卑职在澳里鬼子抄来的。但众鬼子俱恨王位中,问彝目并贡使,到省便知的实。……

一件原开,康熙五年装正贡新船系王位中新买林风子白艚船一只,扮作贡船。朽烂改造之船内装载磁器三千七百五十连,卖银七千五百余十两,送国王香橹三只,围屏一副,大缎十四匹,藤椅八只,砯石屏四对,珍珠灯二对,天青大饶罐十个,玉橹一只,茶二担,金纱四十匹。护贡船阿铅二百担,卖银二千两,磁器二千五百连,卖银五千余百两。探贡船磁器二千八百连,卖银五千八百余两,阿铅三百担,铜器三十五担。押货仆萧焕、来捷、转仔、刘对、燃仔。陈尾今回来,在省用银买做通事,改名陈日增。装来暹货。正贡船胡椒一百五十担,槟榔五百担,象牙五十担,檀香六十担。护贡银二箱,重二千四百两,海藻二十担,犀角二包,白燕窝一担。象船槟榔三百担,西洋布一捆,绒毡一捆。押货来燃仔已回,在省萧焕等四人俱往暹罗未回,国王令大库来书一封,今被五大店包揽,四船货物每店被爪牙陆人把守。大贡船贮福益店,掌事王我庭、王毕官,系位中侄。按贡船贮广全店,掌事许周、王长。护贡船贮广利、福全二店,掌事张赞娘、王珦、王彝。象船贮打铜街,掌事陈启。总理五店货事王位中。见证揭通事兄弟揭奇雄。燃仔王位娘飘洋入货账去买林风子白艚船一只假充来船朽烂,位娘另换新船扮充贡船自行贸易,装磁器细缎等货共二千余担,共卖银六万余两,人名陈日新在暹罗买做新通事已回,萧焕哥未回，来捷未回，张五娘押货回，转仔未回，燃仔押货回，装回货在大贡船上，胡椒一百四十担，槟榔五百担，黑铅三百担，象牙五十担，檀香五十担，海藻二十担，乳香八担，犀角三担，白燕窝十担，西洋布六十匹，大毯二张。副贡船上现银二千四百两，犀角二担，燕窝三头，冰□一担，翠毛三千，见证揭通事的兄弟揭奇雄。前件问知县姚启圣，亲笔供，这是鬼子底稿，鬼子恨这个人，故鬼子抄有这单，明日贡官到省他自有状控告，彼时便知端的……

一件原开，造报抚院按察司理刑厅抽盘运到哎哈闲纳等二船货物估变数目册，广州府香山县为请旨遵行事。今将造报运到哎哈闲纳等二船货物逐一分别估变备开造报施行。计开，一哎哈闲纳船货西洋幔布三百捆计六万匹，依时价估变银。木香白芷三十五包重一千七百五斤，依时价估变银。乳香五十桶重四千斤，依时价估变银。乌丁坭十五桶重一千二百五十斤，依时价估变银。一咹哆哞哎得噜船货乌木二十二担，依时价估变银。黄蜡二十五担，依时价估变银。牛角八十三担，依时价估变银。黑铅七十四担，依时价估变银。硫磺五十二担，依时价估变银。黄白藤七十三担，依时价估变银。（康熙六年八月二十七日）。

中山市档案局（馆）、中国第一历史档案馆编：《香山明清档案辑录》卷3《政法》，上海古籍出版社，2006年，第158—165页。

（康熙六年）又题准：荷兰国违例从福建来入贡，除今次不议外，嗣后遇进贡之年，务由广东道入，别道不许放进。

（清）梁廷枬：《粤道贡国说》卷3《荷兰国》，第209页。

（康熙九年六月）又西洋国贡使吗诺吻、萨咧哒惹到京具表进贡，赏赐筵宴毕，差司宾序班一员，伴送至广东，交该督差官护送出境。赐国王大蟒缎、妆缎、倭缎各三，闪缎五，片金缎一，花缎十，帽缎、蓝缎、青缎各五，绫、纺丝各十有四，罗十，绢二，银三百两；使臣大蟒缎一，妆缎一，倭缎二，帽缎一，花缎六，蓝缎二，绫、纺丝各四，绢二，银百两；护贡官、从人缎、绸、绫、绢、银各有差。

（清）梁廷枬：《粤道贡国说》卷4《西洋诸国》，第219页。

（康熙）十一年三月，（暹罗国）国王遣其陪臣来贡。得旨：贡使所携货物，愿至京师贸易，则听其自运；或愿在广东贸易，督、抚委官监视之。钦此。

（清）梁廷枬：《粤道贡国说》卷1《暹罗国一》，第177页。

暹罗在广东省西南，海道四十五昼夜可达，古暹国，罗斛国地。……人皆楼居，俗修释教，男女多为僧尼，居庵寺，文字皆傍行。自明正德时选留贡使一二人入馆肄业，始稍习汉文。我朝顺治九年十二月暹罗遣使请入贡，并请换给印敕勘合，从之。赐以驼纽镀金银印文曰"暹罗国王"。康熙四年十一月，国王森列拍腊照古龙拍腊马嘑陆坤司由提雅普埃遣陪臣坤司咯喇耶迈低礼等赍奉金叶表文，航海入贡，上嘉之。从优赏赉。至是，照各国例定为三年一贡。十一年三月，得旨暹罗贡使所携货物愿至京师贸易，则听其自运，或愿在广东贸易，督抚委官监视之。

《清朝通典》卷98《边防二》，浙江古籍出版社，2000年，第2736页。

康熙十三年，苏禄国王森列拍遣使三人，请受藩封，颁给驼纽银印，付以时宪，一时称荣，而侏㒧白老群趋乎粤，此互市于西关十三行之所由昉欤。据《恭岩札记》修。

同治《南海县志》卷26《杂录二》。

二、开海时期

（康熙）二十三年，准暹罗贡船于虎跳门市易，时海外平定，台澎设兵，乃开各省海禁，听民贸易，商船五百石以下者，烙号给票，验放出洋，惟大船及夹带军器、硝磺诸禁物者，皋之。免各国贡船纳税。二十四年，监督宜尔格图言：粤东向有东西二洋诸国贸易，市舶司收税，明隆庆五年定丈抽之制，按船大小为额，西洋船九等，东洋四等，国朝因之。但往日多载珍奇，今系杂货，请减其税，从之。

（康熙）三十三年，禁商人在外国造船，并暗带外国人入口。旋又令渔船改造双桅，以便装载。编刻商渔哨船字号，以便稽查。盖肃海洋，必先清船政，即内地台澎来往之船，亦令于厦门盘验，非收泊者免重税。

（康熙）五十五年，上闻南洋葛剌巴为红毛泊船之所，吕宋为西洋泊船之所，两处藏匿盗贼，内地之人载米而去，卖船而归，甚有留在彼处者，不可不预为措置。时上南巡，过苏州问船厂，咸云每年造船出海贸易多至千余，回来者不过十之五六；又访闻海船桅木产自中土，龙骨必用广东铁梨竻木，海外无此，偷卖者诡称遭风，乃饬禁商船往南洋贸易于海坛、南澳截留，凡卖船与外国者斩，所留外国之人行文令其解回。又谕以明代即立沿海炮台，应令地方官设立。又谕海外如西洋等国千百年后，中国必受其累，国家承平日久，务须安不忘危，时岛夷驯扰，海澨晏如，仁庙防患未然如此，然南洋以产米足济内地，其禁不久旋开。

（清）王庆云：《石渠余纪》卷6《纪市泊》，第283-284页。

澳门者，东莞香山之障蔽也。虎门者，南番之咽喉也。二门皆番舶所必经，舶进外洋由十字门而泊于澳境，舶进内地由虎门而泊于黄浦。十字门外曰蒲台，曰老万山。自澳门望之，隐隐若一发，至则有东西二山相距三四十里，东澳可泊西南风船，西澳可泊东南风船，山外天水混茫，虽有章亥不能步鳖足鹏翼之所至。虎门虽处内地，然海阔而多礁，舟触之立碎。蕃舶至，必官给引入导之人，固天设之险也。……国朝雍正三年，定澳门夷船额数，从总督孔毓珣之请也。孔疏谓蕃人居广东澳门，种数日繁，若无以防范，必致内诱奸滑，外引蕃夷，渐滋多事。澳门夷船，旧存一十八只，又买外国船七只。请将现在船只编列字号，刊刻印烙，各给验票一张，将船户、舵工、水手及商贩夷人头目姓名逐一填注票内，出口之时，沿海营汛验明申报。如有夹带违禁货物并载中国人出洋者，查出将该管头目商夷船户等俱照通贼例治罪。若地方官不实力查察者，亦照讳盗例治之。乾隆十五年，海防同知张汝霖复筹善后十二事上之，其所以至于未乱者深矣。

乾隆《广州府志》卷7《海防》。

谨按：康熙二十四年开禁南洋，始设粤海关监督。雍正二年，改归巡抚。七年，复设监督。八年八月归总督，九月归广州城守，并设副监督。十三年专归副监督。乾隆七年，归督粮道。八年，又放监督，是年四月归将军。十年，归巡抚。十二年，归总督。十三年，又归巡抚。十四年，归总督。十五年三月，归巡抚，是年四月归总督。嗣后专设监督，仍归督抚稽查，外夷向化，番舶日多，故嘉庆二十年计到夷舶一百四只，前此所无，益以见怀柔之化而海夷之畏服威德，亦前代所未有也。

道光《广东通志》卷180《经政略二十三》。

查现任粤海关监督臣师曾精练明决，综核有余，稽查各日漏税最为得法，上年海关正税征至一百一十余万，报解定陵工程及户部指拨京饷、广储司公费，为历任所未有，即令督抚设法筹办，亦不能及师曾之精核，因查粤海关设立监督以后，雍正二年改归巡抚经理，八年复改归总督，旋又改归广州协副将并设副监督，乾隆七年改归督粮道，八年又设监督，旋改归将军，以后又归督抚经理者五六年，十五年以后始专设监督，两朝圣人于此盖亦反复比较，而后著为成例。百余年旧制，未易轻议更张，体察情形实亦无足胜此任者。至于书吏之侵牟，家丁之朦蔽，各省关课同坐此弊，从无实数底簿可以稽查，见闻所及，亦略知其大概情形。而其收数之多寡，舞弊之浅深，质之监督，亦多茫然，实无由推测隐微，过事搜求，以期一发其覆，应请天恩饬下监督，臣师曾查明各口收数，核实整顿，必能日有起色，所有体察粤海关情形，谨据微臣所见，缕悉上陈。伏乞皇太后、皇上圣鉴训示，谨奏。

梁小进主编：《郭嵩焘全集》第4册，岳麓书社，2012年，第736-737页。

署理两广总督事务广东巡抚臣郭世勋、粤海关监督臣盛住跪奏，为英吉利国贡船经由粤省澳门口外大洋径赴天津入京，恭折奏闻事。窃照英吉利国上年秋间遣使来广，陈请进贡恭祝皇上八旬万寿，由海道至天津赴京，经臣等奏蒙恩准，以遂其航海向往之诚。并蒙念海洋风帆无定，或于浙闽、江苏、山东等处近海口岸收泊，降旨谕该督抚等如遇该国贡船到口，即派委妥员迅速护送进京，并先期派委大员多带员弁兵丁列营站队，务须旗帜鲜明，甲仗精淬，将使臣及随从人数贡件行李等项逐一稽查，以肃观瞻而昭体制。当即飞咨浙江、福建、江苏各省钦遵办理，将遵奉缘由亦经臣郭世勋奏蒙圣鉴。嗣准闽浙督臣伍拉纳、福建抚臣浦霖、两江督臣书麟、浙江抚臣长麟恭录钦奉上谕：该国或于贡船之便携带货物前来贸易，若在福建、江浙等省口岸收泊，非澳门地方向有洋行承揽之可为议价交易，且与内地民人言语不通，着先期行文广东省，将该处行头、通事人等选派数人预备，以便为之说合交易。钦此钦遵。等因咨会预派浙省。并以距粤较远，倘贡使收泊浙江口岸再行知会，恐致稽延，奏明先期拣派咨送赴浙，各移会前来。即会同臣盛住选派行商蔡世文、伍国钊，并晓谙夷语之通事林杰、李振等数名预备。臣郭世勋又行据布政司许祖京详委琼防同知张增护送，分别咨明各省查照在案。（宫中朱批奏折，乾隆五十八年五月十九日）。

《明清时期澳门问题档案文献汇编》第1册，第528-529页。

又据称拨给附近广东省城小地方一处居住尔国夷商，或准令澳门居住之人出入自便一节。向来西洋各国夷商居住澳门贸易，画定住址地界，不得逾越尺寸。其赴洋行发货，夷商亦不得擅入省城，原以杜民夷之争论，立中外之大防。今欲于附近省城地方另拨一处给尔国夷商居住，已非西洋夷商历来在澳门定例。况西洋各国在广东贸易多年，获利丰厚，来者日众，岂能一一给拨地方分住耶？至于夷商等出入往来，悉由地方官督率洋行商人随时稽查，若竟毫无限制，恐内地民人与尔国商人间有争论，转非体恤之意。核其事理，自应仍照定例在澳门居住，方为妥善。

（清）卢坤等修、陈鸿墀等纂：《广东海防汇览》卷37《方略二·驭夷二》，陈建华主编：《广州大典》第37辑第26册，广州出版社，2015年，第617页。

请除市舶澳门旱路税银疏

题为捐纳之事例已停财赋之公私宜复请设专官便商民以足国用事。康熙二十五年二月十五日，据广东布政司署司事督粮道参议汪震元呈称云云，等因。到臣据此。该臣看得香山濠镜澳门，孤悬海岛，彝人不识耕种，以海船贸易为生。未禁海以前，旧例洋船到澳，委官前去丈抽，船饷并收，内地商民至粤贸易，唐洋货税是为舶饷。自康熙元年禁海，粤门迁置界外，船饷停征。续因西洋国进贡正使本多·白勒拉，见粤彝禁海困苦，赴部呈控。康熙十八年十二月内，准兵部咨为备述粤门界外孤洲等事，议复刑部郎中洪尼喀等，到粤踏勘，准在旱路界口贸易。奉旨依议，旱路准其贸易。其水路贸易，俟灭海贼之日，着该督抚题请。钦此，遵行招商。

其时海禁未开，粤门仍属界外，内地商民禁止不许至粤，其外来船只到粤洋货，及商民货船到香山县，俱由旱路运至界口贸易，不许海路行走，令市舶司征收，即旱税也。是以有新定二万二百五十两之额。自康熙十九年起，至二十三年止，所收税银造册报部充饷。

自奉皇恩，大开海禁，贸易船只，皆由海运利便，商民欣跃，一切舶饷税务，奉有钦差吏部郎中臣宜、户部员外郎臣成，临粤监督管理市舶司。旱路舶饷自康熙二十四年起已归关部征收，经臣等题请除额，今部议谓，市舶司所征银两系落地旱税，应照旧征收等因。第广州省城、佛山落地旱税原额加增共银五千余两，递年系税课司大使征收，而市舶司未开海之先征收旱路货物税饷，是为旱税。今开海之后，现在到粤洋船及内地商民货物俱由海运直抵澳门，不复仍由旱路贸易。今日关部所收之海税，即以前市舶司所收之旱税，关部业已移取档案接管，照例征收是市舶司额饷，不特不敢重复征收，货不由旱，实无从重复征收也。……

康熙二十五年二月□日。

（清）李士桢：《抚粤政略》卷2《奏疏二》，文海出版社，1988年，第211-215页。

岭南道呈详一件为禀报事

通洋私贩，自当严拿治罪，若系澳门陆路交易之货，则奉旨甚明，税单可据，岂容弁兵借端诈害诬陷商人，实以阻挠税课。据审杨箕官等货物，果否交易有凭，确非私贩。蔡顺等需索捏报，是何情弊。岂有曲直不分，模糊率结之理。仰二道严提质讯，虚公执法，勘议通详，以凭会核酌夺，不得徇纵。限十日内速报，仍便总督部院批示行缴。

（清）李士桢：《抚粤政略》卷8《批答二》，第1006—1007页。

暹罗朝贡

暹罗在占城西南，东连大泥，西接兰场，北界大海，国周千里，其贡道由广东以达于京师。……（康熙）六十一年，谕令暹罗国运米三十万石，于福建等处粜卖，免其收税。是年，贡使至，谕该国运米三十万石于福建、广东等处，并谕大学士等曰：暹罗国人言其地米甚饶裕，银二三钱可买稻米一石。朕谕令运米石至福建等处，于地方甚有裨益。此三十万石系官运，不必收税。乾隆八年谕暹罗商人运米至闽，朕曾降旨免征船货税银，今岁仍复带米来闽贸易，似此源源而来，其加恩之处，自应著为常例。自乾隆八年为始，凡外洋货船带米万石以上者，免船货税银十之五，五千石以上者免税十之三。……

（清）穆彰阿、潘锡恩等撰修：《大清一统志》卷552《西洋》，第736—737页。

康熙二十三年七月，暹罗国由广东进贡方物三十九种，内象二只、孔雀八只，毙其二，六足龟八只，毙其三，余莫能知。

（清）刘献廷著，汪北平、夏志和点校：《广阳杂记》卷1，中华书局，1957年，第14页。

（康熙二十三年）又议，暹罗国贡船货物，准其于虎跳门贸易。暹罗国王言：贡船到虎跳门，地方官阻滞日久，迨进至河下，又将货物入店封锁，候部文到时，方准贸易，每至毁坏，乞救谕广省嗣后贡船到虎跳门具报之后，即放入河下，俾货物早得登岸贸易。又本国采办器用，乞谕地方给照置办。部议应如该国王所请。从之。

（清）乾隆官修《清朝文献通考》卷33《市籴二》，浙江古籍出版社，2000年，第5155页。

（康熙）二十四年，监督宜尔格图奏言：粤东向有东、西二洋诸国来往交易，系市舶提举司征收货税。明隆庆五年，以夷人报货奸欺，难于查验，改定丈抽之例，按船大小以为额税，西洋船定为九等。后因夷人屡请，量减抽三分，东洋船定为四等。国朝未禁海以前，洋船诣澳，照例丈抽。但往日多载珍奇，今系杂货，今昔殊异，十船不及一船。请于议减之外，再减二分。东洋亦照例行。奉旨俞允。

（清）梁廷枏：《粤道贡国说》卷4《西洋诸国》，第220页。

康熙四十七年，副贡船加进金线猴二只，又覆准暹罗国进贡压舱货物，如愿在广东地方贸易，照例免其收税。

（清）梁廷枏著，袁钟仁点校：《粤海关志》卷21《贡舶一》，广东人民出版社，2014年，第431页。

康熙六十一年四月，遣使来贡，赐其国王及王妃纱缎。奉旨："朕闻暹罗国米甚丰足，价亦甚贱，若于福建、广东、宁波三处，各运米十万石来此贸易，于地方有益。此三十万石米系为公前来，不必收税。礼部问暹罗使人定议具奏。钦此。"遵旨会问来使，据称：该国米用内地斗量，每石价值二三钱。今议定载米到时，每石给价五钱，除为公运三十万石不收税外，其带来米粮货物，任从贸易，照例收税。

（清）梁廷枏：《粤海关志》卷21《贡舶一》，第432页。

（康熙六十一年）覆准：暹罗国奏称，彼国有二红皮船，前因禁洋被留。令广东督、抚查明，交贡使带回。其在广驾船水手人等，系内地者，各发原籍安插，系暹罗夷人，令随船回国。

（清）梁廷枏：《粤道贡国说》卷1《暹罗国一》，第181页。

（康熙六十一年）又覆准：暹罗国进贡后，补进犀牛，贡使系微员，比具表进贡之使酌减，赏缎六，罗三，织金罗二，绢三，裹二，布一；通事缎三，罗三，绢二；从人四名，绢各二，匹各六件；送驿丞赏彭缎袍一领。

（清）梁廷枏：《粤道贡国说》卷1《暹罗国一》，第181页。

（康熙）六十一年，诏暹罗国分运米石至福建、广东、宁波等处贩卖。又大学士等奉谕暹罗国人言其地米饶价贱，二三钱银即可买稻米一石，朕谕以尔等米既甚多，可将三十万石分运至福建、广东、宁波等处贩卖，彼若果能运至，于地方甚有裨益，此三十万米系官运，不必收税。

《清朝文献通考》卷33《市籴二》，第5158页。

据穆腾额奏称，暹罗国每年正副贡船到关，其随带之船至十余只之多。又有藉名探贡船只，俱属内地商船，所带货物甚多，该监督查明应征税银若干，报明该督抚具题，概行宽免，殊非杜弊防奸之道，请将正副贡船各一只，照例免其纳税，其余船只俱按货征税等语。暹罗国修职输诚，遣使呈进方物，其正副贡船自应免其征纳税银，岂容内地商船藉名影射希图免税？……就近传知穆腾额遵办外，着传谕富勒浑、孙士毅于该国贡船到关，所有正副贡船各一只，仍照例具题免税，其余若果查系夹带客商私船，俱逐一查明，按货纳税，以杜奸商取巧通同弊混之计，将此传谕知之，钦此。《关册》。

道光《广东通志》卷180《经政略二十三》。

雍正二年十月二十八日，广东巡抚年希尧题报：暹罗国运米并进稻种、果树，奉圣谕："暹罗国遵圣祖仁皇帝谕旨，不惮险远，进献稻种、果树及洋鹿、猎犬等物，最为恭顺，殊属可嘉。作何奖赏，着定议具奏。所奏谷种、鹿、犬，已经差官送京。各种果树，俟来岁春和，另行委解。运来米石，令地方官照粤省现在时价行发卖，不许行户任意低昂。所奏每米一石定价五钱，则贱买贵卖，甚非朕体恤小国之意。着行文浙、闽，此次已到之米，与该国现经发运续到者，皆照粤省一体遵行。嗣后且令暂停，俟有需米之处，候朕降旨遵行。其压船随带货物，本当照例征税，但该国王既能输诚向化，冒险远来，此次应输税银，着一概免征。来船梢目徐宽等九十六名，虽系广东、福建、江西等省人民。然住居该国，历经数代，各有亲属妻子，实难勒令还归，着照所请，免令徐宽等回籍，仍在该国居住，以示宽大之典。"赏船长罗缎共十三匹，加赏十匹，赏番梢每名绢布各十匹，特赐国王各色内缎二十匹、珐琅器一件、玉器七件、松花石砚二方、玻璃碗十件、各色瓷器一百四十六件，差礼部司官一员赍送广东，交该督、抚转付船长领回。

（清）梁廷枏：《粤海关志》卷21《贡舶一》，第432页。

雍正二年，定议奖赏，遵旨覆准，照康熙六十一年例加赏船长照通事例，番梢照从人例各赏缎罗绢布有差。又覆准，船长虽非贡使可比，但载运米石，向化往来，于原赏各十匹外，再各加赏十匹，又特赐国王各色缎二十匹，松花石砚、玉器、磁器、珐琅器等物，派出礼部司官同正，赏缎匹等物，一并送至广东，交与该督抚转付暹罗国船长领回。

道光《广东通志》卷170《经政略十三》。

雍正二年十月二十八日，广东巡抚年希尧题报暹罗国运米并进谷种等项。……御前贡物：龙涎香一斤，银盒装西洋闪金花缎六匹，象牙三百斤，胡椒三百斤，豆蔻三百斤，腊黄三百斤，苏木三千斤，速香三百斤，乌木三百斤，大枫子三百斤，金银香三百斤；皇后前贡物并同，数目减半。

（清）梁廷枏：《粤道贡国说》卷2《暹罗国二》，第181-182页。

雍正三年准暹罗国运来米石，照粤省时价发卖，并免压船货税。广东巡抚年希尧言：暹罗国王入贡稻种、果树等物，应令进献，并运米来广货卖，得旨暹罗国王不惮险远，进献稻种、果树等物，最为恭顺，殊属可嘉，应加奖赉。其运来米石，令地方官照粤省时价速行发卖，不许行户任意低昂，如贱买贵卖，甚非朕体恤小国之意。嗣后且令暂停，俟有需米之处，候旨遵行，其压船随带货物，概免征税。

《清朝文献通考》卷33《市籴二》，第5158-5159页。

（雍正五年）又奏准：该国（博尔都噶尔雅国）初次进贡，遣内务府郎中一人，同在京居住西洋人一人，往迎来使。至回国时，仍遣前往迎之人伴送，由水路至广东，交该督抚护送出境。

（清）梁廷枏：《粤道贡国说》卷4《西洋诸国》，第229页。

（乾隆）八年，奉圣谕：上年九月间，暹罗商人运米至闽，朕曾降旨免征货船税银。闻今岁仍复带米来闽贸易。似此源源而来，其加恩之处，自当著为常例。著自乾隆八年为始，嗣后凡遇外洋货船来闽、粤等省贸易，带米万石以上者，著免其船货税银十分之五；带米五千石以上者，免其十分之三。其米听照市价公平发粜。若民间米多，不需粜买，即著官为收买，以补常社等仓，或散给沿海各标营兵粮之用。俾外洋商人得沾实惠，不致有粜卖之艰。该部即行文该督、抚、将军，并宣谕该国王知之。

（清）梁廷枏：《粤道贡国说》卷2《暹罗国二》，第186页。

（乾隆）四十六年正月，暹罗国长郑昭遣使朗丕彩悉呢霞握抚突等二人入贡，并奏称：自遭缅匪侵陵，虽复土报仇，绍裔无人，兹群吏推昭为长，遵例贡献方物。奉旨：国长遣使航海远来，具见悃忱。该部知道。原表并发。钦此。赐宴使臣于山高水长，所贡之物赏收象一只、犀角一担。其象牙、洋锡、腊黄、胡椒、苏木，准其在广东自行变价，并压舱货物，一体免税。特赏国长蟒缎、锦缎、闪缎、片金、八丝缎、玉器、玛瑙器、珐琅器、瓷器、松花石砚。

（清）梁廷枏：《粤道贡国说》卷2《暹罗国二》，第189页。

两广总督觉罗巴延三等奏请暹罗入贡事宜折

两广总督臣觉罗巴延三、广东巡抚臣李湖跪奏为遵旨查办暹罗入贡事宜恭折覆奏事。窃照暹罗郑昭遣人求贡，经臣等会折具奏请旨。于乾隆四十六年八月初二日奉到朱批：所办得当，已有旨了。钦此。同日承准尚书额驸公福隆安字寄七月二十日奉上谕，据巴延三等奏，接暹罗国郑昭具禀求贡，词意颇为恭顺，惟请给照前往厦门、宁波等处伙贩，未敢擅便。至所称贡外之贡，与例不符，及备送礼部、督抚、各衙门礼物并馈送行商及请将余货发行变价以作盘费，概发原船带回，求买铜器，例禁出洋，不敢率行，奏请并拟檄稿谕饬一折已于折内批示矣……现令军机大臣另行改定，发往至该国在广贩卖货物，若亦令原船带回，未免徒劳往返，无利可得，殊非体恤远人之意，此项货物似应听其在广私行交易，亦不必官为经理。再该国僻处遐方，何以知厦门、宁波等处可以伙贩及行商，觅伙往贩日本。查阅禀内开载商船澄海、新会各县字号俱系内地，此必系该船户等怂恿该国翼图伙贩牟利，不可不严行查饬，着巴延三等即委干员将该船户等传询缘由，严行戒饬，据实覆奏，将此由六百里传谕知之。……至在广贸易原所不禁，除贡船压舱货物税银照例免征外，其余贩卖各货，准同各番舶一体报纳税课在广交易，该夷使等均称仰邀大皇帝恩准入贡，已属万幸。前禀内附请各事，实因僻处外洋，不谙天朝礼法。今蒙明白开导，自应遵照不敢妄求。至另贡象只、苏木等物原知与例不符，是以不敢列入贡单之内，止于汉字表尾声请。今求将象只随带赴京，苏木等物留广候旨意等语。……随饬委肇罗道李天培督同府县传询船户务得实情去后。兹据该道等禀称：查得该国贡船共十一只，除外洋船二只，其余九只皆系粤省商船。缘暹罗例准通商，内有船户张可合、杨成金二船常领照揽载赴该国贸易，其浙闽宁波、厦门等处海口距粤不远，伊等素所稔知，本年因驶泊该国受雇装载贡品，夷人向其询问内地通商各口，并往贩日本海道。该船户不知例禁，告以宁波、厦门。若与内地人合伙或可领照往来日本，未经到过要问行商，或者晓得之语，冀其将来前往贸易，即可揽运受值，其余船户俱不知情等语。（乾隆四十六年八月十二日）。

《宫中档乾隆朝奏折》第48辑，台北故宫博物院，1985年，第457—459页。

（乾隆）五十五年，暹罗国王具表遣陪臣进贡，并因庆祝万寿，加进寿烛、沉香、紫胶香、冰片、燕窝、犀角、象牙、通大海、哆啰呢凡九种。奉上谕："据奏：暹罗国王遣使进贡祝厘，于七月十一日正贡船甫到，副贡船尚未抵粤等语。该国王情殷祝嘏，恭进方物。阅其表文，欢欣踊跃，具见悃忱。但现届八月初旬，该国贡使抵粤较迟，既未能如期到京随班庆祝，自毋庸即令趱紧行程。着将该国前后抵粤贡使人等，俱酌量令其缓程行走，于年底到京，随入燕赏，以示朕体恤远人至意。钦此。"加赐暹罗国王御笔福字一，玉如意一，玉器二，瓷器、玻璃器八，福字方百幅，绢笺四卷，砚二方，笔三匣，墨三匣，雕漆盘四。

　　（清）梁廷枏：《粤道贡国说》卷2《暹罗国二》，第191页。

署两广总督郭世勋奏英夷字禀

　　（乾隆）五十七年九月初七日，署总督郭世勋会奏：本年九月初三日，有英吉利国夷人啵啷哑哩唦嗊啹等来广，臣等会同传见。据呈该国字禀二纸，随令通事译出。称系该国王因前年大皇帝八旬万寿，未及叩祝，今遣使臣吗嘎尔呢进贡，由天津赴京。恳求先为奏明等语。……而英吉利国历来在粤东通商，今欲赴天津进口。该国王又无副表贡单照会到臣所递禀札，仅据该国管理买卖头目法兰西呹咭唻差遣赍投。……臣等思夷船进口，向例定有停泊省份。若任由择地收泊，于事非宜。现在若再照会该国王，令其至粤候旨遵行，则洋海辽阔，往返无时。该国王既称感戴悃忱，理合据实具奏。并将译出底稿，一并送呈御览。如蒙圣恩，准其在天津进口，则所历闽、浙各省海道，诚恐有风帆收泊各口岸之事，请敕下浙、闽及直隶省各督、抚，饬令所属，查验放行，由天津进京。是否如斯，伏候皇上圣明训示。谨奏。

　　△附两夷禀：

　　英吉利国总头目官管理贸易事咭唻谨呈天朝大人，恭请钧安。我本国国王管有呀兰咃嘧吨、法兰西、嗳哈等三处地方，发船来广贸易。闻得天朝大皇帝八旬大万寿，本国未曾着人进京叩祝万寿，我国王心中十分不安。我国王说称：恳想求天朝大皇帝施恩通好。凡有我本国的人来广，与天朝的人贸易，均各相好。但望生理愈大，饷货丰盈。今本国王命本国官员公辅国大臣吗嘎尔呢，差往天津。倘邀天朝大皇帝赏见此人，我国王即十分欢喜，包管英吉利国人与天朝国人永远相好。此人即日扬帆前往天津，带有进贡贵重物件，内有大件品物，恐路上难行，由水路到京，不致损坏，并冀早日到京。另有差船护送同行。总求大人先代我国王奏明天朝大皇帝施恩，准此船到天津，或就近地方湾泊。

（清）梁廷枏：《粤道贡国说》卷6《英吉利国一》，第234—235页。

（嘉庆）六年，（暹罗国）入贡。赏使臣羊裘、缨帽。奉圣谕：暹罗国第二贡使帕窝们孙唯哆呵叭突在广州南海地方患病身故，情殊可悯。现已饬地方官妥为照料。着加恩再赏银三百两。遇有该国便船，即令先行带回，将银两给伊家属，不必等候此次贡船回国，转致稽缓。嗣后如遇有此等外国使臣在内地身故之事，着照此例办理。钦此。

（清）梁廷枏：《粤道贡国说》卷2《暹罗国二》，第193页。

嘉庆七年，（越南国）遣使入贡。

道光《广东通志》卷170《经政略十三》。

（嘉庆十二年九月）谕军机大臣等，吴熊光奏请禁内地商民代驾暹罗货船进口贸易以杜弊端一折，所虑甚是。外洋诸国夷人，自置货船来广贸易，自应专差夷目，亲身管驾，不得令内地商人，代为贩运。今金协顺、陈澄发皆以内地客商，领驾暹罗国船只，载货贩卖。虽询明委系该国王所遣，并无假冒捏饰及夹带违禁货物情事，但该国王何以遽肯造船交伊等管带，情节不无可疑。且恐日久相沿，必致奸徒潜往外夷赊欠诓骗。或竟冒为夷货代盗销赃，不可不防其渐。吴熊光请敕下礼部，于该国贡使到京时，传知饬禁，恐该贡使回国传述，未能详切。现已另降敕谕，申明内外体制，令该国王凛遵毋忽。所有金协顺等船二只，既已驶至内地，姑准其起货纳税，另制新货，给照回帆。自此次饬禁之后，如再有代驾夷船进口者，即当查明惩办，免滋流弊。至澄海县商民领照赴暹罗等国买米，接济内地民食，虽行之已阅四十余年，但此项运米船只，据报回棹者，不过十之五六。而回棹之船所载米石，又与原报数目不符，安知非捏词影射，藉以通盗济匪。自应停止给照，将此谕令知之。

《清仁宗实录》卷185，《清实录》第30册，中华书局，1986年，第434—435页。

（嘉庆）十八年十二月，奉圣谕：前据蒋攸铦奏暹罗国正贡船只在洋失火，所载贡使人役及表文方物等件，俱无下落，仅有副贡船抵粤。当经降旨，将该国副贡使及所存贡品十种，派员送京，毋庸补备正贡。今又据蒋攸铦奏该副使唧拔察哪叾汶知突因在海船感冒风寒，又闻正贡船失火焚烧，致受惊恐，现在患病，难以起程，请俟医治痊愈，再行护送入都等语。该副贡使患病受惊，正需调理，长途跋涉，甚非所宜。现已届年节，不必再令进京。著加恩令将所存贡品十种，就近交贮粤省藩库，由该督委员解京。其副贡使令在粤休息，妥为调治。该国王抒忱纳赆，其正、副贡使，适因事故不能到京，而航海申虔，即与赍呈无异。所有例赏该国王及贡使人役物件，著礼部查明奏闻，将赏件发交该督，转行颁给该副贡使，令其于病痊之日，赍领回国。并将此旨传知该国王，以示怀柔远人之意。钦此。礼部遵旨，将例赏物件并敕书，交兵部发交两广总督颁给。

（清）梁廷枏：《粤道贡国说》卷2《暹罗国二》，第197页。

暹罗国御前贡龙涎香一斤，象牙三百斤，西洋闪金花缎六匹，胡椒三百斤，腾黄三百斤，豆蔻三百斤，苏木三千斤，速香三百斤，乌木三百斤，大枫子三百斤，金银香三百斤。皇后前贡龙涎香等仪物同，数目减半。凡常贡外，例有加贡无定额，贡期三岁一至，贡道由广东。

《清朝文献通考》卷38《土贡一》，第5215页。

暹罗国入贡仪注事例

——贡使人等到省，委员备办牛酒米面筵席等项，俟起贮表文方物后前赴犒赏。（《司册》）。

——起货通事船主，先期将压舱货物呈报广州府，转报委员，查明具货物数目斤两册，汇同表文方物，由司详侯院台会疏题报，俟题允日，招商发卖。其应纳货饷，候奉部行分别免征。

——贡使入京，通事将起程日期具报广州府，转报布政司，移会按察司，颁发兵部勘合一道，驿传道路牌一张，并请院宪委护送官三员随同伴送，将上京贡使人员廪给口粮、夫船数目填注勘合内，经过沿途州县，按日办应。其在省看守贡船人等，以奉旨准贡日移明粮道，每名每日支米八合三勺。

——贡使入京伴送官，文职应委道府大员，武职应委参副大员，并委丞倅一员，随往长途护送进京外，自省起程前，抵韶州府，例委分巡广州府之督粮道护送弹压，自韶州府至南雄州度岭，委该管之南韶连道护送弹压，出境仍饬各属照例应付，不准丝毫滥应，京旋之日，一体照办。

——贡使进京贡使，通事先将起程日期报府转报，预行取办祭江猪只，吹手礼生应用，然后起程。

道光《广东通志》卷170《经政略十三》。

会验暹罗国贡物仪注

是日辰刻，南、番二县委河泊所大使赴驿馆，护送贡物，同贡使通事由西门进城，至巡抚西辕门停放，贡使在头门外帐【账】房站立。候两县禀请巡抚开中门，通事行商护送贡物。先由中门至大堂檐下摆列，通事复出，在头门外候两县委典史，请各官穿禣褂，挂朝珠，至巡抚衙门，通事引贡使打躬迎接，各官会齐，升堂开门，各官正坐，司道各官傍坐，通事带领贡使由东角门报门进至大堂檐下，行一跪三叩首礼，赐坐赐茶，各官即起坐，验贡毕，将贡物仍先从中门送出西辕门，通事引贡使由西角门出，至头门外站立，候送各官回，将贡物点交，通事行商贡使同送回驿馆贮顿。

暹罗国贡使贡毕回国，在广东省筵宴额支银一十七两五钱。又贡使船只在省守候，梢目水手等每名日给口粮米八合三勺，于奉旨准贡之日起支，贡使回广之日住支，伴送之委员自省赴京往回，额给盘费银五十两，均于广东存公银内并地丁项下额支米内动支。《则例》。

道光《广东通志》卷170《经政略十三》。

广东巡抚郭世勋等奏英吉利贡船抵粤折

署理两广总督印务、广东巡抚臣郭世勋，粤海关监督臣苏楞额跪奏，为英吉利贡船抵粤，恭折奏闻事。

窃照英吉利国使臣瞻觐回国，仰蒙钦派侍郎松筠护送，由长江一带行走，赴粤搭附货船回国，其原贡船五只，先由直隶天津开行，至浙江定海暂行停泊。嗣准浙江来咨称，该贡船现在料理收拾，将次开行。等因。复奉谕旨：该国贡船到粤时，毋庸令其停留，即催令回国。等因。钦此。

臣等伏查，自浙至粤，海程迅速，该船一经开行，一二旬内即可抵粤东洋面，经臣等钦遵节次谕旨，派委文武员弁带领引水前赴老万山一带探听。并思该贡船到粤，如因回国程期遥远，欲买办薪米等物，亦难禁绝遽行驱令长行。查，澳门系西洋人居住，黄埔有各国夷船舣泊，若听该贡船在彼停留，恐滋串通勾结，惟有虎门内蚝墩一处，与澳门、黄埔均属窵远，贡船在彼暂时停泊购办食物，与各国夷人无从见面，勾串之弊可不禁而自绝。

又经饬知各委员遵照办理去后。兹据香山协副将张维、澳门同知韦协中禀报，本月二十七日，探有英吉利小贡船二只在十字门外洋寄碇，当令引水前赴询问。据该船夷人称说，船内所带薪米食物，不敷回程日用，外洋风浪冲激，难以停住，求进口湾泊买办。至本国贡船，大小五只，我们两只较小，系九月初八日在浙江开洋，随后有大船二只，定于初十日开洋，不日可到，尚有大船一只，未定开行日期，等语。当即派拨弁兵，将该贡船二只押送至虎门，前赴蚝墩湾泊，等因前来。臣等随派委佛山同知吴翰前赴蚝墩，会同左翼镇员弁，带领水师兵丁在彼稽查弹压，不令该夷人等上岸与民人市易，并催令地方官代为料理，赶紧购买食物即开行回国，不任留前等候，挨延日时。仍飞电饬各委员等，一俟探有随后三船踪迹，询明是否无需进口买办食物，即飞速禀报，酌量办理。

所有英吉利贡船到境进口，暂行湾泊缘由，臣等谨会同缮折由驿具奏，伏乞皇上睿鉴。谨奏。（宫中朱批奏折，乾隆五十八年九月三十日）。

《香山明清档案辑录》，第452页。

广东巡抚郭世勋奏夷人入粤居住折

署理两广总督印务、广东巡抚臣郭世勋跪奏，为节奉谕旨，恭折覆奏，仰祈圣鉴事。

……伏查，英吉利夷人赴广东贾易，历年既久，伊等目睹西洋夷商在澳门居住，一切房屋日用甚属便宜，与内地民人无异，未免心生歆羡。且同一夷商，而英吉利国人投澳居住，须向西洋人出租赁屋，形势俨成主客。是以，此次该国贡使进京，吁请在于附近广东省城地方赏给一处，以为收存货物之地，与西洋人之澳门相埒（朱批：此必不可行），其所吁求之处，正其贪狡之处（朱批：是可恶）。臣溯查西洋夷人在澳门居住，始自前明，迄今二百余年，该夷等在彼生长居聚，竟成乐土，国朝涵化涵濡，不殊天帱地载，我皇上深仁丕冒，泽及波臣，既住者不必驱之使去，暂寄者岂容许其常留。况广州附近各处，滨临洋海，尤不便任听外国夷人纷投错处（朱批：是）。今该贡使贸贸陈请，设想非伊朝夕，诚如圣谕，海疆一带戒备宜严。现在督臣长麟莅任在即，臣当与悉心商榷，设法稽查。凡沿海口岸港汊炮台墩汛，一律加意防范，仍于要害地方，令水师各营多驾战舰常川巡逻，不使该国夷人有私自相度地面，妄思占住之事（朱批：好。实力行之）。再，夷人到广，不在澳门居住即在黄埔泊船，往来出入俱由该管衙门给票照验，不容任意行走，如伊等欲择地居住，必藉内地奸人指引（朱批：此尤应禁者），臣现在密饬地方官严行查察，倘有洋行通事引水，及地方无籍澳之徒串同英吉利夷人诡图占地，即不动声色，密拿审究（朱批：是），从重治罪，以杜其渐。……（宫中朱批奏折，乾隆五十八年九月二十八日）。

《香山明清档案辑录》，第450-451页。

英吉利使臣入华为乾隆帝祝寿

乾隆五十八年,英吉利使臣来,上御万树园大幄次引见,赐英吉利王敕书曰:咨尔国王远在重洋,倾心向化,特遣使恭赍表章,航海来庭叩祝万寿,并备方物,用将忱悃,朕披阅表文,词意肫挚,具见尔国王恭顺之忱,深为嘉许。所有赍到表贡之正副使,念其奉使远涉,推恩加礼,已令大臣等带领瞻觐赐予筵宴,叠加赏赉用示怀柔,其已回珠山之管船官役人等六百余人,虽未来京,朕亦优加赏赐,俾得普沾恩惠,一视同仁。至尔国王表内派一尔国之人住居天朝,照管尔国买卖一节,此则与天朝体制不合,断不可行。……若云尔国王为照料买卖起见,则尔国人在澳门贸易非止一日,原无不加恩礼,即如从前博罗都、噶尔恶、意大理亚等国,屡次遣使来朝,亦曾以照料贸易为请,天朝鉴其悃忱,优加体恤。凡遇该国等贸易之事,无不照料周备,前次广东商人吴昭平有拖欠洋船价值银两者,俱饬令该总督由官库内先行动支帑项,代为清还,并将拖欠商人重治其罪,想此事尔国亦闻知矣。外国亦何必派人留京,为此越例,断不可行之请。况留人在京,距澳门贸易处所几及万里,伊亦何能照料耶?

……据尔使臣称,尔国货船将来,或到浙江宁波珠山及天津、广东地方收泊交易一节,向来西洋各国,前赴天朝地方贸易,俱在澳门,设有洋行,收发各货,由来已久。尔国亦已遵行多年,并无异语,其浙江宁波、直隶天津等处,均未设有洋行,尔国船只到彼亦无从销卖货物。况该处并无通事,不能谙晓尔国语言,诸多未便,除广东澳门地方仍准照旧交易外,所有尔使臣恳请向浙江宁波珠山及直隶天津地方泊船贸易之处,皆不可行。又据尔使臣称,尔国买卖人要在天朝京城另立一行,收贮货物发买,仿照俄罗斯之例一节,更断不可行。京城为万方拱极之区,体制森严,法令整肃,从无外藩人等在京城开设货行之事,尔国向在澳门交易,亦因澳门与海口较近,且系西洋各国聚会之处,往来便益,若于京城设行发货,尔国在京城西北地方,相距辽远,送货物亦甚不便。从前俄罗斯人在京城设馆贸易,因未立恰克图以前,不过暂行给屋居住。嗣因设立恰克图以后,俄罗斯在该处交易买卖,即不准在京城居住,亦已数十年,见在俄罗斯在恰克图边界交易,即与尔国在澳门交易相似。尔国既有澳门洋行发卖货物,何必又在京城另立一行。天朝疆界严明,从不许外藩人等稍有越境搀杂,是尔国欲在京城立行之事,必不可行。

……又据称拨给附近广东省城小地方一处居住尔国夷商,或准令澳门居住之人出入自便一节,向来西洋各国夷商居住澳门贸易,画定住址,地界不得踰越尺寸,其赴洋行发货,夷商亦不得擅入省城,原以杜民夷之争论,立中外之大防。今欲于附近省城地方，另拨一处给尔国夷商居住，已非西洋夷商历来在澳门定例。况西洋各国住广东贸易多年，获利丰利，来者日众，岂能一一发给地方分住耶？至于夷商等出入往来，悉由地方官督率洋行商人，随时稽查，若竟毫无限制，恐内地人民与尔国夷人间有争论，转非体恤之意，核之事宜，自应仍照定例，在澳门居住，方为妥善。又据称，英吉利国夷商自广东下澳门，由内河行走货物，或不上税或少上税一节，夷商贸易往来纳税，皆有定则。西洋各国均属相同，此时既不能因尔国船只较多，征收稍有溢额，亦不便将尔国上税之例，独为减少。惟应照例公平，抽收与别国一体办理。嗣后尔国夷商贩货赴澳门，仍当随时照料，用示体恤。又据称，尔国船只，请照例上税一节。粤海关征收船料，向有定例。今既未便于他处海口设行交易，自应仍在粤海关按例纳税，毋庸另行晓谕。

（清）刘锦藻：《清朝续文献通考》卷334《四裔四》，浙江古籍出版社，2000年，第10742-10743页。

（乾隆）五十九年，奉上谕长麟等奏，荷兰国贡使搭坐商船来粤，船商咭哷呃已装货完毕放洋。业据咭哷呃将入口、出口船料税银等项全数交纳等语。荷兰国贡使远来纳贡，恭顺可嘉，所有该贡使搭坐商船，除进口货物照例纳税外，其应纳船料及出口带买货物，着加恩免其交纳。今此项出口船料等税，业据全交，着长麟等俟该贡使回国时，仍行给还，以示柔远怀来至意。钦此。

道光《广东通志》卷180《经政略二十三》。

两广总督长麟奏荷兰入贡折

（乾隆五十九年）九月二十二日，总督长麟会奏：本年九月十六日，据洋商禀称"有荷兰国使臣得嘚㕭恭赍表贡到粤，叩祝明年大皇帝六十年大庆。船只已抵虎门，恳求代奏"等语。臣等当即派员将该贡使照料到省。据称该贡使呈出表文，译出汉字，词意极为诚敬。臣等当即会令贡使嘚㕭进见。据该贡使先向北望阙行三跪九叩头礼，并跪称国王喊㖿哗嘛咥哪嗖仰慕大皇帝仁德，倾心已久。因相距天朝甚远，每遇庆典，得信较迟。且系海外远夷，不谙天朝体制，是以未敢造次冒昧。国王原叫专主国事之呢噶啵等四人，在叭咿味地方就近探听，如遇天朝庆典，即一面启知国王，一面预备表贡，遣官赴粤，不许稽迟。本年呢噶啵等探知，明年系大皇帝六十年普天大庆，若俟回国修表备贡，叭咿味地方相距本国来往十几万里，势必迟误。是以一面启知国王，一面遵奉国王命代缮表文，恭备贡物，遣大头目即贡使嘚㕭由叭咿味地方起身来粤，吁求臣等代奏，恳恩准其进京叩祝等情。臣等察其词色亦甚恭顺，除查照向例，先行敬宣谕旨，赏给筵宴，并将该贡使妥为安顿外，恭折请旨。倘蒙圣恩准其赴阙瞻觐，或应于本年十月内，令其由粤起身，赶于本年十二月到京，随同各国外番输诚叩祝。抑或令其在广东暂住，恭候来年万寿之前，再行到京。或将其表贡即由臣等代进，毋庸贡使进京之处，恭候谕旨遵行。

（清）梁廷枏：《粤道贡国说》卷3《荷兰国》，第213页。

两广总督那彦成奏英国贡使折

（嘉庆十年）旋经总督那彦成、监督延丰覆奏：臣等钦遵谕旨，传谕夷目，谕以"该国王呈进表贡，业荷大皇帝赏收"，并谕以"大皇帝君临万国，恩被四表，无论内地外夷，均系大皇帝百姓。即如汝国钟表、大呢、羽毛等物，原非中国必需之物，所以准汝国贸易通商者，皆出大皇帝垂怜外夷子民，一视同仁之恩。此次汝国王恭进表贡，大皇帝鉴汝等恭顺之心，谕令赏收。谕令我等大人们好生恩待汝等，并管束内地商人，平允交易。汝国来此贸易之人，亦须安分，谨遵禁令，毋得有违。俟将进到表贡委官恭送进京，再降恩旨。至汝国王子大臣等，与中国中堂大人们书信、礼物，天朝法度森严，大臣从无外交之事，汝等带来礼物，断不必送出。惟所带书信，必须交出。我大人们也不敢私自拆阅，将原封恭呈大皇帝御览，再请发回至汝国管理贸易头人。不过专为汝国贸易事务，并无别项面见禀议事件。只须在此好好管束汝国之人，不得违禁生事。自来中国大人，从无私谒、私见之例，我大人们谨遵大皇帝恩旨，体恤夷商，管教内地民商，公平贸易。汝等须知天朝法度，感大皇帝之恩"等语，明白晓谕。该夷目等人人欢忭，叩头感服。伏查外洋各国夷人见小图利，中国布帛、茶叶等物，亦其日用急需。各夷又互相蛮触，是以生恐别夷国间其往来贸易。其书信因从前未经收受，是以带回澳门。

（清）梁廷枏：《粤道贡国说》卷6《英吉利国二》，第251-252页。

（嘉庆）十年二月初七日，奉圣谕：该国王重译输诚，情词恭顺。从前乾隆六十年间，该国曾经附进表贡，蒙皇考高宗纯皇帝俯赐赏收，加以锡赉，赐之敕书。……至该国与法兰西国构衅兴兵，不过蛮触相争，尽可置之不问。惟所称该国有护货兵船四只来广一节，近闻外洋货船到粤，各该国均有兵船护送，亦不独英吉利国为然。必系因洋面不能肃清，自为守卫之计。各国货船在外洋行走，恐遇盗劫，自设护卫，原与天朝无涉。迨驶至澳门，已近内地口岸，或致有窃掠之事，岂不贻笑外夷？该督等当严饬地方文武，整饬巡防，使澳门一带商船停泊，得以安静无虞。至伊等护货兵船，向来自必定有湾泊处所，总当循照旧规、申画界限，勿令任意越进为要。再阅该督译出该国原表内称：遇有别项事情，要我出力，我亦十分欢喜效力等语。此言似非无因。自系闻洋面时有盗警，或需伊国兵力帮同缉捕，是以隐跃其词，亦未可知。海洋地面，番舶往来，原应内地官兵实力查缉，焉有借助外番消除奸匪之理。那彦成到任后，惟当遵照节次谕旨，修明武备，整顿营伍，使奸徒闻风自远，以慑外夷而靖海疆，方为不负委任。钦此。

（清）梁廷枏：《粤道贡国说》卷6《英吉利国二》，第250-251页。

两广总督蒋攸铦奏陈英派使入贡须加防范以堵妄有干请折

窃照英吉利遣使入贡，经由海道前赴天津，并哃啮陈充当副贡使，及贡船经过粤洋各缘由，业经臣教增节次奏明在案。臣等伏查，粤洋贸易，始自前明，各国货船载有炮械，云集于距省六十里黄埔地方，华夷杂处，本非善政。即西洋国人赁居澳门一区，盖造房屋，租与各国夷商居住，其西洋船货到澳，径上夷楼，不纳税课，俟内地商民买来货物，始行报税，幸其人尚柔顺，货亦有限，是以日久相沿，姑仍甚旧，而私传天主教，夹带鸦片烟之弊，已难禁绝。至英吉利贪狡性成，向与中土不通，其进贡而求贸易，本欲效法西洋人所为，以图垄断网利（朱批：是其本心）。前次到天津时，不肯学习叩拜，颇为桀骜（朱批：此次亦同，更甚于前次矣）。近年与法兰西构兵不休，并恃其船坚炮利，在外洋拦阻（朱批：可恨）各国货船赴粤，惟该国国王之祖家船二十余只，及国人之港脚船如期而至，自上年各国货船渐有到粤，传闻与英吉利讲和始能无阻。从前西洋人恐其侵占，甚为畏惮，今与之转相和好，必另有勾结之故（朱批：是）。现在臣等严密访查，妥为驾驭。

再，查嘉庆十三年，该国兵船驶入内港求居澳门一案，系其带兵官与法兰西战败，欲籍此地为邀功之地，国王并不知情，闻驱逐回国时，曾加以谴责。今据称，国王年老，太子摄政，诚恐奸夷怂恿，故智复萌，籍贡进京，又有干请。我朝德威远被，外藩莫不来王，如琉球由福建，暹罗由广东，越南由广西，缅甸由云南，皆就近登岸入贡，况英吉利两次进贡，其贡船均曾由粤洋经过，何得舍近就远（朱批：所论甚是），不避艰险，径赴天津，显有熟悉海道之人为之接引（朱批：所论甚是）。若此后援以为例，于内地洋面来往自如，任意停泊，殊有关系。

再，查各国派人在粤经理贸易，有大班、二班等名目，其更换向不禀报，哃啮陈现充该国大班，今特令充副贡使，并带同能通汉话之夷商啵呫等五人入都，自因其狡黠能言，便于祈请，或此举竟系该黠夷等主使（朱批：是），亦未可定。……此次该贡使抵京，应否钦派大臣董理其事，格外示之森严，庶潜消其贪妄。其护贡兵船，饬令停泊外洋，随从多人，暂留天津，妥为安顿，不得一概赴京。并可否敕谕该国王，以该国距京遥远，无须跋涉贡献，即有必须入贡之事，当照琉球等国定例，就近由广东北上，不可冒风涛之险，远赴他处收口。嗣后若不恪守章程，船到天津不准登岸，并不接收贡物，即粤东贸易，亦可停止。该贡使回程时，哃啴陈及由澳门带去之人，似当由陆路逐程派员伴送来粤，其余贡使人等仍由海道原船回国，均不许沿途逗留。（嘉庆二十一年闰六月二十三日）。

《明清时期澳门问题档案文献汇编》第2册，第67-69页。

筹划英吉利夷使入都章程

嘉庆二十一年六月初三日奏为钦奉谕旨先行恭折覆奏事。窃臣于六月初一日承准军机大臣字寄嘉庆二十一年五月二十九日奉上谕董教增等奏英吉利国遣使入贡一折，英吉利国于乾隆五十八年曾遣使来京纳贡兹……溯查乾隆五十八年该国入贡时，使臣从人兵役名数、贡物件数，及到津后如何赏劳并照料进京一切事宜，详悉附奏。现据董教增奏天津素无通晓夷语之人，已遴选熟悉英吉利国夷字夷语诚实通事一人派员伴送直隶总督衙门。俟其到时，那彦成即带往天津，以备翻译之用……该国使事竣即自津起程由内河水路行走赴广东澳门，附该国贸易便船开洋返国，并奉旨专派松筠等逐程护送。此五十八年该国使抵津后赏劳照料之旧章大概也。

（清）那彦成：《那文毅公奏议》卷43《筹划英吉利夷使入都章程》，《续修四库全书》史部第496册，第425-427页。

臣阮元、臣李鸿宾跪奏。再，臣李鸿宾陛见时，面奉谕旨：阮元前奏，英吉利贡船回国，中途遭风，自有来历，询明具奏，等因。臣阮元查，前奏系据署香山县知县钟英、香山县县丞周飞熊所面禀，适该员等先后因公来省，臣李鸿宾当即面为询问，据云，澳门夷人传言，英吉利贡船上年回至一半途程之嘎喇吧地方，被风损坏，其敕谕、赏件，曾否救护完好，不知确情。等语。所言约略相同。

臣等查，遭风之事，在英吉利自属讳不肯言，但澳门系大西洋人所居，且有美利坚等国往来货船不绝，有事总不能瞒人耳目。周飞熊系久住澳门之县丞，钟英亦本系澳门同知，皆与澳门夷人近接，所言自属切实。臣阮元又曾面询洋商潘致祥等，亦皆言知其有在嘎喇吧损船之事，特不知其详细底里。（宫中朱批奏折，嘉庆二十三年九月十三日）。

《香山明清档案辑录》，第488页。

至英吉利国贡船，前据夷官咖啦喊吼禀称：由彼国驾驶，经过浙洋，直达天津。臣等溯查乾隆五十八年，该国贡船曾由粤省老万山外洋乘风驶过。此时或仍经由粤洋，亦未可定。当饬香山县及巡洋舟师留心查探。旋据香山县具禀：风闻在澳西洋夷人，修葺夷馆，似为款接英吉利国贡使。又，英吉利国王以在澳夷商哃啹唓粗知汉语、汉字，曾于乾隆五十八年随从贡使入都，谙习礼节，有谕令附搭贡船进京之语。正在批饬确查间，据洋商等代哃啹唓东递具禀词。内称：奉伊国太子命，充副贡使臣，现赴外洋迎探贡船同行。并据香山县探报：哃啹唓带同在澳贸易夷商啵哐、吗叽呦、呀咛、喘哆、吡咧一共六人，乘坐船只出洋等情。臣等查英吉利国王，以夷商哃啹唓曾经入都，谙习天朝礼节，谕令充当副贡使进京，系属外藩臣服敬事之诚。即哃啹唓禀明起程，亦属小心恭顺。现在该国贡船并未经过粤洋，哃啹唓是否已经迎赴贡船，事在外洋，无从探悉。

（清）梁廷枏：《粤道贡国说》卷6《英吉利国二》，第257-258页。

其西洋夷人，拟留英吉利国贡使在澳居住一节，臣董教增现严谕西洋夷目，以各国贡使至粤，大皇帝恩礼优加，毋庸该夷人代为款接。且英吉利贡使，奉旨准由天津上岸，即不应绕道逗留。澳门本系天朝地方，恩准西洋夷人寄居贸易，藉资生计，所以仰承皇仁者，至优极渥。其偶将夷馆赁与各国夷商暂寓，不为深究，已属格外施恩。如果擅留英吉利贡使居住，则是私行交结，任意妄为。一经奏明大皇帝，即不能长承恩泽。并饬行水师各营协，于要隘口岸密行防范。查西洋夷人久居内地，怀德畏威，经此番饬谕之后，断不致有违禁令。倘英吉利贡船或因风漂泊粤东外洋，自应仍尊谕旨，令其驶赴天津。或尚需修葺船只，耽延时日，应否由粤进应，臣等当妥为防护，一面另行驰奏，请旨遵行。

（清）梁廷枏：《粤道贡国说》卷6《英吉利国二》，第258页。

查东粤向来筵宴暹罗国贡使，系于未入宴之先，臣等会同将军、都统、海关监督，率同司道等，在巡抚衙门大堂，带领该贡使行三跪九叩之礼，望阙谢恩，然后入宴。兹英吉利国贡使在天津筵宴时，谢宴已不能如仪。且查乾隆五十八年，粤东并未给予筵宴。应遵旨颁赏使臣筵席三桌，仍照例赏给牛羊等物，以广皇仁。

（清）梁廷枏：《粤道贡国说》卷6《英吉利国二》，第262页。

至该国来粤管理贸易大班，系该国王选派，数年一换，向不知会粤省。该国夷情贪诈，如从前充当大班之喇咈、嗌咙咥、唎啈唓，及现在代办之喴咖𠵲等数人内，惟嗌咙咥人稍诚实，余俱性情诡谲。大率恃其船坚炮利，货众税多，夸耀于在粤贸易之各国，而又妄思干请，以图遂其垄断牟利之心。凡夷商来粤贸易多年，每有能通汉话、精识汉字者。随从唎啈唓入都之啵哑等五人，均系夷人。内吗𠺘嗰一名，系其书记。该五人俱不过随侍之人，无足重轻，非唎啈唓可比。若概责令贡使一并带同回国，转恐滋其疑惧。此时该贡使如或将五人一起带回，或留一二人随后回国，似可听从其便，更足以昭覆帱之仁。盖夷情多诈而复多疑，驾驭在经权并用。国体宜崇，而尤宜慎措置，宜宽猛兼施。臣等惟有随时随事悉心筹度，期归妥善，以仰副圣主谆谆垂训之至意。

（清）梁廷枏：《粤道贡国说》卷6《英吉利国二》，第262页。

谨按：明时泰西利玛窦入中国，赍进万国图，分天下为五大洲，一曰亚细亚、二曰欧逻巴、三曰利末亚、四曰亚墨利加、五曰墨蜡泥加。艾儒略、南怀仁之徒皆祖述其说。中国居亚细亚之中，若东之朝鲜、日本、琉球，西之小西洋、小吕宋、如德亚，南之暹罗，北之俄罗斯、红孩儿、廓尔喀、痕都斯坦诸国，皆亚细亚也。欧逻巴为大西洋，若今之法兰西、荷兰、意大里亚、英吉利本国，皆欧逻巴也。利末亚在欧逻巴之西南，南极出地三十五度，北极出地亦三十五度，若今之大英吉利、美利坚等国，皆利末亚也。至广州贸易者，惟暹罗、小西洋、小吕宋及大西洋红毛诸国而已。恭读《钦定四库全书》郝玉麟《广东通志》提要曰：新增"外蕃"一门，为他志所罕见。

道光《广东通志》卷330《列传六十三》。

第二章
行商夷馆

一、行商

  康熙十九年撤藩，乃置粤海关税务使，以内务府司员充之，权归总督，每岁额征不满六十余万也。至乾隆间，有闽人潘启者熟于洋商贸易事，条陈商办、官办得失。总督李侍尧请于朝，置户部总商，每岁保税保征，除旧额外，正款可加四十余万，平羡银余，可收百万，奏入许之。于是总商六家，副商七家，在河干建立夷馆，居集远人，名之曰十三行。官斯土者，以商人为外府，开斯行者即以漏税为利源。

  （清）樊封：《夷难始末》，广州市委宣传部、广州市文化局编：《广州文化遗产：海上丝绸之路文献辑要卷》，文物出版社，2008年，第270-271页。

  （乾隆二十二年十一月戊戌）粤省地窄人稠，沿海居民大半藉洋船谋生，不独洋行之二十六家而已。且虎门、黄埔在在设有官兵，较之宁波之可以扬帆直至者，形势亦异，自以仍令赴粤贸易为正。

  《清高宗实录》卷550，《清实录》第15册，第1023页。

外商船只在黄埔

  船到黄埔后，它在广州的货物受托人就取去开列载货详情的舱单，并把它交给他的保商。外商对于进口货物也就不必再操心了，他除去有按值百抽三的定率向"公所"基金作捐献的义务外，既不缴付关税，也不受官吏方面的直接勒索；他现在唯一的挂虑就是出售他的货物。在这方面他是不受强制的：他可以任意把他的货送回原载货物的船上，但是如果他出售的话，却只能卖给他的保商。由保商预备妥一切办公室、栈房、住房，为外商找仆人并替仆人们作保，把进口货由船上用享有专利权的驳船护送到仓库，可是他也是唯一享有购买进口货特权的人。他照他的能力或意愿来给价，这个价格的依据是要他能够把货物售出，除支应他的利息和各种开支、政府所要求的一切税捐和官吏们所需索的繁重勒索外，还有一笔余利可图。

（美）马士：《中华帝国对外关系史》第1卷，上海书店出版社，2006年，第82页。

十三行

海贾列肆在广州城外，称其地曰十三行。昔本十三家，今存数家耳。
粤东十三家洋行，家家金珠论斗量。楼阑粉白旗竿长，楼窗悬镜望重洋。
荷兰吕宋英吉利，其人深目而高鼻。织皮卉服竞珍异，海上每岁占风至。
天子神圣海内足，不贵远物远人服。万国梯航奉职贡，八荒舞蹈称臣仆。
此非外藩非内附，互市常来澳门住。鱼目换将南海珠，木螽苗蝗复谁悟。
昔时勾致由贪民，大舶满载波斯银。岂知番人更狡诈，洋货日贵洋行贫。
圈鹿阑牛岂足载，海市蜃楼多变态。南山白物见无时，荡尽私囊欠官债。

（清）乐钧：《青芝山馆诗集》卷9《古今体诗》，纪宝成主编：《清代诗文集汇编》第481册，上海古籍出版社，2010年，第164页。

《冬夜珠江舟中观火烧十三行因成长歌》，十三行在羊城太平门外，夷商贸易处也。洋货山积，中构番楼，备极华丽。
广州城郭天下雄，岛夷鳞次居其中。香珠银钱堆满市，火布羽缎哆哪绒。
碧眼蕃官占楼住，红毛鬼子经年寓。濠畔街连西角楼，洋货如山纷杂处。
我来珠海驾孤舟，看月夜出琵琶洲。素馨船散花香歇，下弦海月纤如钩。
探幽觅句一竿冷，万丈虹光忽横亘。赤乌飞集雁翅城，蜃楼遥从电光隐。
高如炎官出巡火伞张，旱魃余威不可当。雄如乌林赤壁夜鏖战，万道金光射波面。
上疑尧天卿云五色拥三台，离火朱鸟相喧豗。下疑仲父富国新煮海，千年霸气今犹在。
笑我穷酸一腐儒，百宝灰烬怀区区。东方三劫曾知否？楚人一炬胡为乎。
旧观刘向陈封事，火灾纪之凡十四。又观汉史鸢焚巢，黑祥亦列五行志。
只今太和致祥沴气消，反风灭火多大燎。况云火灾之御惟珠玉，江名珠江宝光烛。

扑之不灭岂无因，回禄尔是趋炎人。太息江皋理舟楫，破突炊烟冷如雪。

（清）罗天尺：《罗瘿晕集》，（清）罗云山编：《广东文献》第4册，江苏广陵古籍刻印社，1994年，第68页。

潘启官、卢茂官等八家行商致大班味氏哈书
（嘉庆六年四月二十二日）

间别未几，渴念殊殷，想大班列位到澳，诸凡顺遂如意，定符心祝。兹本日奉关部大人发谕一件，系着弟等通知大班，速饬喇犁巡船刻日开行回国，毋任逗留。今抄自谕帖寄阅，烦大班遵照谕内事理催令开行，仍先将该喇犁巡船定于何日开行即日回书，以凭禀复。此系奉宪谕饬之件，不能延迟，幸祈照办！专此布达，并问候大班味呧哈，列位咽哋哎安好。

弟 潘启官 卢茂官 伍佩官 叶仁官 刘章官 倪榜官 郑侣官 潘昆水官 同具。

英国外交部档案，F.Q 233/189第215页。转引杨国桢《洋商与大班：广东十三行文书初探》，《近代史研究》1996年第3期，第3-4页。

毁洋码头

珠江十三行，海外诸蕃互市之所。道光某年（即道光十二年），蕃人贪缘得以巨石甃址设栅，置守一，若厥土为所有者。公（广东巡抚朱桂桢）一日命驾至海关署，声称欲入洋行观自鸣钟，拉监督偕往。比至，降舆周视，勃然怒见于面，趣召洋商甚急。辄指地问曰："此何为者？"答曰："鬼子马头也。"公顾监督大言曰："内地安容有鬼子马头？我知是皆奸商嗜利所为，我将要渠辈几颗头颅乃已。"洋商惶惧，长跪于地。时石工已先部署，喝令毁之，顷刻而尽。旁观万众惊怛咋舌，无有敢发一言者。

（清）陈徽言：《南越游记》卷3《巡抚遗爱》，广东高等教育出版社，1990年，第187页。

伍崇曜，原名元薇，字紫垣，邑廪生。先世自闽迁粤，父秉鉴多财善贾，总中外贸迁事，手握货利枢机者数十年。性喜施予。道光初，曾与侄婿卢文锦共捐银十万两，将桑园围改筑石堤。粤督阮元亲撰碑文纪其事。……

同治《南海县志》卷14《列传》。

（伍崇曜）非品望素著，即通达夷情。

（清）文庆等撰：《筹办夷务始末》（道光朝）卷78，上海古籍出版社，2008年，第220页。

席道明系拂郎济亚国人，乾隆三十八年搭夷商啵吐洋船到澳门，住居小三巴寺。因前驻广东省城办理往来书信之邓类斯老病回国，该国有信令其赴省按办。于乾隆四十一年七月来省，现寓陈广顺行内，平日并无过犯，亦非潜逃至省。

中国第一历史档案馆编：《清中前期西洋天主教在华活动档案史料》第1册，中华书局，2003年，第307页。

《文澜书院碑记》

立议约人捐送公产修濠值事诸友，约为公议，设立修濠公所，以图善事：窃西关官濠，久经占塞，水患是虞。去年间，蒙藩宪曾大人恩准拆毁疏通，绅民值事等仰体宪恩，关情桑梓，踊跃捐赀，经营尽力，兹幸濠工告竣。此诚一时之义举，百年乐利也！惟是善后事宜，必须置有公所，设立经费，岁时聚集，轮值管理，随时挑挖，方可免日久复塞。今公议洋行有旧存公产房屋一所，在省城太平门外下九甫绣衣坊，近濠咫尺，地最得宜，议将此屋送出，永为修濠公所。爰集妥酌，检查案由。缘乾隆五十年间，义丰行商蔡昭复拖欠夷帐，经前任总督孙宪、海关穆宪将伊屋封变抵欠，委员估值，其下九甫南向住屋一所，平排九间，各深陆进，估值价银八千两；又花园书厅一所，平排肆间，各深肆进，估值价银三千八百二十两；饬行南海县毛宪押迁，谕行洋商照价承买，缴价给还夷欠，其屋即交与缴价各商公同管业，有案可稽。彼时各商中有生意多而多派屋价者；有生意少而少派屋价者；有无力不能备价谅与免派者；有当时虽出过屋价，后因行业倒败经各商代为摊赔饷项夷欠者：是此屋在当时缴价既有多寡有无之分，续后又有倒败代赔之别，所以洋行相沿，将此项房屋作为公产，众情允协，向无异辞。今因日久倾圮，修复维艰，洋行情愿将此项房屋送出，永为修濠公所，即将修濠题签工金所剩余赀，量为修复，俾设立公所之外，更择数椽，划建书院，为士子会文之所。除外有余房屋，岁中所得租银，输值收存，以为修濠经费。将见濠道永赖疏通，又可振兴文运，一举而众善备，种福无涯矣。除将事由禀备宪备案外，为此敬立议约一纸，俾捐送公产修濠值事诸友亲笔题名画押，以成美举，以垂久远焉！谨约。

嘉庆十六年七月十二日同立议约捐送公产人：

卢广利　潘能敬堂　伍怡和　叶大观堂　刘东生　潘丽泉　谢东裕　梁天宝　麦同泰　李万源　关福隆　黎西成

梁嘉彬：《广东十三行考》，广东人民出版社，1999年，第391—393页。

两广总督臣孔毓珣谨奏，为奏明到粤外国洋船事。窃照本年六月初四日到……夷船生事，并严饬牙行、通事人等贸易货物，公平交易，务在岁内乘风信尽令开发归国。所有到粤外国洋船数目理合奏报。谨奏。朱批：知道了。严加约束稽查，不可仍循故套。（雍正三年九月初九日）。

中国第一历史档案馆等编：《清宫广州十三行档案精选》，广东经济出版社，2002年，第65页。

粤省地窄人稠，沿海居民大半藉洋船为生，不独洋行之二十六家而已，且虎门、黄埔在在设有官兵，较之宁波之可以扬帆直至者，形势亦异。自以仍令赴粤贸易为正。本年（乾隆二十二年）来船虽已照上年则例办理，而明岁赴浙之船必当严行禁绝。但此等贸易细故无烦重以纶音可传谕杨应琚令以己意晓谕番商，以该督前任广东总督时兼管关务，深悉尔等情形，凡番船至广即严饬行户善为料理，并无于尔等不便之处，此该商等所素知，今经调任闽浙，在粤在浙均所管辖，原无分彼此，但此地向非洋船聚集之所，将来止许在广东收泊交易，不得再赴宁波，如或再来，必令原船返棹至广，不准入浙江海口，豫令粤关传谕该商等知悉，若可如此办理，于粤民生计并赣韶等关均有裨益。

（清）王之春：《国朝柔远记》卷5，《四库未收书辑刊》3辑15册，北京出版社，2000年，第345页。

避债奇遇

省城西关外十三行，承接外洋法兰西、英吉利、大小西洋、荷兰、花旗各国货物，其吕宋、暹罗、安南、伽拉巴各内洋货，则别有行主之。有某者，为内洋商，贷西贾银二三千两，订于冬间洋船回泊归赵。是年适为风涛所阻，至岁暮，杳无归信。年近时，西客索逋满座。至除日，势更凶凶，商遂私逃出行，欲俟天明客去则新岁可缓须臾也。

（清）关涵等著，黄国声点校：《岭南随笔（外五种）》，广东人民出版社，2015年，第312页。

潘有度，字容谷，番禺人，官盐运使司衔。容谷之父曰潘启官。夷人到粤，必先见潘启官，启官卒，容谷承父业，夷仍以启官称之。盖自乾隆四十年至嘉庆二十年，夷事皆潘商父子经理，潘商殁而伍商继之。

（清）张维屏：《艺谈录》卷下，转引潘刚儿、黄启臣等编著《潘同文（孚）行》，华南理工大学出版社，2006年，第92页。

广州城南设有十三行。按十三行，今实止八行，为丰进、泰和、同文、而益、逢源、源泉、广顺、裕源云。

（清）李调元辑：《南越笔记》卷6《十三行》，中华书局，1985年，第93页。

嘉庆二十二年（1817）浩官贷给七行商款数表

行商名	贷款数（两）	用支行佣数（元）	用支付欠税数（元）
昆水官	18900	8000	54722
西成	93711	10000	58056
人和	67018	10000	56667
鹏年官	96030	10000	58056
鳌官	84698	9000	43056
经官	58375		56378
发官	51661	15000	44411
合计	470393	62000	371346

（美）马士著：《东印度公司对华贸易编年史》第3卷，区宗华译，中山大学出版社，1991年，第305页。

两广总督臣觉罗吉庆、粤海关监督臣常福跪奏，为据情吁恳圣恩事。窃臣等据洋行商人潘致祥、卢观恒、叶上林、伍忠诚、刘德章、倪秉发、郑崇谦、潘长耀等呈称，商等分居微末，仰被深仁。自开设洋行，业传数代，家计日增饶裕。今蒙皇上特恩，减免关饷，盈余数十万，商等转运益觉从容，感激鸿慈，沦肌浃髓。兹值四川教匪指日荡平，情愿敬输银二十万两，以备凯旋赏赉之需，稍展下悃。恳请于藩库先行借支，自庚申年起，分作六年完解。等情。（嘉庆四年五月十八日）。

《清宫广州十三行档案精选》，第167页。

（乾隆四十七年十二月）详据洋行商人潘文岩、蔡世文、陈文扩、石梦鲸、蔡昭复禀称，商等遵查西洋国夷商多罗、马记诺二人，于乾隆四十六年八月内附搭西洋澳船来粤，现在省城外晋元夷馆居住。查该夷自到广以来，因席道明病故，该夷接替代办一切事务，均属妥协。

《清中前期西洋天主教在华活动档案史料》第1册，第339—340页。

粤海关招接民夷商货名目

惟查粤海关征输饷课，招接民夷商货，现有外洋行、本港行、福潮行三项名目。外洋行：专办外洋各国夷人载货来粤发卖，输课诸务；本港行：专管暹罗贡使及夷客贸易、纳饷之事；福潮行：系报输本省潮州及福建民人往来买卖诸税。其外洋、本港一切纳饷诸务，乾隆十六年间，俱系外洋行办理，共有洋行二十家，并无本港名目，亦无福潮行名，止有省城、海南行八家。追乾隆二十五年，洋商潘振成等九家呈请设立公行，专办夷船，批司议准。嗣后洋行商始不兼办本港之事，其时查有集义、丰晋、达丰、文德等行，专办本港事务，并无禀定设立案据。……嗣后有如顺行刘如新、怡顺行辛时瑞、万聚行邓彰杰于乾隆六十年，因拖欠夷账补控押追，由南海县详议，将本港行三家概行革除。该商所欠暹罗夷账，着外洋行众商先行垫还，即将本港之行用分年扣还商欠，其本港事务仍着外洋行兼办，以昭慎重，业据禀准行。……本港之生意虽非若外洋行之必须大本，行商方可承充，而招接暹罗贡使贸易税饷诸务，事颇非细，如外洋行有身家之人，又不欲充当，若仍以不甚殷实本分之人董司其事，则将来弊窦正难预计，……所有本港行事务，议举二行值年办理。自嘉庆五年为始，本年举议同文、广利二行值年，六年分系怡和、义成二行值年，七年分系东生、达成二行值年，八年分系会隆、丽泉二行值年，周而复始，轮流值办。

（清）梁廷柟：《粤海关志》卷25《行商》，第500—502页。

（嘉庆）十八年奉上谕，据德庆奏查办关务情形一折，粤东洋商承保税饷，向来仅凭一二商人保举准充，旋因亏折疲乏，拖欠遁逃，弊窦丛滋，着照该监督所请，准于各行商中，择身家殷实，居心诚笃者，选派一二人令其总办洋行事务，率领众商公平整顿，其所选总商，先行报部存案，遇有选充新商时，即责令通关总散各商公同联名保结，专案咨部，如有黜退报明注销，并于每年满关日，将商名通行造册送部，以备稽考。该部知道，钦此。

道光《广东通志》卷180《经政略》。

英吉利㖔哆陈入京进贡

　　两广总督臣蒋攸铦、广东巡抚臣董教增、粤海关监督臣祥绍跪奏，为遵旨查明覆奏，仰祈圣鉴事。嘉庆二十年正月初八日，接奉军机大臣字寄，钦奉上谕：蒋攸铦等云云，钦此。查此案先奉谕旨，近闻英吉利云云。钦此。仰见我皇上怀柔震叠，杜渐防微之至意，臣等当即整饬洋行总商伍叙元、卢棣万等确切查覆去后。兹据覆称，查得英吉利夷人㖔哆陈曾于乾隆五十七年同伊父副贡使航海由天津入都进贡，彼时该夷㖔哆陈年仅十二三岁，其贡船即于是年，仍由海道回粤，贡使人等由内河回粤乘坐原船归国。迨嘉庆四年，该夷㖔哆陈复来粤贸易，因向来各国夷船贸易，事毕届回帆时，或货物未能售完，或账目尚未清结，酌留数人在澳守候，名为押冬。是年，㖔哆陈即在澳押冬。至六年回国，又于九年来澳押冬，至十二年回国，又于十五年来澳押冬，至十六年回国，又于十九年由该国派令来澳充当三班，随同大班、二班经理贸易事物，盖大班二班三班系由该国派来专司买卖货物诸事，由大班经管，二班三班仅系协同襄理之人，各国驻澳夷商于货船到齐时，禀请海关监督衙门，发给牌照进省贸易，事竣仍请牌照回澳，其人数什物填注牌内，往来皆可稽查。至夷商来省交易，在城外十三行居住，不准一人入城，如遇督抚新任，有由行商通事转禀请见者，历任督抚或见或不见，并无一定，即或传见，均于大堂率同司道宣布皇仁谕令，公平贸易，从无私谒之事，该夷㖔哆陈粗通汉话兼识汉字，并不谙绘画，凡外夷在粤贸易多年，能通汉话者，亦不止㖔哆陈一人，该夷㖔哆陈前后在澳数年，尚无不妥，亦无教唆勾通款迹等情。臣等诚恐该行商所禀，或有徇饰，复饬南海、香山两县，就近切实密查，并由臣祥绍覆加细访，均与行商伍叙元等所禀情形相同。……（嘉庆二十年正月二十八日）。

《香山明清档案辑录》，第483-484页。

　　（道光四年）是时，粤省殷富甲天下，洋盐巨商及茶贾丝商资本丰厚，外籍通商者十余处，洋行十三家。夷楼海船云集城外，由清波门至十八甫，街市繁华，十倍苏杭。……终日宴集往来，加以吟咏赠答，古刹名园游览几遍。商云昆仲又偕予登夷馆楼阁，设席大餐，酒地花天，洵南海一大都会也。

　　（清）赵光：《赵文恪公（退庵）自定年谱》，文海出版社，1970年，第89-91页。

两广总督李鸿宾奏报英船延不进口及晓谕防备片

再，各国夷船来粤贸易，皆先到澳门零丁洋外停泊，随由虎门入口，行抵黄埔住船，始开舱起货，此旧规也。该夷人等言语不通，气习各异，如美利坚、港脚、吕宋、荷兰等国，虽非驯服，尚少刁顽，惟英吉利国夷商最为桀骜。溯查嘉庆十三年、十九年，道光元年旧案，皆叠次滋事，延不开舱，日久始行起货。近因内地洋商多有疲乏，屡经倒行，道光七年闭歇同泰行，八年又闭歇福隆行，俱负夷人账目，经控官断令，照例分年摊还，奏明有案。该夷人惟利是图，去息还本已非情愿，本年春夏间，复有东生行拖欠夷账甚多，索讨无偿，六月内英吉利国大班嘟喽啴等，即在臣衙门呈控东生行。商人刘承霨籍隶安徽，曾潜携银两回籍，恳请咨提来粤。等情。旋经臣移咨皖省，将刘承霨解粤，以凭讯追。查该国夷船自七月起至十月初六日止，共到澳门二十二只，内有一只因在洋遭风折桅，驶入黄埔修整，余俱在澳门外洋湾泊，延不进口。该大班嘟喽啴等于九月初九日复呈递禀函，胪列条款，文义多不明晰，大概总以洋行连年闭歇，拖欠夷银，盼求整顿为词，并有恳请嗣后不用保商、不用买办，并在省城自租栈房囤贮夷货等条，皆与向定章程俾民夷不相交结之意大有违碍，万不可行。惟禀内如夷船规银，不论船只大小一律征收，恳请分别纳饷等款，似可量为变通，以示体恤，惟系久定旧章，应俟奏明酌办。均经饬两司妥议，分别准驳具详，由臣核定，逐条明白谕示，并谕洋商，传谕大班等恪遵功令，毋得妄生觊觎。乃该夷船仍然观望挨延，久不入口，复于十月二十六日递禀，摭拾前陈各条，晓晓渎辩，语言不逊，当将来禀严行批饬。臣查近年来，英吉利国夷船惟道光八年到粤较早，九、十月间即已开舱起货，五、六、七等年则十一、十二两月尚在陆续到澳。此次该夷等经谕饬之后，若果渐知悔悟，于十一月相率进口，尚不为迟，贸易仍可如常，自属相安无事。倘仍以所求未遂，故作刁难，扬言不顾贸易，载货回国，是其藐抗情形，无非恃以纳税较多，意图挟制天朝，岂能任其狡黠！即从此杜绝往来，毋许通市，皆该夷所自取，亦非待之过刻。俟临期再行奏明，请旨遵办。（道光九年十月二十八日）。

《香山明清档案辑录》，第758—759页。

两广总督邓廷桢奏请复承商旧例

两广总督臣邓廷桢、粤海关监督臣文祥跪奏，为洋商已敷办公，请复承商旧例，用昭限制而祛流弊，恭折奏祈圣鉴事。窃照粤东港口准予外夷通商，全在行商经理得人，方克仰副怀柔，俾梯航薄沾乐利，而杜私裕课均攸赖之于权务，所关匪细。从前洋行共有十三家，因日久玩生，各商内即有以亏饷遁债治罪者，曾于嘉庆十八年经前监督德庆奏请设立总商，综理行务，并嗣后选承新商，责令总散各商联名保结。等因。钦奉上谕：据德庆奏查办关务情形一折，粤东洋商承保税饷，向来仅凭一二商人保承准充，旋因亏者疲乏，拖欠遁逃，弊窦丛滋。著照该监督所请，准于各行商中择身家殷实、居心诚笃者选派一二人，令其总办洋行事务，率领众商公平整顿。其所选总商，先行报部存案，遇有选充新商时，即责令通关总散各商，公同联名保结，专案咨部。如有黜退，报明注销，并于每年满关日，将商名通行造册送部，以备稽考。该部知道。钦此。迨至道光九年，各洋行陆续闭歇，仅存怡和等七行，不敷经理。前监督延隆以招商不前，恐责令保结之总商意存推诿，又经议立变通章程，奏奉上谕：延隆奏请变通招募新商章程一折。粤省开设洋行，向来止凭一二商保结，即准承充。自嘉庆年间奏准设立总商经理，其选充新商，责令总散各商联名保结，该总商等往往意存推诿，以致新商碍于成例，不便着充。数年以来，夷船日多，行户日少，照料难周，易滋弊窦，自应量为变通。著照所请，嗣后如有身家殷实呈请充商者，该监督察访得实，准其暂行试办一二年，果能贸易公平，夷商信服，交纳饷项不致亏短，即照旧例一二商取保著充。其总散各商联名保结之例，著即停止。钦此钦遵在案。自是此后，缺商随时招补，至今已复十三行旧观，照料无虞不足，而新充之仁和行商潘文海试办已届七年，屡催未据出结咨部，又孚泰行商易元昌、东昌行商罗福泰暨新充尚未列册达部之安昌行商容有光，试办或届二年，或逾一年不等。臣现已勒限一月，饬令赶紧遵照新例，出具一二商切实保结，咨部著充，以专责成。如逾限无商保结，即行咨销其名，仍查明试办有无经年未完，分别严追究办。（道光十七年七月二十九日，军机处录副奏折）。

　　　　　　　　　　　　《清宫广州十三行档案精选》，第227-228页。

隆记荣行

　　通守公，讳殿铨，小名北铨，字衡中，号鉴湖。少孤，赖高祖朝议公及曾伯祖梓山公教养，乃成立。……稍长，梓山公在省【广州】任故衣街瑞成、远亭两洋货店经理，挈之学习，即留心洋务。同邑【番禺】潘公梅亭【正炜】，为德畬廉访父，设同孚茶行，闻其名罗致而倚任之。会有欲中伤者，避地苏州，日与皖浙茶商稔习。皖茶正皮珠雨松萝两种，得通守公发明制法，乃倍有名。回粤在城西【广州】十三行【街】创办隆记茶行。……后深得梓山公之力，隆记行中佐理者百余人，因多取亲友，视其能任以事，人每借以致富，其中尤多族人，而岐山新屋林立。

先是，安徽绿茶常为行商所轻，自用通守公制法，乃人弃而我取。皖绿茶来粤隆记，则全行销售，人方危之。一日，西商附洋船来言，专购绿茶，求之他行无所得，次至隆记时，通守公适心动，约以翌晨。方议价，及群商先后麇集，价定则争相采办，欢呼乃散，隆记立致巨富。通守公……今得所借，视财益轻，义益重，……即他人以贫乏告，亦无不如其愿望；于培植后进，尤所注意，至今商界老辈，见有不安命而急于求财者，辄举张北官【即张殿铨】为劝戒，播为美谈。咸丰甲寅【四年，一八五四年】粤乱将作，隆记见几独早，乃急流勇退，自歇商业，各行店负隆记债者【数不下四十万金】，概不追收，自谓少时赤贫，今得保存现产之半数，愿已极餍。更专心行善。

《张殿铨在广州经营的隆记茶行》，转引彭泽益：《中国近代手工业史资料（1840—1949）》第1卷，生活·读书·新知三联书店，1957年，第487-488页。

张殿铨，字鉴湖，岐山乡人。少孤，伯父达材抚育之，性聪慧，以家贫改习商业，在城西十三行街创办隆记茶行，贸易致富。……独力修葺祖祠，并置尝田，除奉祀外，族人婚丧及读书修脯皆倚助之。修治岐山乡路，全砌以石，行人称便。又筑全乡围墙，以资防守。道光二十四年，由岐山联合福田、龙津、碧山、兰陵、新村、石涌六乡，捐资倡设螺阳、七约社学，复建普济、三益等会为社学团防经费，利赖至今。

宣统《番禺县续志》卷21《人物》。

广州七十二行

广州商业以七十二行著称，七十二行者，土丝行、洋庄丝行、花纱行、土布行、南海布行、纱绸行、上海绸布帮行、匹头行、绒线行、绸绫绣巾行、颜料行、故衣行、顾绣班靴行、靴鞋行、牛皮行、洋杂货行、金行、玉器行、玉石行、南番押行、下则押行、米埠行、酒米行、糠米行、澄面行、鲜鱼行、屠牛行、西猪栏行、菜栏行、油竹豆行、白糖行、酱料行、花生芝蔴行、鲜果行、海味行、茶叶行、酒行、烟叶行、烟丝行、酒楼茶室行、生药行、熟药行、参茸行、丸散行、薄荷如意油行、磁器行、潮碗行、洋煤行、红砖瓦行、青砖窑行、杉行、杂木行、铜铁行、青竹行、电器行、客栈行、燕梳行、轮渡行、书籍行、香粉行、银业行、银业公会、矿商公会、报税行、北江转运行、北江栈行、南北行、天津公帮行、上海帮行、四川帮行、金山庄行，是也。其在本邑者，不过寥寥数行。然丸散行之陈李济，酱料行之致美斋，酒楼茶室行之福来居，均自开业至今，亘一二百年。惠爱街吴远芳薄荷油店招牌，相传为顺德黎简所书，则由来亦已久。据《采访册》。

谨按：七十二行之名，系因光绪间大学士刚毅来粤筹饷，责令粤商各行，担任台炮经费。时商会尚未成立，由总商岑敬舆将经费分令七十二行担负，故名称相沿至今。实则当时已不止此数，其无力者，未有列入也。

宣统《番禺县续志》卷12《实业志》。

仙人何处更骑羊，陆贾城边晓日黄。控驭直通瓯骆界，繁华都占十三行。歌船未必娱词客，遗老犹能说尚王。最爱江头卖花路，珠兰末利满筠筐。

（清）沈峻：《欣遇斋诗集》卷5《初到粤中作》，纪宝成主编：《清代诗文集汇编》第409册，第98页。

梁纶枢，字拱辰，号星藩，黄埔人。父经国，侨居广州城西，长厚有隐德，历次捐输，渐加道衔。纶枢少读书，深自刻苦，年二十补县学生，寻食饩，捐职候选训导。十四赴秋闱，弗售，遂绝意进取。先世承充天宝行洋商，嘉庆末商务日坏，贸易折阅。道光七年纶枢接办，八年捐输南河工费银九万五千两，繇训导议叙道员职衔。二十年行务益困，以欠饷参革。明年完饷开复。又明年在本省捐输海疆经费银二万两，奉旨议叙加盐运使衔。初，乾隆间设立洋商，例以家业殷实者为之，而输其饷于官，洋货入口总归洋商贩买，不得它越。当是时，承充者凡十三行，洋人奉令惟谨，其见行商，皆旁立弗敢坐也。自海禁弛，洋人骄，洋务愈变愈坏，众商因之坐困。纶枢自接办后，勉力支持十余年，后西洋英吉利之乱，以诸商向不便已，纵火焚烧行地，家业日蹙。咸丰元年，粤西贼起，纶枢奉大府檄，设局劝捐军饷，三年复办团练……

宣统《番禺县续志》卷19《人物》。

两广总督邓廷桢等奏报遵旨查明住澳夷人并无毁坟抗殴等情片

再，照给事中许球原奏内称，奸民贩卖鸦片，说合则有行商，收银、给单、取土则有坐地夷人。其坐地夷人一名嗜嚩、一名哗哟吐、一名嚩地、一名吒𠲿哈、一名嗯唔哈、一名叮叮嘪、一名噶唔、一名吃哎、一名啤嘩等语。臣等遵经密访并谕饬洋商查覆去后，旋据洋商伍绍荣等禀称，商等充当洋行，凡夷船入黄埔关口，始归商等管理，遵照章程，取具该船并无夹带鸦片字据，保商甘结，方准开舱。商等断不敢以身试法，代人说合私买鸦片，但外洋四通八达，或沿海奸民勾串与贩，在所不免。商等实无从查确，至保顺夷馆，并无住有哷喈哈其人，惟嗒嗻、嚹吔、嘽嗶、吃哎均系港脚人，哗哝吐系英吉利人，俱已来粤十年，或六七年，又吡啉哈、吋吋嗖均系港脚人，噶唔系美利坚国人，吡啉哈于上年来粤，吋吋嗖、噶唔均于本年来粤，分住省城各夷馆。询据各该夷等信称，伊等向俱安分贸易，并无夹带纹银，串卖鸦片，收银给单情事，查出情甘坐罪，但货船多寡不同，交易迟速亦异，伊吃哎请于本年年底回帆，吡啉哈于明年正月，噶唔于明年三月俱可归结回国，哗哝吐于本年底，吋吋嗖于明年正月俱可下澳暂居，以便清理，惟伊吃哎、嚹吔、嘽嗶现在值来船络绎，必须留省照料，恐明年三四月尚难完毕，恳俟彼时赴澳赶办，期于迅速归国等情由，该商等转禀前来。（道光十六年十二月二十日）

《香山明清档案辑录》，第255页。

二、夷馆

道光二年九月十八日，广东省太平门外大灾，焚烧一万五千余户，洋行十一家，以及各洋夷馆与夷人货物，约计值银四千余万两，俱为灰烬。

（清）钱泳：《履园丛话下》，文海出版社，1981年，第391页。

火之大者，烧粤省十三街七昼夜，洋银熔入水沟，长至一二里，火息结成一条，牢不可破。

（清）汪鼎：《雨韭庵笔记》，黄佛颐：《广州城坊志》，广东人民出版社，1994年，第619页。

十三行外水西头，粉壁犀帘鬼子楼。风荡彩旗飘五色，辨他日本与琉球。

（清）黄培芳撰，管林标点：《黄培芳诗话三种》，广东高等教育出版社，1995年，第146页。

十三行互市，天下大利也，而全粤赖之，中外之货坌集，天下四大镇殆未如也。蛮楼矗起干云，油窗、粉壁、青锁、碧栏，竟街兼巷，无诈无虞，文螺翠羽、留犁、挠酒、凫羔、擘𤜵，乾嘉之间，其极盛者乎！乃咸丰丙辰，天夺其魄，尽毁于火，后移市河南鳌洲等处。

同治《南海县志》卷5《建置略·墟市》。

海关有长寿寺、华林寺、浮邱寺，向有十三洋行为外国互市处，今沙面新填地为外国市埠，有新海关。

同治《广东图说》卷1《南海廿四》。

冬季留住广州的时候，外商们住在商馆（代理商或业务代理人的住所兼写字间）里，商馆是行商的财产，全部或局部租给外商的。在十三个商馆中（与行商理论上的数目一致只是一种巧合），九个是用各外国国名称呼的；但是除去英国人和荷兰人的两家东印度公司以及到来较迟的美国人之外，在较后时期中所起的名字与租赁使用人们的国籍已经完全没有关系。……一八三二年元旦的一次宴会中，在英国商馆的宽敞饭厅里，席面上坐了一百位客人。这些商馆为外国来宾，帝国客人备有华丽的设备，但是它们实际上成了镀金的鸟笼。可供数目比较多的人运动的唯一场所，就是六家商馆前面居中的一片广场，长宽约为五百英尺乘三百英尺。他们惟有在这里可以避免麻烦；他们被禁止走进气味难闻的街道，而中国人的买卖却都在那些街道里进行；他们也可以去游隔江一哩左右的几个花园，只能每月三天结伴前往，并须在一个通事亲身监护之下，通事对于他那批人们中的一切滋事或无礼行为都要负责，显然这是要用他的钱袋，或许要用他的身体，甚至可能要用他的头来负责的。

（美）马士：《中华帝国对外关系史》第1卷，第78-79页。

涉外贸易之章程

对于外国人、外国船和外国贸易的管理，曾经制定了种种章程；并且时时加以增订；那些现行章程，不时由通事拿到商馆，大声宣读，作为一种示威，表示章程不是可以视同具文的。其中比较重要的可以撮述如下。

（一）兵船须停江外，不得进入虎门。

这条规定从未放宽过。当兵船到达时，官吏便索取船钞，在十八世纪始终是这样，就是在十九世纪也还间或有这种情形；需索常被外国兵船拒绝，但有时也会允从。

（二）妇女不得带到商馆；枪矛或其他武器也不能携入。

这条规定是被严厉执行的。甚至到一八三〇年四月，有三位妇人从澳门来参观英国商馆，中国人还是以停止贸易相威胁，强制她们立即离去；同年十一月因几位美国妇人作几天的参观，又重新引起了麻烦。

（三）行商不得向外国人欠债。

……

（四）外商不得雇用华籍仆役。

这点平常是马虎的，但时常被用为恫吓的武器，在一八一四、一八三四合一八三九年都有这样的事情。

（五）洋人不得乘轿。

像外商这群人们，唯一妥当的行动方法是徒步行走，然而徒步行走也不能太多。

（六）洋人不得在江中划船取乐。每月中有三天（八、十八、二十八），他们可以结伴在通事护送下到花地（对江的花园）游散，通事对他们的一切轨外行为要直接负完全责任。……

（七）洋人不得呈递禀帖；如有陈述，必须由行商转呈。

（美）马士：《中华帝国对外关系史》第1卷，第76—77页。

广州十三所商馆情形

一八三六年各公司分布在十三所商馆的情形如下，商馆是由东（江下游）向西（江上游）顺着它们的秩序叙列的。

商馆	英	港脚	美	其他各国
（这里是小溪）				
小溪或怡和馆………………	5	—	—	—
荷兰或集义馆………………	2	1	—	3（葡萄牙人1，荷兰人1，瑞典人1）
英国（东印度公司）或保和馆………………				
（这里是猪巷，确名副其实）	1	—	—	—
诸洲或丰泰馆………………	—	3	—	—
旧英国馆或隆顺馆………………	2	—	1	—
瑞典馆或瑞行………………	1	2	—	—
帝国馆或孖鹰馆………………	—	—	3	—
宝顺馆………………	2	—	1	—
美国或广源馆………………	—	—	2	—
（这里是老中国街，一条"宽"街，宽12英尺）				
明官馆………………	6	—	—	1（德国人）
法国馆………………	2	4	1	—
西班牙馆………………	1	—	—	—
（这里是新中国街）				
丹麦馆………………	9	1	—	—
在澳门………………	—	—	1	—
	31	11	9	4

在商馆里，外国公司是由它们的各该保商随意摆布的房客，一切雇佣买办、货币监定人、仆役、苦力、厨子、水夫和船夫等事，都是由保商替他们代办；他"保证"他们，也就是说，保证他们的主人不在他们的手里蒙受损失，也为他们对政府负责，自然也在他们服务所得的利润中抽取佣金；实际上他也是他所承保公司的主人、经纪人、房东、买办和管事。

（美）马士：《中华帝国对外关系史》第1卷，第79-81页。

十三间夷馆近在河边，计有七百忽地，每忽八尺，内住英吉利、美利坚、法兰西、领脉、绥林、荷兰、巴西即巴社白头回、欧色特厘阿、俄罗斯、普鲁社、大吕宋、布路牙等国之人。

林则徐全集编辑委员会编：《林则徐全集》第10册，海峡文艺出版社，2002年，第5127页。

美国人几乎住在这座小城的中心，他们在自己的区域内吸引了4个古老的商行，名字分别叫宝顺行（Paouchoun）、孖鹰行（Ma-ying）、瑞行（Soui）、隆顺行（Loung-chun）、丰泰行（Fung-tai）。最后，在1843年10月26日，一场偶然发生的纵火事件助长了民众的气焰，他们毁坏了西边的两处街道。无论这一变故的结果是什么，夷人的小镇还保持了它的原貌。其中一些街道的名字似乎还暗示，这里全都住着同一国家的商人，完全排斥其他人。这样就有一个丹麦馆，一个葡萄牙馆，一个西班牙馆，还有一个法国馆，但是这些名称是非常随意的。事实上，所有西方国家中，只有美国人常驻不动，他们在广州建了一座宫殿，称得上是我们这个时代的征服者，是英国的竞争对手，是和平时期繁荣与工业化的战士。

（法）伊凡：《广州城内：法国公使随员1840年代广州见闻录》，张小贵、杨向艳译，广东人民出版社，2008年，第25-26页。

奉查"外洋夷商到广，现在该行商等，有无货已销售，不即交价，掯留夷商守候之弊"一款。商等查外洋各国夷船到广贸易，每于夏末秋初进口，至冬季即行扬帆回国，为期不过四五个月之久；而每年所到夷船，自二十余只至三十余只不等，所带货物充塞繁多，价值累累，商等既难先为代填，又势难按期售清，必须代为运往各省发卖，始能陆续归楚。故向来各国俱有住班夷人，凡洋船带来各货，皆起贮各该夷馆，一面将出口货置买明白，装载原船回国。如有未经销售货物，即交该住班夷人留粤料理，随时附带。是以乾隆二十四年间奏定章程条内，曾经核准各国夷人数名在粤住班，于各船出口后往澳居住，候该国船到，仍复来省料理各船未清事务。是价从货出，货壅难销，势所必然。商等实无货已销售、不即交价，致揞留远夷藉口逗留之弊。

　　许地山编：《达衷集》卷下，《近代中国史料丛刊·续编》第5辑，文海出版社，1974年，第139—140页。

　　又奉查"现在夷商到广是否俱在该行馆寓歇？该行商如何稽查出入？有无奸猾之徒擅入行馆引诱，及夷商自雇内地民人服务"一款。查夷商到广，现在俱系遵照定例，在于商等行馆寓歇居住；并于行馆适中之处，开辟新街一条，以作范围。街内两旁盖筑小铺，列市其间，凡夷人等水梢等所需零星什物，以便就近买用，免其外出滋事。其新街及总要路口，俱派拨行丁数十名，常以把守；一切夷人行走概不许越出范围之外。其闲杂人等，亦不许混行入内。至各该夷馆如搬运起下货物，及看守行门等项，系责成通事选派管店数人料理。其逐日所需菜蔬食物，亦系通事结保，买办数名代为购买。一切管店买办人等，俱系慎择老成信用之人充当，不敢从中引诱。夷人并无自雇内地民人服役；倘有其事，商等随时查知，立即驱斥，毋任容留。

　　许地山编：《达衷集》卷下，第140—142页。

　　奉查"夷商寓歇行馆，嗣后凡内地民人俱不许擅入与夷商见面，即在行司事伙伴，亦不得与夷商闲谈勾结。如有铺户自向夷商赊货借货，及领本代置货物，将行商一并拿究。其拖欠价银，即于该行商名下追赔"一款。商等遵照向例，凡夷商一切交易事宜，俱系责成行商经手，以杜内地民人勾结滋事，立法最为尽善。无如日久玩生，内中一二庸阘之行商，懈于稽查，遂间有铺户潜入行馆，妄生觊觎，实属抗玩。兹夷船将次陆续进口，呼恳宪恩俯察定例，给示严行申禁，庶共知儆畏，实为恩便！至不法铺户民人乘间混入夷馆者，均系无籍之徒，不过些少什物私与贸易。至于大宗货物及资本银两，夷人亦不敢轻为信托，断不肯赊借，并无给本倩其前往别处置货。但商等专司防范，嗣后并当加谨稽查，一概闲人，均不得与夷人聚谈交结，倘有故违，随时禀请拿究。并谆切开导各夷，毋致受愚被累，仰副宪天体恤栽培。

　　许地山编：《达衷集》卷下，第144—146页。

荷兰馆之情形

　　（乾隆四十七年）五月十三日，早晴，饭后，暴雨，点大如粟，俗呼为"磨刀雨"。逾时霁。出归德门，同许姓能通使者看十三洋行。屋临水，粉垣翠栏，八角六角，或为方，或为圆，或为螺形，不可思议。前则平地如坡，门仿闉式，开于旁侧。白饰雕镂，金碧辉煌，多幔绩。门有番奴，目深碧闪闪，卷曲毛发，类脊鼻骒。持佛朗机，为逻守。衣多罗辟支，悬霜刃，烛人毫芒。非问途已经者，不敢入其户。重以绣帘，窗棂悉用滨铁为之，既壮观，且可守御。内嵌琉璃大瓦，当屡满时，皆铿锵作应山谷响。……其白面碧瞳者为大贾，冠以黑绒三叉，望类毗庐笠。衣青尼，束身大金钮，累累贯珠，鞭用杂色纬，通体皆缚扎，无懈处。革履，操赤藤，人谓其藤中藏芒刃云。通使言，赤藤者最贵，导以意作免胄礼，叙宾主欢。……继乃散步楹廊，穷观奇异。有乐钟，至时则诸音并奏，声节无讹，刻时不爽。有千里镜，可以登高望远，二三里能鉴人眉目。又有显微、多宝、小自鸣表，持之耳畔，如囊虫之啄木。又有《海洋全图》、贝多罗花、丁香藤、相思鸟、五色鹦鹉、倒挂禽、獠兽、短狗之类。檐间悬水晶灯，璎珞露垂，风来则珠霰摇空，铮铮相击撞，贮火可五十盏。余往来珠江，夜深则遥见之。辛卯（1783年），都中亦见此。门有悬旗，色用朱红，布地作叉股者，是荷兰贾也。

（清）曾七如著，南山点校：《小豆棚》卷16《南中行旅记》，荆楚书社，1989年，第322-323页。

十三行引番夷集（原注：洋商十三行于珠江之崖以迎夷贾），百万鳞为疍户供（原注：渔舟甚多，悉系疍户）。
鲛室泪枯珠已尽，奠教晓雁扰乖龙。
（清）庄肇奎：《胥园诗钞》卷9《岭南杂咏四首》其二，纪宝成主编：《清代诗文集汇编》第363册，第57页。

署两广总督策楞奏报通省收成并英船开行广州民房失火等事折（乾隆八年十一月十一日）
又广州府太平门外于十月二十二日夜民房失火，臣亲往督救。缘是夜风势甚大，延烧居民行铺共一百三十家，幸未伤人，惟失火之地俱系洋行，商货被烧尤多。臣思外洋夷人进口贸易，以致货物被烧，其情尤为可悯。
《清宫广州十三行档案精选》，第96页。

番行篇 见外集

广州舶市十三行，雁翅排城蠡缀房。珠海珠江前浩淼，锦帆锦缆日翱翔。
蜃衔珊树移瑶岛，鲛织冰绡画白洋。别起危楼濠镜傲，别营奥室贾胡藏。

危楼奥室多殊式，瑰卉奇葩非一色。鞯鞲丹穿筃对圆，琉璃绿嵌窗斜勒。
莎罗彩蘩天中袅，碧玉阑干云外直。迎来舶主不知名，译得舌人是何国。
何国虬髯雕昿儿，金衣借问欲骄谁？平价能谙吴越语，留宾也识汉唐仪。
银钱铸肖番王面，玻镜装分花女姿。绕槛纨牛和露犬，委阶琐袄与驼尼。
驼尼琐袄焉足数，笃耨奇南随意取。莲花钟测日东西，百宝表悬针子午。
乱掷帉巾苏合膏，倒倾黄紫蒲萄乳。水乐教成小凤凰，风琴弹出红鹦鹉。
别有姎徒连臂趯，吉贝缠身骱缚窄。怀中短剑大西洋，袖里机枪法兰锡。
黑水龙奴荷铳嬉，红毛鬼子蟠刀扰。红手鬼子黄浦到，纳料开舱争走告。
蜈蚣锐艇桨横飞，婆兰巨捆山笼罩。相呼相唤各不闻，或喜或嗔讵能料。
舶商色喜洋商快，合乐张筵瓶椀赛。何船火齐木难多，何地驼鸡佛鹿怪。
散入民廛旅贾招，居中驵侩公行大。公行阳奉私饱橐，内外操赢智相若。
湖丝粤缎彩离披，瓯茗饶甆光错落。顷刻檀棃走九州【一作顷刻珠玑走
大官】，待时深玩筹奇作。
此时公子拥花游，此际妖姬倚舫讴。愿学鸳鸯绣羽帨，愿为娇鸟挂金钩。
那得秦琯都压鬟，生憎火浣不缠头。永清台上鼓打急，山动波翻雷雨立。
镇海将军洗炮归，征蛮都尉收旗入。辕门犒劳立斯须，澳口回船查引给。
回船只顺北风去，洒泪休辞渊室寓。但述天朝榷税轻，但夸中国农桑富。
沈香官是吴刺史，却赂吏同孔节度。鲸鲵无窟飓无氛，圣德柔怀万万春。
明年好换新房样，更有遐方来问津。

（清）张九钺：《紫岘山人全集·诗集》卷11，《续修四库全书》集部第1443册，第654—655页。

两广总督阮元奏广州洋行夷馆失火折

两广总督臣阮元、广东巡抚臣程含章、粤海关监督臣达三跪奏，为商夷被灾，据情代奏，分别乞恩，仰祈圣鉴事。窃九月十八日广东省西关失火，延烧洋行夷馆情节，业经臣等陆续陈奏在案。正在查堪抚恤间，据夷人大班喊臣等呈递夷禀，当交洋商、通事等译出。据云：夷等远来中国贸易已近百年，仰蒙列圣鸿慈，至优极渥。今西关失火，风势过猛，以致延烧存贮货物馆舍，将本年贩到之大呢、哔叽及历年余存洋货，暨本夷国王公售之物，均成灰烬。其中并有虽经认保，尚未分给洋商大呢、哔叽等项，共核计应输银十四万二百四十余两。钱粮无着，夷等进退无路，痛不欲生。伏闻当今大皇帝仁覆寰区，恩周内外，惟求大人等代为叩恳天恩，垂念远方小夷梯航万里，情节堪怜，伏祈恩施豁免，等语。又据洋商伍敦元、卢棣荣等联名具呈，商等世受国恩，沦肌浃

髓。兹猝遇火灾，原不该妄有陈诉，但商等十一行被烧者六家，其余五家行馆虽未被灾，而货栈房屋亦俱烧毁，明年正月即届开征之期，商力竭蹶，实难按限交饷，亦祈代奏，量予恩施。……（道光二年十一月初七日）。

中国第一历史档案馆：《清代广州"十三行"档案选编》，《历史档案》2002年第2期。

记西关火

道光壬午秋九月己丑夜漏下乙，西关火。火作而风，始于第七铺饼肆，夜中逾打铜街，庚寅晨，及十三行；日晡及杉木栏。是日风甚。其夜愈甚。越翼日辛卯食时，风息火潜。凡毁街七十余，巷十之，房舍万余间。广一里、纵七之。焚死者数十人，蹂而死于达观桥者二十七人。于火之作也。粤之吏，无小大，无文武，无敢不奔救。救火之具，无有不备。风甚，卒莫能御。余时馆河南，睹郁攸之状、聆号泣之声，心惨栗而不能已。粤故踞海，通夷舶，珠贝族焉。西关尤财货之地，肉林酒海，无寒暑，亦无昼夜，一旦而烬，可哀也已。粤人不惕，数月而复之，奢甚于昔。

（清）温训：《登云山房文稿》卷2，《清代诗文集汇编》第561册，第97页。

西关十三行火灾

道光二年壬午秋九月己丑夜二鼓，粤东省垣西关火，火作而风，始于第七铺饼肆，夜中踰打铜街，庚寅晨及十三行，日晡及杉木栏。是日风甚，夜愈甚。翼日辛卯，食时风息火燼。凡毁街七十余，巷十之，房舍万余间，广一里，纵七之，焚死者数十人，蹂而死于达观桥者二十七人。郁攸之灾，百岁翁叹为未有。按：粤东是时番船渐通，洋商初盛，珠贝瑰货，族于西关，酒海肉林，褕衣珍食，起家屠侩，淫侈亡等，天殆怒其妖邪，使海市蜃楼，尽付于祝回之一炬，垂戒不可谓不严。无如醉梦中人，顽不知惕，以致逆氛袄教，渐染东南，阅数十年而未能湔涤，可哀也已。

（清）陈康祺撰，晋石点校：《郎潜纪闻初笔》卷9，中华书局，1984年，第198页。

道光壬午九月己丑，西关火始于第七甫饼肆，夜中踰打铜街。庚寅晨及十三行，日晡及杉木栏。是日，风甚巨，夜愈烈，微雨极寒，火分四五路，越翼日辛卯午后，风息火燌。凡毁街七十余铺户，房舍共万余间于火之作也。粤之吏无大小、无文武以暨邻街铺民无不奔救，救火之具无不备，乃水车之牛喉尽裂，制府阮元在城堞上立看，上下数次，后乃仰天拜祝，至潸然泪泗投衣冠烈焰中而去。先是辛巳三月，广州守程含章擢官去，踰年七月晋中丞抚东粤，十月至，遍历灾区，不觉涕流被面，询之耆老，咸云：此百年来所未有之灾也。然西关尤繁富之地，俗豪侈，数月而复奢甚于昔。《采记册》。

光绪《广州府志》卷163《杂录四》。

约内五口通商之地，悉由该夷人挈眷居住。查粤东开港定例，不准夷人挈带眷属，自道光七八年间，有英人大班来粤，托以患病，需用人乳，挈夷妇一名逗留在馆，旋被大府逐之。去后数年，义律来粤续充大班，遂援前例。今通商约内，先将携眷一层叙入，欲以弛粤东之前禁也。

（清）夏燮：《中西纪事》卷9《白门原约》，文海出版社，1967年，第93页。

广东十三行街为西洋诸国贸易之所，岸有赵屠，设案市肉，历有年矣。一日鬼子行至，愿市其案板，屠欲五十金，鬼子持银至。屠曰："前言戏之耳，子欲售，必须重价。"鬼子增至五百金。屠思一板值价百钱，今计数千倍之多，不知是何宝也。不售恐错过时，候售之，疑价太贱，游移未决，迁延三年。鬼子回国，屠恐人窃去，收藏房中。次年鬼子复来问，屠引至案前，大笑而去。屠曰："自子去后携入室中，朝夕拂拭，珍藏待价，须求其异？"鬼子曰："内有大蜈蚣，日饮猪血，已有定风珠，诚希世之宝也。必得养之斯不害，今藏日久，蜈蚣已死，珠亦韬晦。"屠不之信，劈案视之，果有蜈蚣一条死焉。口内衔珠白如鱼目，屠乃悔前此不售，计相左矣。

（清）俞讷居士：《咫闻录》卷1，《续修四库全书》子部第1270册，第661页。

河南堡城南五里内，有小村七十三，曰瑶头、曰隔山、曰石头、曰博基、曰白水塘、曰沙园、曰南边、曰庄头、曰大园、曰南石头、曰五村、曰沙溪东、曰沙溪西、曰泰宁、曰水口堡、曰新凤凰、曰旧凤凰、曰大塘、曰鹭江、曰康乐、曰西村、曰新村、曰桂田、曰客村、曰下渡、曰江贝、曰苔涌、曰江村头、曰新市头、曰旧市头、曰赤冈墟、曰上涌、曰白蚬壳、曰福地里、曰太平坊、曰厂前街、曰草芳、曰早科、曰蒙圣里、曰小港、曰南村、曰福仁里、曰官渡头、曰宝冈、曰保安社、曰洗涌东、曰洗涌西、曰洗涌中、曰福场大街、曰福场园、曰福麟街、曰紫来里、曰寺前街、曰漱珠东市、曰鳌洲外街、曰鳌洲东约、曰鳌洲中约、曰鳌洲西约、曰龙溪首约、曰龙溪西、曰龙溪南、曰龙溪中、曰聚龙社、曰永兴社、曰南岸东、曰南岸西、曰峡溪、曰白鹤洲、曰龙尾导、曰龙田、曰福龙街、曰联珠百睦、曰龙潭。商贾云集，近为外国市埠，有庄头花市，为南汉花田故址，有缆路尾讯，永靖堡炮台，有西汇盐关，有汉杨孚故宅，海幢寺、是岸寺，西北界南海县。

同治《广东图说》卷2《番禺县》，成文出版社，1967年，第45页。

负债自戕。《西字报》云：德人富克民向在广州瑞记洋行执事，平日负债不少，苦无以偿，乃附舟避至上海。未几，经德总领事拘获，知其为富人子也。立即电告其家，随接家中人回电，愿即偿付。爰将其人开释，令仍赴广州。富克忽假寓德国牛屠扒司克家。闰三月二十七日将近十二下钟时，蹑梯登楼，少顷楼下人闻放枪声，急登楼视之，则富克已用枪自戕，胸际洞穿，血肉狼藉，迨延医至，则已气绝而亡。爰报请领事验明，于二十八日棺殓安葬。

《申报》（上海版）1898年5月20日，第3版。

第三章
贸易冲突

一、各种纠纷不断

余①粤任不及半年，平旗、民之讼狱，戢委弁之横行，惩劣生之武断，清两县之蚬塘，诸事次第整饬。向来洋货，皆地方市舶司经收，岁有常额。乙丑，初设海关，额未定，商人仗新权立威，乘澳夷演炮误触其船，以夷人劫货伤人起讼端。余会同榷使宜、成二君，克期进澳，焚香告神，誓无枉纵。薄暮抵行馆，有通事怀橐中金求见，不下陆大夫装，余使吏人叱之去，通事白云："此官司进澳故事，纳则夷人心慰，不则反滋疑惧"。余卒严却之。诘朝会鞫，商辞半属张大。余止以炮损洋船，断偿修舱银三百两，仍坐商以诬，欲笞之，奸商俛首。夷人扶老携幼送及关，感激涕零而返。自此商舶、澳夷两相帖服。西洋之司历都下者，前则南君怀仁，后则闵君明我，传述以为美谭。

（清）钱仪吉：《碑传集》卷20《康熙朝部院大臣》，中华书局，1993年，第672-673页。

明年（编者按：雍正十年）六月，侦报鸡颈有红夷三舶，诡言将往日本贸易，不数日，又有三舶至，光任闻于宪，调集巡海舟师，分布防范。越八月初九日，皆升帆若远扬状，俄而弗郎西来告亟。光任偕统巡香山协副将林嵩，令各营哨船一字横截海面，且遣澳门夷目宣谕威德。会薄暮，西南风作，弗郎西三船疾驶入口，红夷计阻，乃逡巡罢去。弗郎西即佛朗机，吕宋其属夷也，世与红毛仇，称戈海上者三年，而率以无虞者，策公之略为多。

（清）印光任、张汝霖：《澳门记略》，第29页。

---

① 余：指传主劳之辨

乾隆元年，特命减荷兰税额，谕曰：朕闻外洋红毛夹板船到广时，泊于黄埔地方，起其所带炮位，然后交易。俟交易事竣，再行给还。至输税之法，每船按梁头征银二千两左右，再照则抽其货物之税，此向例也。乃近来夷人所带炮位，听其安放船中，而于额税之外，将伊所携置货现银，另抽一分之税，名曰缴送。亦与旧例不符。朕思从前既有起炮之例，此时何得改易。至于加添缴送，尤非朕嘉惠远人之意。着该督查照旧例，按数裁减。并将朕旨宣谕各夷人知之。钦此。

（清）梁廷枏：《粤道贡国说》卷3《荷兰国》，第210-211页。

乾隆九年，吕宋驾兵船泊十字门。总督策楞问布政使讬庸讬言，英夷国小而强，吕宋国大而弱。客岁为所败，恐见笑于诸夷。又不敢直至英吉利国挑战，故扬兵于此，虚张声势耳。第令印知县往骂之便去。策遣印光任往吕宋，即日去。《袁子才集》按：八年英夷败吕宋师，俘五百人，扬兵虎门，策令印往勒红夷献俘。

光绪《香山县志》卷22《纪事》。

澳门华夷纠纷

【刑部一件奏明事札付】内阁抄出，据两广总督策楞等奏前事。本部议得该督等奏称：澳门地方系民蕃杂处之地。乾隆八年十月十八日在澳贸易民人陈辉千酒醉之后，途遇夷人晏些呎口角打架，以致陈辉千被晏些呎用小刀戮伤身死。据县验伤取供填格通报，并密禀西洋夷人犯罪向不出澳赴审，是以凶犯于讯供之后，夷目自行收管至今抗不交出。臣同前抚臣王安国诚恐该地方官失之宽纵，当即严批照例审拟招解。嗣据该县叠催随禀，据夷目禀称蕃人附居澳境，凡有干犯法纪俱在澳地处治，百年以来从不交犯收禁，今晏些呎伤毙陈辉千自应仰遵天朝法度，拟罪抵偿。但一经交出收监，违犯本国禁令，阖澳夷目均干重辟，恳请仍照向例按法处治，候示发落等词具禀。臣等伏查澳门一区夷人寄居市易，起自前明中叶，迄今垂二百年，中间聚集蕃男妇女不下三四千人，均系该夷王分派夷目管束，蕃人有罪，夷目俱照夷法处治，重则悬于高竿之上，用大炮打入海中，轻则提入三巴寺内，罚跪神前忏悔完结，惟民夷交涉事件，罪在蕃人者，地方官每因其系属教门，不肯交人出澳，事难题达类皆不禀不详，即或通报上司，亦必移易情节，改重作轻，如斗杀作为过失，冀幸外结省事，以致历查案卷，从无澳夷杀死民人抵偿之案。今若径行搜拿，追出监禁，恐致夷情疑惧别滋事端，倘听其收管，无论院司不能亲审，碍难定案承招，并虑旷日迟久，潜匿逃亡，致夷人益生玩视法纪之心，天朝政体攸系。

（清）印光任、张汝霖：《澳门记略》，第34-36页。

乾隆《澳门约束章程》

乾隆十四年七月二十七日，奉督抚宪檄行该司等核议，澳门约束章程均属妥协，即便转饬遵照，按款实力奉行，并即摘叙告示，分刊汉字、番字二石，于澳门通衢处所晓谕，务使汉夷咸知，凛遵安分守法，以除积弊。

——驱逐匪类。凡有从前犯案匪类，一概解回原籍安插，取具亲属保邻收管，不许出境，并取澳甲嗣后不敢容留结状存案，将逐过姓名列榜通衢，该保长不时稽查，如再潜入滋事，即时解究，原籍保邻澳甲人等一体坐罪。

——稽察船艇。一切在澳快艇、果艇及各项置户罟船，通行确查造册，发县编烙，取各连环保结，交着保长管束，许在税厂前大马头湾泊，不许私泊他处，致有偷运违禁货物藏匿，匪窃往来，诱卖人口及载送华人进教拜庙，夷人往省买卖等弊，每日派拨兵役四名，分路巡查，遇有潜泊他处船艇，即时禀报查拏，按律究治，失察之地保一并连坐，兵役受贿故纵，与犯同罪。

——禁赊物收货。凡黑奴出市买物，俱令现银交易，不得赊给，亦不得收买黑奴物件，如敢故违，究逐出澳。

——犯夜解究。嗣后在澳华人遇夜提灯行走，夷兵不得故意扯灭灯笼，诬指犯夜，其或事急，仓猝不及提笼，与初到不知夷禁，冒昧误犯，及原系奸民，出外奸盗，致被夷兵捉获者，立即交送地保，转解地方官讯明犯夜情由，分别究惩，不得羁留片刻，并擅自拷打，违者照会该国王严处。

——夷犯分别解讯。嗣后澳夷除犯命盗罪应斩绞者，照乾隆九年定例于相验时讯供确切，将夷犯就近饬交县丞协同夷目于该地严密处所，加谨看守，取县丞钤记收管备案，免其交禁解勘。一面由府司申大宪，详加复核，情罪允当，即饬地保官眼同夷目依法办理，其犯该军流徒罪人犯，止将夷犯解交承审衙门在澳就近讯供，交夷目分别羁禁收保，听候律议，详奉批回，督同夷目发落。如止杖笞人犯，檄行该夷目讯供呈覆，该管衙门核明罪名，饬令夷目照拟发落。

——禁私擅凌虐。嗣后遇有华人拖欠夷债及侵犯夷人等事，该夷即将华人禀官究追，不得擅自拘禁屎牢，私行鞭责，违者按律治罪。

——禁擅兴土木。澳夷房屋庙宇，除将现在者逐一勘查分别造册存案外，嗣后止许修葺坏烂，不得于旧有之外添建一椽一石，违者以违制律论罪，房屋庙宇仍行拆毁，变价入官。

——禁贩卖子女。凡在澳华夷贩卖子女者，照乾隆九年详定之例，分别究拟。

——禁黑奴行窃。嗣后遇有黑奴勾引华人行窃夷物，即将华人指名呈禀地方官查究驱逐，黑奴照夷法重处，不得混指华人串窃擅捉拷打，如黑奴偷窃华人器物，该夷目严行查究，其有应行质讯者，仍将黑奴送出讯明，定拟发回该夷目发落，不得庇匿不解，如违即将该夷目惩究。

——禁夷匪夷娼窝藏匪类。该夷目严禁夷匪藏匿内地犯罪匪类，并查出卖奸夷娼，勒令改业，毋许窝留内地恶少赌博偷窃，如敢抗违，除内地犯罪匪类，按律究拟外，将藏匿之夷匪照知情藏匿罪人科断，窝留恶少之夷娼男妇，各照犯奸例治罪，如别犯赌博窃盗，其罪重于宿娼者，仍从重拟断，并将失于查察之夷目，一并处分，知情故纵者，同坐。

——禁夷人出澳。夷人向例不许出洋，奉行已久，今多有匪徒藉打雀为名，或惊扰乡民，或调戏妇女，每滋事端，殊属违例。该夷目严行禁止，如敢抗违，许该保甲拿送，将本犯照违例律治罪，夷目分别失察，故纵定议。

——禁设教从教。澳夷原属教门，多习天主教，但不许招授华人勾引入教，致为人心风俗之害，该夷保甲务须逐户查禁，毋许华人擅入天主教。按季取结缴送，倘敢故违，设教从教，与保甲夷目一并究处，分别驱逐出澳。此条该夷目请免勒番文碑内。

乾隆《香山县志》卷8《濠镜澳》。

乾隆十六年闰五月，布政司详准，粤东开洋已久，番舶日增，商货云集，荷兰等国夷船虽各有大班弹压，商梢人等亦俯就约束，而昔年禁令未可遽行遗忘。今大班哑哔哪携带番妇同行，例当驱逐，但系该船大班既由澳门而至省馆，姑从宽典，以示圣朝怀柔之意。然其渐不可不防，禁令之行当先之于澳门，若任其来省，已为无及。嗣后有夷船到澳，先令委员查明有无妇女在船，有则立将妇女先行就澳寓居，方准船准入口。若藏匿不遵，即报明押令该夷船另往他处贸易，不许进口。倘委员徇隐不报，任其携带番妇来省行商，故违接待，取悦夷人，除将委员严参、行商重处外，定将夷人船货一并驱回本国，以为违犯禁令者戒。

（清）卢坤等修：《广东海防汇览》卷37《方略二·驭夷二》，第612—613页。

两广总督苏昌等奏陈酌办夷情会折

两广总督臣苏昌、广东巡抚臣托恩多、粤海关监督奴才尤拔世谨奏，为酌办夷情会折奏闻事。窃照本年八月内,有英吉利国啁啲夷船来广贸易,至九月初一日呈投该国夷官公班衙番文一件,当交通事译出汉文,系恳求释放夷犯洪任辉及请免归公规例等。臣等案查,洪任辉系英吉利国夷商,往来内地年久,晓通汉语,乾隆二十四年希往浙江宁波府开港贸易,勾结奸民刘亚匾砌款,前赴天津呈控。经钦差臣新柱等会同前督臣李侍尧具奏,奉旨将刘亚匾正法,其洪任辉荷蒙皇上念系远夷,著令圈禁澳门三年,俟满日释放逐回本国。钦遵在案。

伏思我皇抚驭万邦,怀柔体恤,无不备至,虽议狱无分中外,而法行自近,故将内地奸民刘亚匾正法示警,本应重治其罪之洪仁辉,以系异域夷人,仰荷圣恩从宽圈禁,已属法外之仁。况粤省自开洋以来,各国番夷俱梯航来广,全在纪律严肃,恩威并行,庶远夷震慑,知所凛遵,自谓便因该夷禀请遽行渎陈,应仍俟明年限满之日,奏明请旨释逐。至其禀内恳免规例银一千九百五十两。查海关则例,夷船进口,每船应纳番银一千九百五十两,计折实纹银一千七百余两,系定例应征之项。又二分头一宗,即系前年洪任辉所控案内开有每百两加平三两一条,业经查系定例应征之项。又二分头一宗,即系前年洪任辉所控案内开有每百两加平三两一条,业经查明每百两原有添平等项银共一两六钱五分,前任监督李永标因不敷解部,曾于乾隆二十年加收银八钱,嗣已奏明奉旨,将加收之八钱免征,现止仍照旧例每百两收添平银一两六钱五分,合算番银市平每两计收银二分,亦系定例应征之款。又六分头一宗,内有五分四厘系该夷船出口时所收分头银,亦系历久载入则例应征之项,均难宽免。且来粤夷船甚众,现在各国夷商莫不各照则例输纳,毫无异言,尤未便准其所请,致使各国效尤。以上规例、添平、分头三项银两,均应照旧征收。惟所禀六分头内,除分头银五分四厘外,尚有银六厘,查系夷人帮贴行商为搬运货物之辛工,并非官征之项,向缘行商汇同分头银一总向夷人收银六分,致该夷视非官收公项,混请求免。嗣后应饬令行商,凡夷船货物挑运脚费,听该夷自行出钱募,禁止行商收银代办,以杜藉口。又据禀,课税免交保商经手,其意不过虑及保商私自挪移,但夷人不谙内地章程,素赖行商经营,而行商中或有资本微薄纳课不前者,故又选择殷实之人承充保商,以专责成,原为慎重钱粮起见,未便据一面之词更易成规。如虑挪移别用致回棹稽迟,业经臣等严饬行保各商,毋许擅挪货税,俾夷船及早回国,如违查出革究。……(乾隆二十六年十月十一日)。

《香山明清档案辑录》,第187页。

两广总督苏昌等奏报洪任辉已释押回国及荷兰船哨互殴致死委员眼同行刑折

再,今岁各国夷人在粤,俱安静守法,并无与民人交涉竞争之事。惟本年十一月初三日,有荷兰国番梢唝与番梢哆呋彼此顽唤口角,唝持刀戳伤哆呋身死。臣等当即饬令交出凶番究拟间,旋据该国夷商大班咑哩以该船回帆在即,禀请照乾隆二十五年荷兰水梢喊唏哒吐戳死咭哈哪,即在本船处死之例,请委员监视正法。臣等查系夷人自相戕杀,似应抚顺夷情完结,俾得早日回棹。随于十一月十五日派委两标中军会同文员前往该船,眼同众夷将凶番唝用索系上桅杆勒死,弃尸海中,众夷念经叩谢,即于次早十六日扬帆回国讫。合并附折奏闻,伏祈皇上睿鉴。谨奏。(军机处录副奏折。乾隆二十七年十二月十五日)。

《香山明清档案辑录》,第189-190页。

两广总督李侍尧为复准令法国人邓类斯在省城洋行居住事奏折

伏查粤东省会为五方杂处、人烟辏集之区,向来各国夷商来广贸易,每有携带番厮出入游玩、与民争斗、持械伤人等事,甚有无藉汉奸日久熟识,潜行勾结滋事。是以历经前任督臣饬司议定章程,每年各国洋船进口,俱令湾泊黄埔,止令正商跟随数人同货入行,责成通事、行商报明管束,毋许纵令出外行走。至九、十月间,北风顺利,务令俱各开行回国;不得巧称压冬居住隔岁。倘有货账未清,准其在澳门居住,著令行商速为销售,归清货价银两,即令出口,不得潜住省城。盖因澳门孤悬海岛,原系夷人寄居之所,防范向属严密,而省会地方未便任听外夷久居也。嗣因日久法弛,多有夷商藉词迁延,留寓省会,年久不归,致有英吉利夷人洪任辉勾结奸民刘亚扁代为作词,潜赴天津具控,奉旨押发回粤,审究分别治罪。经臣酌定防范规条,议请嗣后夷船到粤后,令其依期回国,即有行欠未清,亦令在澳门居住,将货物交行代售,下年顺搭归国。奏奉谕旨,交军机大臣议准饬行。近年以来俱各遵守办理。今拂郎济亚国之邓类斯,因何澳门夷目独不准其居住,经臣饬委广州府海防同知平圣台确查,缘在澳门寄居,惟大西洋国夷人居多,该国派有夷目在澳管束。乾隆二十七年该国王出猎,被夷奴枪伤左手,究出系在澳门居住之三巴寺僧主谋。该国王行令夷目,将寺僧拿解治罪,庙宇拆毁。邓类斯曾在三巴寺寄住,夷目疑其知情,邓类斯闻知亦不敢前往澳门,故有夷目不准存留之语。今讯据邓类斯供称,乾隆二十二年在澳门三巴寺寄居,与蒋友仁接递书信,至二十六年即往法兰西国港脚居住,二十七年并不在澳,实无与三巴寺僧知情同谋。……

（宫中朱批奏折。乾隆三十二年十一月初三日）。

《清宫广州十三行档案精选》，第124—125页。

印光任防御夷人滋事措施

　　印光任，江南宝山人，由保举孝廉奉命来粤，所至有政绩。乾隆八年六月，夷人英吉利于外海仇劫吕宋船，并其赀货，复掳其人口，风急飘至内洋。任时莅东莞，上宪檄委盘诘，任航海反覆谕以王章，诸彝畏服，将所掳二百九十九人送出，委员交澳夷递回本国。数百生灵借以全活。上宪廉其才，题授肇庆府同知，寻以澳门海口要地，亟资弹压，改为广州府海防军民同知，驻扎前山寨。前山距澳门三里许，筑城凿池，屹然重镇。甫下车，侦知吕宋哨船泊十字门外，图复前仇，任以外夷互相构兵，恐为海滨患，传夷目申明恩义，动其天良，逾数日，扬帆去。十年六月，英吉利复纠合荷兰夷驶六巨舰伺劫吕宋商船，沿海居民惊诧，时秋哨舟师云集澳门，任会同移师海口，分布防范，适法兰西商舶鼓浪南来。法兰西者，吕宋姻党也，英吉利杀机顿起，各船一时挂帆起椗，将往截劫。任忿甚，带领弁员驾哨船督率各营舟师放至海面，横截中流，遣澳门夷目先驾小舟，谕晓天朝法律，严明难容内地狷獗，愤厉激切，蝟鬃虬结之徒始惕息卸帆，而法兰西得从老万山乘风驶进虎门。越日，诸番船亦次第远遁，洋海粗宁，商民安枕。上宪据事两经奏闻俱极，称旨居恒抚驭澳夷，开诚布公，示以恩信，民夷洽和，故当草创之始，遗大投艰，得以从容擘画，切中机宜，绝无掣肘之患。

乾隆《香山县志》卷4《职官·列传》。

　　澳门洋船奉总督孔题定二十五只，每岁自十月起至出年三月止，陆续开往外国贸易。近者五六年回澳，远者七八月。若遇货物不行，必至隔岁方回，亦有于所至之国买货，又往别国发卖一二年未回者，是以澳船之回帆，难与别省商船一例比也。

乾隆《香山县志》卷8《濠镜澳》。

　　（乾隆二十四年六月丙子）谕军机大臣等据庄有恭奏，本年五月有红毛、英吉利夷商船只，欲开往宁波贸易。现饬文武员弁严谕该商船仍回广东贸易，不许逗留等语。番舶向在粤东贸易不许任意赴浙，屡行申禁，乃夷商既往广东，藉称生意平常，复欲赴宁波为试探之计，自不可不严行约束。

《清高宗实录》卷589，《清实录》第16册，第551页。

（乾隆二十四年闰六月）又谕，据官着等奏，英吉利商人以迩年在粤省贸易，有负屈之处，列款呈诉该关监督李永标等因一折，已差给事中朝铨带同该夷商驰驿前往，并令福州将军新柱来粤，会同该督李侍尧秉公审讯矣。李侍尧在粤历任将军总督，皆兼管关务。然本任事务繁多，其一应榷政，则系监督专司。从前阿里衮、杨应琚在任时，亦不过总持大纲，历任皆如此办理。今夷商控告李永标各款，在该督固不能辞其失察之咎，但其咎非有心自作，犹在可谅。若因而稍存回护之见，或于会勘时不虚心确审，则重自取戾，断非公罪可比，恐该督难以任受，想李侍尧断不出此也。

《清高宗实录》卷590，《清实录》第16册，第556页。

两广总督李侍尧等奏闻澳门事

两广总督臣李侍尧、广东巡抚臣钟音跪奏，为奏闻事。窃照广东香山县属澳门地方，滨临大海，向为西洋夷人寄居，民番杂处。缘有民人方亚贵，向在澳门肩挑度日，寓居曾鸣皋药铺。乾隆三十三年三月初一日，方亚贵睡至半夜，因肚腹不好起身，往敲邻铺江广合店门讨火，江广合以夜深火息回答。方亚贵转身回铺，适遇巡夜夷兵哎哆呢吔指为犯夜，方亚贵剖辩，因彼此语音不通，哎哆呢吔即将方亚贵扭住。方亚贵用手拨开，转身欲走，哎哆呢吔赶上扭其衣领，连打方亚贵左太阳、左耳根，方亚贵挣脱回打，同行夷兵嗊法兰西吐咕从后抱住，哎哆呢吔用绳缚其两手牵行，嗊法兰西吐咕在后亦用藤条连打方亚贵右腿，拉至兵头家交付看守而散。维时，江广合听闻开门出看，方亚贵已被拉去。次早，江广合报知曾鸣皋，寻觅通事前往兵头家，说明方亚贵并非犯夜情由，兵头正欲释放，讵方亚贵伤重，旋即殒命。地保报县验明尸伤，饬令夷目唩嚟哆拿获哎哆呢吔等到案，讯据供认前情不讳。查方亚贵前赴邻铺取火，并非犯夜，夷人哎哆呢吔等并不查明，殴伤致毙，情同斗杀，嗊法兰西吐咕所殴右腿系不致命轻伤，应以殴伤致命左太阳、左耳根之哎哆呢吔拟抵，将哎哆呢吔拟绞，嗊法兰西吐咕拟杖一百，照例交夷目收管。等情具详。（军机处录副奏折，乾隆三十三年四月二十五日）。

《香山明清档案辑录》，第192页。

（乾隆）五十二年八月，黑奴饮营地街醉卧，不服夷官约束，夷官以肆主之卖酒与黑奴也，反责之邻肆，与辨遂迁怒督。黑奴拆毁寮铺，殴伤民人，并纵黑奴在望厦村偷窃滋事，货船到澳不报，地方官往澳弹压，强词不顺。知县彭翥揭督抚，调香山协移驻澳门，以缉捕台匪为名，实防御澳夷也。

光绪《香山县志》卷22《纪事》。

向来西洋各国及尔国夷商，赴天朝贸易，悉于澳门互市，历久相沿，已非一日，天朝物产丰盈，无所不有，原不藉外夷货物以通有无。特因天朝所产茶叶、瓷器、丝斤为西洋各国及尔国必需之物，是以加恩体恤，在澳门开设洋行，俾得日用有资并沾余润。

……向来西洋各国前赴天朝地方贸易，俱在澳门设有洋行，收发各货，由来已久，尔国亦一律遵行多年，并无异语。其浙江宁波、直隶天津等海口均未设有洋行，尔国船只到彼亦无从销卖货物。况该处并无通事，不能谙晓尔国语言，诸多未便。除广东澳门地方仍准照旧交易外，所有尔使臣恳请向浙江宁波珠山及直隶天津地方泊船贸易之处，皆不可行。

中国第一历史档案馆编：《英使马戛尔尼访华档案史料汇编》，国际文化出版公司，1996年，第57页。

乾隆帝赐英吉利国王敕书

乾隆五十八年，赐英吉利国王敕书曰：向来西洋各国及尔国夷商赴天朝贸易，悉于澳门互市，历久相沿，已非一日，天朝物产丰盈，无所不有，原不藉外夷货物，以通有无，特因天朝所产茶叶、瓷器、丝斤为西洋各国及尔国必需之物，是以加恩体恤，在澳门开设洋行，俾得日用有资并沾余润，今尔国使臣于定例之外，多有陈乞，大乖仰体天朝加惠远人，抚育四夷之道，且天朝统驭万国，一视同仁，即在广东贸易，亦不仅尔英吉利一国，若俱纷纷效尤，以难行之事，妄行干渎，岂能曲循所请，念尔国僻居荒远，间隔重瀛，于天朝体制，原未谙悉，是以命大臣等向使臣等详加开导，遣令回国，恐尔使臣等回国后禀达未能明晰，复将所请各条缮敕，逐一晓谕，想能领悉。据尔使臣称，尔国货船将来或到浙江宁波、珠山及天津、广东地方收泊交易一节，向来西洋各国前赴天朝地方贸易，俱在澳门设有洋行，收发各货，由来已久，尔国亦已遵行多年，并无异语。其浙江宁波、直隶天津等海口，均未设有洋行，尔国船只到彼，亦无从销卖货物。况该处并无通事，不能谙晓尔国语言，诸多未便，除广东澳门地方仍准照旧交易外，所有尔使臣恳请向浙江宁波、珠山及直隶天津地方泊船贸易之处，皆不可行。

……又据称，拨给附近广东省城小地方一处居住，尔国夷商或准令澳门居住之人，出入自便一节，向来西洋各国夷商居住澳门贸易，画定住址地界，不得踰越尺寸，其赴洋行发货，夷商亦不得擅入省城，原以杜民夷之争论，立中外之大防，今欲于附近省城地方另拨一处给尔国夷商居住，已非西洋夷商历来在澳门定例。况西洋各国在广东贸易多年，获利丰厚，来者日众，岂能一一拨给地方分住耶？至于夷商等出入往来，悉由地方官督率洋行商人，随时稽察，若竟毫无限制，恐内地民人与尔国夷人间有争论，转非体恤之意，核之事宜，自应仍照定例在澳门居住方为妥善。

《清朝续文献通考》卷57《市籴考二·市舶互市》，第8119页。

粤海关监督李永标给发二十二号船若望蒙打惹往吕宋贸易船牌粤海关澳门外洋船牌（关字十九号）

钦命管理粤海关税务内务府佐领李，为会题请旨事，照得西洋船只既经丈抽纳饷，或因风水不顺，飘至他省，原非专往贸易。查有丈抽印票，即便放行，不得重征。先经会同定议具题在案。今据洋船商若望蒙打惹装载货物，前往吕宋贸易。所有丈抽税饷，已经照例完纳，合行给牌照验。为此，牌给本船商收执。如遇关津要隘汛防处所，验即放行，不得重征税饷，留难阻滞。其随带防船火炮器械，按照旧例，填注牌内，毋许多带，并夹带违禁货物。取究未便。须牌。

【番梢】四十九名。小炮十个。大炮十五位。

舵工西华。食米二十二担零五升。

右牌给夷商若望蒙打惹收执。

乾隆二十三年正月廿五日，粤海关行：遵照。

刘芳辑：《葡萄牙东波塔档案馆藏清代澳门中文档案汇编》上册，澳门基金会，1999年，第244页。

香山知县杨椿为严催购办鼻烟以凭买缴备贡事下理事官谕

香山县正堂杨，谕夷目唩嚟哆等知悉：照得鼻烟一项，贡典在所必需，先经叠谕频催，该夷目自应实力查访，或有上年积贮，或有别路携来，均应尽数购备，乃今届期将近，而该夷目屡谕屡推，均以小西洋船未回为辞。急公趋事，岂宜出此？合再严催。谕到该夷目唩嚟哆等，务必确查购备上好真实洋烟四百余辣，并合式花样瓶盖，逐一照数收存，开价驰禀本县，以凭另差来澳买缴，毋得任由私卖，致误贡典，大干未便。速速。特谕。乾隆四十一年七月二十八日谕。

《葡萄牙东波塔档案馆藏清代澳门中文档案汇编》上册，第182页。

署澳门同知观为奉旨查禁棉花进口事下理事官谕残件

【上缺】奉旨查禁,该同知务须实力奉行,慎毋稍有宽纵,致干未便。等因。奉此,合就谕知。谕到该夷目等,即便遵照奉旨内事理,遇有外国洋船来广装载棉花,毋许狡狯澳夷雇觅渔船三板,前往偷运接济,如有搬运棉花到澳寄顿,亦不许私相贩卖,俟该洋船出口时,即令照数搬运回国,毋得隐匿在澳。在本澳洋船回趁,亦不许携带棉花。倘已经带到,该夷目等刻即将数目开列,呈报本分府,令其起卸澳夷家内收贮,不许内地民人私相贩卖。该夷目等不时留心察查。倘有不肖铺户,胆敢串同走漏,立即禀报本府,定行通详,究拟治罪。事关奉【旨】查禁,该夷目等务须遵照奉行,□□【慎毋】稍有宽纵,致干未便。速速。特谕。乾隆四十二年五月廿日谕。

《葡萄牙东波塔档案馆藏清代澳门中文档案汇编》上册,第149页。

谨按:英吉利一国,县三岛于吝因、黄祁、荷兰、法兰西四国之间,地产生银、哆啰呢、羽毛缎、哗叽、玻璃等物,在欧罗巴之西,为荷兰属国。……其国富强,与荷兰构兵,遂为敌国,不知何时踞占北亚末利加之地称加那大,英吉利称欧罗巴之国为本国。雍正十二年始来粤地贸易,联属之地十数国,皆称港脚,来舶甚多。……予详观英夷之祸不在近年之禁烟、缴烟也,盖由于不肖洋商之污辱自蛊,各前督之姑息养痈,内地奸民之贪利卖国,其蓄谋长乱久矣。及积重不返,而商与官皆受其敝,而不可救,而方执禁烟缴烟之迹,论其致祸,失之远矣。夫以外夷奸宄而纵之游衍省会重地,数十年所以恣其供给者,又悉餍足其欲浸,久而不知奸心得毋积乎?又况屡肆凶狡,抗拒大吏,公带兵众炮火侵犯内地,轰圮炮台,乃惟贪其货税小利,姑息不敢惩治,此纵无汉奸,亦且足致祸败。况人情趋利不回,积久尽移乎此,不可谓非前此在事诸公之过也。

(清)方东树:《考槃集文录》卷2《杂箸下·病榻罪言》,纪宝成主编:《清代诗文集汇编》第507册,第136—137页。

查各国洋船向来湾泊,均有一定处所。澳门离省三百余里,系西洋夷人常川居住。向止准西洋夷船二十五只,更替贸易。其余各国夷船,例应收泊黄埔。欲收泊黄埔,必须先进虎门。虎门离省一百六十里,山岸阴沙,自然天险。其护货兵船,只准在虎门外之潭仔、零丁等洋面湾泊。而黄埔、虎门、潭仔、零丁等处,层层炮台,常川均有兵船巡防。该夷船收埔时,臣等两衙门仍派武弁、关役、弹压稽查,立法极为周备。

(清)梁廷枏:《粤道贡国说》卷6《英吉利国二》,第252页。

英吉利兵船护送货船入粤

伏查外洋各国夷人，见小图利，中国布帛、茶叶等物，亦其日用急需。各夷国又自互相蛮触，是以生恐别夷国间其往来贸易。其书信因从前未经收受，是以带回澳门。今臣等明白宣谕，伊等呈出原封书信礼单，臣等又将副本令人译出清稿，一并呈览。查各国洋船，向来湾泊均有一定处所，澳门离省三百余里，系西洋夷人常川居住。向止准西洋夷船二十五只更替贸易，其余各国夷船例应收泊黄埔。欲收泊黄埔，必须先进虎门。虎门离省一百六十里，山岸阴沙，自然天险，其护货兵船只准在虎门外之潭仔、零丁等洋面湾泊，而黄埔、虎门、潭仔、零丁等处层层炮台，常川均有兵船巡防。该夷船收埔时，臣等两衙门仍派有武弁、关役弹压稽查，立法极为周备。至各国夷商俱无兵船，惟英吉利国货船有兵护送，而该国商船亦无兵船，惟其国王货船始有兵船四只护送。其兵船在虎门外交易后，随同货船回国，不准少有逗留。臣等两衙门亦派有兵役防送。其余各夷国货船内均有炮火器械，自资防范，于例原准携带。

（清）那彦成：《那文毅公奏议》卷10《控驭外夷》，《续修四库全书》史部第495册，第310-311页。

英吉利、法兰西欲侵澳门

嘉庆七年春，英吉利来兵船六，泊鸡颈洋，淹留数月，有窥澳门意。协办大学士两广总督吉庆饬洋商宣谕回国，以是年六月去。去之日，特遣其夷陈谢，谓法兰西欲侵澳门，故辄举兵来护也。讹言请勿轻信，意将以掩其迹也。会西洋人索德超等居京师者，言于工部侍郎管西洋堂大臣苏楞额上闻，驰询吉庆，以英夷开帆日奏，（以上均两广总督署旧档）事遂寝。【嘉庆】十年，英吉利国王雅治复遣其酋多林文献方物，仍附商舶来粤，总督倭什布译汉表云：法兰西与之构兵，播谣中国以间我。盖指七年来粤六兵船之事，恐为法兰西中伤，妨其通市故也。复云：遇有事情，要我出力，我亦喜欢效力云云。时海洋不靖，澳门之西洋夷目请备兵船二，协剿海贼，当事者以无借助外番理，巽词拒之。至是，英吉利来护货兵船四，泊虎门外，意将以入洋捕盗，故以效力为言，上命赍贡入京，按例颁赏。并以澳门已近内地，倘有劫掠，贻笑远人。谕新任总督那彦成整饬戎备，其护货兵船申划疆界，勿令逾越。后三年而有度路利之事。

（清）魏源著，陈华点校注释：《海国图志》卷53《大西洋·英吉利国广述下》，岳麓书社，1998年，第1458-1459页。

两广总督倭什布奏拒收夷目所呈书信礼物

嘉庆九年十二月，总督倭什布等会奏言：英吉利国王表称与法兰西国争斗，及法兰西国有着人到中国谣言疏间等语。查嘉庆七年八月间，有在澳居住之夷目委黎哆，寄信与在京居住之西洋人索德超，言英吉利国有大战船六只相近澳门停泊，恐有觊觎澳门情事。转呈管理西洋堂大臣苏楞额具奏。奉谕旨查询。经前督臣吉庆查明，英吉利国护货兵船，均已陆续回国。其在澳门外湾泊时，并未滋事。因该国向来恃强，住澳夷人是以惊疑。贸易夷船，英吉利国货物最细，较别国买卖殷厚。该国夷目、夷商均称恭顺，因与法兰西蛮触相争，恐为离间，有妨贸易，故表内特陈其事。再据该夷目禀称，该国宰相啰咖啡哩，有寄呈天朝中堂书一封，总督书一封，并礼物各一份。又该国公班理事官啝吥唂有寄呈总督、关部书各一封，呈关部礼物一份。当谕以该国王表贡，不敢壅于上闻，必据情转奏。至寄呈书信礼物，天朝国法森严，大臣官员不准与番国交接，不但中堂书信、礼物不便转寄，即我等亦不便接阅收受，令其毋庸呈出，遇便带回本国。

（清）梁廷枏：《粤海关志》卷23，第464—465页。

英吉利国王表文方物

（嘉庆）九年十二月，英吉利国王㗪啥具表文、方物，由该贸易商船恭赍至粤，禀请总督代为奏进。表称："英吉利国王㗪啥，管嗳呛等处地方，呈天朝大皇帝：从前太上皇帝恩威远播，四海升平。今大皇帝仁慈威武，天下太平，均同一德。我十分喜欢。天朝同本国往来通好，定蒙大皇帝照太上皇帝一样，永远通好。从前凡有本国的人来中国贸易，俱蒙太上皇帝公平恩待。今闻近来本国的人到中国贸易，均蒙大皇帝一体公平恩待。我因天朝百姓不能来我本国贸易，我已吩咐在港脚等处地方官员，如与中国相连地方，有天朝百姓、兵丁人等，务要加意相待。即遇有别项事情，要我出力，我亦十分喜欢效力。我与法兰西国，前已修和。因和之后，伊国强横无理，是以我今复与伊国战争。我本意欲和好无事，岂料伊国强横凌辱，至我不能忍受，又于海口地方设立重兵，显有歹意。我恐被伊国占夺，无奈亦只得设立重兵防守，并非意存好斗。我虽然与伊国争战，仍可照旧来中国贸易通好，并无阻碍。那法兰西国海口虽有重兵，我已用兵船围住，伊不能出口。此外又多派兵船护送，是以我贸易船只可保无虞。又幸遇大皇帝圣明，即使法兰西国有着人到中国，谣言疏间我国，我想大皇帝必不听信。再伊国不独存心想占夺我国，并欲占夺我之属国。伊国若兵力不能相敌，伊必另设阴谋。即伊国恃强设计，我国均能设备提防，可保无虞。"……其贡物：洋花地毡五张，酱色喝嗳呢一匹，太平貂呢一匹，山羊绒一匹，新样黄、绿、蓝呢三匹，新样黄哔叽一匹，新样红哔叽一匹，丝呢一匹，花袈裟布七匹，花洋布十匹，红小呢一匹，圆镜一对高二尺四寸余，圆镜一面高二尺五寸余，洋花露水一箱，鼻烟五竦，金镶洋刀十二把，洋剪刀十二把，新样洋刀三把。

（清）梁廷枏：《粤道贡国说》卷6《英吉利国二》，第247-248页。

【两广总督吴熊光等奏报英兵船到澳门有与法国为难之意等情片】再，臣等访询大西洋地方为法兰西占踞，该国王播迁，现在相近英吉利之美利坚嘌喇哂唎西洋地方居住，其英吉利兵船为法兰西打败，所有英吉利附近吕宋国马头并被法兰西占去。近年法兰西货物久不到粤，吕宋船只到口亦甚寥寥，皆缘英吉利截抢垄断之故。今该夷兵为法兰西所败，而其兵船反来至澳门，似系把截要路，与法兰西、吕宋为难，蛮触相争，无非为谋利起见。但海外传闻难于得实，容臣等密细访查，再行具奏。（军机处录副奏折，嘉庆十三年九月初四日）。

《香山明清档案辑录》，第68页。

于（嘉庆十三年）八月二日，拥入澳门，其理事官喽嗖哆报县知县彭昭麟，请大府封舱，撤买办，禁在澳服役人，从之。十九日，前潮州府知府陈镇、抚标游击祁世和至澳。九月中，香山协副将许廷桂领兵驻前山寨为声援。昭麟及都司余时高驻北山岭为犄角，度路利惧，乞陈镇转以情达大府，词未恭顺。昭麟札西洋理事官转谕度路利速退，否则火其舶而治其人。度路利益惧，遂以船上黑夷换夷兵，与大班拉弗乘夜至黄埔，赴省请开舱，不允所请。总督吴熊光奏奉谕旨用兵驱逐。昭麟益励澳禁严巡缉，二班叭喱等乃求西洋国使喝嚸带转乞昭麟，昭麟限以七日回国，并令喝嚸带与练总叶恒树晓度路利以利害，乃俯首服罪，随回澳门归国，十一月七日也。彭昭麟《岭南草·澳门记事诗序》。

光绪《香山县志》卷22《纪事》。

英吉利强行进入澳门

嘉庆十三年秋七月，英吉利来巡船三，曰家贡、曰拉、曰简敦。家贡船番梢七百，拉船番梢二百，简敦船番梢一百，他枪炮、剑刀、火弹称是。故事：英吉利护货兵船例泊十字门外，其年货船未至，即给言护货，既而兵头度路利扬言法兰西侵据西洋，国主迁于亚美利加洲，英吉利与西洋世好，虑法兰西入澳滋扰，因以兵力来助，其实英夷败于安南，覆其七艘，故以余艘抵粤，驻粤大班喇佛乃唆令占澳门为补牢计，澳夷不敢校也。然英夷惧中国不从，亦未敢显言据澳，两广总督吴熊光饬洋商谕大班俾兵船旦夕回帆，度路利不听，议登岸入澳定居，澳夷理事官委黎多服从，诡云国主有书，许令安置。八月二日，以二百人入三巴寺，一百人入龙松庙，以二百人踞东望洋，一百人踞西望洋，其在三巴寺者，十二日复移于西洋市楼，澳民惊怖纷纷逃匿。熊光与监督常显会谕洋商挟大班赴澳慰遣，坚不肯行。十六日乃下令封舱禁贸易，断买办，移驻澳左翼、碣石二镇，师船五十，红单船三十六，自虎门晋省防护，方迁延集议间，而英吉利复续来兵船八，每船番梢六七百，泊鸡颈、九洲洋。虎头门者，在东莞县，为中路海洋进口要隘也。左翼镇驻兵于此，建炮台焉，顾守御单弱，未可以抗夷舶。九月一日遂驶三兵船入虎门，进泊黄埔，越三日总督飞章入告，撤香山虎门兵回营自卫。二十三日度路利率其兵目十余，夷兵四十，水梢二百，自黄埔乘三板船三十余直抵会城，入馆寄寓。二十六日，又载三板船十余，以禁断买办为名，云至十三行公司夷馆取其素所储蓄。碣石总兵黄飞鹏方统师船驻省河，飞炮击之，毙夷兵一伤夷兵三，始惧而退。顾其已入夷馆者自若也。初，封舱令下，大班请还累年夷账，载所已市茶出口，或退茶洋行而价银息银全偿。监督常显严词饬驳，续来贸易夷舶皆泊零丁洋，停其带引入埔。会英吉利祖家（所谓欧罗巴之本国也）。至，船主一人以封舱忿大班曰：犯中国而绝市，虽得澳门不如已。时兵总统船十余，征饷于来粤之商船，每一舶银数万圆，大班已不支。先时夷船七月抵广，换货后十月即回帆，至是泊港外数月，货不得起，各国夷商亦咸怨。

（清）魏源：《海国图志》，《大西洋》卷53，中州古籍出版社，1999年，第1459-1460页。

严禁红毛番混入内地

通政史臣温汝适跪奏，为请严禁红毛番混入内地，以靖海疆事。臣窃查广东澳门距香山县城仅百余里，自前明嘉靖间，以其地与暹罗诸国来粤贸易者居住，议者以嫌其逼处非便，其后佛朗机混入，诸国咸避之，遂为所据。我朝初年，洋禁甚严，独西洋人居之，今则西洋人建寺聚处，亦间租与各国，定例只住客人，不得住兵，尚属相安。兹闻红毛番即英吉利带领兵船七八号来到澳门，要搬上澳住，西洋人以其住兵违禁，拒而不纳，红毛番竟拔兵数百，连炮火上岸，占踞东、西望洋两炮台。西洋人素弱，畏之不敢争。督臣闻报，即委员带同洋商前往查讯，红毛番外为恭顺，说西洋国被法兰西所败，闻要来夺澳门，故西洋国主约我带兵来为之守护，又吓制西洋人照他所说，遂扶（随附）同禀，覆核其情节，实有可疑。臣闻红毛番素号强横，专伺劫诸国货物，是以近年诸国货船少到，令观其举动，实意在澳门。盖彼既截劫诸国货船不使来粤，若更得杂处澳门，来者日众，则诸国必避之，彼将独来互市，别国欲买中国货者，均须到彼国交易，既遂垄断之计，将恐桀骜难驯。臣查《明史》所载红毛番，自前明已横行海上滋生事端，然所恃者大炮巨舰耳，实不谙接战，故当时制之者，或募善泅者凿其船，或绝其薪米以困之，皆足以制胜。至明季抚驭非人，因循了事，遂致渐不可制。今国家诘戎奋武，纪律严明，包蘖虽微，当防其渐。臣请敕下督臣，则其擅入澳门不先行具禀之罪，如肯俯首认罪，尚可照旧准其贸易，即申明禁约，令嗣后来船只许在虎门停泊，毋得上岸居住，毋得混入澳门。其到省城贸易者，人有常数，禁挟兵器，则令关口严密稽查。

再，红毛番种类最繁，如有伺劫诸国情弊，并严查分明惩办，庶稍知敛迹，而诸国亦得相安。倘执迷不悟，则厚集兵力，以计逐之彼将闻风窜遁，海疆可以秋宁矣。

臣籍隶广东，得自乡人传述。理合密奏，伏乞皇上睿鉴。谨奏。

嘉庆十三年十月二十五日。

《香山明清档案辑录》，第71-72页。

【粤海关监督常显奏报准令英吉利商船于十一月十一日开舱片】奴才常显跪奏，再，十一月初三日，由总督臣吴熊光奉到军机大臣字寄内开，奉上谕：英吉利夷船擅入澳门，现将其货船封舱，此于开税不足为属小事，且并非该监督办理不善所致，可转谕知常显，毋庸因此畏罪。等因。钦此。仰见我皇上圣明烛照，虽远弗遗，于整饬海疆之余，犹寓体恤臣仆之意，仁同愿复，感切心脾。跪诵叩恩，转深惭竦，奴才即捐縻顶踵，亦无以仰报圣恩于万一也。伏查，英吉利夷兵全行退出澳门情形，业经督臣吴熊光等会衔具奏在案。现据督臣知会，该夷等悔悟哀恳，请照旧开舱贸易。等因前来。奴才因照原奏办理，于十一月十一日开舱，饬谕洋商等妥为经理，其美利坚等一体起货纳税，该夷等怀德畏威，愈深感戴。查，向来货船到粤之期，原有迟早不等，此次洋船到粤较早，虽经封舱多日，于税务尚无妨碍，惟榷税首防私漏，夷船在埔日久，均经奴才预为筹划，实力稽查，严饬委员董率人役昼夜巡逻，密防弊窦。现在省城商民安堵如常，米价亦复平减，诸凡宁谧，足以上慰圣怀。（嘉庆十三年十一月十四日）。

北平故宫博物院编：《清代外交史料》嘉庆朝第2册，1932年，第40页。

（嘉庆）十四年奉旨，军机大臣会同长麟议覆，百龄等酌筹《民夷交易章程》分别应准、应驳具奏，所议甚是。嗣后各国护货兵船，俱不许驶入内港。夷商销货应即依限回国，并令洋商早清夷欠，其澳内西洋人不准再行添屋，民人眷口亦不准再有增添，引水船户给照销照，俱责成澳门同知办理，夷商买办选择殷实之人始准承充。至向来夷货到粤，皆由该国自行投行，公平交易，以顺夷情，今该督等请由监督，不论殷商乏商，按股签掣，竟似以外夷货财为调剂乏商之计，事不可行，着仍查明旧例，妥协办理。钦此。

道光《广东通志》卷180《经政略二十三》。

两广总督百龄等奏报英商船到粤遵旨带进黄埔贸易英商等感激情形折

二品顶戴，两广总督奴才百龄，护理广东巡抚、布政使奴才衡龄，粤海关监督奴才常显跪奏，为英吉利国夷商感激恩伦，呈恳据情代奏，仰祈圣鉴事。嘉庆十四年九月十六日，承准军机大臣字寄，钦奉上谕：百龄奏，英吉利货船将次到粤，夷目恳请照常贸易一折，上年该国夷兵冒昧入澳，曾经降旨令该督察看，该国夷人如果畏罪感恩，俟其货船到日，奏明请旨定夺。今伊祖家船十六只将次到粤，夷商等所具禀函，以涉险远资，悔罪乞请为词，尚属恭顺，着准其照常贸易。惟该夷人所带兵船，原以外洋辽阔，自备不虞，若货船既抵内地，焉用防范，着该督严切谕禁，令其将兵船留泊外洋，恪遵功令为要。钦此。

奴才等查，祖家货船自八月中旬至今，陆续到有十二只，均在虎门港口停泊，其护货巡船大小四只，仍泊鸡颈外洋。该夷商等因代奏吁恳禀词尚未奉到谕旨，恐难邀准贸易，复具禀恳求转奏间，适恩纶下贲，奴才等遵即督同司道文武各官，将该国大班喇吶及各夷商等传集奴才百龄衙门大堂，宣读圣谕，令通知传知，该大班等均各免冠叩头，喜出望外。奴才等并谕以此系大皇帝格外恩典，尔等务当知感，安静贸易。等语。该大班等颔首指心，察其欣惧情形，实属十分恭谨。兹据具呈汉、夷禀各一件，恳请代为奏谢天恩前来，情词亦极恳挚。

除奴才等遵照饬将货船带进黄埔，奴才常显定期开舱投税，奴才百龄、奴才衡龄仍遵旨严密稽查外，理合将该夷商等感激天恩缘由，据情合词恭折代奏，并将递到汉、夷字禀各一件，恭呈御览，伏乞皇上睿鉴。谨奏。（嘉庆十四年九月二十三日）。

《香山明清档案辑录》，第757页。

嘉庆年间英国兵船在广东

变诈幻如鬼，鬼子所由名。反侧工用间，阴谋竟何成。

【两广总督旧档】嘉庆七年春，英吉利兵船六只泊鸡头洋，有窥澳门意。广督吉庆饬洋商宣谕回国，以是年六月去。去之日，遣夷陈谢，谓法兰西欲侵澳门，故举兵来护。讹言请勿轻信。嘉庆十三年七月，来巡船三只。一曰嗓喷番稍七百，一曰啦番稍二百，一曰嘀墩番稍一百，枪炮器械称是。兵头喥嚛唎扬言，法兰西占踞西洋，国主迁于亚美利加洲，英吉利与西洋世好，因以兵力来助，驻澳西洋理事官唛嚟唎以闻。广督吴熊光饬洋商开谕大班回帆，不听，竟登岸入澳定居。唛嚟唎服从诡云国主有书，许令安置。八月二日，以二百人入三巴寺，一百人入龙窝庙，五日以二百余人踞东望洋，一百人踞西望洋。其在三巴寺者，十二日复移于西洋鬼楼，澳民惊怖逃匿，熊光与监督常显谕洋商挟大班赴澳慰遣，坚不肯行。十六日乃下令封舱禁贸易。香山县知县彭昭麐亲诣西洋议事亭，唛嚟唎入见，出英吉利兵总覆书译之词，甚不逊。方迁延间，英夷复来兵船八只，每船番稍六七百，泊鸡颈九洲洋。九月一日，三兵船驶入虎门，进泊黄埔。二十三日，喥嚛唎率其兵目水稍乘三板船三十余只，直抵会城，入寄馆寓，会其祖家欧罗巴本国船主一人。至以封舱怼，大班曰犯中国而绝市，虽得澳门不如已。时兵总统船十余只，征饷于来粤之商舶，每舶银数万圆，大班已不支。各国夷商咸怨。十月十日，奉抗延剿办之旨，各路官军四集，英夷始议迁，贿澳夷，约以十六万圆犒军，澳夷款从，喥嚛唎喜悦。大班乃具状归诚，复开舱贸易，以入埔入澳，夷兵陆续回船归国。十一月七日起椗出洋。

（清）谢元淮：《养默山房诗稿》卷29《荡海集•十一》，《续修四库全书》集部第1512册，第159页。

许祥光，字宾衢。其先由闽入粤，父赓飏始占籍番禺，家素丰，存心桑梓。嘉庆十五年海盗张甚，大府命赓飏集红单船数十，募水勇数千，月散千金，自为部署，败贼于大洋。明年海氛遂平。

光绪《广州府志》卷131《列传二十》。

蒋攸铦密陈夷商贸易情形及酌筹整饬洋行事

（嘉庆十九年）又谕蒋攸铦等奏，密陈夷商贸易情形及酌筹整饬洋行事宜，所奏俱是。粤省地方濒海，向准各国夷船前往贸易，该夷商远涉重洋，懋迁有无，实天朝体恤之恩。然怀柔之中，仍应隐寓防闲之意。近来英吉利国护货兵船，不遵定制，停泊外洋，竟敢驶至虎门，其诡诈情形，甚为叵测。蒋攸铦示以兵威，派员诘责，该大班始递禀谢罪。此后不可不严申禁令，该夷船所贩货物，全藉内地销售，如昵羽、钟表等物，中华尽可不需，而茶叶土丝在彼国，断不可少。倘经停止贸易，则其生计立穷。《书》云"不宝远物，则远人格。"该督等当深明此意，谨守定制。内固藩篱不可使外夷轻视，嗣后所有各国护货兵船，仍遵旧制，不许驶近内洋，货船出口亦不许逗留，如敢阑入禁地，即严加驱逐。倘敢抗拒，即行施放枪炮，慑以兵威，使知畏惧，所有该督等请严禁民人私为夷人服役，及洋行不得搭盖夷式房屋，铺户不得用夷字店号，及清查商欠，不得滥保身家浅薄之人承充洋商，并不准内地民人私往夷馆之处，均照所议行。

（清）刘锦藻：《清朝续文献通考》卷57《市籴考二》，第8121页。

美利坚商人打死番禺民妇案

夷人伤毙民妇于验讯后饬令地方官传同夷目将犯绞决免其交禁解勘。刑部咨广东司案呈内阁抄出两广总督阮奏称窃据广东番禺县知县汪云任禀报，本年八月二十六日有美利坚国即花旗夷人向民妇郭梁氏买果争斗，用瓦坛掷伤郭梁氏落水身死等情，当经饬令该夷商交出凶夷究办。旋即该国大班喊喱咯查明，系夷商吐嚏雇坐来粤啉咹唥船内水手法兰西吐嗲喇哪啡叮掷交瓦坛向民妇船妇人买果，并无打伤情事，亦不知如何落水身死，并称法兰西吐嗲喇哪啡叮现在忧郁成病，其势颇重等语。由认保此船之洋商黎光远等先后代为禀覆，并据总商伍敦元等查禀，该船主已将法兰西吐嗲喇哪啡叮锁拷在船等情，当查。民妇郭梁氏系被夷人掷坛打伤落水溺毙，当时有郭梁氏之女郭亚斗及稍谙夷语之船陈黎氏在船目击，喊同海关差役叶秀捞救不及，尸夫郭苏姊捞获身死，报经该县传齐该国大班及夷商船主人等眼同相验，郭梁氏实系受伤后落水淹死，该县亲赴夷船提讯，法兰西吐嗲喇哪啡叮仍执前供，坚不承认，实系任意狡赖，毫无情理。查各夷船日久停泊粤洋，与民人争殴伤毙事所常有，内地官吏与夷人言语不通，是以向办章程均系责令该国大班查出正凶，询明确切，即将凶夷交出，传同通事提省审讯，录供究办。今凶夷法兰西吐嗲喇哪啡叮认明瓦坛系伊之物，如果法兰西吐嗲喇哪啡叮并非正凶，何致忧郁成病，船主又何以将其锁拷，种种矛盾支离，俱是夷情狡诈，该大班观望逶延，不将凶夷交出，而保商通事人等亦不秉公确查，向其质辨明白，辄以夷人饬混之词率为据情转禀，均属玩违，事关夷人伤毙内地民人，岂容稍任颟顸，当将认保洋商黎光远、通事蔡懋一并收禁县监，并咨会粤海关将该国在粤货船全行封仓，暂停贸易，俟交出凶夷，审明定案后，再行核办。去后，粤海关监督阿尔邦阿亦严禁各船不许出口，饬交凶夷。嗣据洋商伍敦元等转据该夷商等禀请委员带同该洋商等前赴夷船，询明夷商船主等别无正凶可指，即将法兰西吐哆喇哪啡吀交出，押解赴省，饬委广州府知府钟会同南海县知县吉安、番禺县知县汪云任提集尸亲人证审明议拟，由署臬司费丙章覆讯具详前来。臣查法兰西吐哆喇哪啡吀系美利坚国噫啝呛船内水手，经夷商吐嚸雇坐来粤，道光元年八月二十八日午候，有向在该处河面贩卖果子之民妇郭梁氏同女郭亚斗坐驾小艇，从该夷船边经过，该水手法兰西吐哆喇哪啡吀呼其拢近，将钱五十交贮于水桶，用绳坠下，指买蕉橙，郭梁氏收取钱文，将蕉子橙子各十余枚，仍贮桶内吊上夷船，水手法兰西吐哆喇哪啡吀嫌少索添，郭梁氏稍谙夷语，答称须再给钱方可添果，法兰西吐哆喇哪啡吀不依，致相争斗，郭梁氏高声吵嚷，法兰西吐哆喇哪啡吀恐伊船主听闻斥责，一时情急，顺取船上瓦坛从上掷下，瓦坛底棱打破郭梁氏头戴箬帽，伤及偏右，翻跌落河。郭梁氏之女郭亚斗喊救，适有粤海关弹压夷船之差役叶秀在船妇陈黎氏船内闲坐，陈黎氏在船瞥见，喊同叶秀捞救不及，郭梁氏之夫郭苏姊近在河口闻知赶至，与官差叶秀向郭亚斗及陈黎氏询知情由，捞获郭梁氏尸身，业已殒命，箬帽浮水面亦即捞起查看，瓦坛在郭梁氏船内，尸夫郭苏姊报经番禺县汪云任亲谐黄埔，眼同该国大班喊喱咯、夷商吐嚸、船主噫啝呛等验明郭梁氏偏右一伤弯长一寸四分，宽三分，深抵骨，骨损，委系受伤后落水身死，提验凶器瓦坛，比对郭梁氏所带箬帽被打折裂处所伤痕相符，并将瓦坛合该船等认明，委系伊等船上之物，饬交凶夷究办……

（清）朱枟：《粤东成案初编》卷3《斗杀共殴》，陈建华主编：《广州大典》第37辑第28册，第138-139页。

两广总督阮元等奏陈饬谕小西洋人嗣后无须带领多船来粤片

臣阮元、臣陈中孚跪奏。再，澳门地方在省城之南二百余里，系明代租给大西洋夷人居住贸易，岁收地租五百余两，该夷自将余地盖屋转租与汉人开设铺面，及英吉利各国在粤贸易之人，澳内男夷一千名，女夷二千余口，夷兵二百余名。在西洋诸国中为弱，此次驱逐番差、兵头系澳中夷商主持，众夷之心向背不齐，并闻大西洋国中事权亦不归一，该国王接禀后，或责其专擅，或竟准其换立，或先已准换后又反覆，此皆该国之事。惟澳门系天朝地界，不比在该国本境，可以听其任意争哄，且嘉庆十三年英吉利曾有图占澳门之事，若澳夷与小西洋自生衅端，设有争执，恐英吉利从中觊觎，冀收鹬蚌之利。臣先已饬令委员谕知小西洋夷人，晓以天朝法度，设来年奉有国王示谕，来粤无须带领多船，将来到后亦不许其多人登岸，总当两边妥为弹压，不使争竞，以仰副圣主柔怀远人，恩威并用，绥靖海疆之至意。（道光三年六月十八日）。

《香山明清档案辑录》，第493页。

广东巡抚卢坤等奏番妇入广州事

广东巡抚臣卢坤、广州将军臣庆保、两广总督臣李鸿宾、粤海关监督臣中祥跪奏为奏闻事。查各国夷人航海来粤交易货物，每年春夏皆寓居澳门，至秋冬间，因出进货物均在省城洋行交兑，即移住省中夷馆。其随带番妇，向只准居住夷船。乾隆十六年始准寄住澳门，仍不许携带进省。迨乾隆三十四年，有英吉利国夷商啡哑私带番妇来省居住，经将该番妇押往澳门，出示严禁，现尚有案可查。三十四年以后，传闻间有私携番妇来省，或潜住数日，无人知觉，旋即回澳，此则无案可稽。本年春间，访有番妇到省潜住之事，正在谕饬洋商驱逐，即已回澳。现在英吉利国大班盼嗣复携带番妇来至省城，到公司夷馆居住。又该夷商由船登岸，坐轿进馆。经臣李鸿宾谕饬洋商，即将番妇驱令回澳，并嗣后夷商进馆，不许乘坐肩舆。随据该大班等赴臣等四衙门各递禀函，恳求番妇住馆，准令乘轿。禀内文义本不明晰，词语亦多不逊，均经臣等严行驳斥，谕以仍遵旧制，毋得稍违。（道光十年九月十二日，宫中朱批奏折）。

《清宫广州十三行档案精选》，第197页。

英吉利夷违例

（道光）十一年谕有人陈奏，广东贸易，夷人日增桀骜，英吉利自恃富强，动违禁令，其余各国相率效尤，道光十年该夷等违例乘坐绿呢小轿，又带夷妇入城，在洋行居住，当经两广总督及粤海关监督出示申禁，而英吉利大班等统领各夷向总督监督等衙门屡次递禀，语多诞妄，经该督调兵弹压，该夷等胆敢统率水手搬运枪炮器械到馆，俨有抵敌之势，是直以有恃无恐之情，行其有挟而求之计，夷情叵测，不可不严为防范。又称夷人之桀骜不驯，必有汉奸从中唆使，传递消息，簸弄是非，以遂其肥已之计。澳门居民半通夷语，其各洋行服役之人，及省城之开设小洋货店，此内均易藏奸，更有匪徒练习快蟹船只，为夷人运私偷税，贿通兵役，朋比为奸，俱应严密查拿，尽法惩治。又据称夷人违例八条，一夷人致毙汉命藏匿正凶抗不交出，一在省城横行街市汉民不敢与较，一夷妇生子多雇汉乳妈服役及向汉奸私买婢女，一内地书籍例不出洋近日汉奸多为购买并有课其子弟者，一上年该夷人在洋行门外私设临水码头以为偷税地步，一上年该督等所出告示皆被夷人涂抹该夷人竟擅出告示禁止洋商坐轿洋商不敢不遵，一向例夷人不准进靖海等门上年二三百人以探听批禀为名擅自拥入莫敢拦阻，一夷人销货完竣不准逗留近则往往在粤省过年等语。以上各情节于海疆重地，大有关系。如果该夷人桀骜日增，岂可一味因循长其藐玩之习，着朱桂桢逐款严密访查，据实具奏，无许含混，并查明地方官如有苛虐夷人情事，亦当一并参处示惩，勿稍隐饰。

（清）刘锦藻：《清朝续文献通考》卷57《市籴考二》，第8122—8123页。

英吉利携夷妇进入广州

道光十一年歙县叶钟进，号蓉塘，客粤中，著有《寄味山房杂说》，记英夷滋患之事，其言曰往时夷船到口，该大班等恭请红牌来至省馆，诘朝穿大服佩刀到洋行，拜候商人之稍有名望者，必辞以事不见，俟其再来，然后一答拜，迎送如礼，一切惟洋商之言是遵。迩年，船益多，消茶叶益多，洋商仰其厚润，于是该班将到，洋商不俟其来，托言照应过关，即出远迎，又复常至夷馆问候，更不闻有大班至洋行者。十三年秋，夷船到，二班摄司大班事，益无忌惮，竟带夷妇至十三行居住，出入必乘肩舆，翻不许洋商乘轿入馆，种种故为干犯，其肩舆系东裕行司事谢治安所送，访知将治安拿究，瘐死于狱。洋商于奉谕饬查时，为具禀该大班患病，需人乳为引，故带夷妇以来，以此延抗。而其时又不仅该大班携带夷妇已也，病夫更闻粤人言，凡洋商所以媚夷人娼妓，顽童无不购以奉之，洋商愈贱，夷人愈骄，皆商人导之使狂悖云。叶君云，各商互相倾轧，倘有说夷人短者，大班必知，遇事挑斥，故虽贤有品者，问以事亦谬为不知，而于天朝之用人行政及大宪之一举一动，夷人反无不知者。又按英夷于嘉庆元年、十年入贡，皆由广东，尚无事。十三年，以保护西洋人为名，带兵七百名进入澳门，踞占东望洋、娘妈阁、伽思兰三处炮台，总督吴熊光、孙玉庭不能禁。十四年总督百龄面奉上谕，命将英吉利兵船何以擅入澳门明白具奏。据称嗗叮喇兵头恐法兰西来阻隔生理，不及禀明国王，即带兵来澳保护，后奉大皇帝谕旨，不准住澳，即行退回云云。向来各国夷船来广贸易，皆各备资本，自行货买，唯英吉利国设有公班衙发船来广贸易，名曰公司，船设立大班、二班、三班等，在粤管理贸易事务，该国来粤夷商水手及所属港脚等国来粤，均由大班管束，是以事有专责，历久相安。道光十年，该大班忽称本国公班牙期满散局，嗣后无公司船来粤，将来本国差官来粤管事，亦系大臣云云。虽经督抚诘问，坚不言明，寻其奸意，盖欲以大班与中国督抚抗衡，故托言贵官也。

叶钟进又说，十二年李鸿宾以英夷动率水手数十人或百余人擅至省城，干犯禁令，饬洋商传谕，十三年因携带夷妇，奉谕查问，遂架大炮于夷馆两旁，设兵守卫，居民无不愤懑，即他国夷人亦谓天朝怀柔过甚。嗣通事蔡刚往谕，刚有胆识，能言厉声辨诘，始有畏意，撤去兵炮，而夷妇仍不肯遽回云云。十四年，总督卢坤奏英吉利公司散班，前督臣李鸿宾饬商传谕大班寄信回国，仍酌派晓事人来粤总理贸易，六月内有英吉利兵船载送夷目啤唠啤一名，携带女眷幼孩共五口，寄居澳门。兵船查有番梢一百九十名，停泊外洋，饬洋商伍敦元查询。讵该夷目不肯接见，洋商旋赴城外，呈递总督书信，封面系平行款式，且写大英国等字样，随饬广州协韩肇庆传谕违例等情，该夷目不遵传谕，声言伊系夷官监督，非大班可比，以后一切应与各衙门文移往来，不能照前由洋商传谕，伊亦不能具禀只用文书交官，且擅出告示，令各散不必以断绝贸易为虑，有心抗衡，不遵法度。洋商伍敦元因该夷执强，请即停止该国买卖。卢坤不欲因啤唠啤一人之过，概行封舱，使之向隅，因与抚臣祁𡎴商度，以为英夷素性凶狡，所恃船坚炮利，内洋水浅，礁石林立，该夷施放炮火亦不能得力，该夷目身入中华距本国数万里，已有主客之势，如其跳梁，我兵以逸待劳，其无能为显而易见。又奏称粤海关近年征收夷船商税，英吉利一国约计五六万两，国用为重，不得不通盘筹划。旋以该夷吁请开舱蒙混具奏，后于八月初五日英吉利兵船二只乘风潮闯进海口，越过虎门、镇远、砂角、横档各炮台，驶入内河蛇头湾停泊，初九日驶入内河离省六十里之黄埔河面停泊，啤唠啤居住省外夷馆，卢坤等派调水陆兵弁防堵近省各隘，犹言英夷不敢妄思跳梁已可概见，但防备不可不严耳。八月十六日，伍敦元转据散商咖啡沼称，啤唠啤因初入内地，不知例禁云云。卢坤奏言皇上抚驭外夷不为己甚，啤唠啤虽妄诞尚无不法实迹，且该国散商数千人俱以啤唠啤为非，无一附和，未便玉石不分。十九日将啤唠啤押逐出口，该兵船亦于是日开行，至二十二日始出虎门。

叶钟进云有久住十三行之英夷，知汉字能汉语，每遇班中人来，多方播弄，如道光七八年于夷馆前立大马头，置围墙栅栏，其地为对河居民往来渡口，具禀上控，总督李鸿宾偏徇夷人，准其设立，迨奉廷寄巡抚朱桂桢亲莅折毁，该夷又将来船碇泊零丁洋面，不入口开舱以八事入禀要挟，又纠各国夷人随声附和，惟美利坚不从，回称如我等有船至汝英国贸易，必遵汝英国法度，今来天朝图觅利耳，如无利即恐请汝亦不肯来，何烦喋喋多言？维时各船主争噪，大班嘟喽嘟庸懧无能，听二三四班许供给各国船食用，自七八月相持至次年正月，大班见事不了，潜赴便船逃去。适洋商以所定茶叶一年不交，一年费用无出，至澳解说，始于是月十四五日入口开舱，此十三年事也。

（清）方东树：《考槃集文录》卷2《杂箸下》，纪宝成主编：《清代诗文集汇编》第507册，第137-138页。

道光壬辰（即道光十二年），卢敏肃公坤督粤，英吉利领事律劳卑与大西洋哄，欲占澳门，忽以戈船闯进内河，抵海珠。敏肃震怒，严为之备。其夕，律劳卑暴死戈船，亟挂帆遁。

同治《南海县志》卷26《杂录二》。

卢坤等奏英夷在粤贸易商人大班事

臣卢坤、臣祁𡊮跪奏。再，英夷在粤贸易商人大班历在澳门向西洋人赁屋居住，本年啤唠啤来粤，先在澳门安顿女眷，自行进省。臣卢坤因该国有兵船二只停泊外洋，传闻随后尚有兵船前来，恐该夷人怀蓄诡谋，当经密饬文武，在澳门内外及附近洋面布置巡逻，并晓谕西洋人勿为所惑。今据海口探报，英吉利并无续来兵船，其现在兵船二只仅止番梢三四百名，所称专为保护货船，似属可信。惟夷情反覆靡定，现仍严饬水陆船兵加意防范，并将督标兵五百名暂行留省，以备调遣。

该国商梢不下数千人，载货远来，耽耽逐利，总以贸易为重。臣等前于封舱时，将事与散商无涉并怜各商航海远来之意明白晓示，众散商皆以夷目不遵旧章，以致停止贸易，无不归咎于啤唠啤一人。该夷孤立无助，穷蹙求去，是不遵旧制者止夷目一人耳。此时各商货船久泊咸潮之中，耗费已属不少，急于求售，断不任啤唠啤自逞意见，致绝贸易。惟该公司既散，并为复派大班，所来管理之夷目又不晓事，省会重地未便任由夷官居住。虽现在未据该夷商禀请开舱，而买卖势不能断，诸事必须另择统摄之人。英吉利与内地向来不通文移，似应仍饬洋商令该散商等寄信回国，另派大班前来管理，方可相安。

至关口进出稽查，全在粤海关监督廉以饬躬，严以驭下，方能慑服诸番。近年旧章渐行废弛，亦应乘此厘剔弊端，挽回积习。现在新任监督臣彭年已经到任，当会同商酌厘定章程，具奏请旨遵行。至水师营伍，人材甚少，不能得力，提督李增阶人极勇敢，惟营伍不见整饬，昨接其来信，病势甚重，业经请旨另行简放，俟亲任提臣到粤，将一切营务海防从长商办，加意整饬。臣卢坤因上年兼理巡抚，未及出省阅兵，本年夏间正往校阅，又值办理水灾，未经阅验，拟俟要件料理稍清，即亲往虎门一带查勘各处炮台情形，有无应行更定事宜，酌量办理奏闻，谨附片具奏，伏乞圣鉴。谨奏。（道光十四年十一月）。

《香山明清档案辑录》，第87-88页。

（道光十七年）据大鹏营参将、澳门同知、香山协县先后禀报，磨刀外洋暨九州沙沥、鸡颈、潭仔各洋面，共泊趸船二十五只，于七月二十九、三十，八月初三、初四等日，该趸船陆续由磨刀移泊尖沙嘴洋面十九只，由九州沙沥移泊尖沙嘴二只，由鸡颈移泊尖沙嘴一只；复于八月初九日，由尖沙嘴移泊潭仔二只，初十日由尖沙嘴移泊鸡颈一只。惟有道光十四年来泊九洲沙沥。兹移泊尖沙嘴之荷兰国叻嗲呕船一只，于初八日起椗，驶向万山外洋而去。

（日）佐佐木正哉编：《鸦片战争前中英交涉文书》第4部，文海出版社，1977年，第120页。

林则徐查惩"铁头老鼠"

再，查奸夷喳顿，系英吉利国所属之港脚人，盘踞粤省夷馆历二十年之久，混号"铁头老鼠"，与汉奸积惯串通，鸦片之到处流行，实以该夷人为祸首。伊仅系夷中之一奸贩，并非该国有职之人，只以狡黠性成，转恃天朝柔远之经，为伊护符之计，其因售私，以致巨富，人所共知。道光十六年冬间，即经督臣邓廷桢等遵奉谕旨，查明驱逐，而该夷借称清理账目，又作两载逗留。去冬臣蒙皇上发交太仆寺少卿杨殿邦等条奏各折，带来广东查办，其折内所指，亦以该夷人为奸猾之尤。臣于未出京时，即先密遣捷足，飞信赴粤，查访其人，以观动静。闻十二月间，广东省城互相传播，以为钦差大臣一到，首拿喳顿究办，该夷人遂即请牌下澳，搭船回国。是其饱则扬去，固为鬼蜮常情，要在使之不敢再来，乃为善策。又伶仃洋面趸船亦于臣将到之时，先后开动二十只，虽夷情叵测，难保不游奕往来，而其闻知谕旨森严，心怀畏惧，亦已明甚矣。此时查办机宜，惟有外树声威，内加慎重；阳示镇静，阴肃防维。使之生严惮之心，而发悔惧之念，然后晓谕禁止，皆非空言。

至广东兴贩吸食之人，固倍蓰于他省，然闻皇上特遣大臣查办，皆有惧心，屡经严拿之余，兴贩者不能不敛戢，吸食者亦不能不戒断。惟民情因见从前旋查旋止，以为官禁未必久长，不免有观望希冀之想。臣入境后，闻民间无不私探罪名轻重，与新例之曾否颁行。大抵惟生死关头，足以生其震恐。如果定论死之例，而宽一年之期，即吸食莫多于广东，而以臣察看情形，亦可保限外无人罹法。若宽而生玩，则不惟未戒者不戒，即已戒者亦必复食，稍纵即逝，恐不可挽。伏乞圣明乾断，严例早颁，庶办理得有把握。（道光十九年正月二十七日）。

林则徐全集编辑委员会编：《林则徐全集》第3册，第129-130页。

林则徐等巡阅澳门

臣林则徐、臣邓廷桢跪奏，为会同巡阅澳门，抽查华夷户口，传见西洋夷目，宣示德威恭折具奏，仰祈圣鉴事：

窃照广东澳门一区，在广州府香山县之东南，距县治一百三十余里，东西南三面环海，惟北面陆路可达县城。自县城南行一百二十里曰前山寨，设有海防同知暨前山营都司驻扎，再迆南十五里，建有关闸一座，驻兵防守，为扼吭拊背要区，出关即入澳境。溯自前明许西洋夷人寄住，岁输地租银五百两，由香山县征收。澳内营造夷楼，栋宇相望，并建炮台六座，以防他夷。其房屋除西夷自住外，余皆赁给别国夷人居住，而以英吉利国为较多。西夷挈眷而居，历今三百余年，践土食毛，几与华民无异。虽素称恭顺，不敢妄为，而既与各岛夷朝夕往来，即难保无牟利营私，售卖鸦片情事。

本年臣林则徐奉命来粤，与臣邓廷桢悉意酌商，以趸船虽在外洋，而澳门实为夷商聚集之所，且其间华夷杂处，汉奸勾串尤多，若不从澳门清源，则内外线索潜通，仍恐渐成弊薮。是以于四月间，檄委署佛山同知刘开域、署澳门同知蒋立昂、香山县知县三福、署香山县县丞彭邦晦，仿照编查保甲之法，将通澳华民一体按户编查，毋许遗漏，并督同该夷目搜查夷楼，有无屯贮鸦片。旋据该员等查明户口，造册呈送。计华民一千七百七十二户，男女七千零三十三丁口，西洋夷人七百二十户，男女五千六百一十二丁口。英吉利国僦居夷人五十七户。并查明虎门收烟之时，有英夷咽叹吐将趸船烟土偷运八箱入澳，被西洋夷目查获，将原土押交英国副领事参逊，一体呈缴。又据禀：该夷目自行拿获夷人哑嗯咐零烟，在马头焚烧，将哑嗯咐收监，按照夷法问罪，出具此外并无存贮烟土甘结，禀请亲临查办前来。

臣等因驱逐英国住澳奸夷，由省移驻香山，遂于七月二十五日自香山起程，二十六日清晨，统领将备管带弁兵整队出关，该夷目嚫嚧吗哋哂率领夷兵一百名迎于关下，兵总四人，戎服佩刀，夷兵肩鸟枪，排列道左，队内蕃乐齐作。俟臣等舆卫行过，兵总导领夷兵蕃乐随行。至新庙，夷目嚫嚧吗哋哂具手版禀谒，命之进见。该夷免冠曲身，意甚恭谨。臣等宣布恩威，申明禁令，谕以安分守法，不许屯贮禁物，不许徇庇奸夷，上负大皇帝抚绥怀柔至意。该夷点头领会。据向通事声称："夷人仰沐天朝豢养二百余年，长保子孙，共安乐利，中心感激，出于至诚，何敢自外生成，有干法纪。现在随同官宪驱逐卖烟奸夷，亦属分内当为之事。"等语。以手拄额者三，敬谨退出。臣等当即赏以绢扇茶糖，并颁赏夷兵牛豕面腊数十事，番银四百圆，再辞乃受。臣等即入三巴门，经三巴寺、关前街、娘妈阁，至南湾，督率随员抽查夷楼民屋，均与册造相符。其赁给英夷房间，自各夷离澳后现俱关闭。覆加访察，自春间查办以后，该西洋夷楼实无存贮烟土情事。随由南湾仍回前山。所有经过三巴、娘妈阁、南湾各炮台，俱发一十九炮。询之澳人，称系该国大礼，以示尊敬，不轻举行。兵总率领夷兵送至关闸，始行撤退。臣等沿途察看，不但华民扶老携幼，夹道欢呼，即夷人亦皆叠背摩肩，奔趋恐后，恬熙景象，帱载同深。此臣等巡视澳门之实在情形也。（道光十九年八月十一日）。

林则徐全集编辑委员会编：《林则徐全集》第3册，第195-197页。

请将高廉道暂驻澳门查办中外贸易事务片

窃念徒法不能自行，而量材或堪器使，自当择其扼要，俾有治人。查各国夷商来粤贸易，货船俱进黄埔，而坐庄商伙多僦居澳门，探行市、清账目固在此，而操奇赢、通诡秘亦在此，是澳门实为总汇之区。狡窟既多，汉奸因之麇集，教猱升木，靡所不为。至西洋夷人虽称恭顺，而不耕不织，专恃懋迁，罔利之谋，变幻百出。现经停止英夷交易，更难保其不私相串属，代运代销。弊窦一开，漏卮依旧，不可不大为之防。

溯查雍正八年设香山县丞一员，驻扎澳内之望厦村，乾隆八年又设澳门同知一员，驻扎距澳十五里之前山寨，专司夷务，布置本极周详。惟近日夷人变诈多端，澳务愈形吃重，当此认真厘剔之际，控驭尤贵得人，必须官职较大之员，方足以穷弊源而制骄纵。查有新授高廉道易中孚，俭约自持，能耐劳苦，办事勇敢，颇著威名，现已交卸潮州府篆，即赴高廉新任。臣等公同商酌，拟即委令该道暂行驻扎澳门，督同澳门同知等查办夷务。举凡稽察澳夷额船，断绝英夷冒混，缉拿汉奸接济，一切责成该员董率办理。其高廉道本任政事较简，尽可包封在澳核办。惟高、廉两郡秋审，向由该道提勘，届期前往，不过月余即可竣事。至澳内栖止之处，旧有澳海关监督行署一所，系属空闲，可借与该道驻扎，以资办公。惟澳门华夷杂处，布惠尤贵宣威，小事修刑，大事修戎，实为事所时有。既经畀以事权，即当予以兵卫。查前山寨设有内河水师都司一员，带兵三百六十三名，向归香山协管辖，应请由该道节制，遇有缓急，听其调遣。高廉道本兼兵备，体制亦属相符。整顿一二年后，如果诸夷就范，鸦片肃清，再将该道撤回高廉，以重职守。（道光十九年十一月初九日）。

林则徐全集编辑委员会编：《林则徐全集》第3册，第231-232页。

英国大班义律至粤

义律者，英公司散后续到之大班也。英人自开港于粤，惟公司船许赴粤中贸易，此外散商不得擅自出入，着之令甲以二百年为限，其公司大班亦定以三十年一瓜代，所有贸易资本，悉领自国库中，岁收其息。嗣因公司干没库帑不能偿，又于十三年后复请展限，限满则亏折如故。英国主见其党与日多骎骎乎不可制，亟思设法解散之值。道光十年后，屈指例限，将届大清通商二百年之期，据西人记载以解散公司为十四年事。然律劳卑以是年来粤，为卢制使所逐，则解散必在十年以后十四年以前，二百年者，亦举其大数而已，遂乘机裁革前例，解散公司之局，听散商各自牟利。英之富商皆以为便，而中国素恶公司横甚，不如散商之易于制驭，惟十三洋行与公司交通既久，狼狈为奸，反以为不便，乃托言公司散后统领无人，因有再着大班来粤之请。十四年，卢坤调任两广总督奏请敕令洋商寄信回国，仍援前例派公司大班来粤管理贸易，英国主得信即遣领事一人名律劳卑者，以是年秋至澳，由澳来粤，大吏以其未经通事闯入省河，虑非其国主所遣，是时有御史奏称，律劳卑带领兵船进至黄埔，督臣卢坤调派水师布置严密，旋即惶恐悔罪，请领红牌出口云云。盖但知其驱逐律劳卑之事，而其时大班来粤，实自督臣所请核之。十六年，义律至粤，粤督奏闻奏中仍理前次督臣，请寄信遣大班来粤之案。是此时之驱逐有因也，乃派员押回澳门。其十六年继至者，则义律也。义律之来，英人初议欲在粤中设立审判衙门，专理各洋行交涉讼事，不管贸易，盖欲仍听散商自行经理，然其时各洋行资本首推英商。而义律初至洋行尤谨事之，遂以是年冬，携一妻一子来粤名为约束，商人水手不敢贸易，实则总摄其事，诸番之在粤者，咸仰其鼻息，不敢自树异同。

十九年茛船之役，义律主之。时钦差大臣查办来粤，饬令各洋行将茛船鸦片悉数缴销，首传义律不至。嗣因各洋行禀覆稽延拘其奸商颠地等，义律适自澳门回则封舱撤去沙文（沙文即洋商买办。见后）之令已下，不得已始遵饬缴销而悻悻欲图报复之意不已也。义律寄信回国，仍住澳门。是年之秋，各洋货船来粤者，皆遵谕停泊澳洋，听候中国委员查验。义律首发难端，凡英之货船悉配以兵船，聚泊尖沙嘴，不听查验，制府发令驱逐，三挫其锋，始驶出老万山，复行文照会索偿烟价，以为入粤配茶之需，制府见其跋扈，一面照覆责其不守臣节，一面奏请停止英夷贸易。是时边衅方起，内外诸臣有请其闭关封港，并外洋各国一律停止通商。上发交粤督议奏。林则徐上言罚不及众，必须示以大公，今以英人不遵法律，辄将恭顺之各夷一例峻拒，未免良莠不分，设各夷禀问何辜，臣等即碍难批示，且自英人贸易断后，他国颇欣欣向荣，盖逐利者，喜彼绌而此赢，怀忿者谓此荣而彼辱，此中控驭之法，正可使其相间相睽，输忱内向。若概与之绝，转易联成一气。昔人所谓彼则聚而协以谋我者，不可不预为之防等因。奉旨加议，然是时如弥利坚、港脚等国之货船，虽奉准开舱，而英人以兵船拦阻口外，不得入。

（清）夏燮：《中西纪事》卷3《互市档案》，第35-36页。

责令澳门葡人驱逐英人情形片

再，澳门寄居西洋夷人历三百年之久，货物自行收税，盖屋转赁他夷，英吉利人早已垂涎其地。自嘉庆十三年间，英夷突占澳门炮台，旋经天朝官兵驱逐，从此西夷始有戒心。而澳中夷众，良莠不齐，难保不被英夷勾通煽诱，必使该夷官明于大义，上感天朝恩泽，下顾夷众身家，始可固藩篱而资捍卫。上年英夷义律于缴清鸦片以后，即有在澳门装货之请，经臣林则徐严切批驳，不许开端，伊之诡计不行，因而多方违抗。七月间，将澳内五十七家英众全行驱逐出澳，散住各船，而该夷每以三板驶近澳门，潜行窥探，是其处心积虑，未尝一日忘也。嗣既不准通商，尤恐其铤而走险，故于澳门水陆加倍严防，既经前督臣邓廷桢奏请，将新升南澳镇总兵惠昌耀暂留香山协之任，复与臣等奏请，将高廉道易中孚驻澳弹压，均蒙圣慈俞允。……（道光二十年）本年正月初间，义律等潜放三板私行入澳，臣等接禀，即饬严拿，旋据该道易中孚等以西洋夷目禀称："澳内华夷杂处，若兵役围拿，恐致扰动，恳请稍缓，自必驱逐"等语。……（道光二十年二月初四日）

英吉利领事义律寄澳门西洋兵头信

义律寄信与西洋兵头敦阿特厘阿加西阿打西尔威拉宾多：

现在英吉利在中国贸易首领事，为钦差及省中官府强霸之事，我今以英吉利国家之名，恳请求准将英人存下货物运至澳门，囤贮栈房，依澳门章程纳税。今我所求之事，并非立意欲破中国人所定之章程，将英国货物在澳门出卖与中国人，不过立意欲将英国之货物放于平安之地步，使各空船可以开身。我今不必多言，惟望尔贵人施仁厚之德与英吉利之人，我甚感激不浅。至我时常思想欲将澳门变为长久大利益之处，我等思想之事时候已至，欲将货物交澳门代理发卖，其权系在尔贵人手上，以我想来，此事亦并未破中国人所立之章程，今我求尔贵人熟思此事。

一千八百四十年正月初一日，在澳门洋面窝拉疑兵船上。首领事义律印此。外夷本年正月初一日，乃是内地上年十一月二十七日，理合声明。

西洋兵头回信

西洋兵头回复管理英吉利在中国贸易首领事贵人义律之前明鉴：

澳门兵头等接得正月初一付来之信，欲将英吉利船上之货物搬到澳门，不过欲将各货放于平安地步，使各空船可以回国。观此信中之事，我见得自己不能有如此大权回答此件大紧要之事，兼以须依管理澳门地方之法律，我亦无如此大权可能定夺此事，故我即将首领事之信知会此处之西挈底，大家商议。我等心中虽欲应承，惟因中国官府禁止我等不准与首领事有来往，我等虽欲将就首领事，惟因例禁，不能如我等所愿，故不得已推辞首领事所请。现在我等并不为所失，不能在澳做中国与外国贸易之利益而忧愁，乃为不能遵首领事，请带货物到澳囤积之事而忧愁。现在我亦不必多写书信，解明因何不依首领事所请带货到澳门囤贮之事，盖首领事曾在澳门居住数年，谅已知道在澳西洋人与中国官府之交情，尚望忠厚之英吉利国王保护澳门，以免我等受从来所未受过之艰难危险。今我等已定夺，不能如首领事所请，故特写此回信与首领事，求首领事明鉴体察。

一千八百四十年正月十六日，在澳门。敦阿特厘阿加西阿尔威拉宾多印此。外夷本年正月十六日，乃是内地上年十二月十二日，理合声明。

林则徐全集编辑委员会编：《林则徐全集》第3册，第289—292页。

英吉利夷官吐嘧致西洋兵头信

窝拉疑兵船船主吐嘧寄信与西洋兵头敦阿特厘阿加西阿打西尔威拉宾多：

我现在实不隐瞒尔贵人，因为中国官府出如此要重之告示，粘在澳门墙上，其中言语，英吉利住澳之人读之尽皆惊惶。尔贵人亦知道保护英吉利人之性命乃系我之专责，目下之事乃关于我之重任，欲遣一只兵船进至澳门港口，不独为保护在澳居住之英吉利人，亦可以守着澳门，以为有事时退步之计，而兵船进澳门并无打仗之意，我正愿尔贵人不必理我等与中国之事，如此我亦十分恭敬尔贵人。

一千八百四十年二月初四日，在澳门洋面窝拉疑兵船上。吐嘧印此。外夷二月初四日，乃是内地正月初二日，理合声明。

林则徐全集编辑委员会编：《林则徐全集》第3册，第292页。

林则徐设防备战

林则徐自去岁至粤，日使人刺夷事，译夷书，又购其新闻纸，具知夷人极藐（中国）水师，而畏沿海枭徒，乃募渔船蛋户壮丁五千，各给月费银六圆，赡家银六圆，皆捐诸洋商、盐商、潮商。又于虎门之横档屿，设铁练、木筏，横亘中流，购西洋铁炮二百余位，增排两岸。又雇同安米艇、红单船、拖尾船，共六十，备战舰，又备火舟二十，小舟百余，以备攻剿，并购旧夷船为式，使兵士演习，分攻首尾，及跃登中舱之法，使务乘晦潮据上风为万全必胜计。林则徐狮子洋校阅水师，号令严明，声势壮盛。至是又下令每杀一白夷者，赏银百员，黑夷半之，斩首逆义律者，赏银二万圆，其下领兵夷目，以次递降，获兵艘者，除火药炮械缴官外，余尽充赏。于是夷船之汉奸，皆为英夷所忌，不敢留，尽遣去。

（清）佚名：《夷艘入寇记》卷下，《广州大典》第29辑第4册，第5页。

二、走私鸦片及冲突

严禁鸦片贸易

公（林则徐）每恨外洋以鸦片土易内地银为生民大害，所至必严禁重惩……至广东与督抚会同查办，凡内地人民贩者食者皆处死，若追究夷人历年贩卖之罪，则贻害深而攫利重，本为法所当诛，惟念众夷尚知悔罪，乞诚将趸船鸦片二万二百八十三箱，由领事官义律禀缴，全行毁化……贵国距内地六七万里而争来贸易者，为获利之厚故耳。以中国之利利外国，是厚利皆由华民分去，岂有反以毒物害华民之理。……况如茶叶、大黄，外国所不可一日无者，若靳其利而不恤其害，则外国何以为生；又外国之昵羽、哔叽，非得中国丝斤不能成织，若中国亦靳其利，则外国何利可图，而外国之物不过以供玩好，可有可无，既非中国要需，何难闭关绝市，乃天朝于茶丝诸货，任其贩运流通，无他利与天下公之也。贵国带去内地货物，不特自资食用，且得分售各国，获利三倍，即不卖鸦片而大利自在，何忍更以害人之物，恣无厌之求，设别国有人贩鸦片至贵国，诱人买食，当亦贵王所深恶而痛绝也。……闻贵国所都之嘛啲及嘶噶嘛、嗳哈等处皆不产鸦片，惟所辖印度地方如嗡啊啦、嘤哒啦嚩、嗡嗰、叭哒嚛嚇、嚛嗏咏哇数处连山栽种，开池制造，累月经年，以厚其毒，臭秽上达天怒神恫，贵国王能于此处拔尽根株，尽锄其地，改种五谷，有敢种造鸦片者重治其罪，此真兴利除害之大仁政，天所祐而神所福延年寿长子孙，必在此举矣。

（清）桂超万：《惇裕堂文集》卷4《林文忠公传》，纪宝成主编：《清代诗文集汇编》第547册，第498-500页。

绝英吉利互市论

互市诚中外之利。自英吉利假市以售鸦片，于是外蕃之利无穷，中土之患殆将莫测，则互市之通塞，又不待智者而后决矣。请得而论之，闻之红毛诸蕃相吞并，敌弱则攻取，敌强则诱之以鸦片，以疲羸其人民，而夺其国。鸦片者，彼所恃为阴谋奇计也。英吉利亦红毛之一，既复据有北亚末利加地，属国益多……雍正十二年来通贡市，时鸦片已渐入粤东，列药物籍中未之禁也。乾隆间，遣使入贡，乞于浙江之珠山及天津等处僦地筑室，为互市地，朝廷烛其奸，不之许。嘉庆三年鸦片之来日多，食之者日众，始设禁。十九年复入贡，蕃使至国门忽称疾，竟扬帆去。比岁，蕃舶数徜徉闽浙、江南天津各洋面，托言风礁损舟，入口寄碇，虽旋驱逐之，而鸦片之入已无算，每岁出海银至数千万两，外奸内宄，主客相纠，牢不可破，建言者或谓宜宽之，以敌其居奇，或谓宜严之，以绝其买食，咸视为莫测之隐忧，为之长虑而却顾也。

（清）汤彝：《盾墨》卷4，《续修四库全书》史部第445册，第105-106页。

查禁私带鸦片

【两广总督李鸿宾奏陈仍随时设法认真查禁私运烟银以除蠹害片】再，粤海关定额正税银四万两，盈余银八十五万余两，共八十九万余两。近十数年来，溢收至一百数十万两内，土货税约十之一二，夷船货税约十之八九。而夷船中，英吉利国船货等税居其过半，每年约纳税银六七十万两不等，是以该国夷商恃以输税独多，往往意存挟制，故作刁难，在该夷以为奇货可居，而不知自天朝视之则无关于毫末。况该夷船私带鸦片烟泥入口，偷买内地官银出洋。一则以外夷之腐秽巧获重赏，一则使内地之精华潜归远耗，每年钞税不过数十万两，而被其弋取者或至倍蓰，是得者少而失者多，明似有益而暗实多损，其为害不可胜言。历任督抚臣无不严督文武实力查禁，乃该夷船每当未进口之先，停泊外洋，兼乘雨夜，潜用快艇，分途偷运，纵沿海巡查员弁棋布星罗，断不敢稍有疏懈，而港汊纷歧，实有难以周察之势。夷烟仍不免蔓延，官银则恒虞厄漏。本应绝其往来，毋许贸易。然圣朝仁覆万邦，该夷等航海远来，历年已久，未便无端禁阻，若遂加斥逐，转非怀柔体恤之道，所以嘉庆十三年因该夷据澳滋事，曾停开舱。次年经前督臣百龄据该夷投禀，恳求奏准仍前交易。迨至于今，该夷赚利愈多，恃强渐甚，欲图控制之法，驯顺则准令往还，狡黠则严行驱逐，即有一二年，少此一国货税，而夷烟不入，官银不出，所全实多，待其叩关虔请，而后许以通商，庶足以折桀骜之气，而溃贪诈之谋，亦于整肃国威，绥来遐服之义，两得甚宜，仍随时设法认真查禁私运烟银，以除蠹害。（道光九年十二月初五日）。

《香山明清档案辑录》，第225—226页。

阿芙蓉，今名鸦片，始见李时珍《本草》暨《蓝鹿洲集》，来自蕃舶。乾嘉中，吸食者渐众。道光戊戌（道光十八年，1838年），诏命制府林公则徐为钦差大臣抵粤，查办严禁，吸食者死。十二月莅广州，己亥（道光十九年，1839年）正月檄英吉利领事贰律等至十三行，督重兵作长围以困之，绝其饮食。命将各船阿芙蓉尽缴，沿珠江兵仗森然，木筏铁锁，贰律惧，乃缴入至二万余箱之多。甃石塘尽销之，求犒赏与少许，不满所欲。又命具互结，有赍阿芙蓉一粒于舱中，五船船货悉充公，人并斩。各蕃商俱不愿，罢其互市。出泊虎门。适有在新安发鸟枪毙一村农，以尸献，谓其匪真凶也。严诘之，又恳将船中货易剥船赍至十三行贩之，即具结。有代求者已首肯，继又虞其反覆。峻拒焉。各蕃商怒，燃巨炮击虎门寨战舰，相率而去。时九月十八日也。

同治《南海县志》卷26《杂录二》。

鸦片流入中国之危害

鸦片在康熙初以药材纳税，乾隆三十年以前，每年多不过二百箱。及嘉庆元年因嗜者日众，始禁其入口。嘉庆末，每年私鬻至三四千箱，始则积澳门，继则移于黄埔。道光初，严旨查禁，复移于零丁洋之趸船。零丁洋者在老万山内，水路四达，凡中外商船之出入外洋者，皆必由焉。夷艘至，皆先以鸦片寄趸船，而后以货入口，凡闽浙江苏商船，即从外洋贩运。其粤商则皆在口内议价，而从口外运入。始，趸船不过五艘，其烟至多不过四五千箱，可筹火攻。而总督阮元密奏，请暂事羁縻，徐图驱逐。于是，因循日甚，其突增至二十五艘，烟二万箱者，则在道光六年，两广总督李鸿宾设巡船之后，巡船每月受规银三万六千两。放私入口，前此洋商禀明，每年互易，外夷人总因补内地货价银四五百圆，逮后则绝无补价。而粤海关监督阿尔邦阿奏请，许夷船余剩洋银带回三成，于是援为定例。影射公行，藩篱溃决。及道光十二年，总督卢坤始裁巡船，而水师积习，已不可挽。道光十七年，总督邓廷桢复设巡船，而水师副将韩肇庆,反以获烟功,保擢总兵,赏带孔雀翎,水师兵人人充橐,而鸦片遂岁至四五万箱矣。大理寺卿许乃济,曾任广东雷琼兵备道,遂奏请将鸦片照药材收税,不报。十九年,正月二十五日,林则徐驰驿赴粤,传洋商伍怡和,索历年贩烟之夷商查顿及颠地二人。查顿已先期闻风窜遁。惟颠地随英吉利公司领事异律,由澳门至省城夷馆。林则徐派兵役监守之,并于省河之腊得炮台,筏断来往,谕令将零丁洋所泊二十五艘之烟土,勒限呈缴,免其治罪,否则断薪水,停贸易。又以禁烟事宜,策问书院士子,皆以水师包庇贩私对。于是奏革水师总兵韩肇庆之职,终以邓廷桢所保,不能尽正其罪。

公司领事者,英吉利国王所派夷官,管贸易者也,他国皆夷商各自贸易。惟英吉利有公司,皆通国富商合货银三千万圆,而国王派领事一员总管之。凡与中国官吏抗衡桀骜,皆领事所为。初议三十年为一局,继议六十年为一局。道光十三年,公私局散,粤中已无领事。而总督卢坤听洋商言,反行文英吉利国,令仍派领事来粤司贸易。初至者曰劳律卑,以不法驱逐。再至者即异律,在粤三载,至是既被围在省馆,不能回澳。始于二月十二日,具即禀遵缴,并寄信各夷船,令将驶往东洋之烟,尽驶回粤,共缴鸦片烟土二万二百八十三箱,计每船大者千箱,次者数百箱。于是林则徐会同两广总督邓廷桢驻虎门舟次,验收。至四月初六日收毕,每箱酌赏茶叶五斤,其烟土请解京师,奉谕即在海口销毁,毋庸解京,俾沿海民夷共见共闻,咸知震詟。林则徐会同督抚,于虎门监视销毁,就海口高处,周围树栅,开地浸滷,投以石灰,倾刻汤沸,不爨自燃,夕启涵洞,随潮出海。

(清)佚名:《夷艘入寇记》卷上,《广州大典》第29辑第4册,第3-4页。

鸦片流入中国之缘由

盖鸦片出产之地,皆在英吉利国所辖地方,从前例禁宽时,原不止英夷贩烟来粤,即别国夷船亦多以此为利。而自上年缴清趸船烟土以后,业经奏奉恩旨概免治罪,即未便追究前非。此后别国货船莫不遵具切结,层层查验,并无夹带鸦片,乃准进口开舱,惟英吉利货船聚泊尖沙嘴,不遵法度,是以将其驱逐,不准通商。今若忽立新章,将现未犯法之各国夷船,与英吉利一同拒绝,是抗违者摈之,恭顺者亦摈之,未免不分良莠,事出无名,设诸夷禀问何辞?臣等即碍难批示。且查英吉利在外国,最称强悍,诸夷中惟美利坚及法兰西尚足与之抗衡,然亦忌且惮之。其他若荷兰、大小吕宋、连国(丹麦)、瑞国、单鹰、双鹰等国到粤贸易者,多仰英夷鼻息。自英夷贸易断后,他国颇皆欣欣向荣，盖逐利者喜彼绌而此赢，怀忿者谓此荣而彼辱，此中控驭之法，似可以夷治夷，使其相间相睽，以彼此之离心，各输忱而内向。若概与之绝，则觖望之后转易联成一气，勾结图私，《左传》有云："彼则惧而协以谋我，故难间也。"

我朝之驭诸夷，固非其比，要亦罚不及众，仍宣示以大公。且封关云者，为断鸦片也。若鸦片果因封关而断，亦何惮而不为？惟是大海茫茫，四通八达，鸦片断与不断，转不在乎关之封与不封。即如上冬以来，已不准英夷贸易。而臣等今春查访外洋信息，知其将货物载回夷埠，转将烟土换至粤洋，并闻奸夷口出狂言，谓关以内法度虽严，关以外汪洋无际，通商则受管束而不能违禁，不通商则不受管束而正好卖烟，此种贪狡之心，实堪令人发指。是以臣等近日不得不于各海口倍加严拏，有一日而船烟并获数起者，可见英夷货去烟来之言，转非虚揑，不然以外洋风浪之恶，而英船仍不肯尽行开去，果何所图？若如原奏所云，大小民船概不准其出海，则广东民人以海面而为生者尤倍于陆地，故有渔七耕三之说，又有三山六海之谣。若一概不准出洋，其势即不可以终日，至谓捕鱼者止许在附近海内，此说亦虽近情，然既许出洋，则风信靡常，远近难定，又孰能于洋面而阻之？即使责令水师查禁，而昼伏则夜动，东拏则西逃，亦莫可如何之事？臣林则徐上年刊立章程，责令口岸澳甲编列船号，责以五船互保，又令于风帆两面及船身两旁悉用大字，书写姓名以及里居牌保，惟船数至于无算，至今尚未编完，继又通行沿海县营，如有夷船窜至该辖，无论内洋外洋均将附近各船，暂禁出口，必俟夷船远遁，始许口内开船，其平时出入渔舟，逐一查验，只许带一日之粮，不得多携食物，若银两洋钱尤不许随带出口，庶少接济购买之弊。至大黄、茶叶二物，固属外夷要需，惟臣等历查向来大黄出口多者不过一千担，缘每人所用无几，随身皆可收藏，且尚非必不可无之物，不值为之厉禁。惟茶叶历年所销自三十余万担至五十余万担不等，现在议立公所酌中定制，不许各夷逾额多运，即为钳制之方。然第一要义，尤在沿海各口查拏偷贩出洋，否则正税徒亏而漏卮依然莫塞，是以制驭之道惟贵平允不偏，始不至转生他弊。若谓他国买回之后，难保不转卖英夷，此即内地行铺互售尚难家至目见，而况其在域外乎？要知英夷平日广收厚积，本有长袖善舞之名，其分卖他夷独牟余利，乃该夷之惯技。今断绝贸易之后，即使从他夷转售一二，亦已忍垢蒙耻，多吃暗亏。譬如大贾殷商一旦仅开子店，寄人篱下已觉难堪，惟操纵有方，备防无懈，则原奏所谓该夷当畏惧而求我者，将于是乎在矣？至于备火船、练乡勇、募善泅之人，则臣等自上年至今，皆经筹商办理，惟待相机而动。即各山淡水，上年本已派弁守之。始则夷船以布帆兜接雨水，几于不能救渴，继而觅诸山麓，随处汲取不穷，则已守不胜守,似毋庸议。

（清）梁廷枏著,邵循正点校:《夷氛闻记》卷1,中华书局,1959年,第32—34页。

谕各国商人呈缴烟土稿

谕各国夷人知悉:

照得夷船到广通商,获利甚厚,是以从前来船,每岁不及数十只,近年来至一百数十只之多。不论所带何货,无不全销;愿置何货,无不立办。试问天地间如此利市码头,尚有别处可觅否?我大皇帝一视同仁,准尔贸易,尔才沾得此利。倘一封港,尔各国何利可图?况茶叶、大黄,外夷若不得此,即无以为命,乃听尔年年贩运出洋,绝不靳惜,恩莫大焉。尔等感恩即须畏法,利己不可害人,何得将尔国不食之鸦片烟带来内地,骗人财而害人命乎!

查尔等以此物蛊惑华民,已历数十年,所得不义之财,不可胜计,此人心所共愤,亦天理所难容。从前天朝例禁尚宽,各口犹可偷漏。今大皇帝闻而震怒,必尽除之而后已。所有内地民人贩鸦片、开烟馆者立即正法,吸食者亦议死罪。尔等来至天期地方,即应与内地民人同遵法度。本大臣家居闽海,于外夷一切伎俩,早皆深悉其详,是以特蒙大皇帝颁给平定外域、屡次立功之钦差大臣关防,前来查办。若追究该夷人积年贩卖之罪,即已不可姑容。惟念究系远人,从前尚未知有此严禁,今与明定约法,不忍不教而诛。查尔等现泊伶仃等洋之趸船,存有鸦片数万箱,意欲私行售卖,独不思海口如此严拿,岂复有人敢为护送,而各省亦皆严拿,更有何处敢与销售。此时鸦片禁止不行,人人知为鸩毒,何苦贮在夷趸,久碇大洋,不独枉费工资,恐风火更不可测也。

合行谕饬。谕到,该夷商等速即遵照将趸船鸦片尽数缴官,由洋商查明何人名下缴出若干箱,统共若干斤两,造具清册,呈官点验,收明毁化,以绝其害,不得丝毫藏匿。一面出具夷字汉字合同甘结,声明"嗣后来船永不敢夹带鸦片,如有带来,一经查出,货尽没官,人即正法,情甘服罪"字样。闻该夷平日重一信字,果如本大臣所谕,已来者尽数呈缴,未来者断绝不来,是能悔罪畏刑,尚可不追既往。……若鸦片一日未绝,本大臣一日不回,誓与此事相始终,断无中止之理。况察看内地民情,皆动公愤,倘该夷不知改悔,惟利是图,非但水陆官兵军威壮盛,即号召民间丁壮,已足制其命而有余。而且暂则封舱,久则封港,更何难绝其交通。我中原数万里版舆,百产盈丰,并不借资夷货,恐尔各国生计从此休矣。尔等远出经商,岂尚不知劳逸之殊形与众寡之异势哉。

至夷馆中惯贩鸦片之奸夷，本大臣早已备记其名，而不卖鸦片之良夷，亦不可不为剖白。有能指出奸夷，责令呈缴鸦片，并首先具结者，即是良夷，本大臣必先优加奖赏。祸福荣辱，惟其自取。

今令洋商伍绍荣等到馆开导，限三日内回禀，一面取具切实甘结，听候会同督部堂、抚部院示期收缴，毋得观望逶延，后悔无及，特谕。（道光十九年二月初四日）。

林则徐全集编辑委员会编：《林则徐全集》第5册，第116-118页。

林则徐等奏陈夷船呈缴鸦片事

臣林则徐、臣邓廷桢、臣关天培跪奏，为夷船呈缴鸦片，现已一律收清，核较原禀之数，有赢无绌，恭折奏报，仰祈圣鉴事：

窃照英吉利等国夷人，遵谕呈缴趸船鸦片，经臣等由四百里会折驰奏，迨收逾十分之八，即乘势清理东路，亦经续行奏明在案。臣等查粤省东路南澳一带，系与福建漳州府属洋面毗连，该处夷船自上年驱逐开行之后，今春又据禀报，有数只驶至常山尾等洋游奕，而福建之布袋等洋，近在其北，闻亦有夷船旋去旋来。缘两省交界之间，逐于粤则窜于闽，逐于闽又窜于粤，无非因船内载有鸦片，随处觅售。兹粤省中路趸船收缴烟土，办理既能应手，且究明中东两路，实属一气相生，亟应由中路而及东路，并由粤洋而及闽洋，务使两省海面，一体肃清，不敢稍分畛域，当经臣等谆谕英吉利国领事义律缮写夷信，多拨三板小船分赴东路各洋，无论粤界闽界，但有夷船寄泊，即催令驶回中路虎门，与各趸船同缴烟土，仍严檄南澳镇率领师船，在洋堵逐，并带有通事，传谕夷人缴烟。其内港各口，责令潮州镇道府县，严禁趸艇出洋，以断夷船接济。一面飞信知会闽省督抚臣，饬属照办，使两省声势互相联络。适据潮州府知府易中孚禀知：已奉闽浙督臣钟祥、福建抚臣魏元烺，派委漳州府知府胡兴仁至闽粤交界之分水关，与易中孚面商会办。该府等均即遵照檄饬，实力防堵，水陆交严。夷船既不能将鸦片发售，又不能有水米接济，势难久泊。

复经该领事义律催令一体呈缴，即据禀报，陆续来至虎门。查有咈囒吐船、啤吩咍船、嗎船，皆称从南澳驶来，共缴鸦片一千六十七箱又五百十一袋，复有唎船、咍嚖吋船、啰嘛吋吐船，皆称从福建驶来，共缴鸦片二千二百四箱又五十七袋，此数船原不在中路伶仃等洋趸船之内，每由外洋潜行窜越，踪迹靡常。今亦招至虎门，与趸船一体呈缴，截至四月初六日收清，合计前后所收夷人鸦片共一万九千一百八十七箱又二千一百一十九袋。核之义律原禀，应缴二万二百八十三箱之数，更溢收一千袋有零。据该领事等佥称：

委系尽数缴官，不敢丝毫余剩。臣等于亲督收缴之际，节经饬令委员，每起尽一船，即将各层舱底逐一查验，不任稍有留遗，此次收缴全清，夷人成本千余万金，已成虚掷。谅不敢更寻覆辙。

惟现值南风司令，各国本年贸易夷船，正应陆续到粤，计自彼国开船尚在数月以前，未必遽知天朝如此严禁，其历年夹带鸦片，本已习为故常，此次来船恐亦难免。惟一时未便即置于法，仍须责令一并缴官。……（道光十九年四月初六日）。

林则徐全集编辑委员会编：《林则徐全集》第3册，第141-142页。

新颁外人带烟治罪专条内请酌易字样片

再，臣等准刑部咨："通行夷人治罪专条，内开：一、夷人带有鸦片烟入口图卖者，为首照开设窑口例斩立决，为从同谋者绞立决"等语。在衡情定议之意，以"入口"二字为关键。原因海洋辽阔，口以外直连夷洋，口以内始为内地，划清界址，本极分明。惟核诸粤省贸易章程，尚有不得不防其影射之处。

缘广东中路通商，向以船进虎门乃为入口，番舶初到之时，先于虎门口外寄碇，如担杆山、铜鼓洋、大屿山、伶仃洋、尖沙嘴、仰船洲、琵琶洲、上下磨刀、沙湾、石笋、九洲、沙沥、潭仔、鸡颈等洋，皆向准夷船寄泊之所。此等洋面虽皆在老万山以内，而老万山并无口门，无从稽察。是以定例，夷船必雇引水小船，报明引入虎门口内，停泊黄埔，始得开舱验货，按则纳税，投行互市。其在虎门以外寄泊中路各洋者，皆未入口之船也。而私售鸦片之弊，正在于此。盖由中路而东而北，则历潮州、南澳以达闽、浙北洋，凡宁波、上海、山东、天津、奉天之商船皆所通行。由中路而西，则本省之高、廉、雷、琼，船只往来亦络绎不绝。所有各路兴贩鸦片，多在洋面舟次，与夷人交易，盘运过船。即或在口内议买，亦须赴口外运货。此内地快蟹、拖风等艇所以乘间出没，而夷人囤贮鸦片之趸船常泊伶仃等洋，职是故也。

口内夹带鸦片者，无非民船，向来拿获之案历历可据。若夷船夹带入口，虽亦难保必无，然经总散各洋商逐层保结，又于入口之后，即行开舱起货，立见底蕴，故夷人所带鸦片，每先卸于口外趸船，然后入口。今若以是为界，彼正得以借口趋避，难保不于虎门口外，再设趸船，恐办理又形棘手。且英国领事义律于缴烟完竣之后，曾据具禀恳求在澳门装货，臣等以其显违定例，批驳不准，该领事尚怀观望，是以近日他国之船进黄埔者已有十四只，而英吉利所属港脚之船尚停虎门口外之尖沙嘴一带，支饰迁延。臣等惟饬师船，严密防范，一面示谕各夷船，如无鸦片即应入口报验，有鸦片而首缴净尽者亦准入口。若自揣不敢报验即日扬帆回国，亦尚可免穷追，倘透漏售私，万难曲宥。此时该夷正在惮于入口，故口外之弊，比之口内尤当严防。可否仰恳圣裁，将新例"入口"字样，酌易为"来内地"等字，稍示浑涵，俾无可以借口之处，恭候命下祗遵。（道光十九年六月二十四日）。

林则徐全集编辑委员会编：《林则徐全集》第3册，第172-173页。

（道光二十年）五月，英夷大小兵船十二，并车轮火轮船三，先后至粤泊金星门，其余泊老万山外。林则徐又以火船十艘，每二艘緪以铁索，乘风潮攻之，夷船皆急驶避。仅焚其杉板小船二，而英夷自是不敢驶近海口。

（清）佚名：《夷艘入寇记》卷上，《广州大典》第29辑第4册，第5页。

夷人自由航行各海口

（道光二十年）是冬，回至广东，议互市。英夷欲各国夷商就彼挂号始输税，法兰西、弥利坚皆愤言，我非英夷属国，且从未猾夏，冯陵何反厚彼而疏我，于是弥利坚来兵船八，不数月法兰西亦来兵船八，皆上书求入贡面陈诚款，盖欲效回纥助唐之谊，此粤事第六转机而廷臣再三却之。时伊里布已卒于广东。二十三年，耆英奉命驰往接办，于是许各国皆如英夷之例，不用洋商任往各海口与官吏平行，英夷反以此德色于诸夷矣。广东义民者，初英夷自困于三元里，不敢入市广州。及讲款后，奉旨许广州贸易，而粤民拒之。是冬，聚众数万，杀白夷数人于市，焚其夷馆，掠其赀，又杀其夷官、夷兵于澳门海中。督抚再三谕散之。时璞酉兵船正在广东，竟不敢报复，而番禺绅士潘仕成独夺然捐赀，延法兰西夷官雷壬士于家造洋船、洋炮，又造水雷，能水中轰破船底，先后奏闻进呈，演试如法。诏广东新造战舰一切交其承办，毋令官吏经手，以杜侵蚀，旋亦中止。故夷寇之役，中国非无外援也，非无内助也。无人调度之则殴属夷以资敌国，且化勋民为奸民，且诬义民为顽民。迩者沿海通商，鸦片益甚于前……

（清）佚名：《夷艘入寇记》卷下，《广州大典》第29辑第4册，第19页。

严禁中外商民贩卖鸦片烟示（道光十九年五月）

为严切示禁事：照得粤东自通商以来，一切贸易章程至周备，除住澳之西洋夷人设有澳船额数，相延已久，该船所带货物，例许进澳营销外，其余各国货船到粤，均须驶进黄埔，方准报验开舱，投行交易，此天朝一定法制。称物平施，二百年来，中外遵循，毫无窒碍，即为万世不易之常经也。讵日久弊生，遂有一种奸夷，以外国所造鸦片烟土，混行夹带来粤，趸贮外洋，勾结销售，驯至流毒各省。是以天威震怒，特派本大臣到粤查办海口事件，本部堂、本部院亦钦遵谕旨会商办理，因饬英吉利国领事传谕诸夷已将各趸船囤烟土，悉数呈缴熔销，不留余蘖。现在筹办善后事宜，总以恪守旧章，永杜鸦片来源要务，第虑人心叵测，惟利是图，因见查办之严，不敢进口，或谋在澳门起卸货物，或寄碇洋面勾结销售。凡此走私漏税之奸谋，皆难逃本大臣与本部堂、本部院洞鉴。其在澳门起卸者，非串通西洋夷人之囤贮，即引诱华民铺户为之行销。要知西洋额设之船，听其自税自卖，已荷天朝格外恩施，岂有丧尽天良，更为他国夷船走私漏税之理？如果有此情弊，是其甘心受饵，岂不虑及自绝于天朝，谅西洋夷人，亦未必愚昧至此。如其引诱华民铺户代为行销，独不思澳门蕞尔一隅，能销多少，一经发客，便有风声，立即查拿治罪。……

合行严切示禁。为此，示仰中外商民暨澳门西洋夷人知悉：嗣后凡别国货船到粤，不在西洋额船之内者，除循例进埔报验归行纳课之船，仍准照常贸易外；其不进埔又不回国者，即为营私奸夷无疑，均当并力驱除，不许与之交接。如敢勾通起卸货物，私相授受，无论澳门铺户以及出海商船，并住澳之西洋夷人，一有犯法，皆必从重惩办：其人问罪，货物没官。倘向私售鸦片，一经拿获，即恭请王命正法，以昭炯戒而肃海洋。

该民夷等，或梯航远涉，或贸迁有无，不过将本求利。如果咸安正业，尽足赡其身家，何苦冒禁营私，轻投法网。至澳夷食毛践土，长育子孙，更与华民无异，惟当专心向内，则外侮自不能欺陵，而天朝亦必倍加保护；若受他夷愚弄，辜负皇恩，则澳门虽滨海一隅，亦是天朝疆土，岂能任作奸犯科之人永为驻足乎？本大臣、本部堂、本部院仰体大皇帝柔远爱民至意，不惮开诚布公，谆谆告诫。若不明于利害，而鬼蜮是从，则惟有执法惩创，后悔何及！各宜懔遵。毋违！特示。

《林则徐全集》第5册，第215-217页。

太常寺少卿许乃济奏变通办理鸦片事

（道光十六年四月，太常寺少卿许乃济奏为鸦片烟例禁愈严流弊愈大，应亟请变通办理）嘉庆初年，食鸦片者罪止枷杖，今递加至徒、流、绞、监候各重典，而食者愈众，几遍天下。乾隆以前，鸦片入关纳税后，交付洋行兑换茶叶等货。今以功令森严，不敢公然易货，皆用银私售。嘉庆时每年约来数百箱，近年竟多至二万余箱，每箱百斤。……岁耗银总在一千万两以上。夷商向携洋银至中国购货，沿海各省民用，颇资其利。近则夷商有私售鸦片价值，毋庸挟资，由洋银遂有出而无入矣。……然向常纹银每两易制钱千文上下，比岁每两易制钱至千二三百文，银价有增无减。……或欲绝夷人之互市，为拔本塞源之法。……然西洋诸国通市舶者千有余年，贩鸦片者，止英吉利耳，不能因绝英吉利，并诸国而概绝之，濒海数十万众恃通商为生计者又将何以置之？且夷船在大洋外，随地可以择岛为廛，内洋商船皆得而至，又乌从而绝之？……或谓有司官查禁不力，致令鸦片来者日多。然法令者，胥役棍徒之所借以为利，法愈峻则胥役之贿赂愈丰，棍徒之计谋愈巧。……盖凡民之畏法，不如其骛利，鬼蜮伎俩，法令实有时而穷。更有内河匪徒冒充官差，以搜查鸦片为名，乘机抢劫。臣前在广东署臬司任内，报案纷纷，至栽赃讹诈之案尤所在多有，良民受累者不可胜计。此等流弊，皆起自严禁以后。究之食鸦片者，率皆游惰无志，不足重轻之辈，亦有年逾耆艾而食此者，不尽促人寿命。海内生齿日众，断无减耗户口之虞；而岁竭中国之脂膏，则不可不大为之防，早为之计。今闭关不可，徒法不行，计惟仍用旧例，准令夷商将鸦片照药材纳税，入关交行后，只准以货易货，不得用银购买。……臣以一介菲材，由给事中仰沐圣恩拔擢，历官中外，前任岭表监司将十年，报称毫无，深自愧恨，而于地方大利大害，未尝不随时访问。因见此日查禁鸦片，流弊日甚一日，未有据实直陈者，臣既知之甚确，曷敢壅于上闻。

《鸦片战争档案史料》第1册，天津古籍出版社，1992年，第200-202页。

（道光二十一年十月十五日）谕：军机大臣等，祁𡎴等驰奏。遵查越南国人阮得烘在粤守候追欠，曾于臬司衙门呈称英夷猖獗，专恃船坚炮利，该国所造之船颇为坚厚，如中国给该国王文书，即可代造。揆其情词，不过冀恳追欠。现在欠项全清，已经饬令回国。至该国之船炮果否坚利，尚须查探等语。广东距越南较远，一时难得确据，自系实在情形。着祁𡎴、梁宝常确加查访该国船炮火器是否精于英逆所有？该国王有无至诚效顺之意？逐一设法探询确实，即行奏闻，事关外夷，诸宜慎密。

（清）文庆等编：《筹办夷务始末》第2册，道光卷37，上海古籍出版社，2008年，第23页。

（道光二十一年）七月，贰律忽索所缴阿芙蓉值祁恭恪公拒之。某夜月明如昼，蕃舶发巨炮击江水而去，谓率戈船往江浙、津沽取偿，而蕃商仍在十三行也。粤贤遂倡团练防堵之议，开局劝捐输，招募健儿至二三万，列营于濒海村落，驻扎所费不赀。自新造墟南石头以迄大王滘、西望、东望、东滘等处，刁斗相闻，微帜精明，伐鼓挝金，椎牛酾酒，枪炮旦夕演放几两年，而领事之战舰未还，各蕃商之互市如故，亦创闻也。迨壬寅仲冬，宗室耆相国英等偕英吉利领事博顶挞返广州，定议裁撤洋商，分上海、宁波、九江、汉口、厦门、福州、广州等各港口互市，十三行废。而会城之商贩日萧条矣。据《档册》《采访册》参修。

同治《南海县志》卷26《杂录二》。

怡良奏陈粤海关务税课短绌事

窃臣等承准军机大臣字寄道光二十一年正月十九日奉上谕，怡良奏接办粤海关务税课短绌一折。据称粤海税务以夷税为大宗，本年所到夷船不及十分之二，因各国之船为英夷拦阻，不能进口，是以六月后正当征输畅旺之时，转致短绌等语。广东例准各国通商，其恭顺各国自仍照常贸易，英夷强悍桀骜，阻挠各国生计，各国岂肯甘心失利？着奕山、隆文、祁𡺸于先后抵粤时，查明各该国情形，果否怨恨英夷阻挠生计？抑稍有觖望于天朝未能招徕抚绥，以致向隅失业，据实具奏。将此各谕令知之，钦此。臣等抵粤后，密加查明，缘粤海关务旧章，例准通商各国，除居住澳门西洋夷人，货船向在澳门卸货外，其余美利坚国、法兰西国、荷兰国、大小吕宋国、嗻哹㖞国、棤国、瑞国、单鹰国、双鹰国、英吉利国并港脚各国货船，向例应进黄埔查验开舱。各该国距粤程途远近不同，每年来船数目约在一百余只、二百只不等，自二十年三月二十六日起，截至六月初二日止，只到有美利坚国、吕宋国货船十九只。自是之后，并无货船进口，盖因英夷犯顺，驶有兵船来泊澳洋，所有各国贸易商船，均被英夷阻挠，不得进口。英夷强悍桀骜，各该国力不能制，阻遏外洋，无不同深怨恨。迨至本年二月初六日，英夷闯入虎门，攻破乌涌卡座，夷船直达黄埔，是以向准通商之美利坚国、法兰西国及港脚货船共四十二只，始得随后进口。英夷恳求通商，经臣杨芳会同抚臣怡良体察情形，奏明仍准恭顺各国照旧通商，各夷无不欣感，共戴皇仁，并不敢觖望于天朝。传讯各通事所禀亦俱相符。现在虽经开舱，而殷实客商均经纷纷迁避，商民交易者甚属寥寥。臣等现已出示晓谕，令其急速回来，各安生业，与恭顺各国照常贸易，无须惊疑。日来渐次归业，民情少觉安贴，**谨按**：廷寄之意，原欲以夷攻夷，惜覆奏未能仰体庙算，详察夷情也。

（清）魏源：《海国图志》卷79《覆奏各国夷情疏》，第1931-1932页。

奕山等奏各国夷商贸易情形

奴才奕山、隆文、祁𡎴跪奏为遵旨查明恭顺各国夷商贸易情形，恭折覆奏，仰祈圣鉴事。

窃奴才等未出京之先，承准军机大臣字寄，道光二十一年正月十九日奉上谕：怡良奏接办粤海关务税课短绌一折，据称：粤海税课以夷税为大宗，本年所到夷船不及十分之二，因各国之船为英夷拦阻，不能进口，是以六月后，正当征输畅旺之时，转致短绌。等语。广东例准各国通商，其恭顺各国自仍照常贸易。英夷强悍桀骜，阻挠各国生计……抑稍有触望于天朝未能招徕扶绥，以致向隅失业，据实具奏。将此各谕令知之。钦此。钦遵。仰见我皇上怀柔远人，休恤备至。奴才等驰抵粤省，连日密加查访，并咨据抚臣怡良，将现在进口各国贸易商船数目查明，咨照核办前来。

奴才等详加查核，缘粤海关务旧章，例准通商各国除居住澳门之小西洋夷人货船向在澳门卸货外，其余美利坚国、法兰西国、荷兰国、大小吕宋国、嗹啵啦国、㮣国、瑞国、单鹰国、双鹰国、英吉利国并港脚各国货船，向例应进黄埔查验开舱。各该国剧粤程途远近不同，每年来船数目约在一百余只、二百只不等。自二十年三月二十六日起，截至六月初二日止，只到有美利坚国、吕宋国货船十九只，自是之后，并无货船进口。盖因英夷犯顺，驶有兵船来泊粤洋，所有各国贸易商船均被英夷阻挠，不得进口。英夷强悍桀骜，各该国力不能制，阻遏外洋，无不同深怨恨。迨至本年二月初六日，英夷闯入虎门，攻破乌涌卡座，夷船直达黄埔，以是向准通商之美利坚国、法兰西国及港脚货船共四十二只，始得随后进口，代英夷恳求通商。经奴才杨芳会同抚臣怡良体察情形，奏明仍准恭顺各国照旧通商，恭顺夷人等无不欣感共戴皇仁，并不敢觊望于天朝。传讯各通事，所禀亦俱相符。现在虽经开舱，而殷实客商均经纷纷迁避，商民交易者甚属寥寥。奴才等现已出示晓谕，令其急速归来，各安生业，与恭顺各国照常贸易，无须惊疑。是来渐次归业，民情少觉安贴。（道光二十一年闰三月初六日）。

《香山明清档案辑录》，第778—779页。

查粤省情形患不在外而在内，各商因夷以致富，细民藉夷滋生，近海商民多能熟悉夷语。……查访并咨处抚臣怡将现在进口各国贸易商船数目查明，咨照核办前来。奴才等详加查核。缘粤海关务旧章例准通商，各国除居住澳门之小西洋夷人货船向在澳门卸货外，其余美利坚国、法兰西国、荷兰国、大小吕宋国、嗹啵啦国、㮣国、瑞国、单鹰国、双鹰国、英吉利国并港脚各国货船，向例应进黄埔查验开舱。各该国距粤程途远近不同，每年来船数目约在一百余只、二百只不等。自二十年三月二十六日起，截至六月初二日止，只到有美利坚国、吕宋国货船十九只。自是之后，并无货船进口。盖因英夷犯顺驶有兵船来泊粤洋所有各国贸易商船均被英夷阻挠，不得进口。英夷强悍桀骜，各国力不能制，阻遏外洋无不同深怨恨。迨至本年二月初六日英夷闯入虎门，攻破乌涌卡座夷船直达黄埔，是以向准通商之美利坚国、法兰西国及港脚货船共四十二只始得随后进口。英夷恳求通商，经奴才杨会同抚臣怡，体察情形，奏明仍准恭顺，各国照旧通商。恭顺夷人等无不欣感共戴皇仁并不敢觊望于天朝。传讯各通事所禀亦俱相符，现在虽经开舱而殷实客商均经纷纷迁避，商民交易者甚属寥寥。奴才等现已出示晓谕令其急速回来，各安生业与恭顺，各国照常贸易，无须惊疑。日来渐次归业，民情少觉安贴，所有遵旨查明恭顺各国现在贸易情形，理合恭折具奏。伏乞皇上圣鉴。

谨奏于道光二十一年闰三月初六日，具奏闰三月二十一日奉。

刘志伟、陈玉环主编：《叶名琛档案：清代两广总督衙门残牍》第1册，广东人民出版社，2012年，第218-219页。

夷目干布尔供词

（道光二十二年）三月，广东遣通事至浙，时广东遣谙悉英语之通事二人来浙，上命奕经等将所获夷目干布尔详讯该国一切情形。奕经覆奏云：臣等遵将谕旨各条饬司员询该白番等供称，自英吉利国都至广东总视风信顺逆为迟速，速则一月即至香港，至迟亦五六月可到，所过地方，若法兰西、急欲罨士、郎骂达、刺沙姑、路庇令、骂勒格、新嘉坡等处，皆英吉利所属，所经他国均难指实，或船上淡水乏食，遇洋面附近之山即以小船拢岸取水，其地名未能细辨。至克食米尔乃孟加剌所属，孟加剌又英吉利所属，英船止到加剌吉达，其地小河可通克食米尔，亦有陆路，距加剌吉达约千里，复有陆路通鲁慎、大吕宋、佛兰机等处，此次来浙，均该国王所调英吉利兵，其吕宋、孟加剌、双鹰国人不能当兵，所同来之各国洋人乃船长雇来办事，及充水手。该国女主乃因前国王无子，立其侄女名域多啊，赘英吉利所属渣骂剌国王之子名鼻连士阿剌拔国人，称为法是满，乃该国第一等官职，不预国事，至钦差提督等名，从未听闻。非女主所授想皆私立名色。……义律去年由广东回国，其有无音信来浙，均未能知。鸦片烟土乃孟加剌米乡所出，就深山僻处秘造，即其本国苟非制造之人，俱不准入观。盖恐泄漏其术，彼不得专其利，英吉利及美利坚、法兰西、大吕宋、花旗、双鹰等国，俱系赴孟加剌益米各处贩入内地，只图贪利，实无诡谋等云。

（清）王之春：《国朝柔远记》卷10《道光三》，《四库未收书辑刊》第3辑第15册，第412页。

靖逆将军奕山等奏报查明现在香港汉奸名目并筹办各情形折

上年冬间，曾有贸易商船在九洲、九龙及大屿山、佛堂门各洋面经过，被该逆将商船拉往香港二十七只，据船户郭开明、赵寿益、冯平安、金生利等来省控告有案。本年正月内，该夷目吓嘆嘶即嘆噏喳，与吗吼嗵赴澳门商议，恐结怨于商民，查所拉商船，除变卖赎回外，仍存十一只，即将该船尽行释放，以后并无续拉船只及纳献陋规情事。至香港汉奸，其著名头目卢亚景即卢景，又有邓亚苏、何亚苏、石玉胜等为之勾引煽惑，立有联义堂、忠心堂各名目，均在香港，约计十余处。曾经奴才等于上年招回石玉胜、黎进福等一千余人妥为安置，奏明在案。因卢亚景一名犬为首恶，设法招附，当即密派眼线，给以翎顶，卢亚景旋亦允许，愿为内应扛旗举事，此逆夷占踞香港，汉奸各立名目之情形也。（军机处录副奏折，道光二十二年六月二十八日）。

《香山明清档案辑录》第147页。

奕山奏法兰西求和贸易事

（道光二十二年二月）奕山等又奏：查法兰西与英夷毗连疆界，各为一国，素称强悍。前因争扰地方，构有嫌隙，彼此交兵多年，后经议和。该国亦与广东向来交易，上年（即道光二十一年）十二月间，据称该国新到兵船一只，兵头嘪咐咊、吐嗯唎管驾来粤，泊在香港对面尖沙嘴地方，并云：后尚有兵船未到等语。正在密饬查访，旋据报称法兰西兵头吐嗯唎乘坐小三板来省入馆，当经密饬洋商等暗为访询。据云：来省意欲面见官府，有禀商事件，不肯明言。带有素晓中华言语之和尚咙嚧、咿哩吖二人同来，禀称该国兵头有密商军务，不用通事传话，恳请当面禀陈等情。奴才等以该国向通贸易，素称恭顺，乃英夷兴兵犯顺，扰及海疆，阻挠各国生意，未始不怨恨英夷。今既据禀请当面密陈军务，正可因势利导，驾驭羁縻，为以夷攻夷之计。当即于奴才奕山等。会查河道，舟至距城十里之半塘地方，传令来见。询其来意，据称该国感沐天朝厚恩。该国王因闻英夷与中华构兵，恐该国商船被其扰累，是以遣伊前来保护，并谕令到此，从中善为解散。奴才等谕以尔国向称恭顺，大皇帝亦素所深知。英逆如此顽梗不化，肆行强暴，将来尔等各国必受其害。尔国王既遣尔带兵船前来，果能出力报效，本将军等必当据实奏明大皇帝格外优待恩施。……又据汛弁探报，逆夷兵头噗嗉喳，于上年十二月间，由浙潜回香港。又探得法兰西兵头到香港，与逆夷兵头见面二次。旋据香山驻澳县丞张裕禀称：法兰西和尚旺嚧等面禀，该兵头现有要事，于正月十六日开船，前往吕宋去看兵船，留话给嗊咧咏进省禀覆。二月初五日，嗊咧咏到行，呈递说帖，仍以解和为词，希冀赏给英逆马头。奴才等察其行事，似英逆新与连和，法夷思于中取利，又思分地，故为之居问。夷情诡谲多端，该兵头虽阳为恭顺，焉知不藉探内地虚实，别生事端？虽现在该夷同美利坚各国夷商进省行照常贸易，而无故求和，不能不疑，遂以好言拒绝，并导以不可助逆，玉石俱焚。若能为中国出力，大皇帝必加恩于尔国等语。

（清）文庆等编：《筹办夷务始末》第2册，道光卷45，第197-198页。

（道光二十二年三月奕山奏）：据奕经等奏，广东送来通事二名，熟悉夷语，现派司员向逆夷等连日隔别诘问等语。白夷干布尔既属头目，必知该国一切情形。且现有通事二名，自可一面妥为抚养，一面细询该国底里。着奕经等详细询以英吉利国距内地水程，据称有七万余里，其至内地所经过者几国？克食米尔距该国若干路程？是否有水路可通？该国与英吉利有无往来？此次何以相从至浙？其余来浙之嗑咖唎、大小吕宋、双鹰国夷众，系带兵头目，私相号召，抑由该国王招之使来？是否被其裹胁，抑或许以重利？该女王年甫二十二岁，何以推为一国之主？有无匹配？其夫何名？何处人？在该国现居何职？又所称钦差提督各名号，是否系女王所授，抑系该头目人等私立名色？至逆夷在浙鸱张，所有一切调度伪兵及占踞郡县，搭括民财，系何人主持其事？义律现已回国，果否确实？回国后作何营谋？有无信息到浙？该国制造鸦片烟，卖与中国，其意但欲图财，抑或另有诡谋？以上各条，该将军等即分别诘问，详晰具奏。

（清）文庆等编：《筹办夷务始末》第2册，道光卷46，第216-217页。

壬寅（即道光二十二年）十一月，英吉利市楼尽毁于火，蛮货悉遭焚掠，他国邻居者晏然。殆粤中桀骜不驯之辈，藉以泄其愤耳。

同治《南海县志》卷26《杂录二》。

戊申（即道光二十八年）九月，徐仲升制府广缙、叶崑臣中丞名琛宴美利坚酋豪于白鹅潭畔伍紫垣方伯崇曜粤雅堂远爱楼上，以其较英吉利稍为恭顺，故宏奖之，以示劝惩耳。丙辰冬，楼毁。据《采访册》修。

同治《南海县志》卷26《杂录二》。

当琦相（指琦善）上年（道光二十年）之赴粤也，陛辞出都，沿途诹访通习夷语之人，行至山东，有东省潍县知县招子庸者，广东人，述有同乡鲍鹏在署，素通夷语，遂由东抚推毂，挈之至粤。鲍鹏以前年在粤充夷馆买办，与义律相识，又以贩烟土赚重利，经粤督查办私枭，入之访拿案内。鹏惧罪潜逃山东。迨随相国入粤，数与义律往还，所有请给香港退还定海之事，皆鲍鹏居间来往作说客。而相国以事关通夷，特秘之。中外藉藉，语浸闻于上。及二角之役，上决意主剿，见相国始终欲为义律乞恩，以此益疑之。而相国果以逆夷闻大兵将集，意图先事滋扰入奏，遂有虎门之师。

（清）夏燮：《中西纪事》卷6《粤东要抚》，第63-64页。

英国求入广州城

【梁同新传】（道光三十年）时英吉利求入广东省城，不得，驾火轮船到上海投书，意存恫喝。同新揣量夷情，谓疆吏不畏事则不生事。上疏曰：臣闻有英夷火轮船赴上海投书，传说为广东入城一事，果尔则必以督臣耆英许约于先，今督臣徐广缙失信于后为词。查此事上年经徐广缙与该国夷酋往返面商，据情入奏，仰蒙宣宗成皇帝俯顺民情，特诏优奖。维时夷酋震慑，不敢抗违，即在香港出示禁止诸夷不准入城，而移覆文书，亦云以后不必再办此事矣。今忽越境来，欣闻讬言奉国命而来，即使奉命亦当在粤投书，其所以不在粤者，为督臣徐广缙熟悉彼情，难于挟制，因阴行其反间之术，以窥探朝廷，我皇上天亶聪明，彼虽谲诈多端难逃洞鉴，且事事上承先志，下协民情，自必抚驭得宜，无虞过当。……凡外夷之强弱，视乎贸易之盛衰，国用出于斯，民生赖于斯，而贸易之盛，则全恃乎能通中国。中国地广人稠，财物丰盛，凡入口诸货无物不可销，而出口之茶叶、湖丝，夷民得利甚深，其国收税亦甚重。是外夷实赖中国为生财之地，中国可藉贸易寓驭夷之权也。夷人万里航海，血本所关，若动干戈，即须停市，淹延岁月，赔累实多，故非万不得已，不欲动兵；今则上海、浙江、厦门皆准通商，又得香港以为驻留之地，所愿已盈，此外所求皆节外生枝，非其要旨，不过欲显其求，无不得夸耀诸夷，若据理不从，彼自知难而退，安肯以无关紧要之故，致贸易不通乎？故知其情必不轻动也。三者度之以势，而知其不能妄为也。夫谋事必知彼知此，乃能悉中机宜。闻英夷所居三岛，不过若中国一行省耳，物产无多，所恃以致富强者，全在占踞埠头，收其货税。货税多则兵饷足，偶遇不足则借资于民，而与之息是。货税之外，又恃有富商大贾，以济其穷，近年货物滞销，该国夷商倒败至数千万，则民已非昔比。又闻其与佛朗机构兵，所借民款数十年始能清完，及美利坚构兵议和赔款三万万，至今为累年前入扰内地所费，亦复不赀，元气已亏，国势日蹙，所幸照常贸易，得以强自支持耳。若见事势难行，彼亦乘机思转，盖其心未尝不惧。我天朝赫然震怒，下令闭关，此时欲兴兵则祸由自作，师出无名，欲相持则有碍通商，势难久待，所争者小，所失者大，故知其势必不妄为也。

宣统《番禺县续志》卷19《人物二》。

甲寅（咸丰四年）秋冬间，会城危，英吉利领事泊战舰海珠，以护十三行蛮货，请助战。粤人鲜为贼，习胆者且援《皇朝文献通考》及《会典》所载荷兰康熙三年助剿金门、厦门，二十三年助平台湾事，固代求，叶汉阳坚却之，亦见持重镇定，且得体。乃丙辰丁巳，狃于蒲骚之役，竟至偾事，天实为之，谓之何哉。

同治《南海县志》卷26《杂录二》。

广东夷务

【黄宗汉抄奏为候补知府杨从龙呈递广东夷务大略事折】候补知府杨从龙呈递广东夷务大略。道光二十二三年间，夷务事定，议立和约，以十四年为期，七年后方进广东省城。至二十九年春间，该夷复申入城之请，当时督抚系徐叶，奖劝绅士，犒赏壮勇，于是百姓众志成城，坚不准入，英夷闻风罢议。奏奉谕旨，优奖官绅，立四牌坊于四城隅，以纪其事。

咸丰四年，红头艇匪水陆并起，剿办逾年始获蒇事，穷治土匪，搜戮四万七千有奇，其中不无冤狱。愚民无知，纷纷遁入香港澳门各夷船上佣工，为藏身之计，至六年秋，搜捕犹为已也。九月十三日，番禺县差头张顺在夷人船内搜捕土匪十六人，交局审办，英夷叠来照会六七次，讨取此人，叶中堂不允。二十四日闻其要攻城，始委南海县丞许文深将此所获之匪送到夷船，该夷不收，仍带回番禺管押。二十五日至二十八日，夺我东西各炮台，二十九三十连日纵火烧靖海门外铺户九千余家，又轰击省垣督署。当时叶中堂兼署抚篆，遂移入抚署，连来照会十余次，俱置之不理。十月初七日，林勇夺回东炮台，旋又复失，将炮台拆平水面。十月以后，连日轰击，或数十炮或数炮，至多亦不过一百内外，故无甚要紧。十二月初七八日，洋行被我兵勇烧毁，该夷复用火箭烧我卖麻街。及至年底，水师兵船齐聚，该夷之船始退至凤凰岗。（军机处录副奏折。咸丰八年八月二十三日）。

《香山明清档案辑录》，第156—157页。

大西洋国

大西洋国最远最强，独居澳门最久。红毛国专以抢夺夷船为事，荷兰、吕宋诸国甚畏其剽悍侵凌，不堪其扰，则乞师于大西洋国，以兵临之，盟而后退。约可安息数岁，久则又启戎心焉。

（清）关涵等著，黄国声点校：《岭南随笔（外五种）》，广东人民出版社，2015年，第132页。

祁墳等奏广东夷情事

两广总督革职留任臣祁墳、三品顶戴、广东巡抚臣程矞采跪奏，为访获诈称差遣密访夷情，诓骗夷人银物各匪犯，审明定拟，恭折奏祈圣鉴事。窃臣等访有匪徒涂燮等捏称巡抚差遣，向澳门夷人撞骗之事。正在饬查间，即据该香山县营访闻踩缉涂燮、黄春、张升三名送案。经臣程矞采提讯，据涂燮供认伙同黄春等及在逃之叶声向夷人撞骗不讳，并据续获叶声一名，饬委广州府等审拟，由臬司解勘前来，臣等亲提研讯。

缘涂燮、叶声、黄春均籍隶江西新建、大庾等县，流寓广东省城，张升籍隶南海县，亦在省城居住，彼此熟识。道光二十三年二月二十七日，叶声、黄春、张升先后至涂燮寓内闲坐，共谈贫苦。涂燮稔知香山县属澳门法兰西夷人多有蓄积，易于欺骗，闻臣程矞采将到，起意商同假称巡抚差遣密访夷情，并将旧存磁器二桶带往送给，可图诓骗，得银分用，嘱令黄春等跟往，许俟事后酬谢，叶声等应允。

是月二十九日，一同雇坐不识姓名人艇只开行，三月初一日到澳。涂燮因与夷人素不认识，不晓夷语，探知吴辉充当夷人通事，忆及同乡曹桂曾与吴辉交好，可以捏写曹桂信函，托吴辉照应。复因假称密访夷情，必须伪造访查禀稿，先使夷人得知，方可哄动，当与叶声商明，并向黄春等告知。因见不识姓名人摊上摆有金顶出卖，涂燮称须买戴以壮观瞻，与叶声、黄春各自将金顶买戴，张升并无顶戴。涂燮随嘱叶声拟就禀稿一纸，禀内皆称赞夷人之语，收存身边。又写就曹桂书信一封，交黄春送与吴辉收阅，吴辉信以为真，即传知法兰西国兵头嗔噬叹及头人唱吐哏接见。嗔噬叹询其是何官衔，涂燮、声俱随口答系军功顶戴，嗔噬叹等俱信以为实，即留涂燮等在夷楼居住。涂燮当将奉差查访缘由，向嗔噬叹等告知，取出禀稿，向该夷讲解，并送给磁器二桶，该夷亦送洋布二匹、洋银二十四圆，交涂燮收受。涂燮复向该夷索取火钻及七日表并洋剑，该夷以火钻、洋剑无从购得，仅许随后再送七日表一个。至初八日，涂燮因居住日久，恐被看破，称欲回省，与叶声等一同辞出，将洋布买（卖）与不识姓名人，得番银四圆，分给黄春、张升各番银二圆，其余洋银与叶声两股均分。等情。各供不讳。

臣等以该犯等既系假冒顶戴，必系假官图骗，所供恐有不实。复向究诘，据涂燮等坚供伊等以访事为由，仅欲冒为亲信之人，初无诈为官司之意，临时买顶戴上，止图好看，易于哄骗，随口称为军功顶戴。捏写禀稿，内俱系含糊声叙，并未列有官衔，亦并未写有军功字样，委非预谋假官图骗，亦无造有军功牌照及诈取别项赃物。等语。臣等密饬香山县向夷人嗔嚧哎等详加查询，亦无异词，案无遁饰。

查例载：交结外国，诓骗财物者，发边远充军。又诈充各衙门差役，假以差遣体访事情为由，吓取财物，犯该徒罪以上者，枷号一个月，发近边充军。各等语。此案涂燮起意商同叶声假称差遣，诓骗夷人得财，其临时买取顶戴，止图好看，因被夷人诘询是何官衔，亦止称系军功顶戴，并未指充官职，与立意商谋假官图骗者不同。惟涂燮起意捏称巡抚差遣密访夷情，叶声又随同捏作禀稿，欺哄外夷，非寻常诓骗内地民人可比。该二犯合谋分利，狼狈为奸，罪无差等。若比照诈充衙门差役，假以差遣为由吓取财物，罪止近边充军，即照交结外国诓骗财物例，亦止发边远充军，不足示惩。涂燮、叶声均请从重发往新疆，酌拨种地当差，以为图骗夷人者戒。涂燮据供亲老丁单，情节较重，毋庸查办。黄春与张升知情随同前往，得受谢资，均属为从，黄春、张升均应于涂燮等遣罪上减一等，杖一百，徒三年，至配所折责四十板。黄春解回原籍江西大庾县定地充徒。张升据供亲老丁单，是否属实，饬查照例办理。各犯讯无另犯别案，此外亦无知情同伙之人，应毋庸议。吴辉、曹桂不知诈骗情事，应与卖顶、买布及受雇之不识姓名人均免查拘，以省拖累。伪禀、伪顶均已毁弃，无凭查起，分受银两，照追给还夷人。该犯等甫经诓骗，即经该县营访获究办，文武失察职名应请免开。

再，臣等以法兰西夷人向尚恭顺，于此案审明后，即饬知香山县及该县之驻澳县丞传知该夷，以涂燮等系假称差遣，以体访事情为由，希图诓骗财物，现已将涂燮等从重问罪各情，向该夷明白晓谕，并令嗣后如有似此图骗之人，断不可与之接见，轻信其言，该夷人亦均知感激。（道光二十三年四月二十五日，军机处录副奏折）。

《香山明清档案辑录》，第308-309页。

广州民人反英行动

英商在粤,重开市易,益肆骄矜。旧制,大班不得乘肩舆入馆,至是散商出,率乘坐,遨游通衢。与内地人交易,动因口舌,陡起风波,愈以忿争为强。所留夷役,沿街攫掠市店货物。买物论值未成,迳携以去。又挟流娼招摇市上,遇平民,輒喝令急避,否则鞭扑陈之,市井之民,受者已不可忍,特畏官之禁,虑因是滋为祸首,强自遏抑而姑容之。始则会城众怒难犯,久而并所近村氓之来城就工贾者,无不积为深怨。噗嚁喳之未行也,夷馆遣役出买零物去,不给值,索之,反被詈辱。旁观者不平,助其回詈。役遽入馆,纠众夷持鸟枪出,视人迹多处施放,有受伤者。行道人一时驻足,哄观不散,其夜火忽自夷馆起,夷货迁出,尽为百姓推掷地上,无丝毫夺归己者。美利坚诸国商,亦楼居毗连,财物听其搬出,卫至河舟,无一人越馆界入扰,当火盛发时,闻万口齐呼杀贼。远近水车赴救,皆挺刃而止之。员弁以兵役至,将为扑灭,亦阻于万手飞石不得前。越日火息而后散。二十二年十月初六日事。噗鼎喳闻而愤懑,移书责顷,索赔所失,谓:"必举兵入搜起衅匪类"。顷举是日实在巅末,为书以复,称以领事,戒勿纵酿后祸,得书乃不敢言。

(清)梁廷枏著,邵循正点校:《夷氛闻记》卷5,第137—138页。

第四章
商贸往来

一、粤商出洋

（顺治十二年）严洋禁。无号票文引及私制二桅以上大船往外洋贸易者俱置重典。

嘉庆《雷州府志》卷3《沿革》。

今之官于东粤者……使其亲串与民为市，而百十奸民从而羽翼之，为之垄断而罔利。于是民之贾十三，而官之贾十七……官之贾日多，遍于山海之间，或坐或行，近而广之十郡，远而东西二洋，无不有也。

（清）屈大均：《广东新语》卷9《事语·贪吏》，中华书局，1985年，第304-305页。

今访有不法奸徒，乘驾大船，潜往十字门海洋，与夷人私相贸易。

（清）李士桢：《抚粤政略》卷6《文告·禁奸漏税》，第629-630页。

今公议设立金丝行、洋货行两项货店。如来广省本地兴贩，一切落地货物，分为住税报单，皆投金丝行，赴税课司纳税；其外洋贩来货物，及出海贸易货物，分为行税报单，皆投洋货行，候出海时，洋商自赴关部纳税。

（清）李士桢：《抚粤政略》卷6《分别住行货税》，第729-730页。

穗岭初登第一楼，苍茫烟树写深秋。
千年霸业余残照，万里洋航卷逆流。

（清）廖燕：《廖燕全集》卷20《九日登镇海楼》，上海古籍出版社，

2005年，第513页。

自康熙元年奉文禁海，外番船只不至，即有沈上达等勾结党棍，打造海船，私通外洋，一次可得利银四、五万两，一年之中，千船往回，可得利银四、五十万两，其获利甚大也。

（清）李士桢：《抚粤政略》卷7《议覆粤东增豁税饷疏》，第813-814页。

凡凿山开矿，煮海鬻盐，遣列郡之税使，通外洋之贾舶，无不从光（金光，人名）擘画，以是藩府之富甲天下，而光之富亦拟于王。

乾隆《番禺县志》卷20《杂记》。

（康熙二十二年）工部侍郎臣金世鉴、副都御史臣呀思哈奉命往江浙，而臣（杜）臻及内阁学士臣石柱亦拜闽粤之命。是役也，有当行之事四焉：察濒海之地以还民，一也；缘边寨营烽堠向移内地者，宜仍徙于外，二也；海壖之民以捕鲜煮盐为业，宜并弛其禁，三也；故事直隶天津卫、山东登州府、江南云台山、浙江宁波府、福建漳州府、广东澳门各通市舶行贾，外洋以禁海暂阻，应酌其可行与否，四也。

（清）杜臻：《粤闽巡视纪略》卷1，文海出版社，1983年，第15页。

康熙帝与石柱讨论开海

（康熙二十三年七月十一日）上问学士石柱曰："尔曾到广东几府？"石柱奏曰："臣曾到肇庆、高州、廉州、雷州、琼州、广州、惠州、潮州等府。自潮州入福建境。臣奉命往开海界，闽、粤两省沿海居民纷纷群集，焚香跪迎。皆云：我等离开旧土二十余年，毫无归故乡之望矣。幸皇上神灵威德，削平盗寇，海不扬波，我等众民得还故土，保有室家，各安耕获，乐其生业。不特此生仰戴皇仁，我等子孙亦世世沐皇上洪恩无尽矣。皆拥聚马前稽首欢呼，沿途陆续不绝。"上曰："百姓乐于沿海居住者，原因可以海上贸易、捕鱼之故。尔等明知其故，海上贸易何以不议准行？"石柱奏曰："海上贸易自明季以来，原未曾开，故议不准行。"上曰："先因海寇，故海禁未开。为是今海寇既已投诚，更何所待！"石柱奏曰："据彼处总督、巡抚、提督云，台湾、金门、厦门等处虽设官兵防守，但系新得之地，应俟一二年后，相其机宜，然后再开。"上曰："边疆大臣当以国计民生为念，今虽禁海，其私自贸易者何尝断绝？今议海上贸易不行者，皆由总督、巡抚自图便利故也。"石柱奏曰：

"皇上所谕甚是。地方官员或此等存心，亦未可定。"

《清代起居注册·康熙朝》第17册，中华书局，2009年，第8110-8114页。

（康熙二十三年九月甲子）向令开海贸易，谓于闽粤边海民生有益。若此二省民用充阜，财货流通，各省俱有裨益。且出海贸易，非贫民所能，富商大贾懋迁有无，薄征其税，不致累民，可充闽粤兵饷，以免腹里省份转输协济之劳，腹地里省份钱粮有余，小民又获安康，故令开海贸易。

《清圣祖实录》卷116，《清实录》第5册，第212页。

康熙二十三年，诏开海禁，其硝磺、军器等物，仍不准出洋，其时内阁学士席柱奏福建、广东两省沿海居民情形。谕曰："百姓乐于沿海居住原因，海上可以贸易、捕鱼。先因海寇，故海禁不开。今海氛廓清，更何所待？"下九卿詹事科道议，寻议准今海外平定，台湾、澎湖设立官兵驻扎，直隶、山东、江南、浙江、福建、广东各省先定海禁处分之例，应尽行停止。若有违禁，将硝磺、军器等物私载出洋贸易者，仍照例处分其罪。

（清）梁廷枏：《粤海关志》卷17《禁令一》，第341页。

两广总督孔毓珣奏陈梁文科所奏不许夷人久留澳门限定夷船数目等条切中粤东时事折

惟是康熙五十六年定例，禁止南洋，不许中国人贸易。澳门因系夷人不禁，独占其利。近年每从外国买造船只驾回，贸易船只日多，恐致滋事。……至于外国洋船，每年来中国贸易者，俱泊于省城之黄埔地方，听粤海关征税查货，并不到澳门湾泊也。

《明清时期澳门问题档案文献汇编》第1册，第141-142页。

（康熙）五十六年丁酉夏，申严洋禁。商船不许私往南洋贸易，有偷往潜留外国之人，督抚大吏行知外国解回正法，其已出洋在五十六年以前者，准其载回原籍。

嘉庆《雷州府志》卷3《沿革》。

（康熙）五十六年覆准，凡客商船只在五省沿海及东洋贸易外，其南洋吕宋、噶喇吧等处，一概不许内地商船前去贸易，俱令在南澳地方严查截住，其外国夹板船有来贸易，照旧准其贸易。《关册》。

道光《广东通志》卷180《经政略二十三》。

署澳门同知刘为严禁外国人私雇民人驾船出海事下理事官谕（乾隆五十二年）

……访有各国夷人雇请蜑民充当水手，驾坐大三板船，私出海面游荡，并有用鸟枪弹雀等事，逗留在外，数日不回。

刘芳辑：《葡萄牙东波塔档案馆藏清代澳门中文档案汇编》上册，第427页。

（康熙二十三年）又准福建、广东载五百石以下船，出海贸易，登载人数、钤烙火印，给发印票验放，其进海口内桥津地方贸易，舟车等物免税。

《清朝通典》卷8《食货八》，第2062-2063页。

（乾隆二十四年十二月丁酉）户部议奏据两广总督李侍尧咨称，本年御史李兆鹏奏请禁丝斤贩卖出洋，经部议准在案。至绸缎绵绢是否应禁，设有私贩出洋，应否与丝斤一并计算轻重定拟等语。查绸缎等物，总由丝斤所成，自应一体严禁，请嗣后绸缎绵绢，如有偷漏私贩者，亦按斤两多寡分别科罪，失察文武官弁，照例议处。从之。

《清高宗实录》卷603，《清实录》第16册，第771页。

（乾隆二十九年四月丙戌）军机大臣等议准两江总督尹继善、闽浙总督杨廷璋、两广总督苏昌等奏请弛丝斤出洋之禁。江苏省贩铜官商船只，每只许配二三蚕糙丝一千二百斤，按照绸缎旧额斤数抵扣，各属出洋商船，携带糙丝准以三百斤为限；闽浙出洋商船，每船配土丝一千斤，二蚕糙丝一千斤；粤省外洋商船二十三只，除定例准带八千斤外，每船再行加带粗丝二千斤，其头蚕湖丝缎匹仍照旧禁止。从之。

《清高宗实录》卷708，《清实录》第17册，第909页。

珠江上的货船

至于大舢板，负责运送全国各地的货物，它们驻扎在河的上游，你在同一个地点经常可以看到几百艘。这些奇特的船群并非珠江最奇特的景观。它们是庞大的运输船，不大讲究外观，几乎仿照了荷兰船只的风格。它们被涂上各种颜色，装饰着耀眼的彩旗，前面有两只大大的野鹰眼——象征着警戒——乃用想象的方式绘画的。对中国人来说，船在某种程度上是以一个活动的身体，剥夺它的视觉器官，就会使它冒险，被岩石撞成碎片。这些大船停在那里，睁大了双眼，加上挥舞的旗子，非常像双栖动物，被高高地抛起，在海滩上晾干。中国人一眼就能分辨出这些现代的诺亚方舟来自何处，他说那些装载着大米和糖的船来自福建，茶和丝也来自福建，肉桂来自广西，生抽则来自内地省份。

没有一个欧洲城市会像广州这样活动与生活，广州的水道能够表现出珠江上的狂热气氛。这些大宗的货物来来往往、装货卸货，使用的快艇、划艇、舢板、大船或停泊或起航；官员们坐着富丽的船巡游，商人们忙着进行交易。

（法）伊凡：《广州城内：法国公使随员1840年代广州见闻录》，第108-109页。

潮州商人

邑僻处海滨，号称沃壤。……地狭人众，土田所入，纵大有年，不足供三月粮。濒海居民所恃以资生而为常业者，非商贩外洋，即渔盐本港也。旧志云农工商贾皆藉船为业，信矣。……行舶艚船亦云洋船、商船，以之载货出洋，闽粤沿海皆有之。闽船绿头较大，潮船红头较小，用粉白油腹而甚便于行，故名各有双桅单桅之别。其船头目有三，首出海，掌数兼管通船诸务；次舵公，把舵；次押班，能直上桅端整修帆索等物。邑之富商巨贾，当糖盛熟时，持重赀往各乡买糖或先放账糖寮（即煮糖厂），至期收之。有自行货者，有居以待价者，候三四月好南风租舶艚船装所货糖包由海道上苏州、天津。至秋东北风起，贩棉花色布回邑，下通雷琼等府，一往一来，获息几倍，以此起家者甚多。

乾隆《澄海县志》卷19《生业》。

严禁内地商人代夷人贩运

（嘉庆十二年）九月，奉圣谕：外洋诸国夷人，自置货船来广贸易，自应专差夷目亲身管驾，不得令内地商人代为贩运。今金协顺、陈澄发，皆以内地客商，领驾暹罗国船只，载货贩卖。虽询明委系该国王所遣，并无假冒捏饰及夹带违禁货物。但该国王何以遽肯造船交伊等管带，情节不无可疑。且恐日久相沿，必致奸徒潜往外夷赊欠诓骗，或竟冒为夷货，代盗销赃，不可不防其渐。吴熊光请敕下礼部，于该国贡使到京时，传知饬禁。恐该贡使回国传述未能详切，现已另降敕谕，申明内外体制。所有金协顺等船二只，既已驶至内地，姑准其起货纳税，另置新货，给照回帆。自此次饬禁之后，如再有代驾夷船进口，即查明惩办。钦此。

又敕谕暹罗国王郑华，嘉庆十二年九月，据两广总督吴熊光奏称：有船商金协顺、陈澄发，装载暹罗国货物来粤贸易，并请于起货后装载粤省货物，回赴暹罗。经地方官查明：金协顺，系福建同安县人。陈澄发，系广东澄海县人。饬传暹罗国贡使丕雅史滑厘询问。据称：金协顺，陈澄发二船，委系由该国新造来粤。因该国民人不谙营运，是以多请福、潮船户代驾，并非冒捏，呈递译书禀结。等情。

天朝绥怀藩服，准令外域民人赴内地懋迁货物，惠逮远人，恩至渥也。惟是中外之限，申画厘然。设关讥禁，古有明训。我朝抚御诸邦，如朝鲜、越南、琉球等国，各以本地物产来中土贸易，皆系其本国民人，附朝贡之便，赍带前来，从未有中国之人代彼经纪者。今金协顺、陈澄发，以闽广商民，代暹罗营运，即属违禁。中土良民，谨守法度，断不敢越制牟利。其私涉外域者，此中良莠不齐，设将贩运货物隐匿拖欠，致启讼端，亦于该国诸多未便。本应将金协顺等饬法治罪，念其船只系由该国制造，给令代驾，从前未经严立科条，此次且从宽免究，并施恩准其起货售兑，仍给照令其置货回帆。特降敕谕知该国王，宣明例禁。嗣后该国王如有自置货船，务用本国人管驾，专差官自带领同来，以为信验，不得再交中国民人营运。若经此次敕禁之后，仍有私交内地商民，冒托往来者，经关津官吏人等查出，除不准进口起货外，仍将该奸商治罪，该国王亦难辞违例之咎。

（清）梁廷枏：《粤道贡国说》卷2《暹罗国二》，第194-195页。

会城往澳门渡四，往香港渡二十四（均无定期，殆风波靡常也），往澳门火轮船一，往香港火轮船二（隔日期）。

谨按：旧设澳门渡而前志未载。香港渡暨火轮船，则近始有之。又闻佛山沙头、九江、石龙均有香港、澳门渡，但靡常耳。香港、澳门饷渡既多，加以火轮船转徙若飞，中外之货抵会城者十之二三耳。又按档册：十三行河旁地，各国商人建马头，泊火轮船，许岁输饩值五百两。

谨按：吾邑产丝，各乡均设绸艇。艇小而坚牢。城乡来往均以傍晚联帮启行，船桨呕轧枪炮迭发，互为声援，破曙即至，最妥速。行旅便之。

同治《南海县志》卷5《建置略二·津渡》。

札东藩司查禁粤米漏卮

照得粤省耕三渔七，户口殷繁，素有食米不敷之患，每恃南洋米及西米接济。前经访闻有等奸商弊串领照，藉称接济澳门华民，由省运米至澳，即由澳转运出洋，当经饬司拏究在案。复经本部堂派委试用通判魏恒、补用知县李洪毓前往澳门，查明在澳华民共有若干，每年共需食米若干，妥筹办理，以免奸商藉词多运。兹据该委员等列折呈覆：查澳门本属租界，并非外洋，所有华民需用米石，固应接济，若藉名赴澳转运出洋，则系奸商牟利，未便姑容。就所禀有照无照各艇核计，每年出洋米石，大率在一百数十万石以外，实属大干例禁。惟近来民人出洋至金山埠、新加坡等处贸易工作者实繁有徒，亦专赖内地米石前往籴济。若概行禁绝，则待哺嗷嗷，亦殊可悯。而广东地方产米本少，近年歉收，米价尤昂。前经奏请招商，由江苏、安徽买米，始得接济民食，若不设法查禁，示以限制，则告籴之米，终不敌漏卮之多，粤民艰食之患，伊于胡底。本部堂查华民在洋，固未可断其接济，而粤米有限，亦难任竟成漏卮。惟有酌量本省丰歉情形，以定米石出洋多寡，除澳门华民每年约需食米三十万石，业经查明毋庸增减外，其金山埠、新加坡等处华民，为数甚多，势难遍给，自应按粤东中稔之年酌量定拟，每处各准运米若干石。若遇丰歉，仍随时增减，无论澳门、金山、新加坡等处，运米概须请领运照。倘无照可验，或藉照多运，均属私运，即行查拿。至于请领运照，完纳税厘，应明定章程，归官办理。其金山、新加坡等处所需米照或在粤请领，或由出使大臣暨中国领事官给照。商船来粤，照粤东所定数目领运出洋，不得任奸商仍蹈前辙，弊串请照，漫无稽查，徒令丁役中饱。至该委员等所拟六门各厂盘查船只，及分饬地方官查禁等情，应一并通筹妥议，以凭奏明办理。（光绪十三年闰四月初十日）。

赵德馨主编：《张之洞全集》第5册，武汉出版社，2008年，第123-124页。

（乾隆二十二年后）除了俄国商队跨越中国的北方边疆，葡萄牙和西班牙的商船往来澳门而外，中华帝国与西方列国的全部贸易都聚会于广州。中国各地物产都运来此地，各省的商贾货栈在此经营着很赚钱的买卖。东京、交趾、支那、柬埔寨、缅甸、麻六甲或马来半岛、东印度群岛、印度各口岸、欧洲各国、南北各国和太平洋诸岛的商货也都聚集到此城。

《中国近代对外贸易史资料（1840-1895）》第1册，第305页。

（道光十三年）广州的地理形势和中国的政策，再加上其他各种原因，使得广州成为对内对外贸易的极盛之地。

《中国近代对外贸易史资料（1840-1895）》第1册，第305页。

【英吉利】地无田，人不耕，惟贸易及劫掠，贸易以粤东为大，尤重中国茶，数日无茶即謦向，凡货船到粤洋行，定其值，售毕，易货归。司事者曰大班，随船来去。乾隆三十年间，洋商负其值，始有在澳压冬者，赁居澳屋不惜重费。初仅一二人，后接踵而至，遂有二班、三班以及十班之号，并有携家来，不肯归国者，习见澳夷出洋之船，岁仅输船税二万，货物听彼国抽分，遂觊觎欲为陇断计，久未得间，会法兰西与英吉利构兵，遣人告西洋王，毋与英吉利通，英吉利闻之，先遣兵胁西洋王，随迁美加利洲，大班拉弗侦知其事，致书伊国哑咖喇国之总管遣兵头度路利来澳。

光绪《香山县志》卷22《纪事》。

南海庙作

金银宫阙映朝暾，火帝南兼水帝尊。万里朝宗来百谷，中华形势尽三门。云开帆席洋船过，月出楼台海市屯。元气茫茫全化水，不知天外有渔村。

（清）屈大均：《翁山诗外》卷11《七言律》，《屈大均全集》第2册，人民文学出版社，1996年，第933页。

廉州杂诗

白龙池最大（珠池以白龙池为大），百里尽珠胎。赤子兵频弄，红夷舶恐来。

边墙殊未筑，海界已先开。此地成云朔，劳君鼓角哀。

《翁山诗外》卷7，《屈大均全集》第1册，第414页。

长寿院外眺望作

珠海当门月倍明，雌雄水底应钟声。（白鹅潭底有钟，每与五仙楼之禁钟相应，名雌雄钟）风飘梵响千家满，雨散花香两岸清。洋舶通时多富室，岭门开后少坚城。霸图消歇无南武，怅望朝台古木平。

《翁山诗外》卷9，《屈大均全集》第2册，第849页。

瑞典于雍正时来粤通商，粤人称为蓝旗国。

（清）刘锦藻：《清朝续文献通考》卷335《四裔五》，第10761页。

杨时济《蕃人冢》

窄襟秃袖头骷髅，碧眼高鼻如饥鹰。重译扬帆作大贾，巨舶光怪罗琼瑛。
客死天涯归不得，狮洋万里波轩腾。三角市旁一抔土，累坟莽莽生长荆。
子规尽日啼血碧，繁星中夜飞磷青。刀叉谁为作寒食，卢卑不设空清明。
新鬼故鬼作蛮语，云阴黯黯天冥冥。贾夷重利远离别，性命却比鸿毛轻。
可怜矮婧闺中妇，求佛尚拜陀罗僧。
（清）阮元编：《学海堂初集》卷11，陈建华主编：《广州大典》第57辑第33册，第677页。

朝请通蕃国，提封扼重关。岚回庾岭合，水入虎门环。
虞苑今何有，仙人去不还。独余羁客思，长对白云山。
（清）许廷镁：《广州》，徐世昌编：《晚晴簃诗汇》卷60，中华书局，1990年，第2465页。

长牧庵制府带同荷兰国贡使诣海幢寺接诏恭纪八首

皇威遐迩被攸同，尺恕钦瞻岭峤东。沧海不扬波上紫，卿云常现日边红。
航海梯山十万程，梅花南国报先春。年年望气黄云现，重译来朝贺圣人。
荷兰贡舶虎门收，蠔镜声嚣水上楼。琛献先传金叶表，翎开还整翠云裘。
龙象花宫涌海幢，桫椤贝树荫清江。慈容遥仰天威在，一日光荣遍海邦。
万斛琉璃挂彩门，氍毹币地映红幡。今朝节府承明诏，乐奏钧天语带温。
珊顶花翎线纬飘，蟒衣鹤补压群僚。晓钟初动开仙仗，宛在金门候早朝。
几年骥足涉飞沙，驰驿来京旨特嘉。从此葵心依北阙，河山历历辨中华。
玉箫金管隔花听，花下开筵列绮筵。大小臣工齐虎拜，炉烟浮动九龙亭。
（清）王文诰：《韵山堂诗集》卷1，纪宝成主编：《清代诗文集汇编》第478册，第380页。

和兰一望红如火，互市香山乌鬼群。十尺铜盘照海镜，新封炮号大将军。
（清）尤侗：《外国竹枝词》，中华书局，1991年，第13页。

1737年5—7月，法国大班们在非贸易季节于澳门度过，而几位荷兰官员却在广州过了一整年。同年，两艘马尼拉船抵达澳门，船长与大班们去了广州，并从2至5月都待在那里，这意味着他们的船员们都待在澳门。

1755年4月，法国和英国大班们从本月至7月待在澳门，但瑞典官员员们上年在广州待了一整年。来自果阿的葡萄牙大班们于7月12日到达澳门，却从7月22日至11月9日待在广州购买他们的货物。同年，两广总督李侍尧反复要求外国人在非贸易季节离开广州。这就侧面暗示了一些外国人（如瑞典人）并不听从。

Paul A. van Daye, The Canton Trade: Life and Enterprise on the China Coast, 1700—1845, Hong Kong: Hong Kong University Press, 2005, p. 13. 转引自汤开建：《天朝异化之角：16-19世纪西洋文明在澳门》，暨南大学出版社，2016年，第214-215页。

《广州竹枝六首》其六

才到花朝似夏阑，雨纱雾縠间冰纨。
洋船新买红鹦鹉，却苦羊城特地寒。
（清）王士禛：《渔洋山人精华录》卷11，陈永正编注：《中国古代海上丝绸之路诗选》，广东旅游出版社，2001年，第235页。

番船铜鼓震江干，香贾珠商郁步攒。
争向太平黑鬼问，到来牛舶几婆栏。
作者自注：谓番船多聚太平门外郁江，步其市中，奔走多西洋黑人，谓之黑鬼。三百斤一婆栏。牛头舶，番船之大者也。
（清）赵侗敩：《羊城竹枝词》，陈永正编注：《中国古代海上丝绸之路诗选》，第267页。

五羊城下十洲通，楼阁宵涵蜃气空。
百越女牛星拱北，三门箭鼓水归东。
戈船潮暗琵琶月，珠寺沙香茉莉风。
回首可怜偏霸地，渔灯几点浸鲛宫。
（清）黄任：《珠江夜泊》，徐世昌编：《晚晴簃诗汇》卷55，第2227页。

联翩海舶千重集，浩荡江天一点孤。
何事贾胡多碧眼，偏教此地有遗珠。
（清）彭铬：《诗义堂集》卷2《海珠题壁》，纪宝成主编：《清代诗文集汇编》第429册，第329页。

五仙门诗

雁翅城回百雉尊,骑羊今识五仙门。
门迎江海分头势,岸缩蛟龙刷尾痕。
贡道开帆双虎合,洋关交市百夷屯。
苍茫指点扶胥口,秋鬓萧萧落日昏。

(清)杭世骏:《岭南集》,《杭世骏集》,浙江古籍出版社,2015年,第1071页。

忠信论文第一关,万缗千镒尽奢悭。
聊知然诺如山重,太古纯风羡百蛮。
自注:华夷互市,以拉手为定,无爽约,即盈千累万皆然。既拉手,名曰奢忌悭。

(清)潘有度:《西洋杂咏》其一,潘仪增编、潘飞声校:《番禺潘氏诗略》第2册,光绪二十年刻本。陈建华主编:《广州大典》第57辑第29册,第337页。

镇海楼诗

番舶逐鳌呿,倏忽非乘风。帆穿吞舟鱼,自口出中肠。
自谓黑山中,安知非滇洋。瑰货所委输,辐辏交三城。
小者牛头舿,大者独木樯。我舰空飞云,莫敢与颉颃。
纷纷白黑艚,视之犹凫跄。楼北何所见,白云连北邙。
……
楼东何所见,扶胥祠谷王。海口控虎门,诸蛮多梯航。
红毛知荷兰,黑齿惟越裳。战退鬼楼船,白丹幸无伤。
人鱼既醉饱,洪波为不扬。断虹一相假,飚然逾零丁。
阴墟庙貌尊,黄木牺牲芳。百川争东朝,水帝纷来享。

《翁山诗外》卷1《五言古》,《屈大均全集》第1册,第38页。

白鹅潭眺望

半空波撼越王台,秋水含烟昼不开。海雨忽将山雨去,新潮频截旧潮来。
风吹岛屿随龙气,月引楼船逐蚌胎。南出虎门天险失,诸夷咫尺二洋回。

暮天风雨白氉浮，险绝三江此倒流。珠海月开龙女市，玉山霞起蜃王楼。
人烟掩映桃榔屿，渔火虚无茉莉洲。几欲漂洋过日本，白艚东作百蛮游。
　　　　《翁山诗外》卷11《七言律》，《屈大均全集》第2册，第985页。

　　珠江一衣带，海客万斛舟。
　　飘飘凫鹭聚，风帆弄轻柔。
　　（清）金甡：《镇海楼诗刻》，李仲伟、林子雄、崔志民编著：《广州寺庵碑铭集》，广东人民出版社，2008年，第200页。

　　风樯云舵杂沓至，梯航万国来蛮賨。
　　（清）刘彬华辑：《岭南群雅二集》卷2《登五层楼望海》，《续修四库全书》集部第1693册，第285页。

　　虹霓驾海海市开，海人骑马海市来。
　　白玉板阁黄金台，以宝易宝不易财。
　　骊龙之珠大如斗，透彻光芒悬马首。
　　（清）王邦畿：《耳鸣集》卷1《海市歌》，《广州大典》第56辑第28册，第771页。

　　海滨弛苛禁，万艘衔舻舳。贵贱通有无，梯航极倭竺。
　　珍奇溢都市，技巧眩心目。南溟潮汐地，岛屿浮如鹜。
　　（清）陈恭尹：《送吴制军至三水，因纪昔游，作百韵赠别》，陈永正编注：《中国古代海上丝绸之路诗选》，第217-218页。

二、外商来粤

佟养甲为请许濠镜澳人通商以阜财用事题本

　　总督两广军务兼巡抚广东臣佟养甲谨题，为怀来远人以通财用事。照得粤省西南海边至香山县而止，此外俱系大洋，独去县二百里有余地一片，高山峻峭，接壤县地，状如吐舌，名为濠镜澳，所名法兰西国人住居百余年矣。此国之人种系西洋来，闻其经历外洋如暹罗、日本、交趾、玛珈沙各国皆彼往来贸易，即以番岛各货向年乘潮至高州、电白海滨停泊，番舶搭盖茅寮，与粤贾为市，市毕焚寮而去，前朝嘉靖年间渐入至濠镜澳侨居，盖造房屋，每年输广省布政司地租五百两，名曰水米椒银，以是每年许其来广入市，点其名数、税其货物，离城三十里泊舟海面内，与粤人互市，以通事伴之。前朝广省内外货物流通，番舶、巨商富贾争相贸易，民获资生，商歌倍利，岁额饷二万二千两，每年不缺，厥后官贪弊积，需索繁苦，以激怒杀兵之隙，禁不许来，止令商人载货下澳，此前朝崇祯十三年事。自后商复困累，货复阻塞，往来不戒于途，民生因之困匮，饷额多减，仅以千数计，此濠镜澳之人来则利于广，不来则无利于广之明验也。今我大清一统，浙直、山陕、河南坦然周行，达京甚便，必商贾辐辏皇都矣，广商跂想北贩，广货亦欲望北疏通，但商人载内地丝缕品物来粤，即易檀香、胡椒、犀角、羽毛之属以达京省，通商阜财势所必需，然仍准澳人入市广省，则又通商之源也。往例设海道兼督市舶提举专理，惟此之故，臣思天地生财有数，内地民力计亩征收，血力几何，通商固以裕国，而通番国之商尤所以裕广省之饷、益中国之赋，合应仍复古例，每岁许濠镜澳人上省、商人出洋往来，税验之官臣严核才品，共相砥砺，洁己抚绥，不但粤民可以食力而不为盗，远方诸国亦闻风感戴皇恩，舞跃贡琛，当原原而恐后矣。顺治四年五月初三日旨：该部知道。

上海书店出版社编：《清代档案史料选编》第1册，第55-56页。

（顺治四年八月丁丑），户部议复两广总督佟养甲疏言，法兰西国人寓居濠镜澳，以其携来番岛货物与粤商互市盖已有年，后深入省会，至于激变，遂行禁止。今督臣以通商裕国为请，然前事可鉴，应仍照故明崇祯十三年禁其入省之例，止令商人载货下澳贸易可也。从之。

《清世祖实录》卷33，《清实录》第3册，第275页。

《译荷兰国与两王文》称："管在小四诸处荷兰国人统领如翰没碎格贺靖、平南王，奉大清国皇帝命统管广东省。……（荷兰人）我等系以交易为生者，到处寻地方居住。近至广海，初在北港，着人前去做交易的勾当，不料做不成，回来说若要成，须差人到北京大主之前。今特差二人有年纪者，一名伯多罗俄也，一名雅哥伯克斯，代我众人奉贺朝廷新得天下，并贡礼物，料（来）不至虚我之望也。靠你福庇，管他去进贡，又管他回来。"

《明清史料》丙编第4册，台北"中央研究院"历史语言研究所，1999年，第377-378页。

近年，琉球客商有漂至琼州者，送至广城。佥事经彦宷加意存恤，远人感之。

康熙《广东通志》卷28《番彝》。

一六八一年，英国人又一次进行与广州通商的尝试；但是中国为了贪图每年二四〇〇〇两的缴纳金，却给了葡萄牙人一种贸易上的垄断权，而且由于他们"狃于积习"，所以对于英国人及其他外国人都加以排斥，使这些外国人不能在贸易上染指。直到一六八五年，皇帝宣谕开放中国各口岸准予通商以后，英国人才通过东印度公司获得在广州开设一个商馆的权利；可是第一艘船却在一六八九年才派来。这条船到达以后，过了两星期之久，始承粤海关官员准予丈量，丈量乃是准许该船进口前的准备步骤；随后又立即开始了一个由来已久但永远滋长不息的争执，那就是决定在官定税额之外必须交付多少的问题。官方丈量员开始是从船头量到船尾，但一经受贿，就允许从后桅之前量到前桅之后；事实上，后一种丈量方法是丈量任何船只的唯一合法的和照例的成规，不论它是本国船只或外国船只。随后便索银二四八四两；船货管理员拒不付给，并且以不作任何贸易即行离去相威胁，一星期后，减为一五〇〇两，其中一二〇〇两作为旧公的船钞，三〇〇两作为对"粤海关监督"的规费。

（美）马士：《中华帝国对外关系史》第1卷，第55—56页。

（康熙）四十七年覆准，暹罗国进贡驯象船其压船货物，愿自出夫力带来京城贸易者听，如欲在广东地方贸易，着该督抚委官监视其交易，货物数目及监视官职名造册报部，压船货物照例，停其征税。

《钦定大清会典则例》卷94《礼部》，第109页。

（雍正）二年冬十月，安置西洋人于广州。

时上谕孔毓珣："如西洋人之安插，亦未甚妥，外来之洋船发放，尤属不当，今命尔总督其地，其尽心竭力，一一料理。"毓珣奏称，查各省居住西洋人，先经闽浙督臣满保题准，有通晓技艺，愿赴京效力者送京。此外一概送赴澳门安插，嗣经西洋人戴进贤等奏恳宽免，逐回澳门发臣等查议。臣思西洋人在中国未闻犯法生事，于吏治民生原无大害。然历法、算法各技艺，民间俱无，所用别为一教，原非中国圣人之道，愚民轻信误听，究非长远之计。经臣议，将各省送到之西洋人，暂令在广州省城天主堂居住，不许出外行教，亦不许百姓入教。遇有各本国洋船到粤，陆续搭回。此外，各府州县天主堂尽行改为公所，不许潜往居住，业会同将军、抚、提诸臣具题。其澳门居住之西洋人，与行教之西洋人不同，居住二百年，日久人众，无地可驱，守法纳税，亦称良善。惟伊等贩洋船只，每从外国造驾回粤，连前共二十五只，恐将来船只日多呼引族类来此谋利，则人数益众。臣拟将现存船只编列字号，作为定数，不许添造，并不许再带外国之人容留居住，亦经具疏请旨，此安插两种西洋人是否妥协，伏候圣裁。再，外来洋船向俱泊于近省黄埔地方，来回输纳关税。臣思外洋远来贸易，宜使其怀德畏威，臣饬令洋船到日，止许正商数人与行客公平交易，其余水手人等俱在船上等候，不得登岸行走，拨兵防卫看守，定于十一、十二两月内乘风信便利，将银货交清，遣令回国，则关税有益，而远人感慕，亦不致别生事端矣。奉谕："朕于西洋教法，原无深恶痛绝之处，但念于我中国圣人之道无甚裨益，不过聊从众议耳。尔其详加酌量，若果无害则异域远人自应一切从宽，尔或不达朕意，绳之过严，则又不是矣。"

（清）王之春：《国朝柔远记》卷3，第320-321页。

两广总督孔毓珣奏覆西洋人居住情形并缴朱谕折

雍正二年十月，两广总督孔毓珣奏称，外来洋船，向俱舶于近省黄埔地方，来回输纳关税……臣饬令洋船到日，止许正商数人与行客交易，其余水手人等俱在船上等候，不得登岸行走，拨兵防卫看守。仍饬行家公平交易，毋得欺骗。定于十一、十二两月内乘风信便利，将银货交清，尽发回国，不许误其风信，致令守候。

中国第一历史档案馆主编：《清宫粤港澳商贸档案全集》第1册，中国书店，2002年，第234-235页。

（雍正二年）又免暹罗国运米压船货税。暹罗国王入贡稻种、果树等物，并运米来广货卖。广东巡抚年希尧以闻，上嘉其国王不惮险远，进献稻种、果树等物，最为恭顺，运来米石，令地方照粤省时价速行发卖，其压船随带货物，概免征税，互见《市籴考》。

《清文献通考》卷26《征榷一》，第5080页。

臣杨文乾谨奏为奏闻事。切照外国贸易洋船，每岁皆于七八月间抵粤，今年自八月初一日起至初五日，共已到洋船五只，内洋商哑哈布哷喇唵呧三船，系从英吉利国开来。洋商咪呧西咀嗷一船，系从□喇国开来。洋商哈哗哩嗯一船,系从红毛国开来。除现在安顿妥协,听其交易。又陆续回澳洋船共八只。俟后有续到,再行奏闻。(雍正四年八月初五日)。

张书才主编:《雍正朝汉文朱批奏折汇编》第7册,江苏古籍出版社,1989年,第833页。

(雍正七年七月)粤东三面距海,各省商民及外洋番贾,携资置货,往来贸易者甚多。而海风飘发不常,货船或有覆溺,全赖营汛弁兵极力抢救,使被溺之人得全躯命,落水之物不致飘零。此国家设立汛防之本意,不专在于缉捕盗贼已也。乃沿海不肖弁兵等利欲熏心,贪图财物,每于商船失风之时,利其所有,乘机抢夺,而救人之事姑置不问,似此居心行事,更甚于盗贼,其无耻残暴之极,岂国家弁兵忍为之事乎?广东、福建二省居多,而他省沿江滨海之营汛亦所不免,此皆该地方督抚提镇等不能化导于平时,又不能稽查惩究于事后,以致不肖弁兵等但有图财贪利之心,而无济困扶危之念也。嗣后,若有此等应作何严定从重治罪之条,使弁兵人等有所畏惧儆戒,着沿海督抚各抒己见议奏,到时九卿会同再行定议,此旨颁到之时,着一面定议,一面即行出示宣谕弁兵等知之,具奏特谕。

《清世宗实录》卷83,《清实录》第8册,第111-112页。

(雍正七年)又免暹罗载米失风船只货税,礼部议覆广东总督孔毓珣疏言,暹罗载米船只,因风漂泊广东,已饬各属加意抚恤,其捞回压舱货物,仍请准其输税发卖。得旨,免其输税。

《清文献通考》卷26《征榷一》,第5081页。

雍正七年英吉利复来通市。

英吉利自康熙间通市后,亦不常来,至是始互市不绝。又康熙末年广东碣石镇总兵陈昂奏言:"臣遍观海外诸国皆奉正朔,惟红毛一种奸宄莫测,中有英圭黎(即英吉利初称)。诸国种族难分,声气则一,请饬督抚关部诸臣设法防范。"从之。

(清)王之春:《国朝柔远记》卷4,第331页。

(雍正七年)西南洋诸国来互市。

先是,康熙中虽设海关,与大西洋互市,尚严南洋诸国商贩之禁,自安南外,并禁止内地人民往贩,比因粤闽浙各疆臣以弛禁奏请。是年,遂大开洋禁,凡南洋之广南、港口、柬埔寨,及西南之㕵仔、六坤、大呢、吉兰丹、丁葛奴、单咀、彭亨诸国咸来通市。

（清）王之春：《国朝柔远记》卷4，第331页。

（雍正八年）禁黄金贩往外洋。淮关监督年希尧上言：广东省城每岁有贸易洋船收买黄金，金价日贵，禁止为便。上从之。命通饬沿海官吏，违者，视铁货铜钱出洋律。

雍正《广东通志》卷7《编年二》。

外国船只仍照旧例在澳门湾泊

【署广东总督鄂弥达奏请外国船只仍照旧例在澳门海口拉青角地方湾泊折】臣等查得，虎门所属，巨海汪洋，风涛甚险，其口外口内，皆不可长久湾泊。若现在夷船停泊之黄埔，实系逼近省城，一任夷商扬帆直入，早晚试炮，毫无顾忌，未免骇人听闻。该镇臣所奏之言，实有可采。伏查香山县之澳门河，下（衍字）上至沙篱头，下至娘妈阁，地阔浪平，可以长久湾船，现今澳夷各洋船，皆在此处停泊，实属安稳无虞。况查从前洋艘原湾此地，缘康熙二十五年粤海关监督臣宜尔格图据澳夷目唛啰哆等结称，澳门原为设与西洋人居住，从无别类外国洋船入内混泊。等因具题，经部覆准，故至今各洋船皆移泊黄埔地方。但臣等悉心详查，澳门原系内地，西洋人不过赁居，岂容澳夷视为己物。如云澳门为西洋人之地，不便容别国洋艘停泊，岂黄埔内地，顾可任其久停耶。臣等仰恳圣恩，请自雍正癸丑年为始，凡各外国夷船，仍照旧例在澳门海口拉青角地方，与西洋澳夷船只一同湾泊，所有往来货物，即用该澳小船搬运，仍饬沿途营汛，往回一体拨驾桨船护送，炮位军器不得私运来省。如此则内地防范周密，夷船亦无漂泊之虞矣。

《明清时期澳门问题档案文献汇编》第1册，第174—175页。

印光任议请外夷在澳门贸易之规则

（雍正）九年三月，需命未下，吕宋忽驾三舶泊十字门外，光任适奉牒相度建署形势至澳，讯即去年所释红夷俘，其酋西士古以赍书谢恩为言，而意实伺红夷图雪耻。光任因留澳密白大府，许达其书，旋命光任持谕往谕，以谕词严正，吕酋闻之心折。四月八日扬帆归。……诸蕃恃巨舶大炮，然以舟大难转，遇浅沙即胶或触礁且立破，每岁内地熟识海道之人，贪利出口接引，以致蕃舶出入漫无讥察，颇乘控制之宜，光任具议上请：

——洋船到日，海防衙门拨给引水之人，引入虎门，湾泊黄埔，一经投行，即着行主、通事报明，至货齐回船时，亦令将某日开行预报，听候盘验出口，如有违禁夹带查明详究。

——洋船进口，必得内地民人带引水道，最为紧要，请责县丞将能充引水之人，详加甄别。如果殷实良民，取具保甲亲邻结状，县丞加结，申送查验无异，给发腰牌执照，准充仍列册通报查考，至期出口等候，限每船给引水二名，一上船引入，一星驰禀报县丞，申报海防衙门。据文通报，并移行虎门协及南海番禺一体稽查防范，其有私出接引者，照私渡关津律从重治罪。

——澳内民夷杂处，致有奸民潜入其教，并违犯禁令之人窜匿潜藏，宜设法查禁，听海防衙门出示晓谕，凡贸易民人悉在澳夷墙外空地，搭篷市卖，毋许私入澳内，并不许携带妻室入澳，责令县丞编立保甲，细加查察，其从前潜入夷教民人，并窜匿在澳者，勒限一年，准其首报回籍。

——澳门夷目遇有恩恳上宪之事，每自缮禀，浼熟识商民赴辕投递，殊为亵越，请饬该夷目凡有呈禀由澳门县丞申报海防衙门，据词通禀，如有应具详者，具详请示，用昭体统。

——夷人采买钉铁木石各料，在澳修船。令该夷目将船身丈尺、数目、船匠姓名开列呈报海防衙门，即传唤该匠估计实需铁斤数目，取具甘结。然后给予印照，并报关部衙门给发照票，在省买运回澳，经由沿途地方汛弁验照放行，仍知照在澳县丞查明，如有余剩缴官存贮，倘该船所用无几，故为多报买运希图夹带等弊，即严提夷目船匠人等讯究。

——夷人寄寓澳门，凡成造船只房屋必资内地匠作，恐有不肖奸匠贪利教诱为非，请令在澳各色匠作交县丞亲查造册，编甲约束，取具连环保结备案。如有违犯，甲邻连坐，递年岁底，列册通缴查核，如有事故新添，即于册内声明。

——前山寨设立海防衙门，派拨弁兵弹压蕃商，稽查奸匪，所有海防机宜，均应与各协营一体联络，相度缓急，会同办理老万山、澳门、虎门、黄埔一带营汛，遇有关涉海疆民夷事宜，商渔船只出口入口，一面申报本营上司，一面并报海防衙门。其香山、虎门各协营统巡，会哨月日，亦应一体查报。

（清）印光任、张汝霖：《澳门记略》，第27—29页。

（雍正十三年）洋船进口俱在黄埔湾泊……夷商到省赁行居住，每有各色小艇湾泊行后，引诱走私。臣等严行示禁，凡一切小艇不许附近洋行湾泊，以杜弊端……夷商置齐货物，必雇西瓜扁艇运赴黄埔下船，每有偷窃之弊。……臣等饬令押船人役，于夷商落货之时，先将船舱验明，舱板封钉紧密，随后将货箱堆实，不许仍留舱罅。

《清宫粤港澳商贸档案全集》第2册，第580—583页。

是年（乾隆七年），英吉利夷商洪任辉，妄控粤海关陋弊，讯有徽商汪圣仪者，与任辉交结，擅领其国大班银一万三百八十两，按交结外国，互相买卖，借货财物例治罪。

（清）梁廷枏：《粤道贡国说》卷5《英吉利国一》，第233页。

抚辑澳夷以重海疆

（乾隆）八年禁西洋海舶毋得贩黄金出洋。九年，移香山县丞于前山寨，议者以澳门民蕃日众，而距县辽遥，爰改为分防澳门县丞，察理民夷，以专责成，今上御宇之九年，始以肇庆府同知，改设前山寨海防军民同知。……

广东按察使司潘思榘《为敬陈抚辑澳夷之宜以昭柔远以重海疆事》："窃查广州府属香山县有澳门一区，袤延一十余里，三面环海，直接大洋，惟前山寨一线陆路通达县治，实海疆之要地，洋舶之襟喉也。前明有西洋蕃船来广贸易，暂听就外岛搭寮栖息，回帆撤去，迨后准令岁纳地租，始于澳门建造屋宇楼房，携眷居住，并招民人赁居楼下，岁收租息。又制造洋船往来贸易，沿以为常。我朝怀柔远人，仍准依栖澳地，现在澳夷计男妇三千五百有奇，内地佣工艺业之民杂居澳土者二千余人，均得乐业安居，诚圣天子覆帱无外之盛治也。伏思外夷托处内地，只图市易通商，规取岁利，原可毋庸禁绝，……至雍正八年前督臣郝玉麟因县务纷繁，离澳窎远，不能兼顾，奏请添设香山县县丞一员，驻扎前山寨，就近稽查，第县丞职分卑微，不足以资弹压，仍于澳地无益，似宜仿照理猺抚黎同知之例，移驻府佐一员，专理澳夷事务，兼管督捕海防，宣布朝廷之德意，申明国家之典章，凡驻澳民夷编查有法，洋船出入盘验以时，遇有奸匪窜匿唆诱，民夷斗争盗窃及贩卖人口私运禁物等事，悉归查察办理，通报查核，庶防微杜渐。住澳夷人不致蹈于匪燬，长享天朝乐利之休，而海疆亦永荷敉宁之福矣。……查粤省理猺同知，例设弁兵，应请照例给与把总二员、兵丁一百名，统于虎门香山两协内，各半抽拨并酌拨哨桨船只，以资巡缉之用。至前山寨既设同知，所有香山县县丞应移驻澳门，专司稽查民蕃一切词讼，仍详报该同知办理。再肇庆府同知原系部选之缺，今移驻前山有海防抚夷之责，其缺甚为紧要，必得熟悉风土之员方克胜任，并请改为题缺。又分防同知例给关防，以昭信守，拟为广州府海防同知关防字样，至应行添修衙署营房另行分别办理，倘蒙俞允所有经管事宜，及应拨兵船等项仍容分别报部查核等语。

（清）印光任、张汝霖：《澳门记略》，第24-26页。

乾隆二十二年十一月初十日军机处上谕档

大学士公傅【恒】、大学士来【保】字寄署两广总督李【侍尧】，乾隆二十二年十一月初十日奉上谕：据杨应琚奏浙海关贸易番船应仍令收泊粤东一折，所见甚是。已有旨传谕杨应琚，令以己意晓谕番商，将来只许在广东收泊交易，不得再赴宁波。如或再来，必押令原船返棹至广，不准入浙江海口。如此办理，则来浙番船永远禁绝，不特浙省海防得以肃清，且与粤民生计，并赣、韶等关均有裨益。着传谕李侍尧，俟杨应琚行文与彼时，即将杨应琚咨文令其行文该国番商，遍谕番商，嗣后口岸定于广东，不得再赴浙省。如有两省应行关会之处，该署督即会商杨应琚妥协办理可也。钦此。遵旨寄信前来。

《清宫广州十三行档案精选》，第107页。

（乾隆二十四年春）禁丝斤出洋。时禁英吉利商船赴浙贸易，于是皆收泊广东。每夏秋交，由虎门入口，又时方严丝斤出洋之禁，两广总督李侍尧言："近年英吉利洋商屡违禁令，潜赴宁波，今丝斤禁止出洋，可抑外洋骄纵之气。惟本年丝斤已收，请仍准运还。"奏入报可。

（清）王之春：《国朝柔远记》卷5，第349页。

（乾隆二十四年）秋七月，下英商洪任辉于狱，时英吉利商人洪任辉必欲赴宁波开港，既不得请，自海道入天津，仍乞通市宁波，并讦粤海关陋弊。是月，命福州将军来粤按验，有徽商汪圣仪与任辉交结，擅领其国大班银一万三百八十两。按交结外国、互相买卖借贷财物例治罪，监督李永标家人七十三等苛勒有状，并拟罪如律，永标以失察革职，以诱唆之刘亚遍戮市。英商洪任辉，上命押往澳门圈禁三年，满期交大班附舶押回。于是粤关规费裁改归公，总督李侍尧因奏防范外夷五事：一曰禁夷商在省住冬，二曰夷人到粤令寓居洋行管束，三曰禁借外夷资本并雇请汉人役使，四曰禁外夷雇人传信息，五曰夷船收泊黄埔拨营员弹压。皆报可。

（清）王之春：《国朝柔远记》卷5，第110页。

外夷只能在广东贸易

　　两广总督臣李侍尧谨奏为钦奉上谕事。本年闰六月十五日承准廷寄，奉上谕：据庄有恭奏，本年五月有红毛英吉利夷商船只欲开往宁波贸易，现饬文武员弁严谕该商船仍回广东贸易，不许逗留等语。番舶向在粤东贸易，不许任意赴浙，屡行申禁，乃该夷商既往广东，藉称生意平常，复欲赴宁波为试探之计，自不可不严行约束，示之节制。着将原折钞寄李侍尧阅看，令其传集夷商等明示禁令，庶夷情自肃而权政益清。至其中或更有浙省奸牙潜为勾引，及该商希冀携带浙货情事，应并谕庄有恭饬委妥员留心察访，以杜积弊，但不必张皇从事可耳。钦此。遵旨寄信到臣。

　　……据署南海县知县图尔兵阿禀，有英吉利番商洪任搭船回国，于五月初九日出口等情。臣以此时正届番船进口，该商洪任系粤省住冬，必须经营贸易，据称回国难以凭信，随谕令海防同知密行稽查去后。嗣于十二日未奉谕旨之先，准闽浙督臣杨廷璋咨开，洪任驾船至浙，称有货物银两在后面大船，开来贸易，业将小船驱逐回棹。等因。除移谘闽浙督臣，如该国大船到浙，立即逐令回粤外。伏查，洪任往来中国贸易，历有年所，通晓汉语，熟悉行情，人亦巧诈，乾隆二十年及二十二年，两次收泊宁波，蒙我皇上睿虑深远，指示晓谕。今甫隔一载，复又潜赴定海，欲为尝试，既经浙省逐回。是否仍回粤东，臣已密饬该地方官查报。如果到粤之后，趁船回国，自可毋庸置议，倘仍借住冬之名往来省会，难免故智复萌，应令其照例长住澳门，密饬地方有司及沿途税口人等不时稽查，毋许再赴省城，庶不至于滋事。臣一面钦遵谕旨，传集该国住冬之总大班吥哢与现到众商哩吨等，并各通事至臣衙门，会同监督李永标详加面谕，言尔等船只俱到广东，历久相安，前因洪任舍粤就浙，曾经两省晓谕，若再赴浙江，定将原船押回，乃一年之后，洪任故违禁令，复赴定海，现被浙省查验逐回。尔等当知天朝法度，雷厉风行，从无游移两岐之事，即从前虽系两省督院会商谕禁，而天朝体制，事无巨细，悉达宸聪，兹仰体皇上怀柔德意，重申禁令。（宫中朱批奏折。乾隆二十四年闰六月二十二日）。

　　《明清时期澳门问题档案文献汇编》第1册，第318—320页。

防范外夷规条

　　两广总督李侍尧谨奏，为敬陈防范外夷规条，仰祈睿鉴事。窃惟粤东地处边海、外通番舶，我朝德化覃敷、惠鲜怀保、遍及遐方。递年各国夷商航海来广贸易，仰蒙圣主恩膏叠沛、体恤备至、宜其咸知抒诚向化、安分贸迁。乃有英吉利夷商洪任辉等屡次抗违禁令、必欲前往宁波开港。旋因不遂所欲、坐驾洋艘直达天津。名虽呈控海关陋弊、实则假公济私。妄冀邀恩格外。臣细察根源，总由于内地奸民教唆引诱，行商通事不加管束稽查所致。查夷人远处海外，本与中国语音不通，向之来广贸贩，惟籍谙晓夷语之行商、通事为之交易。近如夷商洪任辉于内地土音、官话无不知晓，甚而汉字文义亦能明晰。此外，夷商中如洪任辉之通晓语言文义者亦尚有数人，设非汉奸潜滋教诱，焉能熟悉。如奸民刘亚匾，始则教授夷人读书，图骗财物；继则主谋唆讼，代作控词。由此类推，将无在不可以勾结教诱，实于地方大有关系。兹蒙圣明洞烛，将刘亚匾即行正法，洪任辉在于澳门圈禁三年，满日逐回本国，俾奸徒知所警惧，外夷共仰德威。此诚我皇上睿谋深远，肃清中外至意。惟臣访查内地民人勾引外夷作奸犯科事端不一，总缘利其所有，遂尔百般阿谀，惟图诓骗取财，罔顾身蹈法纪。

伏思夷人远处化外，前赴内地贸易，除买卖货物之外，原可毋庸与民人往来交接，与其惩创于事后，似不若防范于未萌。臣检查旧案，历任兼关督抚诸臣所定稽查管束夷人条约非不周密，第因系在外通行文檄，并非定例，愚民畏法之心不胜其谋利之心，行商人等亦各视为故套，漫不遵守，地方官惟图息事宁人，每多置之膜外，以致饬行未久，旋即废弛，非奏请永定章程，并严查参条例，终难禁遏。兹臣择其简便易行者数条，酌参管见，敬为我皇上陈之：

——夷商在省住冬，应请永行禁止也。查外洋夷船向系五六月收泊进口，九十月扬帆归国，即间有因事住冬，于洋船出口后即往澳门寄住，去来既有定期，势难潜滋勾结。乃近来各国夷商多有藉称货物未销，行欠不清，将本船及已置之货交与别商押带回国，该夷商仍复留寓粤省，专事探听各省物价低昂，获利多寡，出本遣人前赴购买，冀获重利，如英吉利之欲往浙省贸易，莫不由此，且省会重地，亦不便任听外夷久居窥伺，应请嗣后各夷商到粤，饬令行商将伊带来货物速行销售，归还原本，令其置货，依期随同原船回国。即间有因洋货一时难于变卖，未能收清原本，不得已留住粤东者，亦令该夷商前往澳门居住，将货交与行商代为变售清楚，归还价银，下年务令顺搭该国洋船归棹。如洋船已去之后，仍复任听夷商潜居省会及侵吞货价，致累远夷守候者，即将行商、通事分别严行究拟查追，地方官不行查察及实力追还，严参议处。

——夷人到粤，宜令寓居行商管束稽查也。查历来夷商到广贸易，向系寓歇行商馆内，原属事有专责。乃近来有等嗜利之徒，将所有房屋或置买已经歇业之行，雕栏画槛，改造精工，招诱夷商投寓，图得厚租，任听汉奸出入夷馆，勾引教诱。或纵番厮人等出外闲游，酗酒行凶，嫖宿蛋妇，殊乖体制。即买卖货物，亦多有不经行商、通事之手，无籍店户私行到馆诱骗交易，走漏税饷，无弊不作。行商人等则以寓居各别，无从禁约逐卸，而英吉利夷人尤多凶横滋事。应请嗣后凡并非开张洋行之家，概不许寓歇夷人，其夷商到粤，务令于现充行商各馆内听其选择投寓，如行馆房屋不敷，亦责成该行商自行租赁房屋拨人看守，以专责成。夷商随带番厮，不得过五名，一切凶械、火器不许携带赴省，专责行商、通事将夷商及随从之人姓名报明地方官及臣与监督衙门查核，勤加管束，毋许汉奸出入夷馆，结交引诱，即买卖货物，亦必令行商经手方许交易，但不得把持短价，掯勒高抬，苦累远夷。其前后行门，务拔诚实行丁加谨把守，遇晚锁锢，毋得纵令番厮人等出外闲行。如夷商有置买货物等事必须出行，该通事、行商亦必亲自随行。如敢故纵出入，滋生事端以及作奸犯科，酌其情事重轻，分别究拟斥革。地方官不实力稽查饬禁，一并参处。

——借领外夷赀本，及雇请汉人役使，并应查禁也。查夷商航海前赴内地贸易，向来不过将伊带来之货物售卖，就粤贩卖别货载运回国。而近年狡黠夷商，多有将所余赀本盈千累万，雇请内地熟谙经营之人，立约承领，出省贩货，冀获重利。即本地开张行店之人，亦有向夷商借领本银纳息生理者。若辈既向夷商借本贸贩，藉沾余润，势必献媚逢迎，无所不至，以图邀结其欢心，如汪圣仪现因领取洪任辉本银营运，与之结交；刘亚匾亦因图借赀本谋利，甘为作词唆讼。而夷商既将赀财分散在外，断不能舍粤而遽行归国。久之互相勾结，难免生端。除汪圣仪父子现在钦遵谕旨严审按拟外，其余借领夷人本银未经犯事之人，若一概拘究，未免滋累繁多，应请仰邀圣恩姑宽，既往免其深求，仍令据实首明，勒限清还。嗣后，内地民人概不许与夷商领本经营，往来借贷，倘敢故违，将借领之人照交结外国借贷诓骗财物例问拟，所借之银查追入官，使外夷并知炯戒。至夷商所带番厮人等，尽足供其役使，而内地复设有通事、买办，为伊等奔走驱驰，乃复有无赖民人贪其货财，甘心受雇夷人服役，亦于体制有乖，应请责成通事、行商实力稽查禁止，如敢徇纵，与受雇应役之人一并惩治。

——外夷雇人传递信息之积弊，宜请永除也。查粤东驿递，向无马匹，遇有各衙门紧要公文，雇拨力能奔驰迅速之人，给以工资饭食赍递，名曰千里马。若辈虽非额设人役，而民间雇倩实所罕有。乃近来各夷商因分遣多人前往江、浙等省购买货物，不时雇觅千里马往来探听货价低昂，遂致汪圣仪之案，臣等所发排单公文尚未递到，该犯先已得信逃避，臣现在严拘通信及走递之人究拟。又如上年十月及本年九月，钦天监西洋人刘松龄等两次奏请素诣天文之安国宁、方守义等情愿赴京效力，俱以澳门来信为词具奏，若非内地之人代为传赍，何由得信？臣愚以为，外夷一切事务，似宜由地方官查办，庶为慎重。

其内地人代为传递书信，永当禁止。应请严谕行商、通事以及千里马、脚夫人等，嗣后概不得与外夷传递书信，倘敢不遵，将代为雇倩及递送之人一并严拿讯究，分别治罪。至澳门寄住之西洋人，如有公务转达钦天监臣，应令该夷目呈明海防同知，转详臣衙门，酌其情事重轻，分别咨奏办理。

——夷船收泊处所，应请酌拨营员弹压稽查也。查夷船进口之后，向系收泊黄埔地方。每船夷梢多至百余名，或二百名不等。伊等种类各别，性多强暴，约束稍疏，每致生事行凶，而附近奸民蛋户更或引诱酗酒奸淫、私买货物、走漏税饷，在在均须防范严密。该处虽设有营汛，相离约计三里，而泊船处所均系滨海浮沙，不能建设营房。向例于夷船收泊到彼时，酌拨广州协标外委一员，带兵十二名即于附近沙滩搭寮驻宿防守。但外委职分卑微，不足以资弹压。应请嗣后夷船进口之日始，于臣标候补守备内酌拨一员专驻该处，督同守寮弁兵实力防范稽查。第候补人员向无廉俸，并请于海关平余项下每月酌给银八两，以为米薪日用之资。并于附近之新塘营酌拨桨船一支，与该处原有左翼镇标中营桨船会同梭织巡游，俟洋船出口后即行撤回。如有巡防懈怠，致令滋出事端，即行严参议处。

以上五条，臣就外夷到粤贸易情形酌定应行饬禁稽查事宜，恭呈圣鉴。如蒙俞允，容臣饬令地方各官实力奉行，并晓谕内地商民及各国夷商永远遵守。（乾隆二十四年十月二十五日）。

　　　　　　　　《明清时期澳门问题档案文献汇编》第1册，第336-340页。

伏思洋人往来广省，至冬底洋船南去，如果需看守余货，仅留本国一二人在行内居住，其事似属可行。但查阅禀内情节，前任督抚既不许其在省过冬，俱令在澳门居住，俟来年夏令再行随船到省，其防范约束自必有故。且各处洋人俱住澳门，独拂郎济亚国（即法国，编者注）并不准一体存留，此中有无违碍情形，亦难悬揣。

　　　　　　　　《清中前期西洋天主教在华活动档案史料》第1册，第275-276页。

（乾隆二十七年五月甲辰）谕曰：苏昌等奏英吉利夷商咟唠等以丝斤禁止出洋，夷货艰于成造，吁恳代奏，酌量准其配买，情词迫切一折。前因出洋丝斤过多，内地市值翔踊，是以申明限制，俾裕官民织纴。然自禁止出洋以来，并未见丝斤价平，亦犹朕施恩特免米豆税，而米豆仍然价踊也。此盖由于生齿日繁，物件不得不贵，有司恪守成规，不敢通融调剂，致远夷生计无资，亦堪轸念，着照该督等所请。循照东洋办铜商船搭配绸缎之例，每船准其配买土丝五千斤、二蚕湖丝三千斤，以示加惠外洋至意。其头蚕湖丝及绸绫缎匹，仍禁止如旧,不得影射取戾。

《清高宗实录》卷660,《清实录》第17册,第391页。

(乾隆)三十年,以恰克图贸易俄罗斯不遵禁约,停止互市,俄罗斯有私将货物由洋船贩至广东售卖者,皆严行禁绝。

嘉庆《大清一统志》卷554《俄罗斯》,《续修四库全书》史部第624册,第754页。

乾隆四十九年,奉圣谕:"留京办事王大臣议覆,福康安、舒常等筹酌粤省洋行事宜一折内称:'洋货内,珍珠宝石等项抽税,易于偷漏,应令新任监督等悉心筹酌,以期永久无弊'等语。国家抚御外洋,不贵异物,每岁番民与内地洋行交易货物,均沾利益,原所以体恤夷商。至洋货内珍珠、宝石等项并无需用之处,向来粤海关抽税,亦属无多,况此等物件,本难定价,易至居奇,且便于携带藏匿,难保无偷漏分肥,否则过于吹求,若设法严禁,逐项搜查,实属不成事体。现在京师及各处关隘商税则例内,本无此项税课,不如听商人等自行交易,免其收税,则诸弊悉清,更毋广多为防范。嗣后粤海关珍珠宝石,概不准征收税课,著为令"。

(清)梁廷枏:《粤海关志》卷8《税则一》,第171页。

丝斤等出口货配买

(乾隆)二十四年,总督李侍尧奏《防范夷商规条》略云:夷船向系五六月收泊,九十月归国,间有因事住冬,止在澳门寄住。近多潜留省会,藉称货物未销,勾结生事,应禁之。至货物,应令行商公平速售归价,依期归国,有行货未清,愿留澳门者,听其自便。又以近来嗜利之徒,将房屋改造华丽,诱图厚租,汉奸出入,无弊不作。嗣后非洋行不许寓歇。一禁内地民人借夷商赀本贸易,并不许雇役内地多人。一禁遣人分往江浙等省探听物价,致奸商勾结,并从之。先是御史李兆鹏以内地丝贵,请禁出洋。二十五年巡抚陈宏谋请采办洋铜船只,准带绸缎。二十七年总督苏昌请准英吉利夷商伯兰之请,配买丝斤。次年,准琉球照英夷例配带;嗣又请准加剌巴、暹罗港口、安南、马辰、丁几奴、旧港、柬埔寨等国配带,部议丝为外洋所必需,而铜可供鼓铸,应酌定数目,随带出洋易铜,于是弛丝禁。谕曰:"禁止丝斤出洋以来,丝价未减,可见生齿繁衍,取多用宏,物情自然之势,非尽关出洋之故,今尹继善庄有恭并称民情以弛禁为便,着弛其禁。时各省商船配带自数百斤至千余斤,惟粤省洋商每船带至万斤，盖丝亦外洋所不产，而必需之物，与茶叶、大黄等。四十九年，禁洋行代官办物垫价，免其呈进钟表，令与夷商公平交易，不得把持拖欠。时议粤海关珍珠、宝石税例，得旨珍珠、宝石向来抽税无多，况此物本无定价，易至居奇，且便于藏匿偷漏，若过事吹求，实不成事体，不如免其收税，则诸弊肃清，毋庸多为防范，著为令。"

（清）王庆云：《石渠余纪》卷6《纪市泊》，第284—285页。

法国人经常留下他们的大班度过两个贸易季度，先前是在广州，后来则在澳门，而荷兰人有时也是用这种做法。英公司在1770年以前，只有两次试过这个方法，而董事部对这种结果不满意：通常的办法是大班随着该年的船只同来，在他们停留的五个月或最多六个月的时间内，要办妥各船的装载货物，而他们订约所订购的产品，售货者要用三个甚至四个月的时间到产地中心去搜购。各船在6月底，最迟在9月中旬必须达到，而回航必须在1月底，或最迟不过2月之前出发……

（美）马士：《东印度公司对华贸易编年史》，第324页。

中国皇后号

从珠江口到广州与在美国从东部的特拉华河经过梅海角和亨洛朋到费城的航行不无相同之处：都有大约100英里的路程，都不时被自然的或非自然的屏障打断。但是在美国的特拉华州，远洋航行的终点都设在上游的费城，而在中国珠江上，"中国皇后号"和所有的外国船只却不得不先停留在一个叫黄埔锚地的地方，这里地处广州下游，距离广州大约12英里。在进入珠江之前，所有的外国船只都必须在古老的葡萄牙殖民地澳门暂停，好让船长或者是大班乘小船上岸获取一个通行证——被称为"海关船牌"——还有就是要找一名引水员。船长或者是大班被告知必须与海关的高级官员搞好关系，当然还包括总督。"想要尽力催促这些人给你一名引水员，靠大声说话是没有用的。"一名美国的船长会建议其他几年后要来中国的船长说，"哄骗和行贿是做成此事的唯一办法。"

（美）菲利普·查德威克·福斯特·史密斯：《中国皇后号》，广州出版社，2007年，第147页。

"中国皇后号"于1784年8月28日早晨到达这里，行程188天，距离纽约大约1.8万英里；美国人鸣放了13响礼炮向已经停泊于港内的船只致敬，每艘船也以同样的方式回敬。"几艘法国船,"山茂召写道,"派遣两只小船,带着锚和缆索,在一名高级船员的指挥下帮我们找到一个很适合的停泊处。这名船员沉着地站在甲板上指挥,直到我们泊好船。丹麦船派出一名高级船员,向我们道贺;荷兰船派出一艘小船来帮助我们;英国船的一名高级船员表示'欢迎你们的旗帜悬挂在这里'。"一些(中国的)划子(即小船)和驳船会从黄埔把外国船只上的官员和货物运到外国人的居住地——在广州的"夷馆"或者"行",所有的西方人都被限制居住于此。

(美)菲利普·查德威克·福斯特·史密斯:《中国皇后号》,第149页。

上述中欧贸易现状表明,英国人和美国人的贸易相当重要,而后者在短期内增强了很多,虽然去广州的美国船比其他在那里贸易的大国船只吨位小得多,但与他们相反的是,现在每年去那里的船都有40—50艘。季节对他们来说没有障碍,他们每个月都可以往返。

伍宇星编译:《19世纪俄国人笔下的广州》,大象出版社,2011年,第31-32页。

但他们(荷兰人)每年派往那儿(广州)的船只从未超过五艘……自1795年起,连一艘荷兰船都没有来过广州。他们在等待更好的时间,继续维持在那里的洋行并每年支付六名大班的薪饷,他们尽管没有任何事情可做,可仍然像以往一样10月去广州,2月份回到澳门。

伍宇星编译:《19世纪俄国人笔下的广州》,第30页。

京城为万方拱极之区,体制森严,法令整肃,从无外藩人等在京城开设货行之事。尔国向在澳门交易,亦因澳门与海口较近,且系西洋各国聚会往来之处,往来便益。若于京城设行发货,尔国在京城西北地方,相距辽远,运送货物亦甚不便。……何必又欲在京城另立一行。天朝疆界严明,从不许外藩人等稍有越境搀杂,是国欲在京城立行之事,必不可行。

向来西洋各国夷商居住澳门贸易,画定住址地界,不得逾越尺寸。其赴洋行贸易夷商,亦不得擅入省城。原以杜民夷之争论,立中外之大防。……已非西洋夷商历来在澳门定例。况西洋各国在广东贸易多年,获利丰厚,来者日众,岂能一一拨给地方分住耶?

中国第一历史档案馆编:《英使马戛尔尼访华档案史料汇编》,1996年,第58-59页。

珠江是广州与外国人进行商业往来的唯一通道。正是通过这条航道，船只一天往返两次，好像帮助中国人活动。欧洲的船只每年把产品运往法国，同时带回精致的商品进行交换。大量的商品使中国这条河流成为世界上最活跃的河道之一。与之相比，法国的许多大河则是胆小的小溪，在它们蜿蜒曲折的航道里承载着一些不起眼的贸易。在到达广州前六个小时的时候，我们看到当地各式各样的船只在来来往往，其中可以看到一些轻快的帆船，以及一些构造精良的汽船，载运着英国人和美国人。我们从黄埔启程后不久，周围的小型的舢板、快艇和油轮迅速增多，以至于我们的船不得不收起船帆。我们只能划桨前行，时而会撞上其他船只。夜幕终于降临了，半个小时之后，我们停在一堆拥挤的船前面，无法通过。我们的船员停止了划桨，抛出锚。

（法）伊凡：《广州城内：法国公使随员1840年代广州见闻录》，第11-12页。

钦命督理粤海关税务武备院卿、加四级、记录二十二次佶谕外洋行商人潘致祥等知悉。现据澳门口委员等禀，据引水胡廷瑛禀称，本月十八日，有英吉利国巡船一只驶至三角洋面湾泊，小的遵即查。据该巡船主吚唎说，称系伊国巡船护送本国货船来广贸易，在此湾泊，听候各船出口，仍护船回国等语。再查该巡船番梢四百名，大炮六十门，鸟枪二百枝，剑刀三百口，火药八百斤，弹子八百个，所有船上番梢炮械，理合报赴等情，转禀到本关部。据此，查英吉利国前有护送货船来粤，嚊等兵船三只，湾近虎门，当经督部堂饬行驱出潭仔洋面湾泊，并饬嗣后兵船不准湾近虎门在案。今该巡船吚唎虽系护送来粤，仍应遵照收泊潭仔洋面，候该国货船出口护送回国。据禀前由，除咨明督部堂外，合行谕饬，谕到该商等即便转谕该国大班转饬该巡船遵照湾泊潭仔洋面，毋许稍有滋事，致干重咎。特谕。

嘉庆四年十二月二十四日谕。

许地山编：《达衷集》卷下，第181-182页。

英吉利贸易以粤东为大……向凡货船到粤，洋行定其值，售毕易货归，司事者曰大班，随船来去。乾隆三十年间，洋商负其值，始有在澳压冬者，赁居澳屋，不惜重费，初仅一二人，后接踵而至，遂有二班、三班以及十班之号，并有携家来不肯归国者。

道光《香山县志》卷4《海防·附澳门》。

（道光二十五年七月十二日）臣耆英、臣黄恩彤、臣文丰跪奏：再臣等于本年五月二十四日接据丹麻尔国理事官韩新申称，伊国向来中国贸易，久沐皇仁，惟无领事官经理，恐伊国商人不免有贩卖违禁货物及偷漏税饷情事，兹伊国主遣伊前来，于众商人中择一诚实能事之人，作为领事，约束伊国商人，安分贸易，恳将新定各国贸易章程，及货物税则一并发给俾者遵守等语。臣等查丹麻尔国即向来通商之黄旗国，该国每岁到粤，商船不过一二只，其货物税饷向皆附美利坚领事代为呈报，惟来中国贸易最久，溯自乾隆元年起至今，并未间断，不惟与素来通商者迥殊，即与前曾贸易后经停市，现复呈请通商之比利国情形，亦有不同，今因该国商人无人管束，恐致有漏税贩私情弊，议设立领事经理一切，并请给发章程税则，俾有遵守……

蒋廷黻编：《筹办夷务始末补遗》道光朝第4册，北京大学出版社，1988年，第105—106页。

夷船到澳，先令委员查明有无妇女在船，有则立将妇女先行就澳寓居，方准船只入口，若藏匿不遵即报处明，押令该夷船另往他处贸易，不许进口，倘委员拘隐不即报明，任其携带番妇来省，行商故违接待取悦夷人，除将委员严参行商重处外，定将夷人船货一并驱回本国，以为违犯禁令者戒。

（清）卢坤、邓廷桢著，王宏斌校点：《广东海防汇览》卷37《方略二十六·驭夷二》，河北人民出版社，2009年，第912页。

查明年貌、籍贯发给编号，印花腰牌，造册报明总督衙门与粤海关存案，遇引带夷船给予引照，注明引水船户姓名，关汛验照放行，其无印花腰牌之人，夷船不得雇佣。至夷船停泊澳门黄埔时，所需买办一体由该同知给发腰牌，在澳门由同知稽查，在黄埔由番禺县稽查。如夷船违例进出，或夷人私驾小艇在沿海村庄游行，将引水严行究处，如有买卖违禁货物及透漏税货，买办不据实察报，从重治罪。

（清）卢坤、邓廷桢：《广东海防汇览》卷37《方略二十六·驭夷二》，第929页。

关天培《查勘虎门扼要筹议增改章程咨稿》

查各夷商船来粤贸易，至万山收针，向由澳门同知派引水迎往万山查明，缮文通报，由引水执持印凭，报明沙角防弁，知会前途，然后放入黄埔，此历久之章程也。

（清）关天培：《筹海初集》卷1，陈建华主编：《广州大典》第37辑第

25册，第602页。

一七五一年，在黄埔有九艘英国船，四艘荷兰船，二艘法国船，一艘丹麦船和一艘瑞典船，总数十八艘。四十年后，在一七八九年，那里有六十一艘英国船（二十一艘公司船和四十艘散船），十五艘美国船，五艘荷兰船，一艘法国船，一艘丹麦船和三艘葡萄牙船，总数八十六艘。

（美）马士：《中华帝国对外关系史》第1卷，第90页。

1764—1765年，到广州贸易的外国商船仅31艘，1836—1837年已增至213艘，增加5倍多。

姚贤镐编：《中国近代对外贸易史资料（1840—1895）》第1册，中华书局，1962年，第311-313页。

华夷交易章程

二品顶戴两广总督臣百龄、广东巡抚臣韩崶跪奏为酌筹华夷交易章程，恭折奏闻，仰祈圣鉴事。窃照澳门一隅，自前明嘉靖年间大西洋人纳税租住，迄今二百余年，樯帆云集，贸易交通，上年英吉利国夷兵擅自登岸，震慑天威，旋即退去，而防微杜渐，尤须筹定章程。臣等检查档案，从前议奏防范外夷规条，本为详备，因日久玩生，致滋弊窦。除再申明例禁，督令切实奉行外，至于今昔情形不同，有应随时增易者，谨分晰数条，为我皇上陈之：

——外夷兵船应停泊外洋，以肃边防也。查，外夷来广贸易，先将货船停泊伶仃等处外洋，报明引进黄埔河面，以便查验开舱，从不许护货之兵船驶入内港。近年以来，渐不恪守旧章，应请嗣后各国货船到时，无论所带护货兵船大小，概不许擅入十字门及虎门各海口，如敢违例擅进，经守口员弁报明，即行驱逐，一面停止贸易。庶边防严肃，该夷人等不敢萌轻视之心。

——各国夷商止准暂留司事之人，经理货账，余饬依期归国，不许在澳逗遛也。查，外夷商船向系每年五六月收泊，九十月归国，该夷商或因货物未销，或有行商挂欠未清，向准在粤海关请照下澳暂寓住冬，仍候行账算明，即于次年催令回国。迩来该夷等竟有在澳久居迁延不去者，名数较多，且种类不一，诚恐别滋事端。嗣后各夷商如销货归本后，令其依期随同原船归国，不得在澳逗遛。即有行欠未清，止准酌留司事者一二名在澳住冬清理，责令西洋夷目及洋行商人，将留澳夷人姓名造册申报总督及粤海关衙门存案，俟次年即令归国，亦申报查考，如敢任意久住或人数增多，查出立即驱逐。

——澳内华夷宜分别稽查也。查，澳内西洋人房屋，自乾隆十四年议定章程，止许修葺，不许添造，嗣因西洋夷人生齿日繁，以致屋宇逐渐增添。至澳门华人，原议不准携带妻室，以杜贩卖子女之弊。嗣因西洋夷目呈称华夷贸易，惟赖殷实华人方足取信，若室家迁移，则萍踪靡定，虚实难稽，是以住澳华人仍准携带妻室，安土重迁，亦难概令挈眷远徙。惟澳内为地无多，华夷杂处，若不定以限制，恐日致蔓延，应将西洋人现有房屋若干、户口若干，逐一查明，造册申报，已添房屋，姑免拆毁，不许再行添造寸椽。华人挈眷在澳居住者，亦令查明户口造册存案，止准迁移出澳，不许再有增添。庶于体恤之中，仍寓防闲之意。

——夷船引水人等，宜责令澳门同知给发牌照也。查，各国夷船行抵虎门外洋，向系报明澳门同知，令引水人带引进口，近年竟有匪徒冒充引水，致滋弊窦。嗣后夷船到口，即令引水先报澳门同知给予印照，注明引水船户姓名，由守口营弁验照放行，仍将印照移回同知衙门缴销。如无印照，不准进口，庶免弊混。

——夷商买办人等，宜责成地方官填选承充，随时严察也。查，夷商所需食用等物，因言语不通，不能自行采买，向设有买办之人，由澳门同知给发印照。近年改由粤海关监督给照，因该监督远驻省城，耳目难周，该买办等惟利是图，恐不免勾通外来商贩私买夷货，并代夷人偷售违禁货物，并恐有无照奸民从中影射滋弊。嗣后夷商买办，应令澳门同知就近选择土著殷实之人，取具族长保邻切结，始准承充，给与腰牌印照。在澳门者，由该同知稽查；如在黄埔，即交番禺县就近稽查。如敢于买办食物之外代买违禁货物，及勾通走私舞弊，并代雇华人服役，查出照例重治其罪，地方官徇纵，一并查参。

——夷船起货时，责令洋行按股交易，不准奸夷私自分拨也。查，夷货到粤，向系行商公同酌议货物之贵贱，均匀承办，不致彼此多寡悬殊。近年夷商司事者，竟随意分拨售卖，内地行商因其操分拨之权，曲意逢迎，希图多分货物，转售获利。而奸夷遂意为肥瘠，有殷商而少分者，有疲商而多拨者，以致年赈不清，拖欠控还者不一而足。嗣后夷货到时，由监督亲督洋行总商，于公司馆内秉公按股签掣，均匀分拨，不得任令乏商影射，多买亏欠夷赈，庶足以照平允而杜争端。

以上六条，臣等谨就现在情形悉心酌核，以期肃清积弊，永靖边隅，仰副圣主柔远恤商至意。谨合词具奏，伏乞皇上睿鉴训示。谨奏。（嘉庆十四年四月二十日）。

《清代外交史料》嘉庆朝第3册，第9—11页。

第五章
贸易物品

一、外洋货物

卢兴祖所呈香山县知县姚启圣货单贿单审答过情节册

康熙六年七月日，又一本造报抚院按察司理刑厅，抽盘运到喽嚹哆等五船货物估变数目册。广州府香山县为请旨遵行事，今将造报运到喽嚹哆等五船货物，逐一分别估变，备开造报施行。计开马加撒船货，檀香香枝二百二十担，依时价每担一百斤估变银；胡椒皮三百五十担，依时价每担一百斤估变银；黑铅一百担，依时价每担一百斤估变银；棕毛二百担，依时价每担一百斤估变银；胡椒皮六十担，依时价每担一百斤估变银；乌木二百担，依时价每担一百斤估变银；牛角一百三十担，依时价每担一百斤估变银；降香四十担，依时价每担一百斤估变银；黑铅十担，依时价每担一百斤估变银；烟叶六担，依时价每担一百斤估变银；马勒甲船货，木香四十五担，依时价每担一百斤估变银；乳香十五担，依时价每担一百斤估变银；硫磺一百五十担，依时价每担一百斤估变银；儿茶二十担，依时价每担一百斤估变银；西洋酒十桶，依时价每桶估变银；西洋幔布二十捆，依时价每捆估变银；西核桃六担，依时价每担一百斤估变银；藤二十五担，依时价每担一百斤估变银；咽哇黎船货，胡椒皮六十担，依时价每担一百斤估变银；乳香五十担，依时价每担一百斤估变银；黑铅二百担，依时价每担一百斤估变银；木香六十担，依时价每担一百斤估变银；阿魏一担，依时价每担一百斤估变银；小马加撒船货，檀香香枝二百担，依时价每担一百斤估变银；胡椒皮二百五十担，依时价每担一百斤估变银；又檀香五十一担半，依时价每担一百斤估变银；又胡椒二十三担半，依时价每担一百斤估变银；檀香三十担，依时价每担一百斤估变银；又胡椒二十一担，依时价每担一百斤估变银；儿茶十九担，依时价每担一百斤估变银；木香十七担，依时价每担一百斤估变银；乳香十一担，依时价每担一百斤估变银；乌木十五担，依时价每担一百斤估变银；牛角二十担，依时价每担一百斤估变银；降香十八担，依时价每担一百斤估变银；黑铅十担，依时价每担一百斤估变银；硫磺六担，依时价每担一百斤估变银；胡椒九十二担，依时价每担一百斤估变银；乳香十五担，依时价每担一百斤估变银；木香十担，依时价每担一百斤估变银。康熙六年七月日，前件查系造报入官七船货物底册二本。（康熙六年八月二十七日）。

《香山明清档案辑录》，第165-166页。

暹罗贡物

（康熙）十二年二月，（暹罗国）国王遣陪臣奉金叶表文入贡，……按古例，贡船三只到广，贡使捧表进京朝贡，其船置办国需，随泛回国，庶臣早知圣体兴隆，于次年再至广省迎接圣敕回国。伏乞俞旨，赐依古例，特敕礼部行文广省各衙门遵照施行。……后开贡物：皇帝方物：金叶表文一道，译字表文一道，龙亭一座（安奉金叶表文），驯象一只，孔雀四只，六足龟四只，龙涎香一斤，碗石一斤，沉水香二斤，犀角六座，速香三百斤，象牙三百斤，安息香三百斤，白豆蔻三百斤，腾黄三百斤，胡椒三百斤，大枫子三百斤，乌木三百斤，苏木三千斤，胡椒花一百斤，紫梗二百斤，树皮香一百斤，树胶香一百斤，翠鸟毛六百张，孔雀尾十屏，儿茶一百斤，鲛绡布六匹，杂花色大布六匹，褪天四条，红布十匹，红撒哈喇布六匹，印字花布十匹，西洋布十匹，大冰片一斤，中冰片二斤，片油二十瓢，樟脑一百斤，黄檀香一百斤，蔷薇露六十罐，硫黄一百斤；皇后方物一样减半（内止少驯象）。

（清）梁廷枏：《粤道贡国说》卷1《暹罗国一》，第177-178页。

西洋贡物

西洋博尔都噶尔国贡珊瑚、珠宝、石素珠、咖石吨瓶、玛瑙盒、云母盒、玳瑁盒，各品药露、金丝缎金、银丝缎金、花缎洋缎、羽毛缎哆、啰呢、洋刀、长剑、短剑、自来火长枪、手枪各品，衣香、各色葡萄酒等物，路远无定期，贡亦无定额，贡道由广东。

《清朝文献通考》卷38《土贡考一》，第5215页。

西洋意达里亚国贡蜜蜡杯、蜜蜡瓶、铜日规、水晶灯、银盘、纸盘、皮画、花石片、镀金皮规矩、番银笔、珊瑚珠、玛瑙珠、火漆羽缎、周天毯、显微镜、火字镜、照字镜等物，路远无定期，贡亦无定额，贡道由广东。

《清朝文献通考》卷38《土贡考一》，第5215页。

西洋国

西洋国：地最大，与僧伽密迩，诸番之会也。去中国十万里，西濒大海，南距柯枝，北接狼奴儿国。其地产沉香、木香、西洋布、五色布、白雁、胡椒、马、五色鸦鹘石。明永乐元年，国王马那必剌满遣马戎朝贡。三年，又遣使朝贡，诏封为古里国王，给银印诰命。五年，令太监郑和赐王诰币，升赏其将领有差。国朝康熙六年十月，内遣使朝贡方物，进金叶表文一函、国王像一幅、全金金刚石饬金剑一持、金琥珀书箱一座、珊瑚树一枝、珊瑚珠一串、琥珀珠六串、椅楠香二段、哆啰绒二匹、象牙十枝、犀角四只、乳香六桶、苏合油一桶、丁香一笼、金银乳香二笼、花露一箱、花幔四端、花毡一铺。进献皇后方物：大玻璃镜一面、珊瑚珠一串、琥珀珠四串、花露一笼、丁香一笼、金银乳香一笼、花幔四端、花毡一铺。续据该贡使开报皇恩赏赐缎匹、银两：国王杂色锦缎八十匹、银三百两；正贡官杂色花缎三十六匹、银一百两；护贡官杂色花绢缎一十八匹、银五十两；和尚杂色花缎一十八匹、银五十两。随役一十九名，每名杂色缎十匹，每名银二十两。使回，令广东布政司照例管待遣还。

康熙《广东通志》卷28《外志》。

日本刀歌

市中宝刀五尺许，市中贾人向予语。红毛鬼子来大洋，此刀得自日本王。……红毛得刀来广州，大船经过海若愁。携出市中人不识，价取千金售不得。

（清）梁佩兰：《六莹堂集》卷3，《四库全书存目丛书》集部第255册，齐鲁书社，1997年，第194页。

玻璃镜

谁将七宝月，击碎作玻璃。绝胜菱花镜，来从洋以西。

铸石那能似？玻璃出自然。光含秋水影，尺寸亦空天。

《翁山诗外》卷14，《屈大均全集》第2册，第1142页。

雍正六年，礼部议覆福建巡抚常赍疏言，暹罗国王诚心向化，遣该国商人运载米石货物直达厦门，请听其在厦发卖，照例征税，委员监督，嗣后暹罗运米商来福建、广东、浙江者，请照此一体遵行，应如所请，得旨依议，米谷不必上税，著为例。

（清）梁廷枏：《粤海关志》卷21《贡舶一》，第433页。

西洋方物

澳门离香山百里，向在界外，其山从海滨发支，如莲蓬插入海中。有城，皆鬼子所居，无汉人。离澳设关，以稽人口出入。其地不产米盐、蔬菜，俱内地运出。城中有西洋官，职如侍郎，粤东文书事件往还，俱用通事。其俗见人以摘帽为礼。凡内地所用犀象、香珀、哆啰、哔吱、羽缎、羽纱、苏木、椒檀、玻璃种种洋物，皆与之互市。向海禁甚严，止许肩挑，后许小船运载。澳关系布政司委三司首领及一千总辖之，少收其税，甚有利，故竞钻营。今通洋设立海关，则利归公上矣。

澳门彝官亦乘轿，其轿方长如柜，官从顶盖上出入，入则仍以顶板盖之。四人昇之。止则揭盖板以出。其伞用竹叶编成，白竹为柄，一人执伞前导，一人负一板箱，二人执长枪以从，其余仪卫简陋可笑。

离澳门十余里名十字门，乃海中山也。形如攒指，中多支港，通洋往来之舟，皆聚于此，彼此交易。故有时不必由澳门也。

……锦石出高要峡，细润可为砚，亦发墨。白锦石出七星岩，有山水草木云气物象，土人琢为屏风，为床榻，为香几，为插屏。康熙甲子年，西洋国王造宫殿，行咨粤中，遣人凿取，以为阶砒。因此山关系肇庆龙脉，不允其请。其见珍于外国如此。……

西国米出西洋，伪者以葛粉为之，以多煮不化而色紫柔滑者为真，益胃和脾，夙病初起者宜食之。……

番薯有数种，江浙近亦甚多而贱，皆从海舶来者。形如山药而短，皮有红白二种，香甘可代饭。十月间徧畦开花，如小锦葵。粤中处处种之。康熙三十八年，粤中米价踊贵，赖此以活。有切碎晒干为粮者，有制为粉如蕨粉藕粉者，又有甜薯圆如鹅鸭卵，有猪肝薯形如猪肝，重十余斤，皮紫，皆出粤地，唯番薯种自洋中来也。

……西洋鸡头高尾翘,与常鸡甚异,亦有黑白杂色诸种。火鸡毛黑,毿毿下垂,高二三尺,能食火炭。相传火鸡火鼠毛为火布,此鸡毛焚之,亦成灰烬,恐非此鸡,亦自海外来。……

白铅出楚中。贩者由乐昌入楚,每担价三两。至粤中市于海舶,每担六两。海舶买至日本,每担百斤,炼取银十八两,其余即成乌铅。俗称倭铅,实不产倭,乃炼出银后仍载入内地,每倭铅百斤价亦六两。其炼银之法,誓不传于内地,炉火家亦不晓其术也。

西洋烛有大至十余斤一对者,以黄蜡炼过,色如白蜡,柔润耐点。又有一种细如箸,绵絮为心,盘折如膏环徽子,欲点则引长其烛,息则仍盘之,可入巾箱,明而耐久。

吸毒石乃西洋岛中毒蛇脑中石也,大如扁豆,能吸一切肿毒,即发背可治。今货者,乃土人捕此蛇以土和肉舂成,大如围棋子,可吸平常肿毒及蜈蚣、蛇蝎等伤,置患处粘吸不动,毒尽自落。其石即以人乳浸之,乳变绿色,亟远弃之,着人畜亦毒也。不用乳浸石,即裂矣。一石可用数次。真脑石置蛇头,不动为验。

……西洋纸被,长丈余,圆如茧,而空其首,细看无缝,色白如绵。云国中夫妇同寝其中,可以御寒。……

(清)吴震方:《岭南杂记》,《四库全书存目丛书》史部第249册,齐鲁书社,1996年,第503-504、517-518、522-523页。

乾隆七年十一月,英吉利巡船遭风,飘至澳门海面,遣夷目至省城求济。两广总督策楞,令地方官优给赀粮,修整船只,俟风便归国。先是,其互市处所,或于广,或于浙。二十二年,部议英吉利不准赴浙贸易,于是皆收泊广东。每夏、秋交,由虎门入口。其土产则有大小绒、哔叽、羽纱、紫檀、火石,及所制时辰钟表等物,精巧绝伦。二十四年,方严丝斤出洋之禁。两广总督李侍尧奏言:"近年英吉利夷商屡违禁令,潜赴宁波。今丝斤禁止出洋,可抑外夷骄纵之气。惟本年丝斤已收,请仍准运还。"奏入,报可。

(清)梁廷枏:《粤道贡国说》卷5《英吉利国一》,第277页。

筹运洋米

【两广总督杨应琚】奏为海洋运米,商民酌请加恩议叙以广皇仁以裕民食事。窃照粤东为环山滨海之区,物产既饶,货殖亦广,自蒙我国家休养生息百有余年,本地之生齿既甚繁滋,外来之商民又复络绎,加以圣王德威远播薄海从风，外洋各国夷商无不梯山航海，源源而来，现在幅辏肩摩，实为边海第一繁庶之地。顾山多田少，产谷无多，向藉西省米粮以资接济，而近年总缘户口繁众，西省粮价亦增，市值频昂，故粤东筹办米谷较他省为尤重。臣杨于上年抵任之初，已将实在情形恭折奏闻，一面商同设法调剂，而粮价始不致过昂，惟是天时之丰歉靡常，边海之民食綦重，必须广为筹酌庶，可使米粮充裕，市价常平。伏查乾隆十六年八月内，经闽浙督臣喀尔吉善等遵旨议奏，内地商民有携资赴暹罗等国运米回闽，粜济民食者，数在二千石以内，督抚分别奖励，二千石以上奏请议叙，荷蒙朱批允行。本年复经喀尔吉善等酌定运米数目，分别□生民人奏请赏给职御顶带，经部议覆准行各在案。今查粤东附近之安南等国，均系产米之乡，现在内地商民贸易，各国有带米回棹者，于边海民食甚为有益。但不酌加奖叙，无以鼓励急公，兹据运米商民恳援闽省之例，请定奖叙之条具呈地方官转禀前来。臣等思闽粤同属海疆，情形原无二致。□□□恩嗣后粤东商民有自备资本，领照赴安南等国运米回粤接济民食者，即照闽省商人由暹罗等国运米回闽之例。查明每船数在二千石以内，臣等酌量奖励。数在二千石以上，确查取结，奏请分别议叙。……

乾隆《廉州府志》卷20《艺文上》。

【闽浙总督杨应据奏扬赴浙贸易洋船系图价廉税轻酌定补税条款折】番船收泊粤东贸易，自虎门横档而至黄埔停泊，在在设有官兵稽查押护，而横档地方两山门立中建炮台，尤为天生险隘。其自横档至黄埔，又有沙淤水浅之处，番人未识水道，必须内地船只引带，始免搁浅疏虞，故番船进出未能自由，而稽查亦极为严密。……查向来番船在粤贸易，其出口货物，凡丝茶、绸缎、瓷器等类，贩至粤省既有沿途水脚之费，又须由北新赣韶等关，而进口货物如哆啰、哔叽、羽毛、纱缎等类，发往江浙销售，自粤关验明征税后，经韶赣暨江浙等关，亦均有应征税饷。今番船收泊宁波，就近置货贸易，一应进出货物，无须经由赣韶等关，其赣韶等关税饷。（乾隆二十二年十月二十日）。

《明清时期澳门问题档案文献汇编》第1册，第306页。

【两广总督李侍尧奏报暹罗国郑昭差官来粤欲买硫磺铁锅事】……其时暹罗国郑昭差官附搭商船来粤赍投文禀，以欲行加兵缅匪为该国复仇为词，恳请采买硫磺、铁锅。（乾隆三十九年九月二十六）。

《宫中档乾隆朝奏折》第37辑，第2页。

玻璃·琉璃

玻璃来自海舶，西洋人以为眼镜。儿生十岁，即戴一眼镜以养目光，至老不复昏朦。又以玻璃为方圆镜，为屏风，昔汉武帝使人入海，市琉璃者，此也。《南州异物志》云："琉璃本质是石，欲作器，以自然灰治之。自然灰，状如黄灰，生南海滨。"今西洋人不知亦用此灰否？

（清）李调元：《南越笔记》卷5，第77页。

龙脑香

龙脑香，出佛打泥者良，来自番舶，粤人以樟脑乱之。樟脑，本樟树脂，色自如雪，故谓之脑。其出韶州者曰韶脑。樟脑以人力，龙脑以天生者也。凡脑皆阳气所聚，阳香而阴臭，而龙者纯阳之精尤香。其脑与涎，皆香品之最贵者。

（清）李调元：《南越笔记》卷5，第77页。

羽毛纱缎

广南尚羽毛纱缎，悉携自番舶，以出贺兰者为上。红毛诸处亦有贩至者。即不能同其软薄矣。今粤地亦制羽毛绉，以丝织成之，颇适于用。按：毾㲪，旧产罽宾国，今诸洋俱有之。

（清）李调元：《南越笔记》卷5，第83-84页。

咸砂·硝·磺

咸砂：咸砂乃夷船压舱之物，例不起税。嘉庆十一年议于丈量，将砂数报官，起贮夷馆，由藩司给照，硝商尽数清买。硝商领照到黄埔及澳门买咸砂，听夷商公平议价。

洋硝：夷船到粤，匪徒往往将货物私换洋硝。嘉庆二十四年硝枭曾广明将糖三万余斤私换洋硝三万余斤，经番禺县汪办理在案。

……

倭磺：倭磺可作火药。乾隆三十四年奉上谕，海外硫磺运至内地，即可随时收买，以备军资。

（清）张维屏：《国朝诗人征略·二编》卷62，中山大学出版社，2004

年，第1210—1211页。

（潘有为）从子正亨，字伯临，县贡生。捐刑部员外郎，负用世志，遇事能见其大。尝言于广州知府程含章，令洋船随时载米，免其舶税。含章以其言白大府，行之，于是洋米船络绎而至。广州遂鲜荒患。

同治《番禺县志》卷45《列传十四》。

严禁金银下海

粤海关贸易由来已久，势难断绝，但如呢羽、哔叽、洋布、棉花可制衣服等，原不必禁，至珠宝已无用，而水法钟表是该国以铜片易我金银，岂非堕其奸计，自当严禁，俾远夷共仰盛朝不宝异物。再，洋商惟利是图，监督鲜知，大体其出入货物，多违例禁，所有咸沙、白铅二项，经熊光奏明定以限制，洋钱成色低潮，粤民因其用便，转将纹银先换洋钱，甚至倒添成色，近更流行江浙，是中国利权，外夷操之，成何事体。鸦片之害尤剧，无如海关官吏明知故放，藉取陋规，若交地方官查拏，不过徒饱胥吏，惟当将应禁者，实力严禁，选择廉洁通晓大体之员，久任海关，责成稽察。洋钱宜先在江浙等省，令其倾镕，方准使用，则洋钱不能行远，夷人无可居奇。再于闽粤以次照办，庶可逐次挽回，西洋人已衰弱，似无能为所应防者，在英吉利及新起之法兰西，定例止准以货易货。近日海关混杂，故金银下海，呕宜严禁。

（清）吴熊光：《伊江笔录》上编，《续修四库全书》子部第1177册，第495—496页。

鼓励洋米入粤

粤东滨海之区耕三渔七，幅员辽阔，民食不敷，岁仰广西桂柳梧浔诸府之接济，设遇粤西年荒，诸府闲籴，则粤东米价翔贵，小民粒食维艰，惟洋米产小吕宋国，地在闽粤之南，土沃水膏，不耕而获，稻米一石值银数钱，由海道来广不过六七日，粤关市舶，每载入口，乾隆八年钦奉谕旨，凡遇外洋货物来闽粤等省贸易，带米一万石以上者，免其船货税银十分之五，带米五千石以上者，免其船货十分之三，其米听照市价，公平发粜，仰见圣谟广远，轸切民依，灼知开禁南洋，为控制外番起见，国家富有四海，并非需此税银，与其以茶叶、大黄易呢羽、钟表无用之物，不如助筹足食，利赖闾阎，训典煌煌，胜算操而垂裕远也。自司榷者专利自封，多不以此为便，奉行日久，旧制渐湮。

嘉庆十一年以后，续来米舶，粤关止予免钞，饬令空船出口，由是夷商无利，来米顿稀。

道光四年，总督阮公奏请各国夷船，专运洋米来粤，免其丈输船钞，所运米谷起贮洋行粜卖，原船载货出口，一体征收税课，得旨允行。一时黄埔、澳门岁增米十余万石，然各国来粤米船均系零星小贩，并非资本充裕之夷，每船载米三四千石，及一二千石不等，虽有出口货物，其数不甚相悬。洋米之获利既微，出口之税银仍纳，所免进口钞规始犹抵敷，关费渐且不足取偿，缘阮公入告之时，仅据县禀议，行其乾隆八年宽免米船货税之恩旨，未经查明声叙，是以但能导夷船之岁至，而不能使洋米之积余，可以收效于会城，而未得推行于全省，本年旱稻收获仅及六成，秋冬亢旱晚稻不足三成，来岁青黄不接之际，即查照乾隆嘉庆年间成案，饬商采买洋米回粤粜卖，将来平其市价，非不可转歉为丰，而暂时举行，究非永久之善策，似应奏援乾隆八年旧例，嗣后凡遇外洋夷船并无别货携带，专运洋米来粤五千石以上者，免其出口货税十分之三，一万石以上者，免其出口货税十分之五，其载米不过五千石以上者，仍照道光四年成案，止免进口钞规，不宽出口货税，以广皇仁而昭限制，如此则外洋米谷进口愈多，以关市之征，资积贮之益。……英吉利风俗向来精勤织作，所制呢羽、洋布、纱线等物，非中国无以流通，洋米产小吕宋等处，不过一隅之地，又距英吉利国都方万余里，使进口洋米出口减税，止港脚、花旗诸夷闻风兴贩，亦无过十之五六。英吉利阖境民夷必不容废其织作，专以贩米牟利，是进口之呢羽如常，即出口之货税无减。粤关正余之数，岁终岂虑悬绝耶？且即关税稍绌，而藏富于民，备户口之流亡，免司农之赈贷，以下益之有余，补上损之不足，经国之远猷，绥边之至计……

源案：此议洋米，但知小吕宋，而不知暹罗及新嘉坡、葛留巴、港脚诸地，皆岁岁运米入口，又不知运米一二千石者亦准免税十之一，且有赏给米商顶戴。自康熙至乾隆，叠次恩旨，具载《皇清通考·四裔门》，别详东南洋吕宋、暹罗二国志内。

（清）魏源：《海国图志》卷78《筹海总论·粤东市舶论》，第1922—1924页。

查禁鸦片之来路

两广总督臣阮元跪奏为申明严禁鸦片事例请旨将经营不善之洋商革去顶戴责令严禁杜绝以观后效奏祈圣鉴事。窃照鸦片一项来自外洋，流毒内地，最为人心风俗之害。节经前督臣将攸铦暨臣会同历任监督臣严切查禁，无如奸民鬼蜮多端，百计偷越，推其缘故，由一切防杜之法，多行于鸦片已入内地之后，不能行于鸦片未入内地之前，是以向来查办鸦片之案，不过就现获之犯，加以惩治，其于最先贩卖之人，尚无从究诘得实。至于此外盈千累百，分散外洋者，更无从凭空海捕。臣到任至今，会同海关监督，破获鸦片之案，与夫解官烧毁之鸦片，时时而有，但不塞其源，其流终不能止息。

臣访得鸦片来路，大端有三：一系大西洋，一系英吉利，一系美利坚。大西洋住居澳门，每于赴本国置货及赴别国贸易之时，回帆夹带鸦片回粤偷销。英吉利鸦片，访系水梢人等私置，其公司船主尚不敢私带，独美利坚因少国王钤束，竟系船主自带鸦片来粤。嘉庆二十年钦奉上谕，如一船带有鸦片，即将此一船货物全行驳回，不准贸易，若各船皆带有鸦片，亦必将各船货物全行驳回，俱不准其贸易，原船即逐回本国等因。此诚正本清源之办法。（军机处录副奏折，道光元年十月十四日）。

《香山明清档案辑录》，第210页。

禁查鸦片

两广总督臣卢坤、广东巡抚臣祁𡩋跪奏。为遵旨查明番舶贩卖鸦片及查办情形恭折奏析圣鉴事。窃臣等于道光十四年六月十三日承准军机大臣字寄道光十四年五月二十二日，奉上谕有人奏近闻英吉利国大舶终岁在零了洋及大屿山等处停泊，名曰趸船，凡贩鸦片烟者一入老万山，先以三板艇剥赴趸船，然后入口省城包买，户谓之窑口，议定价值，同至夷馆兑价给单，即雇快艇至趸船凭单交土，其快艇名快蟹，亦名扒龙，炮械毕俱，每艇壮丁百数十人，行驶如飞，兵船追拿不及。各洋呢羽等货税课较重，亦多由趸船私行售卖等语。海防例禁□岂容夷船逗留受私漏税，且鸦片烟流毒内地，叠经降旨，严行饬禁，自应实力查拿，务使根诛净尽，若如所奏趸船之盘据不归，快蟹之飞行递送，灌输内地，愈禁愈多，各项货物恃有趸船售私，纹银之出洋，关悦之透漏，未必不由于此，着该督等督饬所属，即将趸船设法驱逐，快蟹严密查拿，勿任仍前停泊，致启售私漏税等弊。该夷船如或驱此舶，彼巧为避匿，即责成巡哨水师，认真巡缉，从严惩办，毋得稍有讳饰，并着将查办情形，先行据实具奏，将此谕知卢坤、祁𡩋。（道光十四年九月初十日）。

《香山明清档案辑录》，第234页。

新建惠济东西仓碑记

粤地宜稻，而田少民繁，省会尤甚。且百货所聚，洋船盐蓰，取食者什百于他处。所产谷米，不足以供，向藉粤西及楚闽之米。予以道光十五年冬，自皖抚奉命督粤，入觐之日，仪征相公语予，曩在粤时，尝建言洋舶载米至者，免其入关之税，得旨如所请，洋米来者日多，但法久则弊生，愿有以善其后也。既抵任，今大司寇中丞祁公为予言粤地仓谷宜埤益之，前督涿鹿卢公尝檄筹储峙，以水潦方亟而止，倘设立义仓，不假手吏胥，则平粜即实惠矣；予谓即事有渐，因势利导，可以便民，吾曹宜任之。既又知粤地岁有洋米，其民狃于谷贱，罕能力田，都会殷赈，小民无远虑，务改其勤朴旧俗，而游惰兹多，流及远乡，当事欲未雨绸缪因以风喻其俗久矣。十七年春，粤人适以义仓请，予与祁公各捐廉为倡，而僚属亦同心协力，粤之缙绅士人及富民知义者均不召自劝，凡得白金一十二万有奇；遂以其情入告，恩旨允行。先是，正南门内西湖街有旧仓在东，其西又有惠潮官邸，皆久旷不修，乃改建之：在东者为惠济东仓，在西者为惠济西仓；各缭以周垣，间以复道，堂阶廪窌，户耀井庖，次第焕然。以十八年春落成，粤人愿推绅士之望，俾司其事，典守周备，品式坚明，成来请记，以垂久远……遂书以为记。赐进士出身，诰授荣禄大夫，兵部尚书，兼都察院右都御史，总督两广等处地方，提督军务邓廷桢撰并书。

道光十有八年岁次戊戌五月。

梁嘉彬：《广东十三行考》，第393-394页。

至收泊东陇港各船行，据澄海县查复，各前县任内，均有暹罗货船驶至，装载苏木、树皮等物，并无夹带违禁之件，报明东陇税口投纳开舱，向无牌照。其有阻滞，不能及时回国者，均换载糖斤赴江浙行销，由县给予护牌，以凭各口岸查验。数十年来相沿已久。前有金泰顺、金广顺、顺合船三只，收泊东陇，因风汛不顺，不能开帆回国，贸换糖货，东陇难以行销，已给予护牌，前往江浙等省发卖。

《明清史料》庚编下册，台北"中央研究院"历史语言研究所，1999年，第1180页。

（广东）查美货以面粉为大宗，而销用面粉又以饼行为大宗，今饼行首提实行抵制。

《中国近代手工业史资料（1840-1949）》第2卷，第497页。

广东省城油器食物店，俗呼之为二厘馆。其制造油煎糕饵等工人向有团体，每年必祷叙一次。现闻各处有不用美货之议，该项工党所制食物需用花旗面甚多，故特公议：如饼食行实行不用洋面，伊等亦必继之；若店东强用美面，则宁罢工，以存公义云。

《中国近代手工业史资料（1840-1949）》第2卷，第497-498页。

（光绪）四年春正月，冻雪愈甚，民无从乞贷，几激变。报叩纷纷，十四日，邑侯陈鸿谕集城乡绅董，亲赴董塘各乡弹压，缉首匪二名枭示，患遂平。旋捐廉二百金，并劝令下水及县城绅富，各出巨赀往府采买日本国洋米，源源运解到县，及董劝局并派拨委员绅士督理平粜，每粜三日，每日半斤，每斤三十一文，自四月起粜至六月初旬止。

同治《仁化县志》卷5《风土》。

广东巡抚年希尧谨奏，本年三月初九日臣赍折承差回广，臣接到折匣内奉发花番巴二块，花小绒二块。据臣赍折承差口称，太监传谕旨：令臣照式购寻恭进。钦此。臣即于省城各洋行并澳门彝人货店照式遍寻不得。据各行商回称，从前洋船曾有带来花番巴、花小绒，今七八年不见此货来广。等语。臣惟觅寻得旧存番巴二匹，一系元青色，一系大红色，其花样颜色与奉颁原式不合，敬先恭进，俟本年洋船到来，如带有合式者，臣即另赍恭进。理合具折奏明。谨奏。（雍正三年四月初七日）。

《清宫广州十三行档案精选》，第64页。

羽缎　羽纱　羽布

西洋有羽缎、羽纱、羽布，王文简《皇华纪闻》："羽缎、羽纱以鸟羽织成，每一匹价至六七十金，着雨不沾湿，荷兰上贡止一二匹"。今时货已渐低，价亦较减。所谓荷兰羽毛袍褂不过三十金，递减其价，有至数金者，则羽布也。

（清）关涵等著：《岭南随笔（外五种）》，第129页。

鸦片烟

鸦片烟来自洋船，闻之其气似烟草，而嗜之或逾于饮食。闽粤之间，盖恶者半，吸者半。来游之人，亦多传染。既有烟瘾，至死难离，过时不得，涕泪交流，奄奄欲毙，人皆呼之为鸦片鬼。鬼与鬼遇，意密情亲，胸臆之言，无不尽吐，及见君子，嗒焉若丧。有百损无一益，轻者废时失业，重则亡身破家，有心世道之君子，所宜敢申例禁，拯兹顽梗。缘此烟利大，夷船来既源源，沿海奸民复多兴种罂粟。

（清）关涵等著：《岭南随笔（外五种）》，第130页。

暹罗朝贡方物之情形

太子少保、兵部尚书兼都察院右都御史、两广总督、世袭二等轻车都尉臣百龄谨题为遵例朝贡等事。据广东布政使司布政使曾燠会同广东按察使司按察使陈佑霖详称，奉两广总督百龄札开案，于嘉庆十五年九月二十六日会同广东巡抚韩崶恭折具奏暹罗国遣使进贡委员伴送起程进京缘由，并派委肇罗道窦国华、雷州营参将德兴于十月初四日伴送该使臣恭赍现存贡品起程进京等因。札司依经移行查照去后。……据此，该广州府知府陈镇复核照详备造各册，其方物□内开暹罗国恭进皇上方物。现存番字金页表文一道，汉字表文二道，表文亭一座，龙涎香一斤，降真香三百斤，大枫子三百斤，乌木三百斤，犀角六个，白豆蔻三百斤，象牙三百斤，荜拨一百斤，孔雀尾十屏，金刚钻□两，桂皮一百斤□……□恭进皇宫方物龙涎香八两，降真香一百五十斤，大枫子一百五十斤，□□一百五十斤，犀角三个，白豆蔻一百五十斤，象牙一百五十斤，荜拨五十斤，孔雀尾五屏，金刚钻三两，桂皮五十斤，翠毛三百张，苏木一百五十斤；沉夫恭进皇上方物沉香二斤，冰片三斤，樟脑一百斤，白胶香一百斤，檀香一百斤，甘密皮一百斤，西洋毯二领，西洋布十□，藤黄三百斤，沉夫恭进。皇宫方物沉香一斤，冰片一斤八两，樟脑五十斤，白胶香五十斤，檀香五十斤，甘密皮五十斤，西洋毯一领，西洋布五□，藤黄一百五十斤。又册开表亭上架夫八名，表亭下架用夫四名。龙涎香、犀角、金刚钻共用大箱一个，夫二名。降真香一百五十斤用大箱四个，小箱一个，夫九名。大枫子四百五十斤，用大箱四个，小箱一个，夫九名，乌木四百五十斤，每百斤用夫二名，共用夫九名。白豆蔻四百五十斤用大箱四个，小箱一个，夫九名。象牙四百五十斤，用大箱四个，小箱一个，夫九名。荜拨一百五十斤，用大箱一个，小箱一个，夫三名。孔雀尾十五屏，翠毛九百张，共用小箱一个，夫一名。桂皮一百五十斤，用大箱一个，小箱一个，夫三名。苏木四千五百斤，每百斤用夫二名，共用夫□十名。……□共用夫四十五名，乌木、苏木共用夫九十九名，表亭上、下架共用夫十二名，通共用夫一百五十六名。正贡使㐄雅唆扢里，巡假押派唠喇㐄，副贡使朗□汶孙霞握吧㐄，三贡使朗勃勒哪㐄汶知突，四贡使坤丕匹哇遮，办事正通事林恒中，副通事江太和，汉书记江弗保，番书记乃成番，吹手乃集、乃杖、乃鹤、乃千、乃良，汉番跟役乃马、乃吼、乃美、乃修、乃珀、乃天、乃骨、乃顺、乃琏、乃德、乃清、乃各、乃算、林亚有、江宽云，以上共有二十八员名。贡使、通事六员，每员衣箱行李二台，共十二台，每台夫二名，共二十四名。贡使、通事六员，每员禀给一分，每分每站银一钱，共廪给银六分，每员坐马一匹，共马六匹，汉书记、番吹手、汉番跟役，共二十二名，每名口粮一分，每分每站银五分，每名马一匹，共马二十二匹。以上共计禀给六分，口粮二十二分，马二十八匹。水路共用河船七只，每只水手四名，夫八名，共用水手二十八名，夫五十六名。广东伴送官员二名，夫十六名，马四匹等由造册到司……（嘉庆十五年十一月二十二日）。

《香山明清档案辑录》，第464-465页。

二、中华货物

纱缎

广之线纱与牛郎绸、五丝、八丝、云缎、光缎皆为岭外京华，东西二洋所贵，予《广州竹枝词》云：洋船争出是官商，十字门开向二洋。五丝八丝广缎好，银钱堆满十三行。

（清）屈大均：《广东新语》卷15《货语》，第427页。

广州的丝绸不失为优质的料子，尤其受到外国人的称赞，该省的绸料销售量很大，甚至居中国各省之冠。

（法）李明：《中国近事报道（1678-1692）》，郭强等译，大象出版社，2004年，第137页。

广货

东粤之货，其出于九郡者曰广货，出于琼州者曰琼货，亦曰十三行货，出于西南诸番者曰洋货。在昔州全盛时，番舶衔尾而至，其大笼江，望之如蜃楼屃赑，殊蛮穷岛之珍异，浪运风督，以凑郁江之步者，岁不下十余舶。豪商大贾，各以其土所宜相贸，得利不赀。故曰：金山珠海，天子南库，贪者艳之。

（清）屈大均：《广东新语》卷15《货语》，第432页。

鸟服

朔漠多兽服，南方多鸟衣。鸟衣者，诸种鸟布所成，一曰天鹅绒，夷人剪天鹅细管，杂以机丝为之，其制巧丽，以色大红者为上，有冬夏二种，雨洒不湿，谓之雨纱、雨缎。粤人得其法，以土鹅管或以绒，物品既下，价亦因之。一曰琐袱，出哈烈国，亦鸟毳所成，纹如纨绮，其大红者贵，然服之身重不便，粤人仿为之，似素纺绢而自起云，殊不逮也。又有以孔雀毛绩为线缕，以绣谱子及云肩袖口，金翠夺目亦可爱，其毛多买于番舶毛，曰珠毛，盖孔雀之尾也，每一屏尾价一金，一屏者一孔雀之尾也，以其尾开如锦屏，故曰屏。

（清）屈大均：《广东新语》卷15《货语》，第427页。

石湾陶

石湾多陶业，陶者亦必候其工而求之，其尊奉之一如冶。故石湾之陶遍二广，旁及海外之国。谚曰：石湾缸瓦，胜于天下。

（清）屈大均：《广东新语》卷16《器语》，第458页。

藤器

大抵岭南藤类至多，货于天下，其织作藤器者，十家而二。五羊、汾水之肆，衣食于藤，盖多于果布也。

（清）屈大均：《广东新语》卷27《草语》，第727页。

广州竹枝词

十字钱多是大官，官兵枉向澳门盘。东西洋货先呈样，白黑番奴捧白丹。

（清）屈大均：《翁山诗外》卷16，《屈大均全集》第2册，第1307页。

谨按：康熙二十四年开南洋之禁，番舶来粤者，岁以二十余柁为率，至则劳以牛酒，牙行主之，所谓十三行也，皆起重楼台榭为番人居停之所，舶长曰大班，次曰二班，其余货物悉守舶中，货尽则给与红单，限日出境。番舶于每年五六月收泊，九十月归国，或因货物未消，或有欠项未清，准在海关请照住冬，于次年催令回国。惟澳夷自明季听其居于濠镜，无来去期限，每年租银五百两，归香山县征收，不与十三行交接。自与香山县牙行互市，各国蕃舶货物有哔叽、哆啰哔、玻璃、异香珍宝等件，亦有专载银钱而来者，互易之物以茶叶、大黄为主，其余则陶器、糖霜、铅、锡、黄金，惟禁市史书、红黄铜、硝磺、米铁及制钱，外洋诸国因海道险远，有每岁必来者，有数岁不至者，详《外蕃传》。

道光《广东通志》卷180《经政略二十三》。

螺钿器、漆器

螺钿器，本出倭国。物象百态，备极工巧。今粤人亦善制之。

漆器，有垒漆、雕漆、剔红、剔黑诸色。广漆色甚鲜明而不甚粘。

（清）张渠著，程明校点：《粤东闻见录》卷下《洋器》，广东高等教育出版社，1990年，第141页。

禁粤铁器出洋示谕

雍正九年十二月，圣谕："据广东布政使杨永斌奏称，铁器一项，所关綦重，不许出境货卖，律有明条。粤东出产铁锅，凡洋船货卖，历来禁止。乃夷船出口所买铁锅，有自一百连至二三百连，甚至五百连者、一千连者。查铁锅一连，约重二十斤。如一船带至五百连、千连，即无虑一二万斤计算。每年出洋之铁，为数甚多，诚有关系。嗣后请照废铁之例，一体严禁，违者该商船户人等，即照例治罪；官役通同徇纵，亦照徇纵废铁例议处。凡遇洋船出口，仍交与海关监督，一体稽察。至于商船每日煮食之锅，应照旧置用，官役不得藉端勒索滋扰。如此，则外洋之铁不致日积日多，于防奸杜弊之道，似有裨益。至煮食器具铜锅、砂锅俱属可用，非必尽需铁锅，亦无不便外夷之处，于朝廷柔怀远人之德意，原无违碍等语。铁斤不许出洋，例有明禁，而广东夷船每年收买铁锅甚多，则与禁铁出洋之功令不符矣，杨永斌所奏甚是。嗣后稽察禁止，及官员处分、商人船户治罪之处，悉照所请行。倘地方官弁视为具文，奉行不力，经朕访闻或别经发觉，定行从重议处。粤东既行查禁，则他省洋船出口之处，亦当一体遵行，着该部通行晓谕，著为例。"

（清）梁廷枏：《粤海关志》卷17《禁令一》，第353-354页。

粤铸铁锅

（夷船）所买铁锅，少者自一百连至二、三百连不等，多者买至五百连并有一千连者。其不买铁锅之船，十不过一二。查铁锅一连，大者二个，小者四、五、六个不等。每连约重二十斤。若带至千连，则重二万斤。

广东省社会科学院历史研究所中国古代史研究室等编：《明清佛山碑刻文献经济资料》，广东人民出版社，1987年，第316页。

遵奉密查中外交易情形列折呈电

计开：

——查得粤海关税饷。迩来日建短绌之故，只因各夷商货船均已陆续办齐货物扬帆回国者十居其八。兼之近日英商倒败甚多，生意日淡，税饷日少，并非为六命之案致有疑阻不前也。

——出口茶叶。查得中国各茶商向与英商交易，多系与货易货。缘上年各茶商易来之货，亏本甚多，本年各商贩茶来粤者，较上年仅得三分之二，且不肯与货易货，故夷商力难承买。溯查向来每年所到茶叶约五六百或六七百字号不等，本年共约到四百字号之间。今岁茶价较上年稍长，各茶客多有获利者。只因迩来英夷每多失信，债欠纷纷，间有赴夷官处告欠者。初则允为拘追，继则杳无踪迹，华商多受其累，故近日交易必要现钱。目下尚有停积未售茶叶约计六七十字号。近日已销去五六个字号，陆续报明纳税此茶叶不能畅销之故也。

——查进口棉花粤省销售有限，全赖外省客商前来贩运。因已有五口通商，各由近处买卖，以致今岁来粤贩运者较上年仅得十之三四，且粤省各商尚有上年囤积棉花甚多。旧花未经销售，现今新花继至，夷商索价虽贱而华商亦不敢承价。至于洋布一项自外国运到粤省每匹约计本银三员有零。兹粤省时价仅值银二员仍属滞销，每多运载出口而去只缘布身轻薄，价虽贱而货低，华商均不肯承买。此棉花、洋布均不能畅销之故也。

——查英商金顿现仍在十三行夷楼居住，该夷往来香港无定，其欠华商货价约逾百万之多。虽经各华商迭次逼讨，至今全未清偿。因见金顿尚不足取信均要现钱交易，以致贸易日衰。又闻英商有打拿公司跛厘公司、金布公司均已倒败，搬往香港至倒败一万万圆之说，查询别国均称确信。闻英国上年初遭年岁饥馑，继患时行瘟疫，因此生意日淡，兼之大字号公司向囤积茶叶湖丝绸缎等货皆变霉烂居多，以致倒败。是以在粤英商均同受累。此英商倒败之情形也。

——英酋有欲将领事商贾撤回香港之说，查闻英国兵头以该领事今年所办各件均欠妥善，现已另举有人拟将该领事更换等语。又说该领事本系更换之期，大约年内撤回香港，有欲将上海领事前来更替，查各夷商欠华商货价约数百万之多，中国现将过年催付账目愈见紧逼，所以各英商多有撤回香港实为躲债起见，并未别故。

《叶名琛档案：清代两广总督衙门残牍》第3册，第578-580页。

潮布

梁廷辉，字安圃，早岁失怙，家赤贫，鬻袜于市，其时洋布未入中国，潮布行最广，嘉应居潮上游，凡巨商大贾，辇金贷之省者，水陆络绎弗绝。有林泮者，潮之布商也，见廷辉笃诚，恒赍以布，岁终责逋，偶短开二百金。廷辉据其实以偿，林大喜，益信重之。一日忽寄布数十束，解之得金四百，遣急足走白，至则林方集司会诘责所失，众皆贻愕，相顾失色，继且泣下，愿鬻产分垫，正抢攘间，得延辉书，事立解。林喟然太息曰："嗟乎，梁君真古之人哉！古之人哉！"并宥盗者曰："吾不让他人，独为君子也。"自是廷辉家益裕，田园庐舍甲于州郡。子慎桢，嘉庆辛未进士，礼部郎中，赠如其官。《采访册》。

光绪《嘉应州志》卷23《新辑人物志》。

洋器专售外洋者，商多粤东人，贩去与洋鬼子载市，式样奇巧，岁无定样。

（清）兰蒲、郑廷桂著，周秋生等校注：《景德镇陶录校注》卷2《镇器原起》，江西人民出版社，1996年，第32页。

琥珀·蜜蜡

琥珀来自云南者多血珀，来自洋舶者多金珀、蜜蜡、水珀，广人雕琢为器物特工，余则以作丸药之用。琥珀者，龙阳而虎阴，龙为魂而虎为魄，盖得松液之阴精，因已土而结者也。广中抱龙丸为天下所贵，以其琥珀之真也。其以油煮蜜蜡为金珀，吸莞草易，但不香。

（清）李调元：《南越笔记》卷5，中华书局，1985年，第76页。

白铅

（嘉庆）十三年，议准出洋，白铅每年额定七十万斤，于佛山镇凭洋商收买，运省报验转卖。

道光《广东通志》卷180《经政略》。

谨按：（嘉庆）十七年西洋澳夷，以白铅为该夷国所需，禀请均匀拨买，议定每年准卖十四万斤。

道光《广东通志》卷180《经政略二十三》。

据李怀远即李耀供：我系南海县人，年三十一岁，父母俱故，有妻舒氏，一个儿子。我向日通晓夷语，嘉庆九年九月内，受雇在英吉利国夷商喱呕嘟夷馆帮工服役。后因喱呕嘟回国，我在通事林广馆内帮办事物，与英吉利国夷人嗌咙呕熟识相好。十五年十月内我用李怀远名字报捐从九品职衔，十八年五月内，我又进京加捐中书科中书职衔，奉给执照回籍。因英吉利国每年要用内地茶叶甚多，价高货重，嗌咙呕恐买卖吃亏，托我代看茶叶高低，酌定价钱。我应允看估，乘机向借银两，每次自数十两至一二百两不等，约计向嗌咙呕借过银九百两，不想就被访拿。的实因夷商收买茶叶最多，恐怕洋商欺骗，故此托我代看货物，酌定价钱，我乘机向借银两花用，洋商通事们并没有通同舞弊，那夷船出入有海关层层盘查，丝毫不能走漏，也没有串同夷商收买过违禁货物是实。（军机处录副奏折，嘉庆十九年十月二十五日）。

《香山明清档案辑录》，第207-208页。

广窑广彩

广窑即石湾窑，在广州佛山镇之石湾村，所出之器为盆炉瓶罐等，无盌盏之属，质粗而松，乃灰白色之沙泥所陶成。其土采自邻邑之东莞县属，实陶器上釉者。明时曾出良工，仿制宋均红蓝窑变各色，而以蓝釉中映露紫彩者，为最浓丽，粤人呼为翠毛蓝，以其色甚似翠羽也。窑变及玫瑰紫色，亦好石榴红色次之，今世上流传广窑之艳异者，即此类之物也。近因外人争购，佳者既不易得，明以后及新制之品多灰蓝青紫等色，虽斑驳陆离，殊不足取。前人著述大都采自传闻，所谓阳羡、阳江、宜均、泥均类皆模糊影响，令人坠入五里雾中。《陶雅》称，广窑胎骨系乌泥抟成，其实明制广窑，仿均红蓝之器，先挂黑色里釉，再加上釉汁，故其底足不露胎骨，寂园叟所见，乃里釉非胎骨也。

蓝浦《陶录》据地志所载，广东之阳江县产瓷器，遂谓尝见炉瓶盏碟盘碗壶盒之属，甚绚彩华丽，盖仿洋磁烧者。《陶雅》则称或谓，嘉道间，广窑瓷地白色，略似景德镇所制，审其所言，实即粤人所称之河南彩，或曰广彩者。海通之初，西商之来中国者，先至澳门，后则迳趋广州。清代中叶，海舶云集，商务繁盛，欧土重华瓷，我国商人投其所好，乃于景德镇烧造白器，运至粤垣，另雇工匠，仿照西洋画法，加以彩绘，于珠江南岸之河南，开炉烘染，制成彩瓷，然后售之西商，盖其器购自景德镇，彩绘则粤之河南厂所加者也。故有河南彩及广彩等名称。此种瓷品始于乾隆于嘉道，今日粤中出售之饶，尚有于粤垣加彩者，因其杂用西洋彩料，与饶窑五彩稍异，间有画笔极工，彩亦绚烂夺目，与雍干粉彩类似者，阳江窑早已消灭，亦未闻能制彩瓷也。

刘子芬：《竹园陶说》，黄宾虹、邓实编：《中华美术丛书》第20册，北京古籍出版社，1998年，第262页。

竹枝词·缫丝

呼郎早趁大冈墟，妾理蚕缫已满车。记问洋船曾到几，近来丝价竟何如。

嘉庆《龙山乡志》卷12《艺文志·诗赋》，陈建华主编：《广州大典》第34辑第11册，第674页。

线香

线香用杉木屑、柑皮数种合成，以竹丝搓之，售之安南外国，惟香珠店制者，名息香品最佳。

道光《新会县志》卷2《物产》。

南京土布

南京土布（Nankeen）是棉布的一种，因最初出产带红色的棉纱的南京而得名。这种布分为"公司布"（Company）和窄布两种。前者最为名贵。广州和中国其他各地以及东印度群岛也织造南京土布。中国织造的南京土布在颜色和质地方面仍然保持其超过英国布匹的优越地位。价格每百匹为六十至九十元不等。

彭泽益：《中国近代手工业史资料（1840—1949）》第1卷，第246-247页。

西洋米

西洋米船初到，以前关使者虑短税不肯行，家大人力行之。

西洋夷船来，毡毲（大人自注：即呢羽毛）可衣服。其余多奇巧，价贵甚珠玉。

持货示贫民，其货非所欲。田少粤民多，价贵在稻谷。

西洋米颇贱（大人自注：仅有内地平价之半），曷不运连舳。夷曰船税多，不赢利反缩。

免税乞帝恩（大人自注：余奏免米船入口船及米之税仍征，其出口船货之税，蒙允。行以后如米船倍来，则关税仍不短），米舶来颇速。以我茶树枝，易彼岛中粟。

彼价本常平，我岁或少熟。米贵彼更来，政岂在督促。

苟能常使通，民足税亦足（以后凡米贵，洋米即大集，故水旱皆不饥）。

（清）阮元：《揅经室集》卷6，中华书局，1993年，第1100—1101页。

广货贸易

广州望县，人多务贾，与时逐，以香糖、果箱、铁器、藤蜡、番椒、苏木、蒲葵诸货，北走豫章、吴浙，西北走长沙、汉口，其黠者南走澳门。至于红毛、日本、琉球、暹罗斛、吕宋，帆踔二洋，倏忽数千万里，以中国珍丽之物相贸易，获大赢利……往者海道通行，虎门无阻，闽中白艚、黑艚盗载谷米者，岁以千余艘计，甚为广人大患。今也边禁既严，艚船稀至，而天下游食奇民日以辐辏，若士宦若工商若卒徒白抢，若倡优游媚增至数千百万，咸皆以东粤为鱼肉，恣其噬吞，如蝼蚁之附膻、蚕之食叶，斯亦已耳。谷之所由，以空乏不其然欤。

（清）屈大均：《广东新语》卷14《食语》，第371—372页。

土丝绉纱出绿潭堡、大岸、新村、大峤等各乡，然质脆易裂，广人无服之者，尽以贩于蕃商耳。

道光《南海县志》卷8《舆地略·布品》。

禁鬻茶丝以惩夷逆疏

夫逆以茶叶、大黄为命，湖丝、土丝、桂皮等，又逆所必需，倘逆不念我朝厚恩，仍自作不靖，则禁绝茶叶、大黄等不许来粤。闻茶叶、大黄，夷人固不可一日不食，而茶叶于夷妇尤为切要，夷妇孕育不得茶叶，必生产后之病，十不生一，婴孩亦随之而夭。夷族妇尊而夫卑，土广人稀，若绝其茶叶，不过三年，死丧频仍，逆不聊生矣。然必全封夷港，于各国恭顺之夷则温语鼓励，令彼共灭英逆，然后与之通商，以杜转鬻茶叶各货之弊，则各夷亦必共愁逆而攻逆，即不能亡逆，逆必不敢与我为难矣。若不全封夷港，惟不与英逆通商，则重收关税，使逆暗亏其利而受其害，重税之法不必加收夷人之税，而收各货来粤之税。查茶叶、大黄、湖丝等来粤有小岭、大岭两路，两路各设一关，专收茶黄、湖丝等税，凡货至关，即登记客名字号，每百斤税银五两，给票过岭；货至我粤韶关，又税银五两给票；至省交粤海关查验，又税银五两然后给票，归货行发鬻。闻黑茶为英逆最重，各国不甚销流，于黑茶特加税银二两，每百斤各关税银七两，我粤产如和平、清远、四会、古劳、西樵等处，则于其出山要津，关而税之，税亦如之，征土丝之税，法亦如之；桂皮来自粤西，则于梧州关税之，税如茶黄。凡货若无各处关票，便为私货，一经查出，罪与贩卖烟土同科。仲夏之月，夷船归国十凡八九，于是会核各关来粤之货与货客，货行所发卖洋行受货若干、铺家若干、尚存若干，铺家受货岁有定额，不得过万斤，一一而对，比之如来粤之货，各关互有多寡，货行来货浮于发卖，必有走私之弊。即将关吏及货客货行之商，严行究办，则走私之奸不缉而自绝。又凡各省商贩，贩洋货出粤至韶关，每匹大呢税银一十两，小呢五两，哔叽四两，洋布二两，鱼翅、鱼肚、海参每百斤税银五两，檀香、洋参每百斤税银一十两，其如胡椒、木香暨诸药物杂货等，量其货而上下之，所取税项即以为填补此次逆乱军需。英逆既不得通商，定必转鬻于各国夷商，而各国夷商受货既昂，转售必贵，计一岁洋货来粤不下数千万关税，既重则货转必滞，我粤消用几何？逆货即假各国来粤，亦不得不贱售，逆卖买俱亏，不出十年必大困，无能为矣。或曰茶叶乃中土恒产，一旦禁绝，徽、闽等省民业半废，岂不自受其累，不知茶叶为夷人日用要需，度夷人旧屯断不能敷用三载，三载之后逆无所为，计必心降诚服恳请通商，此时严谕各夷必彼自愿出具甘结，一遵我朝定例，方允其请，而徽闽之茶当禁绝之时仍照常收办，暂贮本处，立定纲程；若开港通商，茶叶发卖先旧后新，旧茶苟未清售，新茶不得度岭，如违货没入官，人则治以贩私之罪，茶虽暂时停滞，民业亦无所害，此实以柔制刚，以静御动之上策，强于十万雄兵。此不可忘者，十也。

（清）梁松年：《心远小榭文集》卷1，《广州大典》第56辑第39册，第123—125页。

斜文布

斜文布，出桃村。夷舶四倍价令倍度织之，明年货至，洋织盛，而土机衰矣。按女布遍于县市，自西洋以风火水牛运机成布，舶至贱售，女工几停其半。

咸丰《顺德县志》卷3《舆地略·物产》。

广州夫娘高髻妆，不载素馨必瑞香。见客纤纤红指甲，一方洋舶献槟榔。奇珍大半出西洋，番舶归时亦置装。新出武夷茶百饼，花边钱满十三行。注云：疍人有夫之妇曰夫娘。

（清）李调元：《南海竹枝词》，《粤东古观海集》，《广州文化遗产：海上丝绸之路文献辑要卷》，第266-267页。

自咸丰四年六月以后，广省土匪围绕，盗贼蜂起，华夷各商，难以贸易。韶关以南，路途节节梗塞，茶叶不能到省。……加以邻省军兴，夷货滞销，进口棉花甚少。……且各国夷船因无茶叶可买，夷货进口无几。……至各口岸内，如佛山、江门、黄埔等口，自四年六月以后，陆续被贼占踞，客商畏难迁避；其惠、潮、高、廉、雷、琼等口，彼时或被贼拆毁占踞，或因商贾迁移歇业，或因道阻，货物不能流通。

清代钞档：咸丰七年八月初二日，粤海关监督恒祺奏，引自彭泽益：《中国近代手工业史资料（1840—1949）》第1卷，第597-598页。

茶

茶，有河南茶。珠江南岸三十三村多艺茶，有家园茶、蓼涌、南村、市头等处，亦多艺茶。其嫩芽充河南茶，以售于外；其老叶曰家园茶，亦曰老茶；有白云茶，产滴水岩、白云顶诸处。近日慕德里属之茶山，鹿步属之慕源，亦多种茶，皆有茶庄。

同治《番禺县志》卷7《舆地略·物产》。

糖

糖之利甚溥，粤人开糖房者多以致富。盖番禺、东莞、增城，糖居十之四，阳春糖居十之六，而蔗田几与禾田等矣。……冬至而榨，榨至清明而毕。……榨时上农一人一寮，中农五之，下农八之十之。以荔支木为两辘，辘辘相比若磨然，长大各三四尺，辘中余一空隙，投蔗其中，驾以三牛之牡，辘旋转则蔗汁洋溢，辘在盘上，汁流槽中，然后煮炼成饴。其浊而黑者曰黑片糖，清而黄者曰黄片糖，一清者曰赤沙糖，双清者曰白沙糖，次清而近黑者曰瀵尾，最白者以日曝之，细若粉雪，售于东西二洋，次白者售于天下。其凝结成大块者，坚而莹，黄白相间，曰冰糖，亦曰糖霜。

（清）李调元：《南越笔记》卷14，第178-179页。

粤人饮馔好用糖，多以业糖为生。稽之莞邑，十居其四，蔗田与禾田略等。……春月以糖本散种蔗之农，冬则课收其蔗，复榨为糖。其法用两圆荔枝木相比，投蔗隙中，驾牛旋转，俟蔗浆溢出，取煎成饴。其浊而黑者为黑片糖，清而黄者为黄片糖，一清者为赤沙糖，双清者为白沙糖，最白者晒之以日，细若粉雪，售于东西二洋，是为洋糖。次白者售之四方。其凝结坚莹，黄白相间者，为冰糖。糖户之利，亦不逊岷山千亩，芋埒封君也。

雍正《东莞县志》卷4《物产》。

自广州运出三项主要出口货的商船国别（1800-1833每年平均数）

年份	广州出口总量			英籍商船			美籍商船		
	茶叶	生丝	土布	茶叶	生丝	土布	茶叶	生丝	土布
	担	担	匹	担	担	匹	担	担	匹
1800-04	284424	1187	1353400	224430	1133	353280	37584	37	930320
1805-09	234249	1258	1209500	171199	1175	232800	58695	48	855000
1810-14	260913	1933	692900	247691	1859	497020	13222	73	195880
1815-19	296478	1956	1301200	233584	1855	527180	59726	101	771160
1820-24	305389	4361	1328227	231931	4329	596686	73459	33	731541
1825-29	343171	5971	1102880	265724	5596	632540	75875	349	470340
1830-33	328890	8082	422721	259710	7923	348463	85180	135	71759

附注：共计项内包括少量其他各国商船出口者在内

严中平等编：《中国近代经济史统计资料选辑》，科学出版社，1955年，第16页。

茶叶

茶叶从前为出口货大宗，现在出口之数，历年递减，光绪十八年出口尚有六万五千担，至二十八年出口不过二万四千担，盖西人多向锡兰、印度购茶，以其价廉也。前后仅距十年，销数之锐减，已如是。中国茶业之失败，亦大略可睹矣。西樵山多产茶，山人向以植茶为业，官山墟有茶市一区，近高街百步石地方，近日茶业失败，山人往往将地售作坟墓，所产茶株比前百不存一，市地亦废，今已夷为民居矣。三江司黄边乡多产药品，如花椒、淡竹、甘菊、地丁、锦地、罗南星、半夏、石南藤、稀签草、山枝、金樱子、金银花、益母草、旱莲草之类。桂皮，每年运往外洋销售，约四万余担，丝苗银粘米每年运往金山、新嘉坡各埠约十余万石。

宣统《南海县志》卷4《舆地略·物产》。

议详六安茶叶运销数目限制

道光十七年八月二十六日奉广东抚部院祁批布政司呈详所议，分别茶叶名色斤重，准由外海渡船载运之处，核与嘉庆二十二年奉行奏准禁止海运之叶不符，复经移咨关部再查奉禁原案及夷人向买何项茶叶咨复核办后。今准关部覆称，出口夷茶与内地食茶，向无分别办理，其武夷茶、松箩茶议以二三十斤。系因嘉庆二十二年禁止海运之后，诚恐渡船多带出洋影射，故限以数目，由来已久，亦无稿案可查。其夷人所需茶叶止买夷茶、松茶，并未买用别项茶叶。所装茶箱即用茶客原来铅罐、木箱，均无用箩装茶回洋等因，并检查本司衙门，嘉庆二十二年奉行原奏折因系专以福建之武夷茶及由安徽入浙之松萝茶为夷人日日疾病必需之物，得前宪由江西内河贩运来粤。嗣因洋面平靖，嘉庆十八年始由海运进口，逐年加增，恐后日久，难保无奸商私与夷人海中买卖，该夷等恃有得茶捷径，势将无所顾虑。殊于积制攸关，故特请禁止海运。来粤夷茶其由江南天津由海船装载者，均未议及也。嗣于嘉庆二十五年闽省又奏请将厦门洋船仍贩茶叶，钦奉谕旨，则与由海贩粤何异，所奏不准行，钦此。经江苏闽浙各省议将江南天津船只俱由内河行走，不准海运。其琼州系有陆路可通之地，亦一律饬禁在案。此又不论来粤之茶概禁出洋者，所以防影射偷漏之弊，实为控制外夷至善之法，兹若以六安茶仍照内河装渡船运武夷、松萝事例，准由虎门等处出口之外海行走，海船每次载运二三十斤。倘一月数次，分船装载，积少成多，串同奸商，于海中私相售卖，殊失奉禁海运之本意，大有关系。

今本司忠心查核，粤东洋面辽阔，港汊分歧，稽察难周，宵小易于偷漏，若欲杜绝海运，必需无分名色，概行禁止，方足以昭慎重，应请嗣后各种茶叶不论名色斤重，亦不论用箩用箱及铅罐装贮。凡由出口外海行走之渡船，概不准其附寄载运，以杜影射偷漏夹带私售等弊。其六安茶一项既据该茶客康宗实等称系箩装，每箩止有五十斤，恐湿霉变不能开箩零析，应即如粤海部及广州府所议，准在内河行走，渡船每次载运二千斤为奉核，计已有四十箩，易于运销，不至卖完无期，其武夷、松萝二茶，亦应如议，仍照旧由内河行走，渡船每次每店载运二三十斤，不许额外多带，似此分别内河、外海，定以禁运限制。既易稽查，无虞影射夹带。而于内地民食税饷均有裨益，亦无窒碍矣。是否有当，理合核议详覆云云。奉批据详已悉，仰覆督部堂批示，饬口益咨明粤海关监督查照办理。口又奉两广总督部堂邓批查核，所议甚属妥协，仍覆咨明粤海关监督查照办理，益覆抚部院批示。

（清）佚名编：《粤东例案》不分卷，《广州大典》第37辑第30册，第116-117页。

因为广州对欧洲、印度、美国等市场有大量蚕丝原料输出，所以集中在广州的丝绸贸易，关系非常重大。除此以外，广州城内及周围各县都有很大的丝织业。输出品中包括空茧，分做几种几级的废丝，生丝，手工缫丝，及丝织品如本色素绸，锦绸，绫罗锦和满绣的桌单，披肩及长衣等素花绸缎。

《中国近代手工业史资料（1840-1949）》第2卷，第94-95页。

张之洞请开两广铁禁疏

光绪十三年，两广总督张之洞请开两广铁禁疏云，窃据两广盐运使王毓藻会同广东布政使高崇基详称，各省铁斤铁器，定例不准下海，所以预防移济洋盗也。海禁既开，今昔情形迥异。每岁外洋钢铁入口不下数千万斤，所售枪炮器具不下数百万件，销银不止数百万两，有来无往，理殊不平。近年来，各省讲求矿务，率以煤铁为大宗，粤铁尤属精良，而销路不广，即欲行销，沿海各口陆运脚费既烦海运，又冒法网，徒使洋铁到处通流，大利尽为所夺。广东现在矿政局鼓舞商民，应请将两广铁斤铁器免禁出洋，至出口之处一体照例完纳税厘，详请具奏前来。臣查粤铁出产素饶，营销不广，听其顿滞一区，不惟洋铁偏行，漏卮难塞，即粤铁盈积，私贩亦难尽绝，徒令矿法多一窒碍，工商少一营生。伏查光绪九年十二月，臣在山西巡抚任内，会同北洋大臣李鸿章奏请将山西铁斤，准由天津出口转运各处，奉旨着照所请，钦此。现在晋铁由津出海转运奉天省，久已钦遵办理。广东、广西事同一律，且广东现在开办矿政，该司道等所请援案免禁出洋，系为利民通商起见，相应据情奏恳天恩俯准两广铁斤铁器海运出洋销售，以兴矿务而惠商民。

光绪《嘉应州志》卷13《食货》。

开设缫丝局片

近十年来,上海、广东等处商人,多有仿照西法,用机器缫丝者,较之人工所缫,其价值顿增三倍,专销外洋,行销颇旺。(光绪二十年十月初五日)。

赵德馨主编:《张之洞全集》,武汉出版社,2008年,第205页。

爆竹

制造爆竹以广利砚洲人为最多,约有三百余家。制法分上、中、下三等,上等爆,专备出口之用,同光间销流极旺,为出口货大宗。四班各乡胥沾其利。光绪二十年后,因硝磺加价,获利遂微,业爆竹者陆续迁往盐埗、澳门等处营业,以就硝磺价。此后日渐衰颓,至今几不可复振。

宣统《高要县志》卷11《食货》。

草席

河南洋庄草席,其草产自东安县属之连滩,及东莞县属虎门一带地方,采购编织,每年美利坚、法兰西、德意志等国购买出洋,销价约银五十余万元。

宣统《番禺县续志》卷12《实业志》。

广州出口货物

广州出口货以丝茶、药材、瓷器、糖、席、麻布为大宗。茶叶、药材、瓷器均非本邑所产,席业虽聚于河南,而产地在东莞、香山及肇庆罗定各属,丝则东滘、韦涌、石壁、沙湾、市桥等处,约有桑基一百顷,但无茧市,并手车跻互缫丝,亦无之所出。蚕茧只运往顺德发卖,直可谓有茧而无丝,麻布间有之,然甚少,无足观。惟糖业颇发达,沙湾司之大涌口、大湾、二湾、三湾、大小乌、黑沙、伞洲、鱼涡头、虾涡头、高沙、细沥沙、鼻石碁、晒缯坊、酬劳、平稳、市桥附近共有榨蔗寮八十余家,每年出糖约八万担,茭塘司之小洲、土华、赤沙、西冈、北亭、沥滘、上涌、瑞宝、大塘、上滘、仑头、长洲、龙潭、黄埔、下渡、下滘、康乐共有榨蔗寮七十余家,每年出糖约七万担;鹿步司之南冈、乌涌、鹿步、上元、南湾共有榨蔗寮十余家,每年出糖约一万担;慕德里司之高增、冯塘、南兴庄、马房、三畛沙庄、兔冈、七图三分庄、钟落潭共有榨蔗寮二十余家,每年出糖约二万担;慕德里司多制白糖,其他则制片糖或漏糖,而南冈之片糖最著。据《全国商埠考察记》《南中国丝业调查报告书》《番禺增城东莞香山糖业调查报告书》《南村草堂笔记》《采访册》。

宣统《番禺县续志》卷12《实业志》。

九江地大,水陆辐辏,故桑丝蚕种皆来九江贸易,又近日九江丝线远胜坡山,行于省佛,贩出外洋。纺绩之家终岁勤动,犹虑不给。

(清)朱次琦等修:《九江儒林乡志》卷3《舆地略》,陈建华主编:《广州大典》第34辑第10册,第445页。

吉贝

吉贝,草本,低小如桑枝。自吕宋来,春生冬罢,夏吐黄花,秋绽白绵,岁一植,绩布着衣,卒岁御寒,全藉乎此。其核可榨油,其枝仍供爨。属内所产不多,仅以自给,市所售洋花,岁以万计。闻外国洋花俱是木本。近年赤硃得于花中,得其实种之。树已拱把,每岁收棉盈筐,与洋花无异。广州木棉高十余丈,大数围,春吐丹苞,夏飞雪絮,惟不坚韧,只以着帽及蔽膝几褥等物,不可纺缉,亦不耐寒。

道光《英德县志》卷16《物产略·布类》。

花席,产东莞,用咸淡两种水草为原料,以麻为经,分各色花样编织,制造用手工,用途铺床荐地均宜,每张约长五尺,年售出口约五百万张,以美国为最。此外,通商各埠,均有行销。

民国《东莞县志》卷15《舆地略·货类》。

世界上没有哪个地方,比公司船队集结在黄埔的那种景象更好看的了。各船的进口货已起卸完毕,每艘船排成优美的行列,等待装运茶叶。

(美)威廉·C.亨特:《广州番鬼录·旧中国杂记》,冯树铁、沈正邦译,广东人民出版社,2009年,第105页。

泰西之来中国购丝也,始于康熙二十一年,其时海禁初开,番舶常取头蚕湖丝,运回外洋。乾隆年间,旋禁旋弛。追道光之季,通商立约,出洋之货,丝为一大进款,其利实与茶相终始。茶之出洋也,亦始于康熙初年,厥后轮舶踵至,华茶日兴,由福建、浙江以及安徽、江西、湖广等省,产茶之区,推行渐广。业茶者大率粤人居多,无不利市三倍,以道咸年间为极盛。西人见丝茶之利为中国所独有,垂涎已非一日。

(清)杨家禾:《通商四大宗论》,求自强斋主人:《皇朝经世文编》卷45,《中国近代手工业史资料》,第474—475页。

缫丝厂

陈启沅,字芷馨,简村堡简村乡人。……尝游香江,与白人登大平山巅,眺鲤鱼门外,遥指往来船舶若何桅竿,若何帆式。白人窥以远镜尚不清晰,及船舶驶近始知不爽。白人乃大惊,谓中国多奇士。伦敦报界播为美谈。华人之能以才力倾动白人者,自启沅之目光始焉。咸丰年间,洪杨发难,中国乱离,启沅慨然曰:"四方多故,内讧外侮相逼而来,天下非十数年不能大定,民生凋敝,宁忍坐视然?运筹帷幄,决胜疆场,既非所长,亦非吾志,惟天既生我于中国,睹此干戈扰攘,战争未息,岂可踽踽乡间,以流离转徙,了此余生乎?"于是决计远游,冀有所得,以还哺祖国,岁甲寅至南洋遍游各埠,考求汽机之学。

壬申岁(同治十一年,1872年)返粤,在简村乡创设缫丝厂,名曰继昌隆。容女工六七百人,出丝精美,营销于欧美两洲,价值之高倍于从前。遂获厚利。先是,乡间缫丝循用旧法,闻启沅提议创用汽机,咸非笑之。及工厂已成,果著成效,机房中人又联群挟制,鼓动风潮,谓此风一开,则工人失业,生计立穷,无知之民相率附和,几欲将丝厂毁拆。经当道劝谕,其事乃寝。启沅知汽机之利,实足兴起蚕业,勉力提倡,后人必有德我者。当风潮最剧时,亲友危之,宗族议之,亦绝不为动。其魄力之雄毅,有如此者。然以事招众忌,乃改创缫丝小机以便小资本家经营,功用则与大机无异,而小机之利尤普,卒之风气日开,南顺各属群相仿效,今则全省缫丝均用机器,多至百数家,妇女之佣是营生者十数万人,而前途之发达,犹未可量。华货之流行于外洋者,只茶丝两宗,而尤以丝为大利,土丝出口现已达四千余万,挽回利权,培植国脉,实启沅提倡之力。时人称之为实业大家,而不知其立志高远,魄力雄毅,几经艰难险阻,而后得成厥功也。

宣统《南海县志》卷21《列传八》。

自通商以来,佛山针行之大废散殆尽;妇人织纺之业,荡然无存。

徐勤:《拟粤东商务公司所宜行各事》,麦仲华:《皇朝经世文新编》卷10下,文海出版社,1972年,第740页。

第六章
商税征收

一、设关征榷

请豁市舶旱路税饷疏

　　题为捐纳之事例已停财赋之公私宜复请设专官便商民以足国用事。康熙二十六年四月初五日，据广东布政司丁忧布政使郎廷枢呈称云云，等因。到臣据此。该臣看得粤省香山澳市舶税饷新设监督征收，提举司官自应停止。经臣三次具疏题明，部复以九卿会议，止令关部海上船只出入货物征收，其桥津地方贸易货物停其征收税银。市舶司所征银两系落地旱税，该抚屡请归关部征收，殊属不合，仍行照旧征收等因。臣查此饷，原非落地旱税，历年报部奏销名为市舶税饷，今一地一时一货两税，势处万难。臣身在地方，目击真切，不得不为再四吁陈以仰冀我皇上之垂鉴也。

　　切查市舶税饷一项，旧例原征之海上出入唐洋货物，并丈抽船只，自康熙元年禁海，遂尔停征。迨至康熙十八年十二月间，兵部议复，西洋彝船准其在旱路界口贸易。奉旨依议，旱路准其贸易，其水路贸易俟灭海贼之日着该督抚题请，钦遵在案。于是澳门彝人与内地商人各将货物俱由旱路挑至关前界口互相贸易。自康熙二十一年止，俱属市舶提举司照例抽收，是所征之税即系旧日海税，盖因遵海禁奉旨暂借旱路往来，以资生计。原非桥津地方贸易之税明矣。若落地税向有广州府额设税课司大使征收，历年奏销报部，另是一项。今荷皇恩，地禁开洋，一切商民货物俱由海上船运。自康熙二十四年起，商人俱赴监督纳税。今日监督征收海上出入洋船之货税，即是市舶司昔日禁海时征收在旱路界口贸易之货税，原是一项。在未开海以前则由陆路而不由海，既开海以后，则由海而不由陆，此收则彼停，乃理之必然者也。即如粤东南雄府额征太平桥税银二万二千七百八十两,韶州府额征遇仙桥浛光厂税银九千八百四十八两零,旧系南韶二府知府径征,岁报考成,康熙八年间奉文设立太平关监督,收税二府,共割原额税银三万三千六百二十八两零,连货税则例归关部征收。又如江西赣关桥税银三万两零,原属赣州府径征,后始归并部。差此二处,自部差监督征收,该府即行停止,不复并收,成例班班可考。

今粤东舶饷,事同一体,既设监督征收,则提举司饷额自应停止,万万不能重征。臣思开海贸易乃皇上恤商裕民之德意,伏读上谕,谆谆以裨益小民,惟恐重累为念,深仁厚泽,海内莫不感颂露濡。至于当日禁海之时,奉旨准令香山澳旱路贸易,尤出皇上怀柔之特恩,况今货物壅滞,商人稀少,关部二十五年所收之税不及二十四年初开洋船之税。前奉部驳复征,随据商人王元、李再筹等为一货难以两征情由,晓晓哀控,公呈前来,已于前疏叙明。今若重征,竟使一货两税,一地两抽,不特商民困苦,无力完纳,亦大非我皇上轸恤之初意矣。(康熙二十六年四月　日)。

（清）李士桢:《抚粤政略》卷2《奏疏二》,第247-253页。

兵部尚书甘汝来奏请减免商税

乾隆元年兵部尚书甘汝来奏言,窃查商贾通有无以便民,司市贡货贿以足赋,故关津有过路之税,镇集有落地之税,酌其所获利息之多寡,不过什取其一,以充赋课,下不病商,上可益国,由来久矣。自有司奉行不善,往往浮收过取,而赢余之数以出,近日则视赢余多寡为议叙,是以监督有司悉力苛索,多方取盈,甚则不问则例有无定额,总籍口于赢余无出,而诛求不已,毫发无遗。嗟兹商旅,何堪剥削,况其病不独在商也,商增一分之税,即货长一分之价,而民受一分之害,是所谓赢余者,非富商之资本,实穷民之脂膏也。……

一、榷税不宜重复也。查一省之内,每有设关数处者,原因各有出入要口,不得不层层稽查,非为已税者,越数百里而复征也。乃浙江、两广等处,节节皆关,一关甫榷,一关又征,此甚非立关之本意,实奉行之不善也。请嗣后凡货物经过,如初关已税,即给票为信,他关只验票放行,毋得重征苛勒。

二、米谷之税应豁免也。查食为民天,非他货可比。各省原无米谷税例,惟广西各关独征之,故广东独受米谷昂贵之害,其余夔关、淮关等处,虽不征米谷之税,但俱照船只尺寸则例抽报科税,亦仍是米谷征税也。夫米为穷民所必需之物,土窄人稠之地,或偶有水旱之乡,皆仰资于邻省,苟增一关之税银,即长一层之米价,曷若蠲此毫末之税项,而令小民受饱饫之实惠乎?请嗣后凡米谷船到关，止稽查有无夹带私盐、违禁等物，概停其征收税银船料，则小民沾无穷之实惠矣。

三、沿海捕鱼船只不应输饷也。查边海之地遍处汪洋，居民惟有采捕鱼虾，藉以活命。其船则用单桅，不能出洋贸易，向例只在于本县给照，稽其出入，并不输税。近闻各海关监督，虽单桅船只亦令请领关牌，同双桅出海贸易之船一体输钞，此无论输钞之多寡，即请领关牌一次，已需规例四五六两。嗟此穷渔，奚能堪此？请敕令海疆督抚，查明单桅鱼船概免领牌输饷，庶滨海贫民得有生计，不至困迫为盗，则官与商民又胥享安静之福矣……

四、各关之饭钱宜革也。商旅到关，未问正税，先索饭钱，尝见货物无多之客商，其所费饭钱竟有数倍于正税者，请敕令各省督抚及各关监督务严饬胥役，凡商旅到关，止按则例征收正税，概不许需索饭钱，如再有不法之徒剥削商民，督抚监督置若罔闻者，许科道不时纠参，严加议处。

以上数条，皆臣见闻所及，灼知其甚，有病商民，故敢不避烦琐，冒昧渎陈，是否可采，伏乞睿鉴施行。

《粤海关志》卷8《税则一》，第171-173页。

核对添注粤海关规例

乾隆十三年四月初八日，户部奏言内阁钞出两广总督策楞奏称，粤海关规例户部于火毁文卷案内，查取经前抚臣准泰咨送并将历年更正遗漏各条粘签声明，准部议覆，以海关规例系乾隆元年奏明刊刻，未便据咨遽议等因。臣于接管关务之后，复通行各口逐加细核，现据造送前来。臣查粤海关规例，从前查造之时，因只就各书役开报陋规，即为刊刻送部，并未与现收条款逐细核明，是以有将现征之条遗漏，未经入册者，有将口岸平色笼统开列，而不为分晰声明者，有减免在前仍行造入册内者，有续经奉文宽免，而未及删除者，其中并有实在重复科征，历任查出减免者，海关与督抚衙门俱历有案卷可查，实无别项情弊。除查照各口现收条款与原刊之册，逐一核对添注，并另缮清册咨送户部外，臣谨遵照部议缮折奏明等因。

乾隆十三年二月二十四日，奉朱批，该部议奏，钦此钦遵。于本月二十八日钞出到部，臣等查得粤海关向征外洋商船税，正课之外，另有船规，分头担、头耗羡等项银两，从前系官吏私收入己，自雍正四年至七年前任巡抚杨文乾等节次报出归公，递年奏解。迨至乾隆元年前任监督郑五赛等将征收条款，自行奏明刊刻送部，备查在案。嗣因臣部贵州司案卷于乾隆十年九月内被焚，行令补造送部。旋据调任广东巡抚准泰咨称，规例条款碎繁，从前查报归公，一时考核难周，未能悉行刊入，亦有一二因时制宜，应酌量核定者，历任监督随时咨明督抚更正，今将现行各条并节任相沿更正缘由，一并登注例册等因。臣部以该关规例，系乾隆元年奏明刊刻送部，未便据咨遴议咨覆该抚，各在案。今据该督策楞将粤海关原刊规例，逐一添注，另缮清册奏请更正前来。臣部将该关原刊例册，并添注更正条款清册，逐一详细较对，有从前查报归公时遗漏，而今补载者有平色笼统，而今分晰者有银数讹刻，而今改正者，有重复开列而今删除者，并有奏明特旨减免，而今声明者。该督既称，从前只就书役开报即为刊刻送部，实无别样情弊，自应更正，以垂永远遵守。又册内裁减钞规担银八条，历任管关官员，既因扰累商民，随时咨明督抚裁减，商民称便，均应如该督策楞所奏准其更正，仍将更正条款刊榜晓示，画一征收，毋许不法吏胥格外需索，致累商民。

至册称紫泥口载货每船规银二钱，内给水手盘费银三分。余银一钱七分归公。崖州口每船家人巡役各收车轿银七八钱，水手把港钱二三百文，向给家人巡役水手，不入归公册报等语。查前项规银，既经奏明，刊入例册，理应征收解部，何得以为家人盘费之用。且查该关经费册内家人等役已给有工食银两，未便又将前项规银重复给发，应令该督将前项规银，仍照旧例征收解部。再查规例银两，从前既已奏明归公，即属正课无异，如有一二因地制宜，应行更正之处，理宜随更随报，庶臣部有所稽查。

《粤海关志》卷8《税则一》，第161-163页。

更正粤海关则例

乾隆二十四年十二月二十二日，总督李侍尧、监督尤拨世会奏言，窃臣李侍尧前奏请，除外洋夷船规礼名色、以杜混弊、以协体制事，钦奉圣谕查审，监督李永标一案。检阅粤海关则例，内开外洋番船进口，自官礼银起，至书吏、家人、通事、头役止，共规礼、火足、开舱、押船、丈量、贴写、小包等名色共三十条；又放关出口，书吏、家人等共验舱、放关、领牌、押船、贴写、小包等名色共三十八条；头绪纷如，实属冗杂。臣等查省各关，从无关礼名色，载入则例，独粤海关存有此名者，因从前此等陋规皆系官吏私收入己，自雍正四年起管关巡抚及监督等节年奏报归公，遂同正税刊入例册，循行已久，自当仍旧征收。但存此规礼名色，在口人役，难免藉端需索情弊，应请皇上敕交新任监督尤拨世，会同督抚将此前项规礼等名目，一概删除合并，核算改刊，每船进口归公银若干，俾归一定，既与体制相协，蠹役奸胥亦不能藉端弊混矣。抑臣等更有请者，外洋夷船既经更定，则本港洋船及别省至粤船只，一切规礼名色，均请刊改"归公"二字，以臻画一。再则例内开载琐碎各口，参差不齐，易启在口人役高下其手之弊，亦请敕交监督会同督抚详加核定，以垂永久。所有外洋夷船进口、出口规礼名目，谨照则例缮具清单，恭呈御览，是否有当，伏乞皇上圣鉴，等因。乾隆二十四年九月二十二日奉到朱批，李侍尧会同尤拨世详议具奏，钦此。兹臣尤拨世已于十月初二日抵任，臣李侍尧遵即会同逐加明核。

伏查粤海关凡外洋、本港商船货物出入向则，除按照则例科征正税、船钞之外，另有官吏、家人、通事、巡役人等规礼，以及分头、担头等项银两，从前原系私收入己。从雍正四年至七年，前任管关巡抚杨文乾等节次奏报归公，以后原系汇并征解，而则例册内仍照从前开报各项名色，分别胪列，诚于体制未协。兹遵汇并核算，统作进口、出口公银各若干，将一切规礼、火足、开舱、验舱、放关、押船、贴写、小包等名色，与各条内凡有字义未协之处，悉行删除更正，至丈量、领牌、原与收税章程无碍，止须除去书役、家人收取字样，毋庸过为更易，转致牵混难明。其分头、担头等项，向有分列数条者，今统作一条造报。至于各口规则，其中间有因船只、货物大小，轻重不同，或满载、半载之别，是以从前所开征收银钱，有多寡不等字样，既无一定确数，难免书役、家人高下其手，征多报少。兹查明历年收税册档，分别等次开造，以杜弊窦。

以上更正各条，均与原收规则毫无增减。又查省城大关以及虎门、潮州、雷州、琼州各口，向有书役、家人收作饭食、舟车等费，亦备列则例册内，似有未协，但往来稽查港口，以及看守洋船、押同起货，盘费食用，在所必需，势难裁汰，兹将前项银钱统作归公造报，另列应支条款，送部核定，按年支销奏报，俱属有余而无不足。俟覆核奏准，刊刻颁发各口，永远遵守，繁冗既删，名目亦正，洵足清税款而杜弊端。部议，从之。

《粤海关志》卷8《税则一》，第164–166页。

乾隆二十八年，总督苏昌奏言："粤海关向来除征收正额税钞并加一火耗外，另有私收规礼、火足、验舱、开舱、押船、丈量、贴写、放关、领牌、小包以及分头、担头等项陋规银两，每年不下六七万两。从前原系丁役私收入己，自雍正四年起，历任管关巡抚、监督节次报出归公，一并刻入例册征收，除支给通关人役火足经费外，余银列入杂羡，盈余项下解部。迨乾隆九年，复经前任管关广州将军臣策楞，将粤海关原定经费逐一核定应支款项数目，并查出另有并兑平余漏税罚料，及吏役应给火足、截旷银两三项，每年约银二千两，议请另款收贮，以充公用，于乾隆九年七月内奏明，经部覆准在案，此一切规礼、担头等项陋规久经归，久经归公支销报解之原委也。又海关衙门设有承舍等七班人役，听候差遣，并备各税口换班之用，共二百余名，向无额编工食，惟藉商船货物进出，每百斤收担银一分一厘零至一分三厘不等，每年约收银三四千两，每名岁得十余两或一二十两不等，以为工食养赡之资，亦经前管关将军臣策楞于乾隆九年十一月内奏请，照旧留给，钦奉俞允。又各项陋规，虽经节次查出归公，其种种名色仍刊入例册征收，与体制未协，乾隆二十五年，复经前任督臣李侍尧等奏请，悉行删除，改作归公字样。"

《粤海关志》卷8《税则一》，第166页。

（乾隆）四十五年，奉旨粤海关经征课税，向来原视洋船之多少，货物之粗细，以定盈绌，非浒墅等关征收内地货物者可比，所有图明阿短少银三万二千二百余两，据称系船小货，粗尚属有因，着加恩免其赔补，嗣后该部查核粤海关征收课税，即以该年之船只货物核实考察，毋庸照各关例，将上三届比较，余依议。钦此。《则例》。

道光《广东通志》卷180《经政略》。

富勒浑恭报粤海关征收关税

臣富勒浑、臣穆腾额跪奏，为恭报通年征收关税，仰祈圣鉴事。窃照粤海关应征正杂银两，例应一年期满，先将总数奏明，俟查核支销确数，分款造册，委员解部，仍具题奏报，历经遵照办理。兹自乾隆四十九年十一月二十六日起，至五十年十一月二十五日止一年期满，通关各口共报征收正杂盈余等银八十七万二千一百五十两有零，所有各口税银俱陆续解收关库。至洋船出口税银，准令洋商随货交纳。其进口税课，照例现饬洋商等上紧代夷人完纳。务遵部限，满关后六个月内征齐起解，毋许稽延迟误。

查乾隆四十六年二月十三日承准户部札行奉旨：粤海关经征课税，向来原视洋船之多少、货物之粗细以定盈绌，非浒墅等关征收内地货物者可比。嗣后该部核粤海关征收课税，即以该年之船只货物核实考察，毋庸照各关例，照上三界比较。等因。钦此钦遵在案。又于乾隆四十七年四月内，经户部议准，粤海关税银，以乾隆四十一、二两年作为比较，亦在案。查四十一年计到洋船三十九只，通关各口各收银五十八万八千四百七两九钱零；四十二年计到洋船三十三只，通关各口各收银五十八万八千四百五十三两九钱零。再查上届五十年分，共到洋船三十五只，共收银七十四万八千一百二十万两有零；今五十一年分，共到洋船四十六只，又闽省收风入粤本港船共计七只，通计征收课税共银八十七万二千一百五十两有零。合计比较四十一、二年，共多收银二十八万三千七百两，与五十年分比较，多收银十二万四千两有零。（乾隆五十一年正月初十日）。

中国第一历史档案馆：《清代广州十三行档案选编》，《历史档案》2002年第2期。

国朝设关之初，船只无多，税饷亦少，有行口数家，不分外洋、本港、福潮，听其自行投牙。迨后船只渐多，各行口有资本稍厚者，即办外洋货税，其次者办本港船只货税，又次者办福潮船只货税，并无官定。案据至乾隆六十年，因本港商人拖欠暹罗银两审办后，嘉庆五年监督佶山恐接办之商复有拖欠之事，奏请将本港行裁撤归外洋行商兼理，定以二行轮值一年，周而复始。

道光《广东通志》卷180《经政略》。

谨按：雍正二年暹罗运米至粤免其征税，乾隆五十一年、六十年、嘉庆十一年均准夷船运米来粤，免其征钞，大吕宋、小吕宋（即呋唎喇）及英吉利之孟雅拉产米最饶，平时米价每石三四钱不等，即价昂亦不过一两，粤东米价稍贵，辄连舸而来。凡专载米者，免其丈量输钞，嘉庆十一年，米船云集，粤东米价平减者三年，载米之船俱系粗旧，不堪载细货者。是以米舶虽多，而进口货船仍如常额，两不相妨也。

道光《广东通志》卷180《经政略二十三》。

嘉庆十一年监督阿克当阿咨会总督吴熊光称，查乾隆五十一、六十等年因粤东米价昂贵，均有谕商传谕夷商，情愿载米来粤发卖，免其征钞之案。查澳门、黄埔二处夷船均有采买洋米，今酌议，如有夷人情愿载米来粤，进泊黄埔者，果系专载米石，并无别项货物，准免丈量输钞，仍令空船出口，其进泊澳门米船，亦须查无夹带进口货物，始免完纳钞银，仍准其装货出口，如进口时带有货物，及黄埔米船进口带有些须货物，均不得免输船钞，如此分别办理，庶于民食饷课，两无违碍，相应咨会查照。

（清）梁廷枏：《粤海关志》卷8《税则一》，第173页。

粤海关洋米征税

道光四年甲申六十一岁，正月十二日恩赏钦定《大清会典》一部计六十函，十九日恩赏福字寿字及鹿肉山鸡全分。是月，奏请定洋米易货一折。折略云：查乾隆嘉庆间，有近粤港脚等国粗货夷船载运洋米来粤发卖之事，定例夷船进口应丈量船身大小，报征船钞。粤海关向无米税，从前洋米来粤，并多丈输船钞，以示招徕，只于粜竣后放空回国，不准装载出口，以示区别。近年以来，洋米罕到，询之洋商，据称外夷地广人稀，产谷本多，亟思贩运内地贸易，第运米远来，虽免完纳船钞，而空空回国，远涉重洋，并无压舱回货抵御风浪，该夷等既患风涛之险，又无多利可图，是以罕愿载运。仰恳圣恩准令各国夷船，如有专运米石来粤，并无夹带别项货物者，进口时照旧免其丈输船钞，所运米谷由洋商报明起贮洋行，按照市价粜卖，粜竣准其原船装载货物出口，与别项夷船一体照例征收货税，汇册报部，如此明定章程，则夷船米谷可以源源贩运，似于便民绥远，均有裨益。奉上谕，阮元等奏请定洋米易货之例一折，广东粤海关向准洋米进口粜卖，免输船钞，粜竣回国不准装载货物，近年以来，该夷等因回空时无货压舱难御风涛，且无多利可图，是以米船来粤者少，自应将成例，量为变通，著照所请。嗣后各国夷船来粤，如有专运米石，并无夹带别项货物者，进口时照旧免其丈输船钞，所运米谷由洋商报明起贮粜卖，粜竣准其原船装载货物出口，与别项夷船一体征收税课，汇册报部，以示体恤。该部知道，钦此。

（清）张鉴：《雷塘庵主弟子记》卷6，《续修四库全书》史部第557册，第284—285页。

两广总督阮元等奏请定洋米易货之例

道光四年，总督阮元奏言，溯查乾隆五十一年、六十年、嘉庆十一年，屡有近粤港脚等国粗货夷船，载运洋米来粤发卖之事，定例夷船进口，应丈量船身大小，报征船钞，粤海关向无米税，从前洋米来粤，并免丈输船钞，以示招徕，只于粜竣后，放空回国，不准装货出口，以示区别，此系向来办理章程。近年以来，洋米罕到，询之洋商，据称外夷运米远来，虽免完纳船钞，而放空回国，远涉重洋，并无压舱回货，抵御风浪。该夷等既惮风涛之险，又无多利可图，是以罕愿载运，合无仰恳恩准，令各国夷船，如有专运米石来粤，并无夹带别项货物者，进口时照旧免其丈输船钞，所运米谷，由洋商报明起贮洋行，按照市价粜卖，粜竣准其原船装载货物出口，与别项夷船一体，照例征收货税，汇册报部。臣谨会同巡抚陈中孚、监督七十四具奏，奉上谕阮元等奏请定洋米易货之例一折，广东粤海关向准洋米进口粜卖，免输船钞，粜竣回国，不准装载货物。近年以来，该夷等因回空时，无货压舱，难御风涛，且无多利可图，是以米船来粤者少，自应将成例，量为变通，著照所请。嗣后各国夷船来粤，如有专运米石，并无夹带别项货物者，进口时照旧，免其丈输船钞，所运米谷，由洋商报明起贮粜卖，粜竣准其原船装载货物出口，与别项夷船一体征收税课，汇册报部，以示体恤。

（清）梁廷枏：《粤海关志》卷8《税则一》，第173—174页。

奕山等奏各国夷商贸易情形

奴才奕山、隆文、祁𡎴跪奏为遵旨查明恭顺各国夷商贸易情形，恭折覆奏，仰祈圣鉴事。

窃奴才等未出京之先，承准军机大臣字寄，道光二十一年正月十九日奉上谕：怡良奏接办粤海关务税课短绌一折，据称：粤海税课以夷税为大宗，本年所到夷船不及十分之二，因各国之船为英夷拦阻，不能进口，是以六月后，正当征输畅旺之时，转致短绌。等语。广东例准各国通商，其恭顺各国自仍照常贸易。英夷强悍桀骜，阻挠各国生计，各国岂肯甘心失利？着奕山、隆文、祁𡎴于先后抵粤时，查明各该国情形，果否怨恨英夷阻挠生计，抑稍有觖望于天朝未能招徕抚绥，以致向隅失业，据实具奏。将此各谕令知之，钦此钦遵。……将现在进口各国贸易商船数目查明，咨照核办前来。

奴才等详加查核，缘粤海关务旧章，例准通商各国除居住澳门之小西洋夷人货船向在澳门卸货外，其余美利坚国、法兰西国、荷兰国、大小吕宋国、嗹啵哑国，椪国、瑞国、单鹰国、双鹰国、英吉利国并港脚各国货船，向例应进黄浦查验开舱。各该国距粤程途远近不同，每年来船数目约在一百余只、二百只不等。自二十年三月二十六日起，截至六月初二日止，只到有美利坚国、吕宋国货船十九只，自是之后，并无货船进口。（军机处录副奏折，道光二十一年闰三月初六日）。

《明清时期澳门问题档案文献汇编》第2册，第460—461页。

一千八百五十年十二月七日（第四号）

奉公会命：现查得所有头艋船，向由附近海口来澳贸易者，辄疑与趁洋各艚船同输入澳顿钞。为此，合行出示，明白晓谕尔各头艋等船知悉该入澳顿钞之例。惟是，该趁洋白艚船及头艋等大船由嗦喇吧（Portos de Java）、暹罗（Siam）、新埠（Estreito de Malaca）等外洋，不在中国所属之处载货来澳者，应输顿钞，其余由附近来澳之船不在例内，可照旧免钞，各宜告之。特谕。道光三十年十一月初三日谕。

汤开建、吴志良主编：《〈澳门宪报〉中文资料辑录（1850-1911）》，澳门基金会，2002年，第1页。

大西洋国通商章程

钦加二品顶戴督理粤海关税务毓为咨覆事。同治元年闰八月初八日，案准贵部堂咨开，准总理各国事务衙门咨，大西洋国换定通商条约第九款内开，中国仍设立官员，驻扎澳门，办理通商贸易事务，稽查遵守章程，其官员或旗或汉，四五品人员，其职任事权得以自由。等语。又粘抄附片原奏以澳门设官一款饬即酌量情形，妥为办理。等因。所有澳门从前原设官员驻何处？现应如何设立官员？一切章程如何妥定？亟应详细查明，分别核办。相应咨会查照，迅即将澳门设官驻扎办理通商贸易事务，现应如何妥办之处，查复核办施行。计粘抄条约一款、片奏一件。等因。准此。查本案节经先后准咨到关，当经谕饬留关委员俞联会集各吏书等，公同酌议新旧章程，呈请核查去后。兹据该委员等会议，开列条款，具呈前来。相应粘抄章程，咨送核办。为此，合咨贵部堂，请烦查照察核，办理施行。须至咨者。计粘抄拟议章程一纸。同治元年十一月十三日。

粘抄拟议章程

查澳门康熙年间原有副监督衙门，嗣改设旗员，每年请将军衙门遴派防御两员，一驻大关，一驻澳门总口，弹压一切税务。至何年改设，乾隆五十一年以前无案可稽。自五十一年澳门委员黑达色起，至道光二十九年止，俱系由将军衙门专派旗员管理。迨澳关移设长洲，改归大关委员兼理在案。嘉庆年间，督宪蒋派委前山同知兼管澳门税务，会同弹压，而税务仍系驻关旗员专政，同知衙门薪水由澳关筹付。自道光二十九年西洋兵头钉闭关门之后，同知薪水奏明作正开支，赴大关请领。兹西洋国和约第九款内载：西洋国君主现即谕令澳门官员实心出力，帮同防备该处，或有损害大清国各种情弊，必须时时加意筹办，仍由大清国皇帝任凭仍设立官员驻扎澳门，办理通商贸易事务，并稽查遵守章程。但此等官员，应系或旗或汉，四五品人员，其职任事权得以自由之处，均与法、英、美诸国领事等官驻扎香港、【澳】门各员办理自己公务、悬挂本国旗号无异。等因。应否遵守章程，仍委旗员防御四品人员驻扎澳门，办理通商贸易事务，及添委前山同知五品人员兼管税务，会同弹压，而符旧制之处，仰候裁酌。

——澳门旧制：凡华商、洋商在外洋置买洋货，附搭澳门夹板船到澳，先行起储西洋啇啁税馆，输纳啇啁税饷，俟省客采买，始赴澳关验输关税，运赴大关覆验，其由大关输税下澳土货，到澳门覆驻下载夹板出口。自钉闭关门后，澳关移设黄埔长洲，凡华商在外洋置买洋货，附搭英美诸国夹板到黄埔停泊，将洋货起储长洲栈房，报关存记，俟省客采买，赴长洲报验，运至大关覆验缴饷。其由大关验输下长洲土货，到长洲查验下载黄埔英、美诸国夹板出口。迨长洲贼扰，栈铺散歇，货税或由香港、或由澳门搭渡赴省十仅二三。今设官驻扎澳门，应即以旧日关房为驻扎之所，所有通商贸易事务，应将由澳上省洋货、由省下澳土货，均归大关输税，赴澳门稽查，以杜短报等弊。

——内地便船及小贩商艇所载土货及零星日用物件，澳关按旧例征收，列册解缴大关。道光二十一年改行新例时，经阖澳铺民联禀，土货请仍按旧例报输，经督部堂耆饬善后局核议，准按旧例征收在案。嗣澳关移设长洲，土货税饷亦照旧例征输，列册解缴大关。今设官驻扎澳门，办理通商贸易事务，此项便船及零星小贩日用土货等税，势须就近征解。应否按旧例征输，抑按新例征收之处，听候酌奏。惟澳门自钉闭关门后，西洋并未收税，而便船小贩土货到澳，历不收税。即向例赴西洋呵叮税馆抽税之货，业于未钉关之数年前，早经停止，改收公钞。中国官员驻扎通商贸易，原与西洋无损，第恐奸民因设官通商，不能遂其出入自如，从中唆摆，兵头阻挡，则通商仍属虚文。应请照会西洋兵头，将章程酌妥，以免临时窒碍。

——澳门港汊辽阔，走漏最易，此拿彼窜，目击亦难追获。须设立巡船，派人轮流坐舱，实力稽查，方可杜弊。兹设官驻扎通商，尤须认真办理。而盘查秤验，登填核，均须书役人等经理。公事较旧制繁多，经费愈不能少。查澳关旧设委员一员，例派内司二名、总书一名、柜书一名，澳关延请帮办五名，各子口奉派巡役五名，分驻娘妈阁口一名、大马头口二名、南湾口一名、关闸口一名，又水手十五名，亦分派总、子各口当差。现时情形，南湾为火船停泊之所，逐日俱有稽查。妈阁为船只出入必经之所，稽查尤须得力。设官所驻关厂为总汇之区，办公人役均须常川齐集，方免贻误。刻下开办之际，经费无可筹措，虽从前自委员至水手止每月所支养廉、火足约在一百两以内，此次设官驻扎通商，总期弊绝风清，办公人役似须厚给俸薪，俾免生弊。应否筹款借给开办，经费从俭，先行试办三两月，应请酌裁。

——华商走漏，每仗西洋商人庇护，如有查获走私，西洋人认为已纳，不听查办。更有华商伙同西洋人开摆划艇等船，专载私货出入。历年澳关依顺从权，不加深究，遂习以为常。今设官驻扎通商，其最损害大清国各种情弊者，惟琼南、惠州。各小船应入江门、应赴大关者，往往潜泊澳门起卸，希冀蔑税。西洋收其船头银两，以致招集日多。兹西洋君主谕令澳门官员实心出力，帮同防备，此项损害大清国各种情弊之琼南、惠州各船及西洋商民庇护华人走私，遇获不听查办，并伙做划艇等船，载私出入，应照会西洋兵头如何实心出力，帮同防弊，必须时时加意筹办之处，妥议禁止善法，确使西洋商民遵守不越，方免开办为难。此款最为紧要。

——澳门夹板船及西洋来澳之夹板船并载来之吕宋等国夹板船应纳船钞，若遵守章程，即应拨款输纳，以符和约。

……

——各乡便船由金关河面载货到澳，系属偷漏，驻澳官员就近收税，系办自己公务，并非越俎。且土货到澳，更有展转运至四乡者，是自始至终皆损害中国税课，未便置若罔见。应如何严防偷漏，相度机宜，随时便宜设法办理及如何出力行办之处，应由大西洋国官员实心帮同筹办，以昭睦谊。

《澳门专档》第1辑，台北"中央研究院"近代史研究所编印，1996年，第22-27页。

潮州新关洋税

【粤海关监督毓清奏报同治元年大关并潮州新关洋税收支总数折】奏为同治元年分洋税第五结至第八结，一年期内大关，并潮州新关收支总数具报。仰祈圣鉴。事窃照粤海关每年征收税银，向系按照关期将收支各数分款造报。前于同治二年十一月间奉部札行。奏准将各海关洋税收支数目均以咸丰十年八月十七日为始。仍按三个月奏报一次，扣足四结。专折奏销一次，仍从第一结起造具每结四柱清册送部查核。毋庸按照关期题销以请界划，而免稽延。其各关应征常税仍令各按关期照常题销，以符旧制等因。业将咸丰十一年分第一结至第四结一年期内收支总数具奏在案，兹查同治元年分自咸丰十一年八月二十七日第五结起至同治元年闰八月初七日第八结止，大关共征银九十万三千九百二十二两二钱五分五厘。潮州新关共征银一十二万五千二百四十四两一分八厘。二共征银一百二万九千一百六十六两二钱七分三厘。内除循例拨支正额银四万两铜斤，水脚银三千五百六十四两。普济院公用银四万两，又支销大关经费养廉工食等银三万四千七百五十三两四钱五分一厘。大关税务司经费银一十万五千一百四十四两六钱三分三厘。大关津贴经费银二万三千七百三十六两。潮州新关税务司经费银一万九千二百三十九两二分。潮州新关津贴经费银一万八千二百八十两八钱。大关火耗银一万八百四十七两六分七厘。潮州新关火耗银一千五百二两九钱二分八厘。以上十款，共拨支银二十九万七千六十七两八钱九分九厘。尚存循例报解水脚银二万二千五百二十一两四钱四分七厘。部饭食银一万九千九百九十七两七钱九分五厘正。杂盈余水脚公用米艇等十五两加平银一万四百六十二两六钱九分三厘。又公用米艇等二十五两加平银四千一百二十五两解部关税银六十七万四千九百九十一两四钱三分九厘。以上五款，共应存银七十三万二千九十八两三钱七分四厘。查元年分解过部库连加平饭银共一十五万六千六百两。总理各国事务衙门酌提三成船钞银一千九百七十九两九钱一分。广储司公用连加平共银一十五万六千两。造办处米艇连加平共银一万五千六百两。闽省截留商税划抵银一十二万两。拨解广东藩库代解浙江军饷银二万两。前广东巡抚耆龄赴闽军饷银二千三百二十七两九钱五分三厘。浙江藩司蒋益澧赴浙军饷银一万两，购买外洋船炮银一十七万五千两。英法两国修筑沙面地基银一万七千八百一十五两二钱七分七厘。美国商亏银五万八千九百三两四钱七分四厘。英国二成银一十九万五千五百八十七两四钱八分六厘。法国二成银一十九万八千四百八十五两五钱一分四厘。以上十三款共拨解银一百一十二万八千二百九十九两六钱一分四厘。除将前应存银七十三万二千九十八两三钱七分四厘全数抵拨外，尚不敷银三十九万六千二百一两二钱四分。连上年不敷拨解银五十七万五千二百六十七两九钱八分二厘。合计共不敷银九十七万一千四百六十九两二钱二分二厘。已归入下年分征收税银内拨抵核办，除遵照扣足四结，为一年造具四柱清册，送部查核外，谨将同治元年分洋税自第五结起至第八结止，所有大关及潮州新关征收支销各数恭折具奏。（同治四年正月二十日）。

《清宫粤港澳商贸档案全集》第9册，第5551-5557页。

密陈粤海关情形疏

奏为钦奉谕旨谨就微臣愚见体察粤海关情形恭折密陈，仰祈圣鉴事。窃臣二月初十日，承准军机大臣字寄同治五年正月二十一日奉上谕，前因左宗棠奏粤海关收税请由督抚设法筹办，当谕令户部议奏，兹据奏称该关积弊已深，历任总督、监督纵不至尽属肥己，亦难保不受家人丁书之蒙蔽。今左宗棠奏闻每岁不下二百万两，与该关奏报银数大相悬殊，请饬两广总督、广东巡抚查明办理等语……伏查广东市舶使之设，起自唐之中叶，垂至于今，盖千有二三百年，自来利之所趋，弊即乘之以生，粤东民商嗜利之深，胥吏舞弊之坚，未尝不因擅海舶之利，酿成此等风气。臣在粤两年，于海关收税情形，略能知其节要，不敢不为皇上缕悉陈之……康熙二十四年开南洋禁，诸番市易并集广州一口，设立监督主税务，征银九万一千七百一十四两五钱，复经两次题减额定四万两二分而已。其后，岁有赢余，爰定三年比较之例，嘉庆四年始以赢余八十五万五千五百两，著为定额。百余年来，聚天下货物归并一口，仍以湖丝、茶叶为大宗，额征总数不及九十万。自五口通商以后，添设税务司，洋税丝毫无从隐匿，每年征税犹及二百万。近年内江通商，湖丝一项全赴上海，茶叶一项分赴汉口、九江，粤东利源全窒，商旅萧条，日甚一日，征税犹及百万。以今准昔，情事昭然，此粤海关税务大略情形也。

左宗棠原奏请令督抚设法筹办，再四思维，约有三难：

查《户部则例》所载粤海关税口征收正税者三十三口，征收规银者二十四口，设役巡查者十三口。道光二十九年澳夷毁撤澳门税馆，而事局一变。同治元年汕头通商，而事局又一变。例设税口，时有增减。《海关事例》土货由洋船运载者，以洋税论；洋货由民船运载者，仍以洋税论。洋人轮船往来海面，较民船为速，又无风波盗贼之虞，是以洋船之利日厚，民船之利亦遂日薄，约而计之，广州、汕头并设大关，归税务司经理，江门、石岐、佛山、思贤滘等处监督遣人自行经理，其海西高廉雷琼各口，海东惠潮各口，则皆书吏承揽。向例派各属丞倅稽查，亦只虚应故事而已。监督专司税务所辖千余里之税口，委任数十书吏，诚不能无弊。督抚事任较监督更繁，势将仍假手书吏为弊均也，假手地方官，是于书吏之外，又多一层支销，为弊滋甚。古人所谓"利不百者不变法"，徒更旧章，终无良策，其难一也。

粤东民气浮动，绅商把持远甚他省，粤海关抽分漏税之法，行之百余年，商民一律遵守，诚由相沿日久，更无异同趋避之见也。因查粤海情形，东北两江之水直出虎门，西江别出厓门，而分流于虎跳门，中间江别纷歧，东出者曰蕉门，曰横门；南出者曰磨刀门，皆支海，能通大船，而总汇于省河，故能控扼全省形势；潮州别为一水，东通漳州，北达汀州，水源六千余里，洋人通商口岸专在此处；琼州海口亦准通商，至今洋船无一至者；其余东西两路各口，水源远或数十里，近或数里，贸易不能及远，亦无大宗货物在此销贩，是以历来皆归书吏承办；今将书吏悉数裁汰，从新办理，则此数十口者僻处海濒，耳目既有难周，委任人员多至数十，尤不易得兼。虑开厂经费稍繁，则收数转绌，而一经变易章程，把持阻挠，必所不免。若仍循用旧时书吏，直亦无从施其整顿，其难二也。

粤海关例解内务府广储司银三十万两，其余每岁应缴参价、皮价及传办物件，皆不入额支，盖亦内廷供应之外府也。杭州南北两新关，归织造兼管，所任者织造也，取之关课与取之司库无异。海关监督则专以课税为事，左宗棠所称杭关新改章程情形，绝不相同。杭州新复厘捐所收较关税为轻，稽查亦易核实。南北两关附近杭州省城，抚臣可以经理，以抽厘章程施之课税，已多滞碍，以杭关章程概之粤海关，尤属参差。又近年沿海各关添设税务司，或由监督经理，或由巡道经理，皆专主税务，与税务司朝夕讨论，易得其力，督抚事任既繁，其势亦稍旷远，尤恐日久弊生，关系转巨，其难三也。

梁小进主编：《郭嵩焘全集》第4册，第733-736页。

【钦差大臣何桂清等奏】查潮州地方，粤海关原设有分口，以庵埠为总口，汕头等处为子口，签派丁书征收海船货税，历年已久。现在米国船只新来开市，虽与内地海船收税事例微有不同，但该处原设税口，既由粤海关管理有年，一切事宜可以驾轻就熟，自应归并粤海关，援照广州大关征收夷税章程办理，毋庸另议更张，以归划一。惟开市伊始，必须添委妥员，前往督率稽查，伴昭慎重。臣劳崇光查有凌水县知县俞思益，老成练达，才守兼优，曾任粤盈库大使，关务熟悉，堪以委令前往，会同该处原派委员潮粮通判，妥为开办。

郑可茵、赵学萍、吴里阳辑编点校：《潮汕历史资料丛编》第7辑《汕头开埠及开埠前后社情资料》，潮汕历史文化研究中心，2003年，第145页。

粤海关税馆碑

钦命督理粤海关税务联，为明白晓谕事。照得佛山口，前月晋隆店贩卖糖果、沙藤漏号，经该口家人禀请补办，当以漏号小故，免其罚办，饬即补号放行，不得留难阻滞。旋据佛山和隆、瑞昌等店铺民谭德禀，请准饬将渡放行，亦经于廿六日批准在案。当查该关役，难免无借端情事，业经本关部扎委本关库大使查明，按名提解回辕斥革，严行究办。嗣后凡有商民漏号，各项货物准照前督部堂刘兼署关篆任所定罚款：漏号银五钱以上者加罚一倍，一两以上者加罚两倍，二两以上者加罚三倍，三两以上者加罚四倍，四两以上者加罚五倍，五两以上者将货物一半入官，以昭平允。本关部为体恤商艰起见，兹再重申旧案，合行出示晓谕。为此，示仰商民人等，各宜遵守，安份营生，不得再滋事端，毋违，特示。

计开：

——各埠称尺不同，轻重长短不无参差，倘所差无多，即令补号放行。如有各商错误漏号，只准将漏号之人货提出另办。

——凡食物用物，无论洋土，均照本物名目，写单报锁，不准将物内凑集之金石、骨角、羽毛、竹木分别指摘。

——药材种类繁多，前督部堂刘兼署关篆任内，业已明自示谕在案，嗣后各口务须一律遵守。

——玻璃料器，除洋灯及玻璃镜片之外，一切杂式料器，不分洋土，均按斤重挂销。各客商无心小错，亦不得私自锁押勒索，照章办理，毋得阳奉阴违。

——商民来往信函，不得无故擅行开拆。

光绪十八年六月廿八日示。

《明清佛山碑刻文献经济资料》，第252-253页。

永远不得别立名目再行征抽□□□碑

二品顶戴两广盐运使司英广东通省厘务总局广东布政使司张二品顶戴广东按察使司魁为二品衔广东督粮道延出示晓谕事。案照出口土绸绣巾一项，前经省河补抽局议定章程，督饬安顺堂商人何载福代报代缴，于光绪十八年间详奉院宪批准，饬遵办理在案。兹据出口土绸绣巾行协恭堂具禀，请将应抽坐厘经费归回本行自抽自缴，仍照旧商办法。所有华商报运附载轮船港澳渡出口土绸缎匹绸绉绣巾等项，不论花素，各色一律，每货百斤抽厘金银五两，台炮经费银四两，由补抽局督同抽收，如有走漏，准其指名禀究。若扶同隐匿，情甘重罚等情，出具阖行保结禀。由省河补抽局核拟禀办前来。查土绸绣巾等项，为出口货物大宗。若能核定抽缴，自以归回本行。为使便查核，所拟不出原定章程之外，应即准予照办，以顺商情。自光绪二十四年正月初一日起将安顺堂公所撤销，由本行协恭堂自行抽缴，仍责成省河补抽局督率稽查，如由流弊，随时禀明办理，除详报两院宪立案，及谕饬协恭堂商人遵办外，合行出示晓谕，为此示仰出口土绸绣巾行商人知悉，尔等须知此项坐厘经费，现归本行协恭堂自行抽缴，系为便商起见，务须遵章完纳，毋得走私匿报，致干究罚，切切特示。

光绪二十四年六月初九日示

陈建华主编：《广州市文物普查汇编·荔湾区卷》，广州出版社，2008年，第248-249页。

各海关洋药税厘征收

二品顶戴前管理粤海关监督事务常为呈明事。案照九龙、拱北、粤海、潮州、琼州、北海、三水七关，自光绪二十一年三月初七日第一百三十九结起，至二十八年八月二十九日第一百六十八结止，计三十结，洋药税厘征收、支解不敷计存数目，业经本前监督开单呈报户部察销，并分别咨行查照。嗣于光绪三十一年三月十七日准两广总督岑咨转准户部咨行，饬令查明各该关收支洋药税厘各款，按结分款造具细数清册送部，以凭核办。等因。亦经遵照按结分款造册，呈覆户部察核在案。

兹查，光绪二十八年八月三十日第一百六十九结起，至光绪三十年十一月初三本前监督交卸之日，即第一百七十七结三月分内止，计八结零两个月零九天，所有九龙、拱北、粤海、潮州、琼州、北海、三水、江门、甘竹各关洋药税厘征收、支解不敷数目，理合按结分款造具清册贰本，呈送户部察照外，理合按结分款开单呈明。再，本前监督业已交卸，此文系借用广东巡抚关防，合并声明。为此合呈大部，仰请察照施行。须至呈者。

计粘单一纸。

右呈外务部。（外务部档，光绪三十一年六月二十一日）。

《明清时期澳门问题档案文献汇编》第4册，第2-11页。

澳门关闸请设专官管辖疏

题为敬陈澳门贸易收税事宜以专职掌以重海防事。案查康熙十八年二月初四日，准兵部咨为备述澳门界外孤洲等事，职方清吏司案呈奉本部送兵科抄出，礼科正抄，该本部复刑部郎中洪尼喀等题前事云云等因，到前抚臣准此，见今遵行在案。该臣看得香山粤关闸界口陆路贸易乃皇上柔远通商之德，遐迩俱已感戴。今西洋国货物运至澳门，彝人至界口陆路贸易。此地至澳门仅三里，必需专官把守，稽察盘验，给票照运至省。旧例：提举司一税，至太平关一税，防其隐漏之弊。其内地商人货物，旧例：太平关一税，至省提举司一税，领票前往关闸界口贸易，亦必须稽察官盘验，防其夹带之私。如此内外咽喉之地，唐彝交易之所，当设专官管理，今但随时委用，无以任责成而资弹压也。

臣受事以来，事事整顿，不敢因循将就。今且税务渐增，必得添设部选同知一员，驻扎关内前山寨，稽查税务，兼理海防。凡界口唐洋货物出入之数，与盘诘违禁之物，俱责成之。所需俸食有限，有济于公者甚多。今广州府虽有贴堂同知一员，管理十六州县之捕盗、军屯、防卫民社，驻扎郡城，距澳三百余里，恐鞭长不及，难以兼摄也。

臣再查香山澳陆路相通，原为内地，从为西洋人寓居。在昔彝人承佃，岁纳租银五百两，设岭南道香山副将海防官专管稽查。本朝初年，亦因旧制仿而行之。自康熙元年迁界，而后以澳门为外地，遂置租税不收，并不专官管辖。但澳门原是内地，今准互相贸易，通达往来，而管辖稽查更不容缓，似应遵循定制，仍旧责成道将防厅专管弹压，并查沿途水口私通隐漏，不使容留匪人内外作奸，长其犷悍之习，庶为久安之策。其于海防税务未必无小补也。

臣谨会同督臣吴合疏具题，伏乞敕部议复施行。（康熙二十二年正月日）。

（清）李士桢：《抚粤政略》卷7《奏疏一》，第873—876页。

康熙二十三年九卿等议覆户科给事中孙蕙奏言，海洋贸易，宜设立专官收税，应如所请。得旨：海洋贸易，创收税课，若不定例，恐为商贾累，当照关差例，差部院贤能司官前往酌定则例。嗣经郎中伊尔格图酌定开海征税则例，奏请给与各关定例款项，于桥道渡口征收税课。奉圣谕：向令开海贸易，谓于闽粤边海民生有益，若此二省民用充阜，财货流通，各省俱有裨益，且出海非贫民所能，富商大贾贸迁有无，薄征其税，不致累民。今若照奉差郎中伊尔格图所奏，给与各关定例款项，于桥道渡口等处概行征收，何以异于原无税课之地，反增设一关科敛乎？此事恐致扰民，尔等传谕九卿、詹事、科道会议具奏。户部等衙门，遵谕议覆，福建、广东新设关差，止将海上出入船载贸易货物征收。其海口内桥津地方贸易，船车等物，停其抽分，并将各关征税则例给发监督，酌量增减定例，从之。

（清）梁廷枬：《粤海关志》卷8《税则一》，第156页。

严饬查拿鸦片

【粤海关监督达三奏报实无丝毫征收鸦片重税之事并严饬查拿等情片】再，奴才本年二月间，面奉圣谕，鸦片烟为风俗之害，务宜严禁，嗣又接奉谕旨，御使黄中模条奏内有纹银偷漏出口，并粤海关利其鸦片重税，隐忍不发，饬令详查等因。奴才跪读之下，不胜悚惶，伏思纹银出洋，实干例禁，奴才回任后即饬洋商伍敦元等，凡夷商贸易，惟准以货换货，不得夹带纹银，并会同督臣饬令守口员弁于各夷船出口时，加意防范，不使稍有偷漏。其鸦片一项贻害尤巨，奴才回任后即密派丁役严拿，旋据黄埔西炮台、澳门、佛山等口拿获私贩烟泥大小共计五起，当经连人带烟咨会督抚，饬交地方官，照例惩办在案。

查粤海关征收课税，均有户部颁发商人亲填簿册，年终送部察核，并广东巡抚亦每月造具货色清册，密行咨部核对，断难私将鸦片税银混入清册之内。惟近年以来，海关税额丰盈，窃恐不知者，疑有私收重税情事。奴才详细访求，实自嘉庆十五年间，仁宗睿皇帝圣德神威肃清海面，外洋舟楫，通行无阻。英吉利公司船及美利坚港脚等夷，比之数年前来广船只较多，钱粮丰旺，值此之由，实无丝毫征收鸦片重税之事。奴才世受皇恩，稍知大义，断不敢只以税务为重，而置风俗人心于度外，现在查拿严紧，奸徒自知敛迹，诚恐日久玩生，复有透漏更或守口丁役，私自得规口放，奴才仍不时严密访查，遇犯必惩，务期根株渐净，以仰副我皇上卫民生而挽颓风之至意。（道光二年十一月二十三日）。

《香山明清档案辑录》，第213-214页。

二、征税则例

康熙二十四年酌减洋船丈抽之例

（康熙二十四年）又酌减洋船丈抽之例。先是二十三年特开海禁，令福建、广东沿海民人许用五百石以下船只，出海贸易，地方官登记人数，船头烙号，给发印票，防汛官验放，拨船巡哨，如有大船出洋夹带禁物者，罪之。其海口内桥津舟车等物，停止征收。江浙二省亦照此例。至是，监督宜尔格图言："粤东向有东西二洋，诸国来往交易，系市舶提举司征收货税，明隆庆五年以夷人报货奸欺，难于查验，改定丈抽之例，按船大小以为额税，西洋船定为九等。后因夷人屡请量减抽三分。东洋船定为四等。国朝未禁海以前，洋船诣澳，照例丈抽，但往日多载珍奇，今系杂货。今昔殊异，十船不及一船，请于原减之外再减二分。东洋船亦照例行。至江浙闽广俱经开海，若不画一，恐启外夷趋避之端，应照粤省量减，此等丈抽船只，装载回国或因风水不顺，飘至他省，查验印票即便放行。其四省印烙船只往外国贸易者，亦照此例。"从之。

《清文献通考》卷33《市籴二》，第5155页。

征税则例

凡征税关，各颁其则，锲而树于市，令商自注于册而输课，遂给以单，稽其隐匿者，起行者，重则罪之，轻则罚之。凡贡物皆征其税，惟外藩之贡物则不征。凡免税者，核其实而验放焉。

凡输税者，衣物之属以匹计，以身计，以卷计，以筒计，以件计，以个计，以副计，以条计，以斤计，以十双、百双、十顶、百顶计；食物、用物及杂货之属，以斤计，以篓计，以包计，以个计，以担计，以块计，以件计，以张计，以坛计，以埕计，以石计，以十套、百套、十把、百把计；牲畜之属，以口计，以价计，其货有包者、不除包皮，每百斤作九十斤科算。

凡杂货如装载砖瓦、石灰、蚬壳、缸坛、稻壳、柴灰、草料、猪牛杂毛之属，其船俱补半料。

凡澳门夷船系本省发往外洋者，照本省洋船例科征，其外洋抵澳之西洋船，照外洋本条科征。

凡商船回澳，止征船税，丈其货物，而籍记之。货入于夷室，俟华商懋迁，出澳始纳税。

凡外洋贩到货物，有为则例所未载者，该监督于满任后，比例定则报部。

凡肉果、枳、梗、炭、乌木、臭泥、臭莲肉之属，免其科税；腌蒜苗、瓜菜、神元宝之属，亦免科税。不类此者，不得牵混援引。凡一切洋货，旧任监督已经科给有红单者，新任不得重征。

（清）梁廷枏：《粤海关志》卷8《税则一》，第150-151页。

康熙二十四年，户部札称："本部准礼部咨题内开查定例，内开凡外国进贡船只，不过三"等语。今奉圣谕，外国进贡船只，所带货物一概收税，于柔远之意未符等因，应将外国进贡定数，船三只内船上所携带货物，停其收税，其余私来贸易者，准其贸易，贸易商人，部臣照例收税，等因。会议具题，奉旨依议。

《粤海关志》卷8《税则一》，第156-157页。

康熙二十八年，户部奉圣谕："近闻江浙闽广四省海关于大洋兴贩商船，遵照则例征收税课，原未累民，但将沿海地方采捕鱼虾及贸易小船概行征税，小民不便。今应作何征收，俾商民均益？着九卿、詹事、科道会同确议以闻"。寻经议奏，奉旨采捕鱼虾船只及民间日用之物并糊口贸易，俱免其收税。

《粤海关志》卷8《税则一》，第157页。

雍正十三年七月，户部奏言："粤海关征收货物则例，于雍正六年经前署抚臣将湖丝、木香等款不符缘由，查明具题。经臣部议覆，照现行征收各款，分别详载，刊榜晓示，务使商民知有定规，吏胥无从滋弊等因，具题。奉旨依议，钦遵行文在案。今广东副都统兼管粤海关税务毛克明等奏称则例，凡税则及免例不开者，以杂货算。查杂货每百斤税止二钱，价值相去悬殊，一概算作杂货，未免税额过轻，是以历任遵照引比征收之条，设立比例簿册，第未经奏明，又不咨部，恐轻重有差，碍难画一遵守，理合缮写比册一本，伏乞敕部核覆等语。臣部将该关比例税册与原额则例较对，均有多寡不一，但历任引比征收，商贾乐于输将，应如该副都统毛克明等所奏，将节年征收比例一体载入例册，刊榜晓示，庶征收税课得有遵守，而商民咸知奉行，于国课实有裨益，而关政之弊窦，自可清除。再该副都统奏称，每年外洋所到货物比例，未经开载者，按其价值估计输税，难以预拟，俟期满奏销，另行咨部等语。亦应如所奏。俟该关一年期满，将收过外洋货物，比例定拟，送部查核，并令该监督毋致征多报少，以滋侵隐等弊可也，等因。奉旨依议。

《粤海关志》卷8《税则一》，第157页。

乾隆元年，谕闻外洋红毛夹板船到广时，泊于黄埔地方，起其所带炮位，然后交易。俟事竣给还，至输税之法，每船按梁头征银二千两左右，再照例征其货物之税，此向来之例也。乃近来夷人所带之炮，听其安放船中，而于额税外，将所携置货见银别征加一之税，名曰缴送，亦与旧例不符。因思从前洋船到广，既有起炮之例，此时仍当遵行，何得改易。至于加增缴送税银，尤非加惠远人之意，着察照旧例，按数裁减。

《清通典》卷8《食货八》，第2063页。

谕免外洋商船米税

（乾隆八年）上谕，朕轸念民艰，以米粮为民食根本，是以各关米税，概行蠲免，其余货物照例征收。至于外洋商人有航海运米至内地者，尤当格外加恩，方副朕怀远之至意。上年九月间，暹罗商人运米至闽，朕曾降旨免征船货税银，闻今岁仍复带米来闽贸易，似此源源而来其加恩之处，自当著为常例。自乾隆八年为始，嗣后凡遇外洋货船来闽粤等省贸易，带米一万石以上者，着免其船货税银十分之五，带米五千石以上者，免其船货税银十分之三，其米听照市价公平发粜。若民间米多不需籴买，即着官为收买，以补常社等仓，或散给沿海各标营兵粮之用，俾外洋商人得沾实惠，不致有粜卖之艰。该部即行文该督抚将军，并宣谕该国王知之，钦此。

嘉庆《新安县志》卷首《训典》。

乾隆二十二年浙海关、粤海关征税

乾隆二十二年户部奏言，据闽浙总督喀尔吉善、两广总督杨应琚会奏称，外洋红毛等国番船向经粤海关稽查征税，投牙贸易，少至浙江，是以浙海关税则略而不详。今乾隆二十年、二十一年外洋番船连来，船只收饷定海，运货宁波交易，往来视同熟境。先因该番商偶一至浙，非比久常，一切科税诸事，无不逾格从宽。兹既舍粤就浙，若不将粤海、浙海两关则例互相比较，更定章程，则道路之远近无别，货殖之低昂不分，必致奸牙蠹吏，私扣暗加，不特课额有亏，亦与番商无补，悉心会商，将粤海关征收外洋货税则例及比例规例，并出口货物估价各册，逐一查核，除比例缘物类繁多，税则未能备载，以此例彼，原无轩轾，其规例系从前吏胥家人私收陋例，嗣经查出归公，以上二项，浙关循照征收，毋庸另议增减。惟正税一项，未便仍照粤海关科则征收。盖向由浙江赴粤之货，今就浙置买税饷脚费，俱各轻减，而外洋进口之货，分发苏杭，亦属便易。该番商既比在粤贸易，获利加多，则浙关税则未便概行减少，拟将浙关征收外洋船只正税科则，照依粤关则例，酌议加增，其中有货物产自粤东，原无规避韶、赣州等关税课者，悉仍旧则，概不议加。正税之外，仍照加一征耗，其粤海关估价一项，系将该商出口货物，估计价值，按货本一两征收银四分九厘，名为分头。先年亦系官吏家人私收入己之项，迨后清出归公。今应循照办理，但估价原系按照货物时值估计，科银未便意为约略，如湖丝、茶叶、磁器等各种货物，现就浙江时值多与粤海关原例不符，似应按照时值增估，更定其中，有时价相符者，仍循其旧，至船只梁头之丈尺，及货物进口出口之担头，悉照粤关则例征收，不准减免。其浙江上年咨请改征饭食轻减之案，俟更定则例，咨部查销等语。查设关收钞裕课，必须通商，而剔蠹除奸柔远，尤宜经久，外洋红毛等国番船，前因偶一至浙，并非经年往来贸易，是以浙关原定科则从宽。今该督喀尔吉善等既以番船舍粤就浙，若不更定章程，必致奸牙蠹吏私扣暗加，课额有亏，与商无补，悉心会商，将循例征收，概不议加，及应行加征增估各款，分析声明开单会奏，除循照旧例科征之比例规例，正税火耗估计各项，既无增减，毋庸置疑外，其奏请更定之正税，估价二项。臣部按单逐加确核，亦属因地制宜之道，应分缮清单，恭呈御览，俟命下之日行文各监督遵照办理，仍将更定条款，刊榜晓示，画一征收，毋许不法胥役格外需索，致累番商，再查单开珊瑚珠科税一条。臣部检查粤例，并无此款。系按何例核税之处，并令浙督查明报部可也，等因。奉旨依议，此折内所称若不更定章程，必致私扣暗加课额有亏，与商无补等语，尚未深悉更定税额本意。向来洋船俱由广东收口，经粤海关稽察征税，其浙省之宁波，不过偶然一至，近年奸牙勾串渔利洋船至宁波者甚多，将来番船云集，留住日久，将又成一粤省之澳门矣。于海疆重地，民风土俗，均有关系，是以更定章程，视粤稍重，则洋商无所利而不来，以示限制意，并不在增税也。将此明白晓谕督抚知之。

《粤海关志》卷8《税则一》，第163-164页。

又据称英吉利国夷商自广东下澳门，由内河行走，货物或不上税，或少上税一节，夷商贸易往来纳税皆有定则，西洋各国均属相同，此时自不能因尔国船只较多，征收稍有溢额，亦不便将尔国上税之例独准减少。惟应照例公平抽收，与别国一体办理。嗣后尔国夷商贩货赴澳门，仍当随时照料，用示体恤。

（清）卢坤等修：《广东海防汇览》卷37《方略二·驭夷二》，第617页。

乾隆二十四年粤海关照例收税

臣新柱、朝铨、李侍尧等谨奏，为据实密奏事。窃照番船来粤贸易，所带食物如牛奶油、番蜜饯、洋酒、面头干、番小菜、腌肉、腌鱼等物，进口之日，俱各照例征收税银，其食用余剩出口之日，例仍输税。臣等查乾隆二十一至二十三等年经征底册，每年出口所征，核税四百二十余两至七百六十两不等，可否仰邀皇上殊恩，俯念番商食用所需已征进口，所有出口税银，特颁谕旨，准予豁免，则凡属番商均沐皇仁于无既矣。再，粤海关监督每年采办官物，如紫檀、花梨、乌木、羽纱、大绒、花毡、洋金银线等物，向来定有官价，较之市价未免减少。臣等询之年老行商及书吏人等，官定之价始自何年，佥供由来已久。等语。查以上洋货，向系买自内地行商，即李永标到任以来，亦系循照旧例办理。（乾隆二十四年八月十九日，宫中朱批奏折）。

《清宫广州十三行档案精选》，第116页。

朕闻外洋红毛夹板船到广时，泊于黄埔地方，起其所带炮位，然后交易，俟交易事竣，再行给还。至输税之法，每船按梁头征银二千两左右，再照则抽起其货物之税，此向例也。乃近来夷人所带炮位，听其安放船中，而于额税之外，将伊所携置货现银，另抽加一之税，名曰：缴送，亦与旧例不符。朕思从前既有起炮之例，此时何得改易。至于加添"缴送"，尤非朕加惠远人之意，着该督查照旧例，按数裁减，并将朕旨宣谕夷人知之。

《粤海关志》卷22《贡舶二》，第449-450页。

乾隆五十一年，粤东大饥，海关监督穆腾额请饬商夷于小吕宋采籴，免征船钞，米舶大至，粤人德之。（乾隆）六十年、嘉庆十一年均依故事，而监督阿克当阿议以载米洋船，既免船钞，止准空船出口，由是米舶不复至。道光四年，制府阮文达公元奏言，各国米船照旧免输船钞，仍准原船载货出口，照例收税，如此则洋米可以源源接运，且以出口货税，抵算进口船钞，有赢无绌，似于裕课便民绥远，均有裨益。得旨俞行。自是以后，连樯而至，岁约三四十艘，计米十万余石。迨道光壬寅后，各省分设港口，米船来者渐稀。然值岁歉之时，犹藉洋米之输运，得以有备无患云。《采访册》。

光绪《广州府志》卷162《杂录三》。

夷船分等征钞

　　道光十年三月，总督李鸿宾会奏言，窃臣于道光九年十月因英吉利夷船延不进口，将晓谕防备及该夷人禀恳减输规银各缘由，会同臣卢坤附片密奏，钦奉上谕该夷人禀内夷船规银，不论船只大小，一律征收，恳请分别纳饷等款尚可量为变通，着该督等妥议具奏等因。钦此。臣等遵查各国夷船来粤向照西洋船例，分三等征钞，康熙二十四年定为酌减二分，嗣奉部行西洋船照东洋船例则酌减等因，粤海关历办税务，系将夷船分为一二三等，均照东洋船例减钞银十分之二，按船征收，丈量各船时，梁头长阔丈尺，将应征银数递增递减，凡一等大船征钞自一千一百余两至二千一二百两不等，二、三等中小船征钞八百余两至四百余两不等，此粤海关分别等次，征收洋船正钞之旧例也。其货物税银则分货之精粗，计以斤两丈尺照则输纳。又于船钞货税之外，另有进口规银，不分等次，一律完纳，从前原属官吏丁役人等私收入己，以作费用。迨雍正四年后经管关巡抚臣杨文乾等节次报出归公，遂刊入例册，每船额收进口规银一千一百二十五两九钱六分，九折扣算随同正税解部，历久遵行无异。今该夷等以进口规银呈恳减纳，奏奉谕旨准予量为变通，实属恩施格外，自应仰体圣主周恤远人至意，酌量核减，以示怀柔，臣等悉心会议，夷船进口规银系于船钞货税之外，另有此项以从前官吏所收之使费，改为归公银两，原属与正饷稍有不同，自可随时斟酌，俾更乐于输将，通盘合计，不独二三等船规银过于正钞，必须予以轻减，即以一等大船而论，各国情形不同，亦不可不详加体察。臣等再三查核，每年来粤贸易，如美利坚国或三十余船，暨二十余船、十余船不等，其一等船不过十之一二，二、三等船，则居十之八九，又港脚或三十余船，及二十余船不等，其一等船则居十之五六，二、三等船，不过十之三四，荷兰、法兰西等国来船不过三五只，亦系大船少而小船多，惟英吉利国连年夷船到粤二十余只，全属一等大船，并无二三等船只，若一等船不许酌减，则二三等船多之国，按船减银，独沾厚惠，一等船多之国，所减甚微，甚至无船可减，未免向隅似于圣朝一视同仁之道，亦有未协，应请嗣后各国夷船进口规银，仿照康熙二十四年酌减洋船钞银二分之例，将一二三等各船规银均减去十分之二，以昭公溥，如此斟酌变通，庶各国大小洋船一体仰沐皇仁，同沾渥泽矣。至夷船另有出口规银五百余两，九折征收，为数较少，亦系随饷解部放关银一百三十余两，系拨充普济堂公用，报部核销，俱应毋庸议减，奉旨俞允。

（清）梁廷枏：《粤海关志》卷8《税则一》，第174-175页。

衣物类则例

衣：番布衣每百斤，税银三钱，各色哆啰绒羽纱番衣，每件税八分，绒衣各色剪绒番衣，每件各税四分。

帽：绒帽每百斤税三钱，象牙帽每顶税二钱三分，毡帽每百斤税二钱，粗草帽每百斤税一钱，绵纱帽每八顶、丝帽每四顶、番帽每一顶，各税四分。

帽边：海龙皮帽边，每副税二厘四毫；带：熏金银织丝带，每百斤各税二两二钱；金线带，每斤税一钱。

中衣：羽纱、剪绒、绸缎番裤，每二条税四分。

袜：缎袜、丝袜、绒袜，每百双各税八钱；绵纱袜每百只税四钱，毡袜每百斤税二钱。

靴：缎靴，每百双税一两。

衣物免征：沿海贸易小船，照数免税，兴贩大洋者，仍照则征。帽：暖帽、藤草凉帽，每百顶，各税二钱；带：绵纱带，每百斤税三钱；袜：纱袜，每百双税八钱，布袜每百双税四钱；靴：马皮靴每百双税一两，牛皮靴、布靴每百双各税六钱；鞋：缎绸鞋，每百双税二钱五分，布鞋每百双税一钱五分，木屐每百双税一钱。

（清）梁廷枏：《粤海关志》卷9《税则二》，第177页。

食物类则例

米：东洋米、沙谷米，每百斤各税二钱五分。芝麻：每百斤税二钱；番荳，每百斤税一钱。

面：花面、面头干，每百斤各税五分。

酒：包酒，每十包，蒲酒每坛，豆酒每大坛，各税三分。豆酒每小坛，税三厘。洋酒每瓶税二分，每五斤每五圆罐，皆作每瓶科算。顺酒、桂酒，每十瓶、惠泉酒每坛，各税一分五厘。

茶：番茶每百斤税三钱三分三厘，细土茶每百斤税二钱，粗土茶每百斤税一钱。

烟：倭烟每百斤税一两五钱，倭烟叶每百斤税三钱，烟每百斤税二钱。

荤味：白燕窝每百斤税四两，红燕窝每百斤税二两，红白对报每百斤税三两，鱼翅每百斤税三钱，鹿筋每百斤税二钱五分，海参、鲍鱼、鱿鱼、鳗鱼、破肚子每百斤各税二钱，火腿每百斤税一钱二分，虾米、淡菜、牛乳、油饼每百斤各税一钱，海菜每百斤税五分，蔬菜：海粉每百斤税九钱二分，蘑菇、羊肚菜每百斤各税三钱，香蕈、紫菜、番小菜每百斤各税二钱，木耳、闽笋每百斤各税一钱。

作料：胡椒每百斤税四钱，八角、茴香、番酱油、酱油每百斤各税二钱，麻油、豆油每百斤各税一钱，蒜头每百斤税五分。

果品：蜜饯、丁香桃、乳葡萄、干枣、番蜜饯、各色糖果，每百斤各税五钱，蜜饯、糖果每百斤税三钱六分，松子每百斤税三钱，核桃肉、榛子、肉酸子每百斤各税二钱，圆眼、荔枝每百斤各税一钱二分，各色京果每百斤一钱，柚子、落花生每百斤各税五分。

蜜糖：蜜糖每百斤税二钱，麦芽糖：白糖、冰糖每百斤各税一钱，黄糖、片糖每百斤，糖水每三百斤各税六分。凡琼、潮、高、惠、雷、廉白糖、黄糖、片糖，每一百八十斤作一百斤科税，大关仍照百斤实算。

食物免征：沿海贸易小船，照数免税，兴贩大洋者仍照则征收，粉：面米、粉豆粉、白面、线面，每百斤各税五分；茶：茶辣每百斤税二钱，酒：每百斤税三分；烟：烟草每百斤税五分，荤味：糟鲥鱼每百斤税一钱二分，咸鱼干、沙鱼干、鱼子、西施舌、蛏干、蛤干、咸野味、鹿脯、牛肉干、咸肉每百斤各税一钱，咸鱼、海蜇每百斤，咸蛋每千个，各税五分；大卤鱼每百斤税二分五厘，小卤鱼每百斤税一钱五分。蔬菜：黄花菜、金针菜、笋干、豆豉每百斤各税一钱，缅茄每十斤税八分；作料：虾酱、生姜每百斤各税五分，醋糟：每百斤各税三分；果品：风菱角、藕粉、椰粉、榄仁、榄干每百斤各税一钱，橘子、柑子、橙子、雪梨、沙梨、蕨粉，每百斤各税五分。

（清）梁廷枏：《粤海关志》卷9《税则2》，第177—178页。

用物类则例

缎、绸、纱、锦、绫、罗、绢、绒、褐：天鹅绒，每匹税四两，各色缎、绸、纱、锦、绫、罗、绢、棉、妆缎、金缎、织花红缎、姑绒、剪绒、零绒、洒线料，每百斤各税二两二钱；土绵绸、土纱、土绢、土绒、织绒，每百斤各税一两八钱；羽缎每丈、褐子每百斤，各税一两；羽纱每丈税六钱，番牛郎、各色锁鞋、喇洋金缎，每丈各税五钱，各色番锁袄每丈、小绒每丈，各税三钱，哔叽、缎纱、番纪、番斜纹、洋剪绒每丈、交趾绢、西洋绸绢，每匹各税一钱五分；布：绣梭布、绣斜纹布每百斤各税二两二钱，梭布、夏布、云布、葛布、波罗每百斤，一等西洋布每匹，各税五钱；斜纹布、交趾粗布、交趾粗花布，每百斤各税四钱；绵布、油布、幔布，每百斤各税三钱二等，西洋布、柳条布、袈裟布、番斜纹布、番幔、绣布幔，每匹各税二钱二分；麻布每百斤税二钱，西洋葛、布海葛每匹，羽布每丈，各税一钱五分；番边每匹税一钱，西洋粗布每匹税五分，琉球粗葛布每匹税一分，丝絮、缨线、湖丝、丝经每百斤各税五两四钱，乌缨每百斤税三两，洋金线、洋银线、金线线绒每百斤，各税二两二钱，天蚕丝、洋丝、土线每百斤，各税一两八钱；土丝、纵土丝、湖绵、番红绵纱每百斤，各税一两，波罗麻料每百斤税四钱，雨缨每十斤税三钱，绵花、花绒每百斤各税一钱五分，金银线每斤税一钱，带子绵花每百斤税七分五厘。

皮张：象皮、犀牛皮每百斤各税一两，山马皮、麖皮每百斤各税二钱六分；鹿皮、小花片獐皮每百斤各税二钱五分，银鼠皮、灰鼠皮、貂貛皮、獭皮每百张各税二钱四分，牛皮每百斤，兔皮每百张，各税二钱，貂皮、虎皮、豹皮每张各税一钱，狐皮每张小者每二张作一张，各税五分，臭皮每百斤税三分，沙鱼皮、蛇皮每张，土沙鱼皮每四张各税一分，毡毯：大皮花毯、西洋大毡每张各税一两，中皮花毯、西洋中毡、西洋毛毯、西洋小毡，系剪绒绵花被面者，每张各税五钱，土毡各百斤税四钱，毡条每百斤税三钱，线毯每百斤税二钱，小皮花毯、洋白毡、西洋小坐毡每张各税一钱，大绒条每条税六分，小绒条每条税三分。布、帛、羢、皮、翠饰、零星用物：乌帕香袋、纱汗巾、缎棹围椅褥每百斤各税二两二钱，翠花、绒花每百斤各税一两八钱，皮手套每百只税四钱，番小帐系锦花被面者每张税二钱，洋大手帕每条、洋花大桌布每块、绒包每个各税二分，西洋小手帕、洋花小桌布每块各税一分。

（清）梁廷枏：《粤海关志》卷9《税则二》，第178-179页。

金银器类则例

累丝金器每件、银器每斤各税八分，洋累丝银器每比税四分。各色金银器：金推钟、小金亭镶标每个、挂推钟、金亭挂、金标、金亭座每座，各税一两六钱，小银自鸣钟每个税一两，金标、银标钟每个各税八钱，银规矩、金鼻烟盒每个各税二钱，大银人物每件、金丝标链每副各税八分，小银人物、银鼻烟盒每个、金丝带扣、银丝标链、金钮扣每副、金剑头事件、镀金女事件每件，金戒指、银鞋扣每四个、金钮每四伙、银扣每二十个、金鞋扣、小银调羹叉、银鞭杆头每二个，各税四分。法蓝器：大土烧法蓝器、洋小法蓝器每件各税四分，小土烧法蓝器每件税二分。各色法蓝器：洋法蓝器、自鸣钟每个税四两，洋法蓝标每个税八钱，洋法蓝酒杯、洋法蓝小菜蝶每个各税二钱，土法蓝片盘每件税八分。铜锡器：番铜器每百斤税五分，铜器每百斤税三钱五分，锡器每百斤税三钱。各色铜器：大自鸣钟每个税十两，中自鸣钟每个税五两，浑天球、量天尺每架、小自鸣钟、大吊驼钟每个、洋罗经每百个各税一两，大铜画每张税六钱，大铜标、吊驼标、时辰标、铜自行珠箱、铜架大显微镜每个、铜规矩每四个、番铜花每二枝各税四钱，小铜画每张税三钱，铜日规每个税二钱，剃头小规矩每个税一钱，乌金茶壶、酒壶、水壶每件各税八分，洋大天屏架每副税五分，乌金炉每个税四分，洋小天屏架每副税二分五厘。铁器：熟铁器每百斤税一钱，生铁器每百斤税八分。各色铁器：大洋鸟枪每枝税四钱，铁锅不论二三四五口等连，每六连作一百，税二钱；小洋鸟枪每枝、洋针每斤，各税一钱；洋剑刀每把税三分，洋刀叉、洋小刀、洋剪刀每把各税一分。

（清）梁廷枏：《粤海关志》卷9《税则二》，第179-180页。

木器类则例

紫檀器、檀香器、影木器每百斤各税九钱，凤眼木器、花梨木器、铁梨木器、乌木器，每百斤各税一钱。各色竹木器：紫檀大围屏，每架税五两；紫檀小围屏每架税二两五钱；花梨木大围屏、楠木大围屏，每架各税五钱；粘金小木桌每张，大番琴、大风琴每架，小番琴每二架，木小千里镜每二十个，各税四钱；粘金木鹳每个、小风琴每架，各税二钱；柳杯每十个，柳瓢每百个，各税三分五厘；织绒花竹帘每二斤税一分八厘，粘金木扣每二粒、粘银木扣每四粒，各税一厘。

（清）梁廷枏：《粤海关志》卷9《税则二》，第180页。

各色珍玩器则例

珊瑚器每斤，大蜜珀箱每对，蜜珀镜架每个，波罗松器每十斤，各税一两；珊瑚、蜜珀、牙花盆景每盆，玉器每十件，鹤顶红器每斤，小蜜珀箱每对，各税四钱；大草珠塔盒每个，珀器每斤，雄黄器每十件，各税二钱；小草珠塔盒每个税八分，琥珀沙漏每斤税五分。各色石器：青金石磬每架，咖石呛茶杯，咖石呛大规矩每个各税八钱，咖石呛小规矩每个税六钱；青金石杯盘器每件，青金石鼻烟盒、咖石呛水罐鼻烟罐、鼻烟盒、洋花石小箱每个，钻石花每枝，各税四钱；绿松石器每斤，石器每百斤，各税二钱；小咖石呛器每件，咖石呛烟球每个，各税一钱二分；玛瑙器每斤税一钱，青金石小鼻烟壶、洋花石小盒每个各税八分；玛瑙杯碟每件税五分；金精石器、水精石器每件，洋花石鼻烟壶每个，洋花石调羹每枝，洋花石珠每颗，咖石呌刀叉每把，咖石呌钮扣大者每十粒，小者每二十粒，咖石呌珠大者每五粒，小者每十粒，咖石呌快子头每条，各税四分；玛瑙鼻烟盒每个，税二分五厘。

蜡石器：蜡石器每二斤，大蜡人物每个，各税二钱；小蜡人物每个各税八分。

磁器：洋磁器、细磁器每百斤，各税三钱；中磁器每百斤税二钱，粗磁器每百千税一钱；土磁器每百斤税三分。凡磁器不秤，每十枝作一百斤，又每一桶亦作一百斤，不折算，系古磁器另算。土器：细土罐每百斤税二钱，大泥人物每个税四分，小泥人物每个，倾银槽每百个，各税二分；倾银罐每百个税一分，泥烟筒每枝税一厘。

烧料器：大玻璃烛台每对，玻璃缸每个，各税六分；玻璃箱每个税五钱，玻璃日规、千里影每个，千里镜大者每一个，小者每四个，玻璃球大者每个，小者每二个，各税四钱；小玻璃烛台每对，玻璃影盖时辰牌每个，玻璃杯、壶瓶盘每十个，各税三钱。凡玻璃杯壶盘，瓶大者另算，大玻璃灯每个税二钱四分，洋料丝桌亭每架、玻璃灯罩每个各税二钱；玻璃时辰牌、小玻璃灯、玻璃小酒桶每个，各税一钱二分；玻璃镜高七寸宽五寸者每面，玻璃镜柜每面，玻璃影画箱每个，各税一钱；玻璃画、鼻烟盒、大土玻璃灯小人物每个各税六分；百步灯每个税六分；大珠灯、大料丝灯每个各税四分；小土玻璃灯每个，玻璃钮扣每二十个，玻璃水中人每五个，各税三分；小珠灯、小料丝灯每个各税二分；玻璃鼻烟盒每个税一分五厘；洋小火镜，玻璃圆小手镜、玻璃小影盒，显微镜每个，玻璃时辰标盖每二个，各税一分。

（清）梁廷枏：《粤海关志》卷9《税则二》，第180—181页。

漆器则例

漆大围屏每架税五钱，番漆器每百斤税四钱，漆小围屏每架税三钱，杂色漆器每百斤税二钱五分。

骨角、皮革器：牙器每百斤，象牙席每张各税二两三钱，雕花牙屋每座税一两六钱，小牛角千里镜每十个，牙船每只各税四钱。骨器、角器、角带子每百斤各税二钱，牙扇每百把税一钱，大洋角灯每个税五分，小羊角灯每一个税二分五厘，雕花牙器每件、洋小皮盒镜每个，各税二分；瑇瑁器每斤税六分，螺蛳器每百斤税三钱，海螺杯每百斤税二钱，螺蛳扇每百把税一钱，螺蛳鼻烟盒每个税一分，诸色镶嵌器、洋磁器、镶时辰标假山每座税四两；乘金镶钻石花标钟、风琴每架税三两；玛瑙镶金推钟，玛瑙镶钻石大规矩每个各税一两六钱；玛瑙镶钻石小规矩每个税一两二钱；玻璃影画时辰钟每个，紫檀镶石围屏每架，各税一两；镀金镶标玻璃圆手镜每面，镶玛瑙金标、玛瑙镶钻石鼻烟罐、镶花石金标、镀金铜柱桌标、镶水晶石架标每个，各税八钱，镀金丝玛瑙规矩、镶花石小规矩、洋法蓝镶钻石鼻烟盒、洋法蓝镶金银鼻烟盒、镶玛瑙鼻烟盒、镶花石金鼻烟盒，每个各税四钱；镶银大玻璃箱、银镶边玻璃油画盒、镶油画玻璃盒每个，皮镶玻璃小沙漏每十个，各税三钱；镶玛瑙鼻烟罐、镶蜜珀鼻烟盒每个，各税二钱；镶银小玻璃箱，每个税一钱五分；玻璃镜镶玻璃油画每面税一钱；镶金鼻烟盒、银镶沙鱼皮鼻烟盒、镶洋法蓝鼻烟壶、镶洋花石杯、金镶乌木槟榔箱，每个各税八分，铜镶玻璃鼻烟盒每个税六分，银镶螺蚼鼻烟盒、镶钻石戒指每个，镶钻石扣每粒，铜镶磁器鼻烟盒、铜镶瑇瑁鼻烟盒、镶宝石扣每二个，镶银杯每二十个，镶银箸每二十对，各税四分；银丝小玻璃镜每个税一分。

（清）梁廷枏：《粤海关志》卷9《税则二》，第181-182页。

诸色裱褙器则例

大绣洋画每张税一两二钱，推公洋屏油画每架税九钱，小绣洋画大油画每张各税六钱，绢裱围屏、大纸围屏每架各税五钱，纸小围屏每架小油画每张，各税三钱，西洋纸画每百张各税一钱，油绢裱画每轴、纸裱画每二十轴，沙画每三张，洋大画每张，各税六分；纸画每百张，小册页每套，各税三分；藤草器：一等佳软席每张税四钱，二等每张税二钱，三等每张税一钱；嘎咀席一等每张税一钱，二等每张税五分，番花藤席三尺五寸以上者，每张税二钱，三尺五寸以下者，每张税一钱，藤枪杆每百枝税一钱二分，粗藤席每张、洋鞭杆、藤杆每百斤各税一钱，龙须席每张、粗者两张作一张，杂用藤杆每百斤各税五分；棕杯每十个税三分五厘；番单草席每张税三分；番夹草席每张二分五厘。

诸色零星用物：番眼镜每百个税一两，交趾扇、川扇、金扇、纱扇每百把，雨伞、面杆每百斤各税一钱；纸面每百把、土眼镜每百个各税五分；大纱灯每个税八厘，小纱灯每个税四厘。

用物免征：沿海贸易小船照数免税，兴贩大洋者仍照则征收。绵絮线缕：布料每百斤，绵线每百斤，各税三钱；麻绵每百斤税二钱，新绵胎每百斤税一钱五分。皮张：羊皮每百张、马骡驴皮每百斤各税二钱，狗皮每百张税六分，布、绵零星用物：葛布手巾每百斤税五钱；布手巾每百斤税三钱，麻布手巾每百斤税二钱。木器：算盘、天平架每百斤各税二钱，杂色木器每百斤税一钱，藤草竹丝器：藤竹丝器每百斤税三钱，竹席每百条，竹篦每百斤，各税二钱；竹轿每乘，蒲席每百条，雨伞、竹帘、葵扇、粗草席、草荐每百斤，各税一钱。皮革器：皮箱每百斤税三钱，大皮鼓每十面税四分，小皮鼓每十面税二分。铁器：土针每斤税一钱，土器：粗土罐每百斤税一钱。

（清）梁廷枏：《粤海关志》卷9《税则二》，第182-183页。

杂货类则例

药料杂贩，一切药材除后开各项，每百斤税二钱；黄连、丁香每百斤各税二两，牛黄每斤、肉桂、皮沙、血竭、没石子、山羊血、三七每百斤各税一两五钱；丁香子、豆蔻、缩砂每百斤各税一两四钱；芦荟、乌药、没药每百斤各税一两二钱三分；雄黄、天竺黄、忽金付子、川贝母、蜡丸、丸药、紫河车、羚羊角、石斛、阿魏每百斤各税一两二钱；紫梗米、牙兰米、象皮膏膏药、番红花、好木香每百斤各税一两；低木香每百斤税五钱；好低对报每百斤税七钱五分；好冰片每斤税一两；低冰片每斤税六钱；好低对报每斤税八钱；冰片泥每四斤税一两；好乳香每百斤税九钱；低乳香每百斤税五钱；好低对报每百斤税七钱；龟鹿胶、阿胶、砂仁肉、硼砂、鹿茸、大黄膏每百斤各税六钱；交趾土桂皮每百斤税五钱；胭脂米、红花米、红花、荜茇子、紫梗每百斤各税四钱；知古、辣苦果、儿茶、槟榔膏每百斤各税三钱三分三厘；人参每斤、人参须每十斤、砂仁、樟脑每百斤，各税三钱；火艾、通大海、炉底石每百斤、水安息每斤，各税二钱；猴枣每个税一钱八分七厘五毫；桃核、良姜、姜黄、黄姜、黄蘗、土艾、诃子、冷饭团、大枫子、紫草、山柰、沙蚕干每百斤各税七分；石膏、藿香叶每百斤税五分；象胆、熊胆、蟾酥每斤，薯苓、香树皮、红树皮、纸树皮每百斤各税三分。

颜料：硃砂每百斤税二两四钱；碗青每百斤税一两六钱；藤黄每百斤税一两五钱；洋红每斤、各色洋颜料、气砂、银硃每百斤各税一两二钱；石绿每百斤税八钱；土硃每百斤税六钱；徽墨、靛花每百斤各税三钱；铜绿、黄丹、好低苏本每百斤各税二钱；土墨、土粉、乌烟每百斤、泥金末每二斤各税一钱；大青每斤税六分三厘；猩猩红每斤税五分；二青每斤税三分一厘；染靛每百斤税三分；香料：好番速香每百斤税二两；低番速香每百斤税一两四钱；好低对报每百斤税一两七钱；安息香每百斤税一两二钱；上檀香每百斤税一两；下檀香每百斤税七钱；上下对报每百斤税八钱五分；速香每百斤税八钱；洋麝香每斤税五钱；黄熟牙香、桂兰香、各色细香每百斤各税四钱；好伽楠香每斤、香末树香、大降香每百斤税二钱；大小对报每百斤税二钱五分；麝香每斤、麝香壳每四斤，苓香每百斤税二钱；奇速香每斤税一钱二分；中伽楠香每斤税一钱；沉香每斤税六分；排香、各色粗香每百斤各税五分。

杂料：苏合油、冰片油、檀香油，每百斤各税三两；水银每百斤税一两二钱；白蜡每百斤税一两；洋蜡烛、砖蜡、洋蜡每百斤各税八钱；洋漆每百斤税六钱；丁香油每斤税五钱；土黄蜡、火漆每百斤各税四钱；漆每百斤税三钱；稿烛、蜡烛、鱼胶、硫磺每百斤、安息油每斤，各税二钱；花露油每瓶税一钱五分；每罐税三分，碱每百块税一钱二分；牛油烛、稿油、牛油、柳子油、牛皮胶、青白矾、松香每百斤各税一钱；炝㶽油每三斤税三分；花露水、后福水每瓶每五罐各税二分。

纸札：各色纸每百斤税二钱，金银版纸每百斤税二两二钱，洋白纸每百斤税四钱，锡箔纸每百斤税三钱，千张纸每百斤税二钱，粗纸每百斤税一钱，乌金纸每千张税八厘，金笺纸每张税一厘。

（清）梁廷枏：《粤海关志》卷9《税则二》，第183—184页。

船料类则例

东洋夹板船：一等船长七丈四五尺，阔二丈三四尺，长阔相乘该十八丈，该纳饷银一千四百两；二等船长七丈有零，阔二丈一二尺，长阔相乘该十五丈四尺，该纳饷银一千一百两；三等船长六丈有零，阔二丈有零，长阔相乘该十二丈，该纳饷银六百两；四等船长五丈有零，阔一丈五六尺，长阔相乘该八丈，该纳饷银四百两。

西洋夹板船：一等船船身丈尺饷额，与东洋同；二等船长七丈二尺、阔二丈二尺，长阔相乘该十五丈八尺四寸，该纳饷银一千一百两；三等船长六丈五六尺，阔二丈，长阔相乘该十三丈二尺，该纳饷银六百两。

以上东西洋船饷银俱照额减贰征收。

乌白艚船丈尺税银，与东洋二等船同；出洋大船一等船阔二丈二尺，长七丈三尺以上者，每丈税十五两；二等船阔二丈，长七丈以上者，每丈税十三两；三等船阔一丈八尺，长六丈以上者，每丈税十一两；四等船阔一丈六尺，长五丈以上者，每丈税九两；以上出洋各船丈尺俱长阔相乘，按丈科税出海贸易香料，艚舶船每尺税三钱，俱长阔相乘，按尺科税；出海盐船自八尺起科，该料银五钱，每长一尺递加料银五分；船身算至一丈二尺止；料银递加至七钱止；又自一丈三尺起科，该料银八钱，每长一尺递加料银五分，船身算至一丈七尺止；料银递加至一两止，又自一丈八尺起科；该料银一两一钱，每长一尺递加料银五分；船身算至二丈二尺止，料银递加至三两止。沿海贸易桨艍船，自五尺起科，至七尺九寸止，每尺科料银三钱，不行递加。自八尺起以上照盐船例，每长一尺递加料算。以上盐船桨艍船料俱一年两次征收。澳门船：澳门发往外洋船，照本省洋船例科料。

（清）梁廷枏：《粤海关志》卷9《税则二》，第186页。

第七章
港口航线

一、港口

广东口岸之情形

臣谨按：粤东之海，东起潮州，西尽廉，南尽琼崖，凡分三路，在在均有出海门户，自海禁既开，帆樯鳞集，瞻星戴斗，咸望虎门而来，是口岸以虎门为最重，而濠镜一澳，杂处诸番，百货流通，定则征税，故澳门次之。余如惠潮，如肇高雷廉琼各有港汊，亦各设口岸征榷。凡货之自外入、自内出者，得查验之，盖即古者诘奸御暴之意也。而臣愚以为讲关榷之口岸，与论海防异，海防重其险而难犯，口岸则取其通而易行，见今所设有正税之口，有稽查之口，有挂号之口，正税之口三十有一，在琼州者十，在潮州者九，在惠州者四，在广州、雷州、廉州者各二，在肇庆、高州者各一。稽查之口二十有二，在雷州者八，在广州、高州者各五，在惠州者三，在廉州者一；挂号之口亦二十有二，在潮州者十，在广州者九，在惠州者三。是非有往来之利，无覆溺之虞，何以云集各口者，舟航络绎如此哉。第地环大海，港屿纷歧，去路来源胥资稽察。故欲知控驭，非图不明，谨分每口为一图，而地之所隶、道之相距，具存其说于后云。

（清）梁廷枬：《粤海关志》卷5《口岸一》，第63页。

西洋人至澳门

两广总督臣孔毓珣谨题为酌陈澳门事宜事。窃照广东香山县属澳门，向有西洋人居住，臣到任后，委验形势，查点彝汉户口及西洋船只。据称，西洋人男妇共三千五百六十七名口，大小洋【船】共二十五只，内旧有一十八只，从外国新买回澳船七只，又附近民人才（在）澳居住生理，共男妇二千五百二十四名口。臣思，此等西洋住久人众，守法纳租，与中国人错杂而居，原无容异视。惟是定例禁止南阳（洋）贸易，澳门西洋人不在禁内，近年贸易得利，每从外国买造船只驾回，若不限以定数，将来船只日多，来者日众。将现在洋船二十五只，编列字号，即为定额，不许添置。此外，无故前来西洋人，不许容留居住，则西洋人既得贸易资生，亦不敢种类繁庶，溷杂内地。

雍正二年十月二十六日题，十二月初十日奉旨：九卿、詹事科道会议具奏。

《明清时期澳门问题档案文献汇编》第1册，第144页。

广东至交趾

粤东海道自潮州以西迤至琼南几三千里，闽粤放洋船只在在可通。检查粤海关税簿，本港商船每岁赴交（趾）置备锡箔、土香、色纸、京果等物；其自交回广，则买带槟榔、胡椒、冰糖、砂仁、牛皮、海参、鱼翅各种。是该国土产与必要天朝货物，悉从海道往来，原属流通，并无阻隔。（军机处录副奏折）。

中国社会科学院历史研究所：《古代中越关系史资料选编》，中国社会科学出版社，1982年，第596页。

通商口岸与租界

广东通商口岸凡四处，广州之城西，潮州之汕头，廉州之北海，琼州之海口。先是康熙二十四年南洋开禁，夷商来粤者，洋楼虽栖于省岸，市舶皆聚于黄埔。至道光二十二年江宁立约，渐由黄埔移泊省河。咸丰八年天津立约，始填筑城西沙面，是为租界。而潮琼亦以此时议增通商。逮同治元年遂立市埠于汕头。光绪元年复立市埠于海口。光绪二年烟台立约又增廉州通商于北海，设立市埠，此口岸之大略也。至租界，广州惟沙面一段，其地四周环水，汕头惟领事府至海旁一段，其地亦有界沟，而洋楼马头多在租界之外；若北海海口，其洋楼皆赁民居，无所谓租界也。此外，如新安之香港，自道光二十一年议款予英人居住，遂为洋界。香山之澳门由前明嘉靖间葡萄牙人请于粤吏，岁输五百金建居海旁，后渐盘踞。国初相沿许住，日益侵拓，今则自关闸以外，几为全据，近且于青洲海岸占筑未休，苟非明定界章，窃恐蔓延日甚，曲突徙薪，其可缓乎？

光绪《广东舆地图说》卷1《附录》。

太平、粤海二关

粤东省境北通西江、东浙、南楚诸处者为太平关，在韶州。其东南接诸洋面，及粤西、闽、滇各省海运商贩者为粤海关。各关口俱滨海岸。粤地出产繁多，陈若冲记中所云："人物富庶，商贾阜通，故市中出纳喧阗，盛于他处。"

（清）李调元：《南越笔记》卷6，第92-93页。

广东至暹罗

（乾隆六十年）是月，两广总督李侍尧奏遵旨檄谕暹罗国搜擒奔窜缅匪一节，传询曾充暹罗国贡使船户及通事等据称：自广东虎门开船至安南港口地名河仙镇，计水程七千三百里，该处系安南管辖，有土官莫姓驻扎，又自河仙镇至占泽问地方，计水程一千四百里，系暹罗管辖，有土官普兰驻扎，自占泽问至暹罗城，计水程一千六百余里，统计自广东虎门至暹罗共一万三百余里。九月中旬，北风顺利即可开行，如遇好风，半月可到。风帆不顺，约需四十余日，如有公文照会暹罗，交付土官莫姓及普兰均可，赍去。但前往该国系属外洋，内地兵船水道不熟，未便令其前赴。兹查有本港商船于九月中旬，自粤前往安南港口贸易，计到彼日期正系十一月间。查有左翼镇标中营游击许全熟谙水务，臣遵谕备缮照会暹罗国王之文，发交附搭商船往安南港口，谕令查探赍投，仍令取该国王回文报闻。

（清）王先谦：《东华续录》乾隆六十，《续修四库全书》史部第373册，第181页。

潮州海防图说

潮郡东南皆海也，左控闽漳，右临惠广，壮全潮之形势，为两省之屏藩，浩浩乎大观也哉。春夏之交，南风盛发，扬帆北上，经闽省出烽火流江，翱翔乎宁波、上海，然后穷尽山花鸟，过黑水大洋，游奕登莱、关东、天津间，不过旬有五日耳。秋冬以后，北风劲烈，顺流南下，碣石、大鹏、香山、厓山、高雷琼崖三日可历遍也。外则占城、暹罗，一苇可杭，噶啰吧、吕宋、琉球如在几席。东洋日本不难扼其吭，而捣其穴也。茫茫大海，无樊篱之限，守之有道，则万里之金汤，防之偶疏，亦众敌之门户，膺斯任者难矣。全潮海疆不过五百里，上自南澳，下迄甲子门，中间岛屿澳港历历可数。柘林大城所居南澳上游，有鸡母澳、后澳、虎屿、狮屿、红螺、鸡冠、西澳诸山及横山、青山、盐漏、上里诸炮台，与闽之铜山、悬钟接界，明人防海知设水寨于柘林，而不知南澳之不可弃，迁其民而墟其地，遂使倭奴红彝盘踞猖獗，吴平、林凤、林道乾、许朝光、曾一本先后盗兵，边氓涂炭。……大帅小弁、分哨会哨，非不耀武扬威昂然，身登战舰，张大其事，名曰出师，乃南澳出师不过长山尾，澄海出师不过沙汕头，达濠出师不过河渡，海门出师不过猷湾，碣镇出师不过甲子天妃庙，坐守数月及瓜而还，罕有离岸十余里，试出海面优游者，商船被劫，虽城下亦诿之外洋，虽营边亦移之邻境，彼此互推，经年不倦……

（清）蓝鼎元：《鹿洲全集》，厦门大学出版社，1995年，第260-262页。

又南五十里曰蒲台石，又东南为老万山。自澳门望之，隐隐一发，至则有东西二山，相距三四十里。东澳可泊西南风船，西澳则东北风船泊之。山外天水混茫，虽有章亥不能步，鳌足鹏翼之所讫已。岁五六月，西南风至，洋舶争望之而趋，至则相庆。

（清）印光任、张汝霖：《澳门记略》，第13页。

自广东虎门开船，至安南港口，地名河仙镇，计水程七千三百里。该处系安南管辖，有土官莫姓驻扎。又自河仙镇至占泽问地方，计水程一千四百里。……统计自广东虎门至暹罗，共一万三百余里。九月中旬，北风顺利，即可开行。如遇好风半月可到；风帆不顺，约须四十余日。……兹查有本港商船，于九月中旬自粤前往安南港口贸易，计到彼日期正系十一月间。

《清高宗实录》卷791，《清实录》第18册，第711-712页。

案：江播撼即柬浦寨翻译，音同字异也。又为澉浦只之讹。粤商谓之本底。旧名真腊，今为暹罗属国，在西南海中占城南，由虎门出老万山，至七洲大洋，其东即越南西都，自厦门往水程百一十三更可抵其地。康熙末，邑庠士陈怀，字石樵，伦教人，在边镇陈诚庵幕，诚庵生日，高绵国长遣使祝，使者番禺市桥黎姓，自言从昌，至彼授昌官王，婿譛杀之，事见《五山志林》。谓高绵即江播撼，据此则昌逃海外，终不保首领矣。

咸丰《顺德县志》卷21《列传一》。

（康熙）五十七年，复以澳夷及红毛诸国非华商可比，听其自往吕宋噶喇吧，但不得夹带华人，违者治罪。《澳门纪略》。

覆准澳门彝船往南洋贸易，及内地商船往安南贸易，准其行走。《会典》。

道光《广东通志》卷180《经政略二十三》。

南洋商贩之争

太子少保署两广总督领侍卫内大臣承恩公臣庆复谨奏为遵旨议覆事。准兵部咨开：议政处议覆署督策楞等条奏禁止南洋商贩一折，又据御史李清芳奏请暂停噶国买卖，南洋各道不宜尽禁，照旧听其贸易一折，请将禁止商贩于沿海贸易，商民生计有无关碍，一并交与闽浙、江、广督抚逐一详查议奏，等因。又兵部议覆福建按察司王丕烈条奏各省内地外洋贸易商船逾期未归，详查失风逗留一折，并令闽浙、江、广各督抚入于请禁南洋案内议奏，等因，均奉朱批：依议。钦此。行文到臣。随行据广东布、按二司，粮储道会议详覆前来。

臣等逐一覆加查核。伏念广东一省，地窄民稠，环临大海，小民生计艰难，全赖海洋贸易养赡资生。自康熙二十三年开洋贸易，国课民生，均有裨益。康熙五十六年间，因吕宋、噶喇吧等口岸多聚汉人，圣祖仁皇帝谕令内省商船禁止海洋贸易，其红毛等国船只听其自来。钦此钦遵。惟广东香山县所辖澳门一区，向有西洋番人纳租居住，滋生男妇不止万丁，此辈无田可耕，专藉外洋贸易，且非中国之人，应照上谕红毛等国之船一例，听其贸易。再安南国与内地毗联，应照东洋一例，听商贸易。经前督臣杨琳在京陛见，面奏请旨，不在禁例，题准部覆在案。迨雍正五年，内地各商援照闽省之例，开赴南洋，十余年来，滋生倍繁，商贾群趋乐赴，每年出洋船只所用舵工、水手、商伙人等，为数甚多，由广东虎门出口，近则赴安南、交京、占城、东坡寨、港口、暹罗、㖷野、六崑等国，远则赴宋腒朥、大呢丁、咖㕵、柔佛、单呾、吕宋、苏禄、噶喇吧、叮𠺕、莽均达、老旧港、嘛六甲、嘤咖、萨马辰等国，乘风来往，历久相安。且外洋船只来粤贸易，其所携带货物及携带重紫至粤贩货出洋者，较之内港出洋船只大小多寡更属悬殊，就粤而论，籍外来洋船以资生计，约计数十万人。兹以噶喇吧番目戕害汉人，署闽督策楞恐番性贪婪，再有扰及商船，请禁南洋贸易，固为防微之虑。但臣庆复于上年莅任之始，闻有噶喇吧之事，适值粤商林桓泰等四船在吧回棹，臣即传询，所言与策楞所奏约略相同，更称此番到彼，并无熟识汉人，与番交易，各怀疑惧，不能得利。但夷目此举，伊地贺兰国王责其太过，欲将镇守噶喇吧夷目更换，临行又再三安慰，令商船下次再来，照旧生理等语。则该番原因内地违旨不听招回，甘心久住之辈，在天朝本应正法之人，其在外洋生事被害，孽由自取，番目本无扰及客商之意。且上年八月，有贺兰商船二只到粤，经臣王安国准其照旧在于黄埔停泊，照常贸易，恭折奏明，奉有朱批，钦遵在案。是即噶喇吧一处而论，往来已属相安。我皇上扶绥万方，海隅日出之区，无不输诚悦服，正当远布德威以消疑阻。况南洋贸易商贾，各挟资本，子母营利，粤东一省，舵水万人，皆食外域米粮，各谋生计，今若遂议禁止南洋贸易，内港之商船固至失业，外来之洋舻亦皆阻绝。信如御史李清芳所称，内地土产杂物多至壅滞，民间每岁少此夷镪流通，必多困乏，游手贫民，俱皆待哺，内地生计维艰，随各省关税缺额，每岁不过数十万金，苟于商民生计有益，我皇上子惠元元，每颁蠲赈，动辄数十百万，该御史所称税额有缺之处，何屑计此盈亏。但损岁额之常，兼致商民之困，就粤省而论，于商民衣食生计实有大碍。臣等即体圣主怀柔无外之至意，请将南洋照旧贸易，毋庸禁止。即噶喇吧一处，洋面相通，在彼国已将夷目诘责，深怀悔惧，尤当示以宽大，若一禁止，致启外域传疑。况南洋各国，多有较远于吧者，设有因风漂泊之事，内地商船反致周章，应请将御史李清芳所议暂停噶国买卖之处，亦毋庸议。

再，南洋诸国，米多价贱，每仓石二钱六七分至三钱五六分不等，内地商船回棹，买米压载，兼可图利，每船入口，食米余剩千石、数百石不等，运回内地粜卖，粤省每年洋船进口，米价顿平，于民食不无小补。事关海洋重务，臣等谨就粤省情形，遵旨详晰议覆，是否有当，伏候圣训。（军机处录副奏折，乾隆七年二月初三日）。

《香山明清档案辑录》，第708-709页。

南澳港口

（南澳）厅境孤悬海外，漳潮门户，闽粤屏藩，内而达濠、神泉、遮浪、汕尾、南日、铜山、金门、浯屿吭背相属，外而琉球、日本、越南、马辰、文莱、苏禄、咖喇吧，呼吸可通，固东南之险隘，中外之咽喉也。守之则我据其胜，弃之则寇得所凭。有明中叶，墟其地而徙其人，日本倭患遂与有明相终始，可为前鉴矣。厅内分深隆云青四澳，自来深隆二澳，属粤之饶平，云青二澳属闽之诏安，设同知后，土地虽仍分录闽粤，而词讼悉归同知管理。同知则属于粤省焉。厅北腊屿环峙海口，为澳城门户，西南长山尾为扼盗船寄椗樵汲之所，厅南乌屿、赤屿、白屿、草屿、官屿与南澎、中澎、北澎东西分列，南望汪洋，皆为险隘。东南澳气四面挂脚，皆岵崚石湾，有沙洲吸四面之流，船不可到，入潴则吸搁不能返，最为奇险。南澳之南，古为落漈，有浮沉沙垠约长二百里，北有两山曰东狮象，与台湾沙马崎对峙，中有一洋曰沙马崎，头门南绩沙垠至粤海为万里长沙，头南隔一洋曰长沙门，又从南首复生沙垠，至琼南万州曰万里长沙，沙之南又生嵝岵石，至七洲洋曰千里石塘。长沙一门，西北与南澳，西南与平海之大星，鼎足而峙，粤之海舶往东南洋、吕宋、文莱、苏禄诸国者，必从此门而出，此真海外天险也。

同治《广东图说》卷32《潮州府》。

（饶平县）深澳内宽外险，腊屿、赤屿环处其外，一门通舟，中容千艘，番舶寇舟多泊焉。

（清）顾祖禹：《读史方舆纪要》卷103《广东四》，中华书局，2005年，第4724页。

敬禀者，查得自广东省城至安南竹山埠头，顺风约九天，逆风无定。至龙濑埠头顺风约二十八天，逆风无定。至东京埠头顺风约十五天，逆风无定。至暹罗约五十天以上。各国俱在广东省城之西。南方暹罗南多西少安南西多南少，俱系出米之处。惟去年东京丰熟较各埠头米暹罗理合禀。

《叶名琛档案：清代两广总督衙门残牍》第3册，第204页。

广州之香港、澳门，潮州之沙汕头、马屿、放鸡山本属海滨孤岛，今为外国人等所居，商贾云集，谨详载其形势险易，原设营汛，新设海关，及附近诸岛，以备考察。

同治《广东图说》卷首《凡例》。

缓开塞河片（光绪十一年六月二十九日）

再广东省城洋船码头向在黄埔，距省四十里。自咸丰末年始，驶入城西南四里之沙面白鹅潭。查省河入虎门后，至黄埔尾之长洲，分为两支，南一支溯流经沙路至沙面；北一支溯流经鱼珠过省城南，亦至沙面。北支较浅，南支较深。沙路计拦截两道，外沉船石，内作桥桩。鱼珠内至中流沙，亦拦截两道。去年七月海防戒严，即将沙路一支两层口门塞断，华洋官商轮船专由鱼珠一路行走，鱼珠暨中流沙留口门十五丈，其商船较大者即至黄埔起剥，换船入内。至各国护商兵船，洋行往来香港之渡轮，仍可驶至沙面，行之十阅月，毫无窒碍。今和局已定，逆揣各国洋人，必欲请开各沙路河道。惟拦河工程劳费极多，将及一年，始有规模，阻截固难，开通亦不易。前年秋，初议拦河时，各领事屡来阻挠，极费筹维，始能举办。去年塞断沙路口门时，洋人亦欲阻止。嗣见中国战志甚坚，亦遂无词。今拟即将沙路一支，不必开通，轮船专由鱼珠，以后海防较易为力，且拦截器具设在水中，中间空隙皆宽一二丈，仅能阻船，不能阻水，于省城行水绝无妨碍。兹特豫为陈明，应请敕下总理衙门查照，如遇洋使干渎时，与之辩阻，实于海防有益。旨："该衙门知道。钦此。"

赵德馨等主编：《张之洞全集》第1册，武汉出版社，2008年，第311页。

（道光）十三年春，有夷船来泊金星门，踵至者五十余只。淇澳乡人白上官，驱之乃去。

光绪《香山县志》卷22《纪事》。

二、航线

自十六世纪初年始，广州几垄断西南海之航线，西洋海舶常泊广州。
（清）谢清高口述，杨炳南笔录，安京校释：《海录校释》，商务印书馆，2002年，第3页。

暹罗国都在广东西南，始自广东香山登舟乘北风，用午针，出七洲洋，十昼夜抵越南海次，中有一山名外罗，八昼夜抵占城海次，十二昼夜抵大崑仑山，又用东北风，转舟向未及中三分，五昼夜可抵大真树港，又五昼夜可抵暹罗港，入港二百里即淡水洋，又五日抵暹罗城。
（清）穆彰阿、潘锡恩等撰修：《大清一统志》卷552《西洋》，《续修四库全书》史部第624册，第738页。

广东至朝鲜

（显宗十一年，康熙九年七月乙丑）济州牧使卢锭秘密驰启曰：五月二十五日，漂汉人沈三、郭十、蔡龙、杨仁等，剃头者二十二人，不剃头者四十三人。所着衣服，或华制，或胡制，或倭制。到旌义境败船。自言本以大明广东、福建、浙江等地人。清人既得南京之后，广东等诸省服属于清，故逃出海外香山岛，兴贩资生。五月初一日，自香山登船，将向日本长崎。遇飓风飘到于此云。问："香山岛今属何省？"答曰："香澳乃广东海外之大山，青梨国之邻界。"问："何人主管"，答曰："本南蛮地，蛮人甲必丹主之。其后寝弱，故明之遗民，多入居之。大樊国遣游击柯贵主之。大樊国乃郑锦舍所主也。隆武时有郑成功者，赐国姓，封镇国大将军。与清兵战，清人累败。未几死，其子锦舍继封仁德将军，逃入大樊，有众数十万。其地在福建海外，方千余里。永历君时在贵州，故蜀地"云。又曰："俺等以行商诸国，故或剃头，或不剃头耳。乃愿往长崎，臣装船还送矣。"

吴晗辑：《朝鲜李朝实录中的中国史料》第9册，中华书局，1980年，第3968页。

出入海洋之禁

康熙二十三年题准，海氛既靖，山东、江南、浙江、广东各海口，除夹带违禁货物，仍照例治罪外，商民人等有欲出洋贸易者，呈明地方官登记姓名，取具保结，给发执照，将船身烙号刊名，令守口官弁察验，准其出入贸易。

（康熙）五十六年覆准，商船准在沿海省份及东洋贸易外，其南洋之吕宋、噶喇巴等处，不许前往，皆在南澳等地方稽察截住，令广东水师各营盘缉，违者治罪。其外国夹板船，照旧准其贸易，地方官严加防范，不许生事。

……（雍正）五年覆准，福建户口殷繁，闾阎生计，不得不借贸易之盈余，佐耕耘之不足。开洋既有益于百姓，且防范严密，复不致稍有疏虞。南洋诸国，准令福建商船前往贸易。又覆准广东地狭民稠，照福建之例，准往南洋贸易。

《钦定大清会典则例》卷114《兵部》，《文津阁四库全书》史部第207册，商务印书馆，2005年，第265页。

我朝威德覃敷，远无弗届。朝鲜一国率先效顺，厥后琉球、越南、日本相继叩关，咸称属国，同奉正朔，久列藩封，方物贡期，胥归定则。此外，则西海穷陬，从古未通之国，靡不向化输诚，梯赆航琛，来庭恐后。入贡道路，例按海洋远近，分隶沿边各省，宗伯掌之。由广东入贡者，惟暹罗、荷兰、西洋所属意大里亚、博尔都噶尔雅，以逮英吉利诸国。每届使舟至境，大吏以闻，辄奉俞旨，燕劳有典，伴送有官，厚往薄来，恩施优渥。

（清）梁廷枏：《粤道贡国说》卷1《暹罗国一》，第164页。

先前入港之广东船俱已申说，别无异词。吾等四艘船七月七日从广东出发，三艘船尚未抵达贵地。吾船两度遭恶风，船底损坏，白丝及其他货物大都沾湿。吾等在广东（广州）时，一艘英国船入港，据说还有二艘要来。吾船启航之际，见一艘入港之荷兰船正鸣炮，估计尚有三艘荷兰船到广东，请求上北京纳贡。又从咬留吧来的唐船二艘，大抵只在广东贸易，不来航贵国。

（日）贞享二年六月廿八日，（清）康熙二十四年1685年八月十三日，日本昭和三十四年东洋文库所刊《华夷变态》编号58，第514页。①

广东出发之商船有吾船及潮州船共二艘。黄奥官为船头之潮州船已先抵达。在广东（广州）港口尚有来自马六甲、柬埔寨及其他地方之船。吾船六月二日从广东启航，洋中数度大风，曾漂泊福建，数日前始得顺风。大清十五省太平。

（日）贞享三年七月十三日，（清）康熙二十五年1686年七月十三日，日本昭和三十四年东洋文库所刊《华夷变态》编号81，第614页。

吾船七月十六日从广东之南澳启航，乘员七十六人，船头吕宇官乃去年（1686）三十九号船之船头也。广东及各地太平，先前入港之广东、潮州、高州各船俱已申说。北京及诸省大旱，广东雨水尚足，收成亦丰。吾等所乘之船系今年在广东南澳新造。南澳在广东潮州府，现有总兵镇守，驻防兵卒二千四百余人。潮州海浅，不能造大船，南澳可造大船，此次所乘之船则南澳所造也，货物则在潮州集中。

（日）贞享四年（清）康熙二十六年八月九日，日本昭和三十四年东洋文库所刊《华夷变态》编号117，第802页。

吾船六月四日从潮州之南澳启航，乘员五十八人，船头李子官系去年（1687）百十七号船之客商，本次所乘之船系初次渡海。同日有三艘船同吾船出发。南澳启航以来，洋中无见其他船。海上顺风，吾船并无停泊过日本其他地方，今日直接入港。前夜靠近港口时见唐船三艘，可能是随吾船出发之船。大清各地安宁，米谷价廉，小民安心度日。南澳系潮州海上之岛，土产砂糖很多。吾船在彼处采购砂糖等货物。

（日）贞享五年，（清）康熙二十七年1688年六月十九日，日本昭和三十四年东洋文库所刊《华夷变态》编号94，第937页。

---

① 本书所选的《华夷变态》资料，均由广东省社会科学院陈忠烈研究员提供，并由日文翻译成中文。该书主要记载中国商船在日本长崎口岸贸易情况。谨此向陈忠烈研究员致谢！

吾船六月廿日从广州城启航，乘员三十七人，船头曾允官及此船皆初次渡海。另有一船正准备渡海，出发稍迟，随后便可赶来。广东其他港口亦有东渡之船，彼等情况不详。有潮州开出之船一艘尾随吾后。此次渡海途中未见其他船，亦未停泊过日本其他地方，今日直接入港。大清及广东全省安宁。

（日）贞享五年，（清）康熙二十七年1688年七月八日，日本昭和三十四年东洋文库所刊《华夷变态》编号140，第977页。

吾船四月廿六日从广州城启航，乘员六十三人，船头李才官乃去年（1688）百八十八号船之船头也，现所乘之船亦系去年之船；副船头许宏系初次渡海。广州城另有五艘船准备东渡。此次渡海洋中未见到其他船，亦未停泊过日本其他地方，无滞留海上，今日直接入港。在港口见到今日已先入港之船二艘及尾随吾后之船三艘。大清诸省及广东太平。今春康熙帝远出游幸，委细情形不详。广东边土向多贼船，商船受累，如今甚为少见，商船安心往来，各处守军安稳。

（日）元禄二年六月二日，（清）康熙二十八年1689年六月二日，日本昭和三十四年东洋文库所刊《华夷变态》编号47，第1119页。

吾船七月二日从广东之高州启航，乘员四十人，船头王上聪乃去年（1688）四十七号船之船头也，此次所乘之船系去年（1688）之百二十五号船。洋中未见其他船，亦未停泊过日本其他地方。大清及广东安宁，米谷价廉，人民安堵，山海无盗贼，商人往来安心。北京大旱，康熙帝不安，各省犯人尽行减赦。

（日）元禄二年，（清）康熙二十八年1689年九月十五日，日本昭和三十四年东洋文库所刊《华夷变态》编号78，第1163页。

吾船五月廿二日从广东之海南启航，乘员四十三人，船头游传孚乃五年前（1686）之百二号船之船头也，现所乘之船系初次渡海。从广州城下开出之船二艘，现已知其中一艘即系先前入港之七十号船也。洋中屡遭恶风，耽搁时日，幸而得脱风波。途中未停泊过日本其他地方，今日直接入港。三日前在日本附近海面遥见唐船二艘，不知何地之船，待其进港便可问之。昨晚见到荷兰船，系挂木棉帆之大船。此外并未见过其他船。大清及广东太平无事。

（日）元禄三年，（清）康熙二十九年1690年七月初一日，日本昭和三十四年东洋文库所刊《华夷变态》编号73，第1258页。

吾船原系广东船，去年十二月廿四日从广东驶往暹罗，今年二月廿八日到暹罗，装载暹罗的土产货物，五月廿九日回航至广州城附近之港口顺德，交换广州产品，添购些顺德丝织物。乘员五十五人，六月三日从顺德驶出，同月十日停泊广州城。同月廿二日从广州城启航。船头傅金官并所乘之船，俱去年（1689）六十八号船之人船也。吾船停泊广州之时，黄贤因之船已先驶向贵地，现已知其为先前入港之七十九号船也。此次渡海数度遭恶风，幸而今朝直接入港，无漂至日本其他地方，亦无见其他船。大清诸省及广东太平无事，先前入港各船定有申说。

（日）元禄三年，（清）康熙二十九年1690年七月十五日，日本昭和三十四年东洋文库所刊《华夷变态》编号85，第1281页。

吾船五月廿五日从广州城下启航，乘员六十二人，船头黄二官及此次所乘之船俱去年（1693）七十三号船之人船也。广州城已有一船先出发至宁波采购丝织物，然后再驶往贵地，理应尾随吾后赶来。所知从广州城下开出之船只此二艘，不知广东其他港口情形。此次渡海，海上无遇上其他船，亦无停泊过日本其他地方，今日直接入港。大清诸省太平，先前各船定已申说，吾等无异词。今春数月广东雨势甚强，然各水道疏导尚好，田地无妨，米谷价廉。沙糖亦较去年多出，流通各地，商人便利。五月廿日英国船一艘如往年一样到广州，吾船从广州出航时在港口见到此船，系小船，估计有些货物。此外无其他外国船。

（日）元禄七年闰五月廿六日（清）康熙三十三年1694年闰五月廿六日，日本昭和三十四年东洋文库所刊《华夷变态》编号50，第1659页。

吾船五月廿五日从广州城下启航，乘员四十二人，船头麦灿宇乃前年（1693）四十四号船之客商也，现所乘之船系去年（1694）十四号船。估计尚有二三艘船从广州附近之港口随后开出，彼等正装载人货，行将渡海而来。其他省遥远，各地船渡海船情况不详。吾船六月廿日驶入普陀山，逗留数日采购丝织物等货，七月十五日从普陀山出发。海上风颇不顺，幸而未有停泊过日本其他地方，今日直接入港。海上未见其他船，唯在普陀山见有准备渡海之船二艘，据闻浙江数艘商船皆有意来航贵地，如风顺将陆续渡海矣。大清十五省无异常，边土亦太平无事。广南之首领信仰佛教，据闻广州长寿庵住持禅僧石莲道德隆盛，去秋使者陈添官及吴资官二人到广东相请。石莲为广南首领之信心所感，僧俗弟子约百人于今年正月中旬从广州出发。石莲南京人，住持广州二十余年，功力殊胜，远近官民皈依，吾船之乘员亦有到长寿庵参诣者。

以上情形亦可问今后从广南来航贵地之船。又吾船从广州启航之际，各地续降长雨，米谷之价顿高，万民忧虑。在普陀山得悉浙江各地米谷价廉，人民安堵。

（日）元禄八年七月廿八日（清）康熙三十四年1695年七月廿八日，日本昭和三十四年东洋文库所刊《华夷变态》编号36，第1743页。

四十七号广东船吴嘉欢搭载一日本人渡海之口述记录：

吾乃去年五十一号船之船头吴嘉官，今改名吴嘉欢者。吾船今年五月十三日从广东（广州）启航，此次渡海乘员六十六人，其中一人为漂流之日本人。昨日六月三日入港，日本人已被提走。吾被王上（地方负责人）召出，严询日人漂流之始末。奉答如次：

吾船去年来贵地贸易，去年九月廿九日从贵地（长崎）返航，十月十五日至广州城下。十一月七日，关部之官召吾到官府，云海南官府送来漂流之日本人三人，嘱托吾年来东渡日本贸易随船把三人送回。滞留广州期间，二人得气肿之病，官府遣医师调治，给予各种保养，至今年四月二人病逝。病死情由已告诉官府，官府曾遣官役见证，下葬广州城外北门地方，筑墓立石，碑书"日本人墓"。（中略）今年五月十三日吾船从广州启航，除贸易货物外，兼送日本人。吾持有关部官府证文一通，海上并无滞碍。天主教乃穿凿游词，广东省佛法繁昌之地，寺宇僧房所在多有，神庙亦多，所信仰之佛有释迦尼陀观音、神明妈祖、关帝等，从无邪教之混乱，广东总督之官尤禁止邪门。

四十七号广东船头吴嘉欢。

风说书记官员。

唐通事监察。

（日）宝永四年（清）康熙四十六年1707年，日本昭和三十四年东洋文库所刊《华夷变态》编号47，第2471页。

吾船去年七月廿二日从贵地返航，原拟归到广东，因风不顺，驶入上海，从贵地买归之铜等货物在上海全部售罄，复在彼地购买广东出产至货物。今年七月廿二日从上海启航，乘员五十一人，船头吴喜观乃前年（1717）之三十七号船也，此次所持信牌系去年回航时给予之信牌；此次所乘之船系前年之三十九号船。未停泊过日本其他地方，今日直接入港。大清诸省太平，南京、浙江及广东三省米谷丰熟。去年六七八月间，法国船二艘、英国船二艘、荷兰船三艘、葡萄牙船一艘到广东（广州）贸易，据闻遣人采购上海来的货物，这些船近几年每年都来广东（广州）贸易。去年从贵地返航之船十五艘，内十一艘在正月一至十日间驶入上海,外四艘驶入宁波。

（日）享保五年（清）康熙五十九年1720年,日本昭和三十四年东洋文库所刊《华夷变态》编号1,第2866页。

夷人诡谲

夷人与中国人友善,各以画像相易,悬之以志不忘。近来夷人颇诡谲,先以货与洋商定价,复于各店探问价值高下,有议定交易又复毁交者。番钱本不值钱,倾还白银,曾不及半。闻红毛国境有一都会,外番来中国多于此换易番钱。来货有专以番钱货物者,且有以番钱易银者,彼处居人贸易,获厚藏者颇众。大抵有中国人为之间谍,惟利是视,庸人不免,况小人乎！况夷人乎！每年洋舶多寡,亦皆于此都会先有信息,故洋商亦于此地探问,其最远者大西洋国,数年始一来,其最近者吕宋、占城,去粤东仅数千里,好风出洋,两三日可达。

（清）关涵等著：《岭南随笔（外五种）》,第130-131页。

英吉利

英吉利一名英圭黎,红毛番种也。距广东计程五万余里,王姓名世系远者不可考,其近者名弗氏京也治,传子昔斤京也治,又传子非立京也治。康熙间,英吉利始来通市,后数年不复来,雍正七年后互市不绝,乾隆七年十一月,英吉利巡船遭风飘至澳门海面,广东抚臣资给回国,二十二年禁英吉利商舶,不准于浙贸易,自是皆收泊广东,其土产有大小绒、哔叽、羽纱、紫檀、火石及所制玻璃镜、时辰钟表等物,精巧绝伦。二十七年夷商白兰等求仍照前通市,两广总督苏昌奏请照东洋铜商丝斤搭配绸缎之例,酌量配买,报可。自是英吉利来广互市,每船如额配买,岁以为常。

《清朝通典》卷98《边防二》,浙江古籍出版社,2000年,第2741页。

干丝腊

干丝腊与英吉利相近,风俗亦相同,每岁驾夹板船来广东互市,处吕宋、速巫等地,为贸易之所。干丝腊国常分遣小臣镇守吕宋。

《清朝通典》卷98《边防二》,第2741页。

法兰西

　　法兰西，一名佛朗机，亦红毛番种也。东与荷兰接，其国都地名巴离士，国王姓无卢蒙，名雷士坚治，父名雷士吉多治，祖名雷士爹利治，其人长身高鼻拳发赤须，恃强凌轹，诸国无所不往，土产有象犀、珠贝市易，但伸指示数，虽累千金不立约契。我朝顺治四年八月，广督佟养甲疏言法兰西国人，明季寓居壕境澳，与粤商互市。后因阑入省会，遂饬禁止。请嗣后仍准番舶通市，上从之。自是，每岁通市不绝，惟禁入省会耳。

《清朝通典》卷98《边防二》，第2741页。

连国

　　连国，地居海洋中，凡历六万余里，至广东界，王所居名颠地墨，王名非厘德历，王父名奚成，王祖名奚厘成，其远者莫考。国人风俗同英吉利，土产有黑铅、琥珀、白金及大青蒲萄干之属。雍正间，有夷商来广通市，后岁以为常。粤省商人无至其国者。

《清朝通典》卷98《边防二》，第2741页。

柔佛　丁机奴　单呾　彭亨附

　　柔佛在西南海中，背山而国，前临大海，历海洋九千里达广东界。国中无城郭，宫室民皆环山而居，支以竹木，盖以茅叶，天时虽秋冬亦暖，相见以合掌拱上为礼。土产有降香、乌木、西国米、冰片、海参、胡椒、燕窝之属。康熙五十七年五月，柔佛国番人利哈等五十三名遭风漂至广东，船坏官给赀粮，并给内地船遣归。雍正七年弛南洋商贩之禁，自后通市不绝。

　　柔佛属国有丁机奴、单呾、彭亨。丁机奴在西南海中，风俗略同柔佛。土产有胡椒、沙金、沙藤、速香等物，国人终身不出境，无航海而来中国者，各岁冬春间，粤东商人以茶叶、磁器、色纸诸物，往其国互市。乾隆二十九年，以两广总督苏昌奏准带土丝及二蚕湖丝，浙闽人亦间有往者。及夏秋，乃归。单呾在西南海中，距厦门水程一百三十更，风俗物产与柔佛同。彭亨国与柔佛连山相接，内地商民往柔佛者每转附番舶，至其国贸易。

《清朝通典》卷98《边防二》，第2739页。

西洋意达里亚

西洋去中国水程八万里，其道由地中海西出大洋，南行过福岛东南，行汛利未亚海，过大浪山，折而东行，过西南海，东北行过小西洋，又东行至吕宋，入广南境。其地名欧逻巴州，意达里亚在欧逻巴州南境，周一万五千里，三面环地中海，一面临高山。

《清朝通典》卷99《边防三》，第2745页。

俄国不许通粤市

叶钟进《夷情纪略》曰："英吉利国，初甚微弱，前明始大，自大西洋、葡萄亚通中国，乞得澳门以居，置买茶叶、大黄等物归售各国。各国慕之，闻风踵至。乾隆年间，大开洋禁，以粤东为市易所，设洋商通事，西南各国麕至，惟俄罗斯船不许开舱，盖其国与我北方蒙古毗连，向有榷场互易，若再开东南市舶，恐碍蒙古生计也。至是，澳夷始不得独擅其利，乃以澳门夷屋赁与各国居止。"

（清）何秋涛辑：《朔方备乘》卷40《俄罗斯丛记》，文海出版社，1972年，第814页。

俄罗斯向在恰克图通市，嘉庆十年十月，有该国夷船二只，自称路臣国来广贸易，监督延丰准其卸货，旋为具奏，钦奉谕旨，此等外洋夷船向未来粤者，断不可擅自准行。

道光《广东通志》卷180《经政略二十三》。

（嘉庆十年）冬十二月，禁俄罗斯商船来粤互市。先是，有路臣国（即俄国）商船二来粤请互市，总督那彦成驳不许，监督阿克当阿不候札覆，遽令开舱卸货，有旨将阿克当阿同前监督延丰、巡抚孙玉庭议处。

（清）王之春：《国朝通商始末记》卷6，文海出版社，1967年，第152页。

（嘉庆）十一年又奉上谕，路臣国贸易船只，业据行商承保起卸货物，自未便复行稽阻，此次姑着准其贸易。嗣后再有该国船只来至澳门，即应严行斥驳，不得擅与通市，此一节并与阿克当阿知之，钦此。

道光《广东通志》卷180《经政略二十三》。

【粤海关监督延丰奏俄罗斯夷船来广贸易折】奴才延丰跪奏为俄罗斯夷船来广贸易奏明请旨办理事，窃照粤东澳门、黄埔两处为各岛夷人贸易聚集之所，帆樯络绎，货物殷阗，夷人等仰戴皇仁懋迁获利，不殊内地齐民，然到广常通贸易者只大小西洋英吉利、美利坚、荷兰、法兰西及连、瑞等国，此外洲岛虽多，梯航未达。本年十月初八日，据澳门委员报称，有嗒咭国夷商噜咭唝巡船一只来至澳门等情。嗒咭究系何国？当饬澳门同知及委员、洋商等确查去后，十七日复据委员报称，又有嗒咭国夷船一只商民咻嚖咄，船上载有皮张、银子来广贸易等语。嗣据洋商等查明，嗒咭即俄罗斯，夷音相近，并据译出夷禀呈递前来。奴才阅核禀词，该夷船均由俄罗斯航海而东，因向来该国与天朝通市系在京师北口之外，由该国往返俱系旱路，行走艰难，今由海道至广，比旱路较远而盘费减省，是以发船来广试做买卖。其先到之噜咭唝一船，为带有皮张贸易，并非巡船，一并恳求恩准卸货等情。（嘉庆十年十月二十九日）

《清代外交史料》嘉庆朝第1册，第37页。

比利时

（比利时）国初来粤通商，后又绝迹。旧为和兰属部，道光十一年始自立政体为君民共主。

（清）刘锦藻：《清朝续文献通考》卷335《四裔五》，第10761页。

瑞典

瑞丁国，即瑞典，一名苏以天，又名绥亦占，粤中呼为蓝旂国，在欧罗巴极西北境。

（清）王之春：《国朝柔远记》卷4，《四库未收书辑刊》3辑15册，第334页。

瑞（典）自雍正间来粤，商船亦岁至，粤人呼为蓝旂国，时法美诸大国通商俱得仿英和约条款，而瑞本小国不能尽循，因请并订通商条款。

《国朝柔远记》卷12，《四库未收书辑刊》3辑15册，第428页。

美利坚国

美利坚国俗称花旗，属北亚米利加与加那大、英吉利接壤。考《职方外纪》诸书，利末亚为五大州之一，其地有呃大多，近地中海，有马逻可弗沙亚、非利加奴米弟亚、亚米利加即亚非利加，有陆路通小西洋之如德亚，今分为南北，南亚米利亚有巴拉西，属小西洋，又有巴大我尼亚国，其国近火地，其西有利马地、至利地，属大吕宋，产金银；北亚米利加其地甚大，加那大、英吉利之北为蛮人所居，大英吉利之南为美利坚，美利坚之西亦为蛮人所居，其地产皮，其东海中有岛，名西氰地亚。据英吉利云，其属国也，美利坚乾隆五十二年进口，近年来舶甚多，几与英吉利相埒，其舶较他国差小，随时可至，非如他国必八九月始能抵口，所以来舶较多。今各国通行字相传为马逻可所遣，用二十六字母谐声比附以成字，各国大略相同，谓之拉丁字，亦谓拉体纳字。

道光《广东通志》卷330《列传六十三》。

乾隆四十九年，美利坚来购茶。

美利坚，米一作弥，即美理哥，西语名奈育士迭，犹华言合众国也，故又称兼摄邦国，今和约中即称合众国，又称美国，粤东俗称花旗。其旗方幅红白相间，右角上另作一小方黑色，上以白点绘北斗七星形。北亚墨利加洲大国也。……华盛顿既定国欲谢兵柄归众，恐英人败盟，坚留之。于是仍各部旧领，不设君长而推华盛顿为大伯理玺天德，即总统也。仍以四年或八年为限，任满则从各部中公择可者，不世及。新国既立，即于是年遣船至中国购茶，是为美利坚来粤互市之始。

《国朝柔远记》卷5，《四库未收书辑刊》3辑第15册，第360-361页。

货物装载整齐、良好，由丹尼尔·帕克验收。这条名为"中国皇后号"的船状态良好，由约翰·格林负责此次航行，目前停泊于纽约港，将驶往中国广州。船上载有7桶葡萄酒和白兰地、38桶烟碱和松节油、7箱共2万美元银币，上有标记和编号，将封装和保存良好运到上述广州港（海上出现危险情况除外），由山茂召或者托马斯·兰德尔或者他们指派的人启封，他或者他们为上述货物支付运费，货主的货物不再支付运费补贴以及海损。作为凭证，上述船只的船长和事务长已确认填写6份清单，其他留空。1784年1月25日签署于纽约。

1784年2月4日

（签名）约翰·格林

（签名）事务长约翰·W. 斯威弗特

（美）菲利普·查德威克·福斯特·史密斯：《中国皇后号》，第63页。

美国的贸易也是在一种三角基础上进行的。美国产品运往欧洲，在那里脱售；然后把所得的西班牙银元运回美国，转送到中国，要不然这只船就在欧洲各口岸间从事于转运贸易一个时期，这在拿破仑战争期间对于中立国商人是很有利的，直等它积成了足够另一笔数目的西班牙银元，再带着钱驶往广州；在这三角的第三条边上，便是把茶、丝织品和南京棉布从广州运往美国。

（美）马士：《中华帝国对外关系史》第1卷，第92页。

兹大越国会安府者，百粤千川，舟楫往来之古驿；五湖八闽，商货络绎之通衢。

（清）释大汕著，余思黎点校：《海外记事》，中华书局，1987年，第80-81页。

闽粤银多从番舶而来。番有吕宋者。……西洋诸番银多转输其中，以通商。故闽粤人多贾吕宋银至广州。

（清）屈大均：《广东新语》卷15《货语》，第406页。

柬埔寨

柬埔寨，尹代玛附。柬埔寨在西南海中，海岸多泥，名烂泥尾，北枕大山，国中无城池，王即山而建府，架竹木为之，覆以茅叶，民居亦然。天时煖而不寒，常若春夏，衣不以钮扣，披于其身，下则围以裙，名曰水幔。惟贵者得服绸缎。国人皆布，以是为等差，人柔弱，喜饲象，教之操演御敌，饮食甘淡薄咸，用手团，以渔猎耕种为业，带剑入山寻犀角，献尊长以为礼，土产有苏木、象牙、白豆蔻、臘黄、麂皮、槟榔子、黄蜡，每冬春间，浙闽粤商人往彼互市，近则兼市丝斤。及夏秋乃归。粤人之归也，舟必经七洲大洋，到鲁万山，由虎门入，计程七千三百里，距厦门水程一百七十更。安南暹罗附属国也。其旁有尹代玛国，距厦门水程一百四十更，亦属安南、暹罗，风俗略与港口东埔寨同。

《清朝通典》卷98《边防》，第2737-2738页。

旧港

旧港，麻六甲附。旧港即三佛齐国，在西南海中。旧为巫来由种类，噶喇巴属国也。地方袤广数千里，国无城池，随民居之，所聚为村落，傍山建王府，以砖瓦为之，地气多暖，土产有胡椒、沙藤、锡、棉花之属，王姓名世系不可考。雍正七年，粤省商船载磁器、缸瓦、色纸、京果诸物往彼互市。乾隆二十九年准加市丝斤。至广东计程一万一千余里。旧港西南有麻六甲人，性灵巧，善经商，风俗亚于噶喇巴，惟不燔炙。土产锡、莿藤、胡椒，雍正七年后通市不绝，东北距厦门水程一百八十五更。

《清朝通典》卷98《边防》，第2740页。

三个月后，英船退去，巴斯船主向两广总督请求放行船只，恢复贸易：

各港脚船主、白头大班禀上两广总督大人台前金安。我白头港脚船到广东贸易，前经有货起了，亦有货落了。今如此阻滞，每日使费甚多，且又阻滞时候。我们常来广东，贸易安分，照例有货起亦有货落。今我们有办备甚多货物要落，亦有甚多货物要起，今求大人发令许我们做生理。若再等候，风信不同，不能去得了。港脚船主虾勿等十九名夷人、啊罗勿治等一百零六名。（1808年12月）

转引自郭德焱：《清代广州的巴斯商人》，中华书局，2005年，第67页。

英吉利地图说

英吉利国又称英机黎，或作膺吃黎氏，通称红毛。在大海极西北隅，四面皆海，其国都名兰隣，北枕大山，名哀隣，隔海而南与贺兰、法兰西、大吕宋邻近，相去皆千余里。又有美利坚在其西南海中，相距约万余里，国皆强大，不相统属。惟大吕宋稍弱，近中国之小吕宋者，早为英国所据，不能争。近七十年英吉利谓其地小利，吕宋始以金赎回，贺兰亦常为英国侵凌，倚法兰西为援，法兰西又大于英吉利也。然法兰西不善经商，今广东贸易之夷，自大西洋外有英吉利、美利坚、贺兰、黄祁、法兰西诸国，惟英吉利船多，年常六七十艘，诸国无公司，惟英国有之，公司者其国王自以本钱贸易，故名。诸国至广东十三行商，公建楼屋居之，如客寓，诸夷商去来无定，非如大西洋之常住粤门也。英吉利通商广东，自云二百余年矣。

丁曰健：《治台必告录》卷3，文海出版社，1980年，第202页。

查本局轮船向在本国通商各口揽载，其往来东洋、越南、吕宋、暹罗、新加坡、槟榔屿、印度等处，间或有之，奈东洋吕宋定章，多有偏护各该国之商船，而局船争衡匪易，其新加坡、槟榔屿各等处，乃欧洲各船来华大路，力难与抗，遂俱中止，惟越南各口，仍可往来。

《新报》光绪七年八月十七日，第5页，聂宝璋编：《中国近代航运史资料》第1辑下册，上海人民出版社，1983年，第1010-1011页。

越南水路距澳门五十余更，惟廉州协营汛地与之连界，海面向无师船往来。近年招商轮船运米越南，则往来甚熟。李鸿章请于商船往越之际，添设兵轮同往游弋。与曾纪泽请拨师船数艘，移近南服。所见相同，要须假市籴之便，以渐移入东京，借护商之名，分泊顺化等处，既可以远壮声威，使彼有所严惮。更可以近探动静，在我得为豫防，再派得力大员随机密谕越王，并令动息相闻，则越南君臣纵不能奋发自强，亦不忍轻背大德。

（清）朱寿朋：光绪朝《东华续录》光绪四十五，《续修四库全书》史部第383册，第470页。

第八章
海盗夷寇

一、海盗

论海洋弭捕盗贼书

国家东南环海，万里汪洋，舟楫利涉，为民生之大利，其间宵匪潜伏，出没行劫，亦为方隅之隐忧。盛京一带湾岸，向来为洋盗避风之所，今旅顺口水师足资弹压，山东洋面冷落，非贼所恋，一年之间不过偶一二至。江浙闽广则自二三月至九月，皆盗艘劫掠之时，今天下太平，非有所谓巨贼，不过一二无赖饥寒逼身，犯法潜逃，寄口腹于烟波浩荡之际，而往往不能廓清，岁岁为商民之患，则以商船不能御敌，而哨船不能遇贼之故也。原贼之起，其初甚微，止一二人，密约三五人，潜至港口，窥伺小艇附岸，径跳登舟露刃胁舟人驾出外港，遇有略大之渔船，则诈称买鱼，又跳而上，再集匪类至十余人，便敢公然行劫，此粤东所谓踏斗者也。出遇商船则乱流以截之，稍近则大呼落帆，商自度无炮火军械，不能御敌，又船身重滞，难以走脱，闻声落帆，惟恐稍缓，相顾屏息，俟贼登舟捆絷，贼或收其财物，将船放回，或连船劫驾他往，虽不愿从，亦暂相依，以冀旦晚劫换，一入其党，则与之化，日久日多，遂分为一二船，势渐以大，此等小辈无他伎俩，但使商船勿即惶恐下帆，又有炮械可以御敌，贼亦何能为乎？愚以为商船皆有身家，断不敢思为匪，以自丧其身家性命，而且一船下水，必有族邻乡保具结，地方官查验烙号，给与护船牌照，方敢出外贸易。此等有根有据之人，岂不可信，而必禁携枪炮，使拱手听命于贼。若以族邻保结不足凭，则不应给与牌照，既可给与牌照，则可听其随带防船器械，倘得请旨，勿为拘牵弛商船军器之禁，则不出数月，洋盗尽为饿殍，未有不散伙回家者也。哨船之不能遇贼，皆谓万顷渺茫，从何捕起，风涛险恶，性命可虞，不知贼船在近不在远，沿边岛湾偏僻，可以停泊之区，试往搜捕，百不失一……抑愚闻在洋之盗，十犯九广，则弭盗之法，尤宜加意于粤东。粤俗悍鸷贪顽，不必财物丰多，但杀一人可得银五钱，则欣然以为胜屠一豕，自潮州沿海而下千有余里，半以攘夺为生涯，水务习熟，往来如飞，而广惠肇高深山聚处之民，往往集众操戈，载大纛以出，剽掠富商大贾，地方官不敢过问，或家人衙役为其所擒黥面馘耳，亦佯为不知而姑息焉。彼此相蒙，幸免盗案参罚，将来流毒不知其何所届，此则杞人之隐忧，讵可以其天涯绝域置为荒远，而不足介意哉？海洋相通，无此疆彼界之殊，朝粤暮闽，半月之间，可以周历七省，防范驱除，万难稍缓，愚所以敢抒狂臆，愿与七省商民庆万里澄波之颂也。

（清）蓝鼎元：《鹿洲初集》卷1，《文渊阁四库全书》集部第443册，第463页。

谨按：他省海防止防海寇，粤省则兼防夷人，故就通省之形势论，则香山最要；就香山之情事论，则澳门最要。澳地密迩县城，蕃舶络绎，民夷杂居，易生衅隙。近日夷人生齿益繁，市易视前更广，稍疏防范躭，狂妄顿生，虽事后必悔罪输诚，而临时已诪张为幻。大防所系，国体宜伸，欲求绥帖夷情，先令恪遵成宪。故此编于险要之附近澳门者，罄胪简中，较他县倍加详备，使览者晓然于轻重缓急之意云。

（清）卢坤等修：《广东海防汇览》卷3《舆地二·险要二》，《广州大典》第37辑第26册，第84页。

番禺沙湾茭塘防盗安辑条款

李湖，字又川，江西南丰人，乾隆……四十五年调抚广东。时番禺县属之沙湾、茭塘近接大洋，绵亘百数十里，素称盗薮。假风便捕鱼出洋肆劫，或散布内地，时出摽掠，有以被盗报者，官辄讳之，令改窃，由是盗益恣。湖下车暨总督巴延三筹访各盗姓名、居址、出入途径，侦知诸盗首以七月望前，归家设祀，密饬文武官分布兵役，旬日间擒巨盗二百余人，置之法，疏闻诏褒嘉之，予议叙。四十六年，条奏安辑事宜十款：

——沙湾南岸市桥村北岸新造墟，向设巡检各一，分司缉捕，南村驻县丞，一秩微不足弹压，请移同知一员驻沙湾、茭塘适中之坑头村南巡检，可随时调遣，遇盗警，会石基营弁堵缉。

——沙茭涌口甚多，石基村逼临狮子洋，为舟行总汇，请立专营，以扼其要。

——石基水师汛房并列村内，宜移涌口旁，易于盘诘，水陆各汛酌添弁兵。

——石基营在陆路汛地，俱属水乡，宜设橹船、快桨船各一，官涌口市头村石壁汛各设快桨船一，市桥汛设四橹船一，令千把总带兵巡缉。

——菱塘涌口无船汛，与内河巡船不相接连，应令左翼镇派楼船一，配兵巡徼。

——移驻汛兵挈眷迁徙，每兵酌给房二间。

——各村民船令沙菱巡检编号给印照，刊船户姓名，俾一望瞭然，凡大船桨头七尺以上者，限用四桨，小船六尺以下，用两桨，禁民间私造洋船。

——新设移驻各员，必久任，专其责成，请在外拣调照海疆例五年俸满保升迁，遇有盗案，文职以巡检为专管，厅员为兼辖，武职以千把外委为专管，守备为兼辖，将领为统辖，如有沙菱民人偷越各属行劫，照失察奸民出口例参处。

——石碁村有鼠山，又有土堆，形同田鼠，鼠性善窃，故多盗，请铲毁铸铁猫镇压，以顺舆情。

下部议行。嗣是沙菱奸宄绝迹，间井晏然，湖之力也。是年十一月，卒于官，赐祭葬如例。晋赠尚书衔，谥恭毅，粤民泣送归榇，填塞街衢，如失慈母云。

道光《广东通志》卷255《宦绩录二十五》。

香山县谕夷示令

（嘉庆）六年或云七年，雷琼间海盗滋扰澳门，请备二舶随舟师海捕，且以九事乞格外恩，知县许乃来以其非制，且挟故要求也却之。许乃来《谕澳门夷檄略》，上年尔夷请驾船出洋追捕海盗，惟求蕃船税则按照向例征收修葺房屋，准予裁免，所请颇见忠诚，所求亦属易办，是以据情上达。其时官兵剿捕，海氛已清，毋容尔夷效力，以故未经檄调，兹以漏网复恣，大宪饬照前议，一则使尔立功报效，以抒恪恭之忱，一则使尔海盗肃清，俾尔贸易无阻也。今尔夷虽踊跃用命，惟所请九事，不但托故要求，且多有不必丐请，及不可准行者，今为尔夷详晰晓谕，据请自关栅外至澳门岛屿，得专缉奸匪，驱逐外国夷船湾泊，查关栅至澳门民夷杂处，各岛屿亦有渔船农舍，应由内地兵役巡查，非尔夷所得越分稽查，若贼艘窥伺，尔夷世居边土，自应为天朝捍卫，报地方官协同防御，若外国夷船来澳，尔夷本应稽查，倘或逗留更应随时驱逐，分内之事，何庸求请？又请在澳华人倘闲游匪徒，即驱逐出境；贸易营生者，果属殷实方许居住。……又请丈量洋船，照从前颁行则例，不得另外征输。查丈量既有旧例，俟转请大宪如额征收，以昭体恤。又请修盖房屋免泥水匠，禀照批准使费之苦。查澳夷房屋只禁添造，随常修葺并无禁阻，泥水匠本应禀明兴工，何得借口使费，倘有需索自当饬禁。又请遇屈负冤，官府不为申理者，乞赴制府辕门陈诉，查我朝怀柔远人无微不至，尔夷从无受屈含冤，地方官不为申理之事未便，无故妄请，赴辕陈诉，致干告讦挟制之愆，然则准情度理，参之事势，诸事多不可行，尔夷其体悟否？

光绪《香山县志》卷22《纪事》。

张保仔

奴才百龄、奴才衡龄奏。再，贼首张保仔、郑一嫂匪帮，因从前劫有西洋夷人大白底船二只驾驶，益为凶横，屡在外洋伺抢夷人船货，该夷人等深为愤恨。此次郑一嫂等即带前项夷舟藏匿在新安赤沥角海港之内，香山县彭昭麟带营船前往袭剿时，西洋夷目闻知，因赤沥角外洋距澳门数十里，可以朝发夕至，情愿带护货巡船五只，就近随往攻击泄忿，并冀夺回被抢白底大船，甚属急公奋勇。及至提臣孙金谋师船赶到围捕，该夷巡船仍复在彼遥相轰击，毙贼多名。据该县禀报前来。

奴才等伏查，嘉庆九年，英吉利国夷人禀请备兵船二只，随同舟师常川剿贼，曾经奏明停止。兹西洋夷人居住澳门两百余年，素极恭谦，似与英吉利夷人有间，切因被该匪等劫其大船，欲仰仗天朝兵威泄忿，虽现在师船壮盛，原无藉区区夷兵之力，但该夷目等既志切同仇，自愿出力，奴才等当即捐资酌加犒赏，以示鼓励。（嘉庆十四年十月二十九日）。

《香山明清档案辑录》，第205-206页。

走私鸦片

臣蒋攸铦、臣董教增跪奏，查鸦片烟一项，产自外夷，流入内地，而无赖之徒，私相买食，自戕身命，迷而不悟。仰蒙圣主痌瘝在抱，屡饬沿海各省查究禁遏。臣等身任地方尤当实力奉行，以冀稍纾宸廑。伏查粤东州县濒海者十居六七，而香山县属澳门地方，为西洋夷人赁居之所，向来西洋夷船赴别国贩货回澳，并不经关查验，即将货物运贮澳地，俟卖货时方行报验纳税，难保无夹带违禁货物之事。臣等与海关监督臣祥绍熟商，嗣后西洋船运货到澳，先令将所贩各货开单报明，逐件查验后始准卸载，仍俟售卖货物时纳税，以符旧制而绝弊端。至鸦片，虽来自外夷，其贩卖实由于汉奸，如果汉奸畏法，则鸦片岂能不胫而走。惟流弊已非一日，或地方文武虑及从前失察处分，恐拿获贩卖匪徒到案供出历年旧案，是未受获犯之功，先受失察之咎，瞻顾因循，势所难免，非明令赏罚，无以鼓其气而坚其心。应请嗣后拏获鸦片烟之案，如系本任失察，能将兴贩首犯拏获，并获犯及半者，免其议处；其前任之员，除得规故纵仍照律办理外，如止失于觉察，准其减等议处。该管之员能将邻境兴贩首犯及鸦片烟一并拏获，应计其获烟斤数，给予议叙，每二百斤给予纪录一次，每千斤给予加一级，以次递加，获至五千斤以上者，准予送部引见，恭候钦定。若军民人等能将人烟并获解官者，亦照所获鸦片烟斤数酌加奖赏，每烟一百斤以上者，赏银十两，以次递加。此项赏银，即着落失察之地方官赔缴，仍将失察职名咨部议处。倘地方官及管关委员，并守口员弁胆敢得变陋规，徇情故纵，立即特参拏问；兵差人等挟嫌诬拏，既治以诬良之罪。似此酌定条规，庶各知有惩劝，而查禁益昭慎密矣。（嘉庆二十年二月二十一日）。

《清代外交史料》嘉庆朝第4册，第29页。

严禁骚扰勒索疍民船只事谕碑

钦命广东等处承宣布政使司布政使加十级纪录十次阿，钦命广东等处提刑按察使司兼管全省驿传事务加五级纪录十次王，为示废弊生等事。奉两广总督部堂邓批，据南海县疍户陈德贵、郭正松、石华锦、吴联照、李照发、何北水、陈连庆、杜麟德、刘福宁吴联叩呈称：切蚁等西瓜扁船只常泊省河，听候轮运洋行饷货，或载往香山、澳门、南海、佛山、新会、江门、东莞、石龙过付客店，或运赴番禺、黄埔、濠墩、狮子洋面等处交纳夷船。嘉庆三年船户罗朝升等船经各塘汛关口，及遇虾笱巡船桨艇，无论轻船重载，屡遭留难勒索，并被南番两县戎河捕三厅差役辖收，奉造册结陋规。更有匪徒假冒兵役，过船辗取货物不遂，呈凶寻殴甚至。当经联叩前粮宪吴批，仰南海县示禁，船只赖安。嘉庆五年寝雨后，兵役棍徒故智复萌。罗朝升等又径联赴前宪瑚批，仰前藩宪常、前臬宪吴会同查禁，并谕饬各衙门知照在案。迄今日久示废弊生，竟有兵役棍徒不知前奉示禁，复向蚁等船只勒索。即道光十五年底，船户何北水被棍匪崩牙二等讹诈不遂，串同营兵拿移解番禺县审释拖累日。乃近日兵差棍徒仍前勒诈索拔掺难，仰睹仁宪福是，莅粤除弊安民，势得粘抄前示。联叩宪恩乞准照前示严禁晓谕，勒石通衢，以垂永久，俾兵役匪棍知法，弊绝风清，愚疍乐业，永颂公侯。奉批该疍民等西瓜扁船只既系装载饷货，并非走私，乃所到留难勒索一至此极，且兵役关口戢法滋扰，相习成风，知匪徒亦冒名尤而效之，为害伊于胡底，可叹可恨。咨明粤海关监督一体出示严禁，并行广州府移行各营县认真查究外，合行出示严禁。为此示谕南海、番禺、香山、新会、东莞各营县厅捕兵役及西瓜扁船户人等知悉：嗣后凡有西瓜扁船只载运货物过往，毋许勒索陋规节礼钱银，指留阻滞以及强取货物，其该管衙门亦只许照例编号造册，不许勒索册结使费。该船户人等亦不得藉有示，任意载运私货及违禁物件，阻扰盘查，致干咎。各宜凛遵毋违，特示。（道光十七年五月初十日示）。

碑原在清朝黄埔海关挂号处，现移置长洲岛黄埔军校旧址中山故居前。

邑令仲振履《虎门览胜》云：东莞、番禺、顺德、香山、新安濒海之地，去县鸾远，贫蜑奸民或搭寮于山凹，或驾艇于水次，形迹诡秘，迁徙无恒。村中间有富监耆老，类多由盗劫起家，大者驾红单船装载酒米糖果赴各路贩卖，小者家置虾筍艇出洋采捕鱼虾。遇有客船载重者，一呼而集恒数十人，杀劫货物，驶至外洋偏僻之地，分携赃物而窜。官为查拿，闻生耆出结保领，委系贸易良民，而实则以盗保盗也。欲穷治其罪，又无赃据可证，转以致干妄拿平民之谴，不得不相为隐忍。前十数年，督臣未悉其故，往往案无确据，概予省释，以致张保、郭学显、麦得胜诸匪横行无忌，联帮肆劫，动至数十百艘，往来洋面。

民国《东莞县志》卷33《前事略五》。

论商船

广东全省，东南皆岸大海，沿海之地，可耕之地颇少。其民大都惙迁有无，依商船以远服贾，治生计。北及盛京之锦盖，直隶之天津，山东之胶登，中连江南之苏州、上海，浙之宁波，福建之厦门，而南及于雷琼海口等处，不下一百数十万家。一船之设，为舵工，为水手，或主或客，百数十人。合沿海商船计之，盖不知几千万人治生于此也。商船既行，无论沿海之民，有所生业，即内地各都会，其服食器具，一切生人有用必需之物，亦因以流通广布，而无滞积之虞。兼之海外诸番，如暹罗络练、交来巴之属，番船贡船，岁岁来往，其入出百物，沿海诸关饷，数亦不訾。则夫商船者，诚东南生财之一大端也。近日海盗披猖，各上宪议禁止之，意盖痛商船之被劫夺，重为海盗资也。而桂（张桂蟾）之愚，窃有所未安于心，而不能已于言者，以为欲绝海匪，而停止商船，得无因噎废食欤！沿海之有商船，由来久矣，民之依以为生者多矣。各都会之物产，其流通于此者亦习矣。今一旦停之，即国家库藏，无须此区区之关饷，而内地既少可耕之土，圣朝深仁厚泽，涵濡既久，生齿日繁，不知此沿海亿万待生于商船之人，将安所置之乎？国家生灵远讫，其气象有日进，无日退。海匪披猖，而商船不敢远出，是避其锋而退之之势也。小丑跳梁，惟务设法剿除。除之而商船可不必停，不除之而港外即无商船，彼独不能上岸劫掠乎？适所以自示贬损，而壮海匪之势耳。且夫商船可以敌贼而助剿捕也。其舟既坚，其人之身家性命，尽在此船。勇锐之气，一可当百。每见番舶上下，不过一二孤行，而虽遇匪船数十，不敢近也。即近焉亦必被创而去。然则商船所虑者，无军器耳。彼其人皆有身家性命，必不敢思为匪类。又一船下水，必有族邻乡保具结，地方官查验烙号，给予护船牌照，方敢远出贸易。此等有根有据之人，原属可信。惟是禁携枪炮，所以有时束手而听命于贼。若以其不足信，则不应给予牌照。

（清）张桂蟾：《海防十论》，载《立雪山房文集》，林远辉编：《潮州古港樟林：资料与研究》，中国华侨出版社，2002年，第223—224页。

二、夷寇

论南洋事宜书

南洋诸番不能为害，宜大开禁网，听民贸易，以海外之有余，补内地之不足，此岂容缓须臾哉。……海外诸番，星罗棋布，朝鲜附近神京守礼法，东方之国日本最为强大，其外皆尾闾无他番，稍降则为琉球大小岛屿，断续二千里外，皆万水，朝东亦无他国。南洋番族最多，吕宋、噶喇吧为大，文莱、苏禄、麻六甲、丁机宜、哑齐、柔佛、马承、吉里问等数十国，皆渺小不堪，罔敢稍萌异念，安南、占城势与两粤相接。此外，有柬埔寨、六坤、斜仔、大泥诸国而暹罗为西南之最，极西则红毛西洋，为强悍莫敌之国，非诸番比矣。红毛乃西岛番统名，其中有英圭黎、干丝蜡、法兰西、荷兰、大西洋、小西洋诸国，皆凶悍异常，其舟坚固，不畏飓风，炮火军械精于中土，性情阴险叵测，到处窥觎，图谋人国，统计天下海岛诸番，惟红毛、西洋、日本三者可虑耳。噶喇吧本巫来由地方，缘与红毛交易，遂被侵占，为红毛市舶之所，吕宋亦巫来由分族，缘习天主一教，亦被西洋占夺，为西洋市舶之所。日本明时作乱，闽广江浙皆遭蹂躏，至今数省人民言倭寇者，尚心痛首疾。南洋数十岛番，则自开辟以来，未尝侵扰边境，贻中国南顾之患，不过货财贸易，通济有无。今日本不禁红毛，不禁西洋，天主教布满天下，且以广东澳门为彼盘踞聚族之区，而独于柔顺寡弱有利无害之南洋必严禁，而遏绝之，是亦不可以已乎？闽广人稠地狭，田园不足于耕，望海谋生十居五六，内地贱菲无足重轻之物，载至番境，皆同珍贝，是以沿海居民造作小巧技艺以及女红针黹，皆于洋船行销，岁收诸岛银钱货物百十万入我中土，所关为不细矣。南洋未禁之先，闽广家给人足，游手无赖亦为欲富所驱尽入番岛，鲜有在家饥寒窃劫，为非之患；既禁以后，百货不通，民生日蹙，居者苦艺能之罔用，行者叹致远之无方，故有以四五千金所造之洋艘，系维朽蠹于断港荒岸之间，驾使则大而无当，求价则沽而莫售，拆造易小如削栋梁，以为杙裂锦绣以为缕，于心有所不甘，又冀日丽云开，或有弛禁复通之候，一船之敝，废中人数百家之产，其惨目伤心可胜道耶？沿海居民萧索岑寂，穷困不聊之状，皆因洋禁，其深知水性、惯熟船务之舵工水手不能肩担背负，以博一朝之食，或走险海中为贼驾船，图目前糊口之计，其游手无赖更靡所之群趋台湾，或为犯乱。

《鹿洲初集》卷3《论南洋事宜书》，第598—599页。

先是，红夷英吉利者频年与吕宋构衅外洋。（乾隆）八年六月，吕宋兵败，红夷将归献俘，被飓飘二戈船入狮子洋。红夷素剽贼，明时屡入粤求市，恃其巨炮，发之可洞裂石城，震数十里，即世所传红夷炮者。时远迩惊诧，大府疏劾虎门守将王璋。光任以东莞令奉檄往勘。至则诸夷以饥乏乞济，其酋安心意殊狡黠。光任反覆开陈大义，安心悟，释吕宋俘，由澳门伺便还国，凡二百九十有九人。然后为之给廪饩，葺帆橹，严周防，至九月风便乃去。策公楞既以上闻，复念惟惩可以惩后患也，因上改设海防同知，议请即以授光任。

（清）印光任、张汝霖：《澳门记略》，第27页。

英国侵占澳门

叶钟进云美利坚夷言英吉利为山狗性，人若畏让，彼必追来，人若反身相向，彼即曳尾而去。又其人目不能远视，故不能挽强命中，脚又无力，上岸至陆地，则不能行，制梃专折其足，则皆毙矣。亦无他伎勇，所恃炮火炮子有至三五十斤者。嘉庆十一二年间，有大班喇唎者探知我属国安南之东京时有内讧，乘隙可取，遂亲往咶喇甲勾结掌兵头人，驾大船十号，直趋安南海口，该头人先令其副驾七船以入，安南闻有寇，豫饬商船渔艇先期尽匿，故入港数百里无阻，直至东京下碇，不见一人。是夜忽有小船无数围垅，上装干柴火药，急发大炮轰击，火益炽，七船之人尽烂，有善泅者由水回报兵头，不敢再入，乃顺抵粤洋。喇唎又与汉奸说合，欲占澳门。该兵头竟趋澳门占住炮台，西洋澳夷谨守大炮台，发禀告急。时总督自广西来发兵驱逐，夷兵虽去，船仍不去，此十三年秋冬间事也。

（清）方东树：《考槃集文录》卷2《杂箸下·病榻罪言》，纪宝成主编：《清代诗文集汇编》第507册，第139页。

英吉利犯澳

嘉庆十三年七月，英吉利兵头都路厘率千人驾战舰，经达香山澳挟逐西洋人，夺壕镜居之。声言粤中大吏许其分估西洋船额，辞甚謇傲。制军遣知广州府事福明往谕都路厘，与明争礼，各不相下。尝领番兵百人诡服持械至广州城下，迫见制军。制军拒不纳，仍令明等与会于十三行。都路厘桀骜不屈，制军益坚壁自固，水陆戎严，炮石之声，晨夕不绝者四阅月。乃命严禁内地不许运出薪米，断其日食，都路厘令两舸薄鱼珠，主客相持，官军四集，人心惶恐，后得谕旨自度无所得利，乃稍退出。旋复搜括在澳诸番责赔兵饷，始远去。先是，罢职钦天监副西洋人刘思永，寓广州者近二十年，言语饮食几同土著，贿赂夤缘，狡黠叵测，人谓都路厘之来，由思永句引，将欲效嘉靖中海澄人李锦诱和兰夺彭湖故事，乃获之。为香山县彭昭麟所获，而复令兔脱，故莫能穷究本源。十四年春，上命百龄来制两粤，未下车即巡视沿海炮台，引夷商喇哧等诘责之，乃具结，略曰：旧岁英吉利兵丁来澳，因法兰西屡欺西洋人物，其国王趱逐于美利坚地方，我们孟呀以兵头都路厘闻其欲来犯澳，将英吉利市易阻隔，不及禀知国王，即就近来澳防护，并无他意。屡求见前任制台，总不准见。后报谢复不见纳。嗣奉大皇帝俞旨，不许在澳都路厘立即退回，但都路厘不先禀明，即行登岸，实属冒昧。幸天恩浩荡，仅予驱逐，感激无地。喇等已将本末驰禀国王，必将治都路厘专擅之罪。至传言喇等欲分估西洋船额，实无此心。嗣后倘有讹言，仍恳准见，俾得上达。喇等即当禀知国王，断不许兵船再扰云云。十四年三月二十四日，英吉利国夷商喇哧等禀结，五月二十日奉旨议覆，嗣后各国护货兵船，俱不许驶入内港。夷商销货，合即依限回国，并令洋商早清夷欠，其澳内西洋人不准再行添屋，人民眷口亦不准再有增添，引水船户给照销照，俱责成澳门同知办理。

（清）凌扬藻：《蠡勺编》卷37《英吉利犯澳》，中华书局，1985年，第613—614页。

英吉利人在澳门

澳门者，各洋贸易来往之所聚，而葡萄牙实主之。乾隆间，定制归并粤东，暂泊黄埔，交市事竣，仍回澳门住冬，转向澳夷赁屋栖止，限满则驱之归国。又澳夷但输船钞，不似诸番船货并税，英人自通市于粤，设四班公司经理贸易，欲得中国一岛之地如新嘉坡、麻六甲者，以为逆旅，其形便无过澳门，而为葡萄牙所先，已积不能平。又见澳中官吏与之为援，尤阴忌之。迨乾隆之末入贡，要求请令澳门寄住之洋商，得出入自便，意欲效澳夷事例，得以轻赋自立马头，而未敢讼言，上亦除相制驭，故敕谕中但令其循向来澳门贸易之常例，而英人窥之不已，嘉庆七年英有兵船六泊鸡头洋，托言法兰西欲侵澳门，故遣兵来戍，实则藉词窥澳也。葡萄牙人觉之，乃告于大府，饬洋商宣谕，令其释兵回国，遂以是年六月去，去之日遣夷陈谢，仍以法兰西为言。时粤中大吏，以其在澳未久，又不烦兵力，遂秘之，而其事已浸。闻于上。

迨十年，英国主复具方物，遣使臣附商舶来粤，释其表文，则以方与法兰西构衅，恐其播摇于中国以间我，盖自说其七年之役也。是时，英商每有货船，则以兵船防护之，又恐中国疑其复有澳门之事，值闽粤之间海氛不靖，乃托以协剿海盗，游弈【弋】内洋。上见其表文中有欲为中国效力之语，谕新任总督那彦成至粤整饬戎备，其护货之兵船，亦令申画疆界，毋使侵逾。越三年而澳中衅复起。十三年，英将有度路利者【一作图礼】自安南败归，以其余艘抵澳，亦声称法兰西取小吕宋，将顺道袭澳门。葡人知其诈，而粤之大班有喇佛者，以七年之役为澳夷所间，挫衂而归，欲以此时兵力，唆令度路利占澳门为补牢计，大府闻之，即饬谕洋商传谕大班，令遣兵船回国，且告曰：澳门非葡萄牙所得，有乃我大清土地也。佛焉敢侵轶我，且边寇有警，中国自能御之，毋劳戍师，致吾民惊扰。度路利闻之怒，乃率兵登岸，占踞市楼，澳门之民惊恐罢市。

时两广总督吴熊光、粤抚孙玉庭闻变，乃援照违抗封舱之案，调兵守御，度路利遂率兵船三，径驶入虎门，进泊黄埔。又自黄埔乘杉船数十艘，直抵会城入馆寄寓，扬言将劫十三洋行以修逋怨，度既下令，兵船争趋之，乃有碣石镇总兵黄飞鹏以师船横截省河，飞炮击毙夷兵一伤者三，始惧而退。然其踞夷馆如故也。时大班索还累年商欠，又以封舱停市，请退所买之茶而偿其值，嘘声恫吓，夷焰益张。适英吉利本国有船主来，闻封舱之事，怼大班曰：犯中国而罢市，虽得澳门犹石田也。先时洋船率以七月抵粤，停泊黄埔，换货不过两月，交冬即回帆去。至是泊港外数月，货无起日，各商亦怨谤沸腾，大班喇佛乃言于度路利，责澳夷纳赂以番洋六十万犒师，英之兵船始具状归诚，请照旧通市。维时方奉剿办之谕旨，各路官兵云集者二千六百名，而督抚意在弭衅，遂许以兵退开舱。于是度路利以冬月起椗出洋，盖已有成约也。上以吴熊光办理迟缓，又不亲莅澳门耀兵威，虽开舱在夷兵既退之后，而许之在先，严旨切责。旋饬新任督臣驰赴澳门查访，尽得其情，因劾熊光示弱畏葸状，遂与巡抚孙玉庭俱论罢遣有差。……

（清）夏燮：《中西纪事》卷3《互市档案》，第32-34页。

至（嘉庆）十四年，喇哔乃令各商给与金钱带归，以恤死难。喇哔被本国革退，以四班嗌哗㖡为大班，盖当议欲夺澳门时，惟嗌哗㖡不肯署名故也。嗌哗㖡后有大班吐呷唻者，欲占我大屿山为居，止寄信回国求奇异物，自粤趋天津口，天津盐宪入告，奉准入都。该夷等在天津行燕礼不肯拜跪。及入贡又不肯行拜跪礼，奉敕谕将贡物领回由粤归国，仍免其货税一万六百两。旋经蒋攸铦奏称访得南洋诸夷，惟英吉利最强，而并非富饶，惟藉贸易为资生之计，其货物除中国亦无处销售。是其不能不仰给中国之贸易至明，乞仍准该国货船在广东贸易云云。由前安南之事，可见若无内奸虽炮火无独胜之道，故欲灭英夷，惟有火攻，欲得行志，惟转汉奸以披其心腹，计无以易此者也。由后蒋督之言，知英夷不能不仰给中国，然则何为养腹心之疾，纵容姑息太阿，倒持授以柄，而长其凶矜也。

（清）方东树：《考槃集文录》卷2《杂箸下》，纪宝成主编：《清代诗文集汇编》第507册，第139页。

广东历任水师提督题名碑记

……粤东海道，东联闽浙，西达雷琼。番船夷船，远来绝徼；渔舟商艇，络绎重洋。龙穴之外则汪洋浩渺；虎门以内又港汊分歧。审扼要情形，虎门海口诚中路咽喉也。至于藩篱穗郡，控驭群夷，提督责成，实水师巨任也。历稽往籍，虎门自康熙年间创设副将，继因任重事繁，改设左翼镇总兵。迨嘉庆年间，海氛不靖，经两广制军百公龄筹议，改设水师提督。于嘉庆十五年奏蒙俞允，以广东陆路提督童公镇升调授，继则孙公全谋、李公光显、沈公烜、陈公梦熊、李公增阶接踵升授。其间暂权斯篆者，则有南澳镇罗公凤山、阳山镇吴公绍麟、碣石镇谭公安，后先视事。道光十四年七月，有英吉利夷目啡唠啤者，护货来广，私进洋行，为奸夷所诱，欲违禁入城，与督抚抗礼。经卢制军坤稍示兵威，而犬羊胆裂，丑类潜逃。斯时也，李公增阶卧病在床，偶以疏防，致干例议。幸天恩高厚，念其事先病卧，仅予夺职，而李公旋亦谢世矣。是年九月，余在江南苏松总兵任内仰蒙特旨，简授广东提督。复奉恩命，驰驿赴任。迨冬月六日，会城受事。其时卢制军已将啡唠啤泥首畏罪，悔惧乞恩，并委官将其押禁澳门，各情形具奏。……余下车伊始，亲历重洋，遍观扼塞，筹增大炮，议建新台，改大角、沙角为号令炮台，筑巩固、永安，堵潜逃捷径。会商两院意见佥同，联衔具奏，悉奉允行。惟是虑不先定，不可以应猝；兵不闲习，不可以当敌。爰即通行训练章程，挑选精壮士卒，设志椿测潮水之长落，添木塾定炮口之高低。精制火器，修整戈矛，凡百所需，悉加筹备。……窃念筹海防夷，调度当知缓急；选兵练士，王法本乎人情。喜逸恶劳，慨常人之通病；劝勤惩惰，乃将帅之权衡。援笔筹思，咨商定议。如防夷调派摘要三十三条，春秋训练筹备一十五款，添储备以数军实，拨款项而恤兵艰。备火船于临事，练水卒于平时。炮子铸连环，截鲸奔之要路；箭箱贮群虎，断鲨逸之余魂。台设渡船，便吾兵之樵采；岁增药袋，免微弁之捐摊。旂壮观瞻，桩量深浅；台防险隘，船逐狂澜。断外洋之接济，绝内地之勾联。……

道光十五年岁次乙未仲冬望日。

广东全省提督军门节制各镇提调水师官兵加三级淮阴关天培撰。

东莞市文化广电新闻出版局编：《东莞历代碑刻选集·虎门镇》，上海古籍出版社，2014年，第71页。

林则徐禁鸦片之举措

林则徐下令，尽逐外洋之趸船，与澳门之奸夷，不许逗留内地。其续到商船，有鸦片者，倘自揣不敢报验，即日回国，亦免穷追。若仍沿旧以烟卸寄趸船，则入口时，大量船旁水迹尺寸，情伪立见，必照夹带鸦片之新例，人即正法，船货没官，所有进口之船，均应照此具结，并行文与英吉利国王，词严义正，时西洋弥利坚诸国，皆遵具结。于是异律由省下澳递禀，言违禁犯法之弊，极须社法早除，扣准委员来澳会议章程，可冀常远除绝。林则徐批示奖励，而异律复禀请准本国货船，近泊澳门。林则徐以澳门向例，惟准社西洋额船二十有艘，若英夷援此例，不入黄埔，则海关虚设。而私烟夹带，更无从稽察，严驳不许。异律言不准泊澳，使无章程可议，且不受所赏茶叶，不肯具结。言必俟国王命定章程，方许货船入口。时异律已寄信附货舟回国，往返不过半年，原可少需无迫也。而至五月内，复有尖沙嘴夷船水手，殴毙村民林维善之事。谕异律交出夷犯，抵罪。异律虽未交出，而悬赏格银千圆。购告殴之人，亦非无故违抗也。七月，林则徐与邓廷桢遵例禁绝薪蔬食物入粤，并澳门寓夷，原为经理贸易，今既不进口贸易，即不应逗留澳门。异律率其眷属，及澳门内英夷五十七家，同迁出澳，寄居尖沙嘴货船。于是异律始怨，暗招夷埠兵船二艘来粤，又择三大货船配以炮械，赴九龙山，假索食为名，突开炮攻我水师船，参将赖恩爵挥兵发炮，击毁其双桅夷船一，杉板小船二，而英夷所雇吕宋趸船，逗留潭仔售烟者，亦于八月初为我水师攻毁，人船并获。义律遂托澳门西夷，代为转圆，愿将趸船奸夷尽遣回国，其货船亦愿具结，如有夹私者船货充公，此亦粤事一转机。而林则徐以各国结永画一，必令书人即正法之语，且责缴凶犯，旋有其两船遵式具结，验无夹带鸦片。于九月晦入口，而异律遣二兵船阻之，且投禀请无攻毁尖沙嘴之船，以俟国王之信。水师提督关天培以凶犯未缴掷还其禀。时我师船五艘在洋弹压，

夷见前禀不收，且我师船树红旗，外夷以红旗进兵，白旗止兵为号，令即发炮来攻，关天培开炮应之。击断夷船头鼻，夷兵多落海死。又击溺柁楼，夷船旗落帆斜，遁回尖沙嘴。又攻我尖沙嘴迤北之官涌山兵营，我军得地势，轰毙夷兵无数。十月初旬，我军连胜，夷船恐我乘夜火攻，又水泉皆下毒，无可汲饮，遂灭灯宵遁外洋。前此九龙山之战，奏奉批谕"有不患卿等孟浪，但患过于畏葸"之语。十一月初八日，诏曰：英吉利国夷人，自议禁烟之后，反覆无常，若仍准通商，殊属不成事体。至区区关税，何足计论？我朝抚外夷，恩泽极厚，英夷不知感戴，反肆鸱张，是彼曲我直，中外咸知，自外生成，尚何足惜？其即将英吉利国贸易停止。

（清）佚名：《夷艘入寇记》，《广州大典》第29辑第4册，第4—5页。

打击贩卖鸦片之奸民

自封港以后，英夷货船先后至者二三十艘，皆不得入口，人人怼怨。于是异律于（道光二十年）十一月复遣人递禀，言：在粤办事多年，实欲承平。今诸事扰乱，心多忧虑，自后顾遵照大清律办理，请仍许英夷回居澳门，俟国王谕至，即开贸易，此粤事第一转机。而林则徐以新奉谕旨不便骤更，复严斥坚与之绝。其国货船，先后起椗扬帆，驶出老万山者约数十余艘，并续至之艘，多观望寄泊外洋，不肯去。而粤洋渔船蜑艇亡命之徒，贪薪蔬之厚值，并以鸦片与之交易，趋者如鹜。时林则徐已奉命总督两广，与关天培密筹，师船未可据出大洋，不如以毒攻毒，遂招募渔艇蜑户，授以火船，领以弁兵。于二十年正月，先赴各洋岛呑潜伏，约俟月晦之夜，乘长潮还，游击马辰等，四路分进，出其不意，突攻之于长沙湾，烧毁运烟接济船共二十有二。岸上篷寮六，生擒奸民十余，其焚溺死者无数，夷船带火仓皇开避。我兵勇乘潮急还，无一伤者。是时吸烟罪绞，贩烟罪斩之律已颁。一年有六月之限期已遍各省，查办日严，纷纷戒食者已十之五六。而英吉利国中，闻广东罢市之信，各埠茶叶皆囤积不肯出售，市价踊贵。我闽粤贩茶之商船，赴南洋者皆倍利而返。其兰墩国都银肆，无银转输，至借邻埠之银数十万，以供之发。异律回国请兵，时女

王令国人会议不决，最后拈阄于罗吉士神庙，三得战阄，始决计。国王命其外戚伯麦为统帅，率兵船十余，加以印度驻防兵舰二三十艘，甫出兵。

（清）佚名：《夷艘入寇记》卷上，《广州大典》第29辑第4册，第5页。

三元里抗英

庚子（道光二十年）六月，英吉利陷定海，扰沿海各省。八月诏琦相国善代则徐。十一月抵粤。阅月，英吉利兵陷大角、沙角两炮台，诏靖逆将军奕山与参赞隆文、杨芳、齐慎等先后率六省重兵抵广州。祁恭恪公项以大司寇理粮饷未至。琦相国主抚。辛丑正月，与领事贰律宴莲花山，以香港易定海暨大角、沙角两炮台，复互市。大悦。怡中丞良劾相国，诏拿问。贰律桀骜甚复，攻虎门、乌冲、大王滘、凤凰冈等处，各炮台俱陷，时二月廿二。中丞复议抚，仍互市。三月，奕山等先后至，由北门入。祁恭恪晋督部仍由南门入。时英吉利战舰泊海珠几浃月。辛丑闰三月，剿抚迄无成议。四月初一，天未明，忽以木筏百余载干柴枯草，逆风烧英吉利船，彼乘潮上，以巨炮轰击我舟，师溃，遂燃巨炮火箭迭攻城，昼夜无间。会初五连雨达旦，楼堞幸未毁。又以英吉利兵先由绘步直据北门外四方炮台，俯瞰城内，遂定抚议厚赍焉。越三日，英吉利兵扰北门外西村三元里等处，各村庄村农愤甚，歼十数人。初十晓，英吉利兵大至，村农拟与决战，振臂一呼，锄耰棘矜，至者以十万计。忽大雨如注，竟夕，彼火药尽湿，枪无所施，且水满泥深，路歧奔蹄稻畦中，或窜伏豆篱瓜圃，不知其数。村农悉脔割焉。有酋豪宝刀银甲缄以献。越日，复哄集。余太守保醇谓抚局大定，恐致反覆，谕各散去。大军驻小金山宝陀寺，隆文卒。

同治《南海县志》卷26《杂录二》。

英法联军强入广州

法兰西即佛朗机偶抵粤互市，蛮货无多，且或间岁一至，以战斗为国富强，实海外之冠。与英吉利接壤，世为仇敌，两不相下。道光辛丑，英吉利扰粤，彼戈船亦至，从壁上观。迨英吉利扰宁波，扰镇江，扰厦门等处，彼亦至，仍从壁上观。逮癸卯，英吉利返粤，分各口互市，彼至乃欲诣督辕谒制府，祁恭恪公不许，固请，乃于荔支洲舟中传见。谓中国须练精兵铸巨炮，大治战舰，方可御侮。我法最良，请以授。所索亦不甚巨。且云愿助战也。恭恪公犒以缎匹、茶叶、牛酒，婉词谢之去。咸丰丙辰九月重阳日，英吉利领事巴下礼等扰粤，欲进会城且谒，爵帅峻却之。泊战舰珠江燃巨炮轰击，昼夜猝闻者累月，彼复至，均从壁上观。迨小除夕，忽俱治任挂帆而去，众谓其不敢复来。越岁丁巳十月，忽联樯突至，盖已连和，而文移始两国齐列，法衔名乃先书，后争长亦有书英法者。十一月十四日，闯进会城，汉阳爵帅陷蕃舶中，旋卒。厥后，扰津沽，抵京师，扰沿海等处，无役不从，且为先导，迄今在粤外城督部行台购礼拜堂，亦岁输偲值八十六圆一毫四丝，谓前明其礼拜堂也，殆未必然。在内城藩署东偏拓民房建衙署，亦岁输偲值五百两，至往各省各乡传教，皆法兰西为之，倡而跋扈，较英吉利弥甚。

同治《南海县志》卷26《杂录二》。

英吉利兵船记

西南海国以千百，而荷兰为大。英吉利者，本荷兰属国，在欧逻巴西。后又据有北亚末利加地，称加那大，英吉利益富强，以兵船火器横海上，竟为荷兰勍敌。雍正十二年始来通市，定制番舶至口，先报总督监督，委官验无禁物，然后给牌照入至黄浦，起铳炮，开舱互市，其番商居停之所在广州西郭外，重楼滨水，所谓十三行是也。舶长曰大班，次曰二班。若言事用文书由总商转投总督监督，既启封复发出译以进，批答可否，亦发商传示之。黄浦距广州六十里，各货舶得至，而兵船则否。道光十四年夏有英吉利夷官律劳卑者来主舶，而同行有兵船二，寄碇外洋，其货舶不赴澳请牌照，即入口夷官，处省馆，辄效中国文字作书投督府，非故事。故不之省而掷还之，且谕总商传语严斥之，律劳卑桀骜如故，又用华文揭榜馆前，语多诞妄，督府以其不循法度，下令封货舶，不与通市。八月五日，二兵船忽乘南风潮涨驶入内洋，越过虎门、镇远、沙角、横挡、大虎各炮台，直抵黄浦。守台官兵不能御，乃然空炮以惧之。而夷船竟发巨炮实铅丸损我炮台，人心震怒。其船既至黄浦泊入，各国货舶间起重物，用小艇围守甚固，每船番梢不过数百人入我重地，虽犀劲何能为？然彼国散商之居馆者约千人，各国货舶之在黄浦者约万人，若暗结澳夷，则声援更广，夷情叵测，备之宜严。于是上流用大船十余，每船载大石十万斤，横沉水底，系以铁鹿大缆，复结木筏水面，以阻之，集柴薪草束大小数百，船数百集舟师数十，两岸设营栅，集士卒数千，其战舰仿悬帘法，湿絮褥以御火器，樯楫如林，戈矛森列，旌旗耀云，日钲鼓声震数十里，夷兵大惧，请退出，不许。律劳卑请给小船下澳，不许。番商数千人合词乞命，乃许之。盖玩则惩之，服则舍之，使畏且怀制夷之道也。律劳卑既出虑归国，以生衅伏法，遂仰药死。

（清）汤彝：《盾墨》卷4《英吉利兵船记》，《续修四库全书》史部第445册，第100页。

道光十五年十月初一日，署两广总督、广东巡抚祁𡊮奏：越南国捕弁拿获内地抢掠商船匪犯梁开发等三名，遣使由水路解粤审办，并带有压舱土物，恳准销售，遵例报税。又该国王咨呈内有南来米船入口及停泊海岸，各加盘诘之语，似欲藉词来粤贸易，现在该抚酌循旧章，已令先行开舱起货，应否免税，请旨遵行。著照成案办理。

中国第一历史档案馆编：《嘉庆道光两朝上谕档》第40册，广西师范大学出版社，2000年，第423页。

大西洋理事官吗吐哏（Marques）谕示文

照得本公会已经设法力除匪类，以使大街及各地方绝其偷抢之弊等因在案，兹再谕知中国各处来澳贸易华商及商船、渔船，可以进澳平安贸易，所有船只可任便进河避风寄碇，西洋官已令照应，并不用尔船钞，弁兵不时加意防护河岸也。特谕。道光三十年十一月二十五日谕。

汤开建、吴志良主编：《〈澳门宪报〉中文资料辑录（1850-1911）》，第1页。

粤东负岭环海，风俗悍轻，依恃险远，寇盗贼杀，自古有不可爬梳之患。道光咸丰以后，海洋多事，更历大乱，嗣则各国通商，益纷不可治。

何嗣焜编：《张靖达公奏议》卷5，文海出版社，1968年，第271页。

第九章
移民海外

一、招诱华工

澳门夷船给照。一西洋人附居广东澳门，如出口时夹带违禁货物，并将中国之人偷载出洋；入口时将无故前来之西洋人夹带入口，及容留居住者，守口官及该地方武职徇情疏纵者，革职，私罪；失于稽察者，降三级调用，公罪。

（清）伯麟等纂修：《钦定兵部处分则例》卷13《禄营》，《续修四库全书》史部第856册，第522页。

二十年来，西人开垦招工，佣值顿贵，于是贩卖人口出洋者名曰卖猪仔。设馆于澳门，公然买卖。沿海人民或被骗，或被劫，一入番舶，如载豚豕。

《明清时期澳门问题档案文献汇编》第6册，第686页。

东省居民，近海者多与番狎。往外国贸易海船，刻巨目两，骇鱼龙，禁其作祟，俗呼为大眼鸡。集时事及贸易行情，并外国新闻刊布传观者，谓之新开纸。无业贫民每乘北风附洋舶往外国图生计，或贸易，或佣工，谓之过番。礼部有诱愚民而贩卖出洋者，谓之卖猪仔。更有无耻之徒，纵容妇女受贿与通，谓之打番。广州居民多以入海捕鱼为业，初春时捕翡翠于鸦洲，谓之拾翠。潮惠近海居民，善泅者能泐水数日，捕游鱼。可储以御外侮，泙游百金，在当事者留意耳。

（清）张心泰：《粤游小志》卷3《风俗》，《广州大典》第34辑第22册，第332页。

林则徐奉旨查拿广东夷船私带华人出洋

臣林则徐跪奏，为遵旨查明广东夷船出口，间有私带华民，但非收买幼孩，且无左道戕生之事，据实覆奏，仰祈圣鉴事。……臣查广东华夷互市起自前明，历今三百年之久，华民多与夷人熟识，弊窦因而潜滋。臣到粤之初即加意访拿汉奸，杜绝勾结，维时闻有买猪崽之土语，诧为怪异，以为必系贩卖人口，故隐其词，究竟是男是女，或壮或幼，尚未访明。三月间，在虎门海口收缴夷人烟土，遥见趸船上有十余岁童子两人，状貌颇不似英夷，当遣委员候补知县寿祺、方玉达赴船查看，试以汉语，究其来历。旋据面禀，该两童发不甚卷，面目亦秀，而臂皆印花纹，却是夷俗，广东土语能说几句，官一问之，即不肯道。随令通事以夷语诘其来历，坚称系港脚人，即是两家船户之子，时以缴烟为要务，未便盘诘多端，致生枝节。然窃意其为蜾蠃螟蛉也。五月间，闻南海县知县刘师陆访获省城鬼子栏杆作坊内，有拐骗幼孩逼勒做工之事。先后查起幼孩将及百人，民皆称快。臣回省后，当向该令询问。缘粤人呼夷人为鬼子，夷人有一种衣绦，合金银线织之，遂名鬼子栏杆，近日各省盛行，故广东省省城仿其织法，因工人难觅，遂骗幼孩至其坊内，勒令印织十丈，不放回家。该令刘师陆已获案内拐犯张亚盛等五名，审拟详办。是此案虽有幼孩多人，又有鬼子名目，却与外夷无涉，谅不至于传讹。……再，潮州、南澳一带海口，亦有夷船偷越到彼，其有无私带人口出洋，臣亦檄行道府确查，尚未覆到，容俟到时，察核如别有信节，亦不敢壅于上闻。（道光十九年七月二十四日）。

《香山明清档案辑录》，第277—279页。

查拿匪徒拐诱华人出洋

谕军机大臣等：有人奏粤东省城近有匪徒拐掳良民，贩与夷人，男女被掳者以数万计。夷人于省城之西关、番禺县属之黄埔、香山县属之澳门，及虎门外之香港等处设厂招买，每次买出外洋，皆满载而去。该匪徒始犹暗用术诱，近则明用强抢，省城附近一带村落，行人为之裹足。地方官不特不为禁止，且出示听人自卖各等语。

匪徒掳人转贩外夷，例禁綦严，该夷人招买人口，若无内地匪徒贪利，从中转贩，岂能满载出洋？地方官果能严禁，亦不至如此肆行无忌。且以地方官惩办本地匪徒，与该夷毫无干涉，夷人亦无从饶舌，何以不行禁止，反为出示听其自卖？着耆龄查明，即行严禁，从重惩办，以期匪徒敛迹，内地良民不至为该夷所掠。并查明出示听卖之地方官，从严参办，毋稍徇隐。原折着钞给阅看。（咸丰十年闰三月初二日）。

（清）文庆等纂辑：《筹办夷务始末》咸丰朝卷50，《续修四库全书》史部第417册，第575页。

致总署条议三事（同治十二年十二月二十一日）

……澳门禁止招工一节，昨据洋务翻译委员许守铃身，在天津美领事署抄出该领事接得新闻纸，内有葡萄牙官告示一道、住澳门美国人信一件，似甚确实，与威使致贵署函意略同，谨照抄呈览。惟美国人信所称，澳门靠招工吃饭有三四万人，必要造谣生事，如何安置。秘鲁招工轮船十二号，现有十一号须放空回去等情，却亦可虑。据许守述美副领事毕德格之言曰：中国既经接有明文，各海口似可出示，如再有人从澳门招工出洋，无论何国之人立即拿获，照拐骗人口例治罪，以示儆戒，否则恐秘鲁暗猪唆耸，葡萄牙难免不出变局。

……西洋果永禁澳门招工，乘此与各国商议，照英、美禁贩黑奴通例，或易允行。秘鲁尚未立约，即通商口岸应仍不准其招工，前敝处粗拟章程，提及立约后招工一层，原欲诱使严禁澳门贩卖，而预开一条出路，今澳门已经明禁，则他口招工可已则已。洋人每谓招工名目即是贩卖梯阶，无论章程如何严密，岂能一一遵行。

顾廷龙、戴逸主编：《李鸿章全集》第30册，安徽教育出版社，2008年，第628页。

粤东澳门、香港、汕头等处，向有拐贩华人出洋之事，名其馆曰招工，称其人为猪仔。猪仔一名载至西洋，身价五六十元，税银一元，澳门议事番官收费二元。其党与洋人勾通，散走四方，投人所好，或炫以资财，或诱以游博，一吞其饵即入牢笼，被拘出洋，不能自主。或于滨海通衢歧路，突出不意，指为负欠，逼迫登舟，官既置若罔闻，民亦何由申诉？初则省城外黄埔等处皆已蔓延，嗣被大员访惩，甫能封闭，而澳、港外埠之根株犹未绝也。盖美、阿两洲及南洋各岛日汲汲然开矿、垦荒，土著寥寥不愿集事，故不得不招工，但工资过微，人谁乐往？于是招之不来，出之以诱；诱之不能，出之以掠。

夏东元编：《郑观应集》上册，上海人民出版社，1982年，第413页。

宜索归澳门议

欧洲各国自开辟至元时，自相往来，罕通别土。其首至东方者，葡萄牙也。葡人善历算，习天文，用仪器测量日之出入，星躔度数，水陆方向远近。……

以葡人言，本朝顺治二年曾与之立约通商，嘉庆四年割地与居，而立海防同知衙门以治民，遇事华官与葡官共理，载在旧章，斑斑可考。特是稽之向时案牍，未闻有是也。惟向时粤省督抚或经出示谕民，为招徕商贾计耳，此又何足为据？况其中更有可议者，莫如招人出洋一事。盖招工者，每藉词于出洋开垦荒土，自有此举，而匪徒遂视为利薮，拐诱鬻贩之弊，层见叠出。愚民无知，受其陷害，入其牢笼，至于踪迹杳然，存亡莫问者，不知凡几。此实设坎阱于境中，有心世道者所当极为禁绝也。往年西洋总督虽经行文申禁，而招工者悍然梗命，置若罔闻，且几至蠢然思动。此令不行于其国，亦宜设法为之办理。我国家道在怀来，礼崇柔远，即或给地暂居，恩加格外，然藉以通商，非借以售奸。今竟视为拐匪所萃渊薮，至岁以中国十数万生灵掷于洪涛巨浸之中，殒于瘴雨蛮烟之地。此其戕我民命，辱我国体，不亦甚哉！

兹闻葡萄牙国王已遣公使伯爵赞乌亚厘阿前来中国，驰诣京师，请立和约，通商各埠，于诸口设立领事官，于京师驻扎公使，与欧洲列国视同一体。此正我朝廷所当厘革整顿时也。夫葡萄牙之在欧洲，土壤褊小，几类滕、薛、邾、莒，其视中国，不过蕞尔弹丸耳。曩之所以敢飞扬跋扈者，以中国多故之秋，未遑兼顾。今者发、捻、回、苗渐次诛夷，文德武功震烁宇内，苟下以尺一之书，无有不悚然遵奉者。首宜索还澳门一隅，归我管辖。画疆置守，设官治民，建炮台，戍兵卒，以固我边圉，用资屏蔽。凡葡人之生长行贾于其地者，仍可相安无事，一切听其自便，毋得稍加苛刻，所以示怀柔，旺贸易也。次宜撤招工之厂，禁止贩人出洋，有犯此者，严加惩罚。宜与英、法、美商以巡舶驻澳门海口，遇载客之船，必细为盘诘，有犯贩拐者，船货充公，船主、舵工治以应得之罪，如是弊始可杜。倘葡使诣京，总理衙门不将前后各事与之反复辩论，而竟委曲从其所请，则机会一失，不独澳门之索还无日，而岁委十数万赤子性命于异域，亦大可惜。谨就管见所及，具论如上，伏冀采择，不胜幸甚。

（清）王韬著，汪北平、刘林整理：《弢园文录外编》卷7，中华书局，1959年，第175-176页。

本省的移民，从1847年起是从厦门装船的。近来，在某种程度上，改在广东省东北部获得移民,并在南澳岛附近的某处,即汕头装船运出。

陈翰笙编:《华工出国史料汇编》第3辑,中华书局,1981年,第95-96页。

汕头,是厦门西南约一百英里的一个口岸,它是未经条约承认【对外开放】的,这是阁下知道的。那里进行着大量的鸦片贸易和苦力贸易,它似乎得到每一个参与这种贸易的人的默许;香港的报纸定期刊登汕头的船期表。

陈翰笙编:《华工出国史料汇编》第3辑,第115页。

夷人在粤东,利诱内地匪徒,拐骗人口出洋,名为买猪仔,由来已久。自咸丰七年夷人入城,此风更盛。然是时尚未设馆,系用计诱,捉至趸船,一有成数,即便扬帆而去,约计先后被拐不下万口。

《筹办夷务始末》咸丰朝卷52,第629页。

总署收到未具名者寄来澳门拐骗华工情形八条(同治□年)

——咇噜、古巴等洋人来中国招工,每船额要若干名,必与猪仔头订立合同,限以某日开船,即要如数收足。猪仔头立合同后,即向猪仔跋猪仔索等,又立合同,照西人之合同期收足,倘过期不足,则西人要总猪仔头补回船价、米饭及预先取去之银息各费。而总猪仔头亦责令猪仔跋等照数赔偿,逐层逼紧,或至干连保家,猪仔头不能不照数补垫。故自接合同之后,赶紧四处觅人,百计丛生,或用迷药,或用计拐哄骗,或强行掳捉,务欲足数塞责。

——总猪仔头本是穷凶极恶之人,与西人立合同后,接得猪仔若干名,则向西人讨取觅猪仔路费若干,银一到手赌荡花销迨尽,西人银两无从填还,若不拐骗足数,必为西人所执。

——猪仔到澳,必经西官讯问愿意去否,其立例似属周密,该猪仔头预有到衙顶名之人,是以讯问时,实非拐来本人,迨至临时乃调真猪仔下船,或西官查舱严紧,落船时不能更换,则俟船开后,别用大艇,将猪仔装至海外,截船换回顶名之假猪仔,间有赶换不及,遂至将顶名者直装出洋,往往有之。

——自拐得猪仔,即锢禁密室,使其不见人面,至下船时,或向人哭诉被拐情形,猪仔头必对洋人说,他已经骗去银两,兼在官前问过数次,今银两用尽,竟不愿去,船上亦必有猪仔头爪牙,同声证实,使看见者疑信相参。间亦有初意愿去,用过些银,及至落船封舱,看见实在苦况,在船上放声啼哭,猪仔头借为口实,致令查船者难以分其真伪。

——愚民谋食艰难,最易诱骗,猪仔头等初则诡计哄立合同,谓出洋佣工，衣食供足，又每月有工金数元，且外国银一元可沾中国银二两，或诡以外国一年，即中国六个月，虽订八年合同，亦不过四年而已；期满之后，自有妥船送回中国，不用船费。乡愚无知，虽到澳门，即被禁锢，逼勒下船。

——乡愚随到澳门，有醒悟不愿出洋者，即被严刑酷打，或假设西官讯问，若云不愿意去，则责以既收银而复反口，该猪仔头又从傍指证，假西官即将其人重打一番，再调往他所，亦复如是威逼，务打到允去为止，届期方带往真西官处讯问，该乡愚畏打，迫得强从。盖乡愚有多向未见过西人，并未到过澳门者，或讯问时言语不通，猪仔头贿嘱传语者，含糊了事，或私自逃出，不谙路径，仍为猪仔头党羽再行捉获者，亦有之。

——猪仔头故意借银与人赌博，名为猪仔摊。赢则倍偿本银；若输则将本身写与猪仔头，作按而设摊，亦系猪仔头等串同棍骗。又有骗猪仔到澳门后，即逼其先写一二百银欠单，若不允写，则又拷打，如允写而仍不愿去者。即凭单告帐，系狱受苦，务使堕其术中。

——猪仔出洋，每年数以万计，洋人每名约发猪仔头百元，猪仔头交银到猪仔跛等约五十元，及至发给猪仔，不过每名数元，其所得甚巨。往来乡间拐人差役等，亦不过向且猪仔头狡毒异常，羽翼甚众，被拐苦况，街坊目睹，从不敢与之理论。至澳门僻静小路，晚上绝少行人也。

《华工出国史料汇编》第1辑，第249-250页。

总税务司赫德为代拟招工章程并致有关各国文稿事致总署呈文（同治五年正月十一日）

（上略）即如澳门，年中出外海约有万人之多，素闻系粤东沿海地方，常有被拐及抢略情事，其人如何招来，无人在澳过问，其人一去无回，在外如何受苦，亦从无人管理。

《华工出国史料汇编》第1辑，第151页。

澳门一处，向系多年招工，就近沿海民人，常闻深受其害。澳门现无中国官员驻扎，难于会同照料，是以于沿海多处之例，本衙门拟请禁止华民由彼承工出海，应请由贵大臣通谕贵国商民，不准在彼招工，并通谕贵国商船，不准在彼转载承工华民。

《华工出国史料汇编》第1辑，第152页。

两广总督瑞麟等奏首从拐犯即时正法折
（同治五年十月二十五日）

惟粤东今日诱拐人口出洋一案，层见迭出，甚至伙众设计诱及妇女、幼孩，一落外国火船，即带至香港、澳门等处，转贩诸岛，远涉数万里之外，莫可追寻。

《华工出国史料汇编》第1辑，第54页。

江苏巡抚丁日昌为秘鲁在澳门、厦门等地拐骗华工出洋致总署函
（同治八年六月十一日）

六月十一日，江苏巡抚丁日昌函称：五月二十日一，接奉苏字第一百五十七号赐函，以现据意国照会，有中国人从澳门前往秘鲁国，在大洋中伤毙人命。又美国劳使函述广东华民在秘鲁国雇工呈控秘鲁国东家凌虐，又赫德申称，厦门有吗狗船装载华工出洋，夜间工人数名跳入海中。现又申明旧章，照会各国以期保全未往之人，饬即密谕通商口岸委员详加体会等因。仰见尽虑周详，慎重民命之至意。捧诵之余，无任钦佩。

《华工出国史料汇编》第1辑，第970页。

陈委员（兰彬）、马税司（福臣）、吴税司（秉文）致总理衙门呈送《古巴华工事务各节》申呈（同治二十三年九月十一日）

谨将查明古巴华工各节覆呈钧览

计开：

第一条，古巴华工，系从中国何处招去？

查古巴华工，多由澳门、厦门、汕头、广州省城等处诱拐出洋，非尽由于招去。兹据生员冼佐邦十四人禀称：被澳门洋人广布匪党掳拐骗诱，一入到猪仔馆，就不得出门，一下到猪仔船，便不得登岸，任凭锁打押过大洋，及到夏湾拿，卖人行剪辫改装，听人拣卖。

生员陈少严禀称：被恶人骗来古巴。施致和等二十九人禀称：在澳门被骗拐到吕宋国古巴岛。

——生员李肇春等一百六十六人禀称：被葡萄牙人勾结匪徒，前后陆续掳拐到澳门猪仔行。

——唐联升等一百七人禀称：被葡萄牙人结党掳拐，由澳门装到古巴，发

卖与糖寮各处为奴。

——吴阿发等四十人禀称：被匪骗入澳门。

——黄逢吉等十二人禀称：被恶匪温阿娇、赖记长、钟禄元骗称招请雇工等情，诱落澳门，纠同恶党，强捉落船。赖胜等十人禀称：被洋人诱卖做奴。刘阿寿等五人禀称：被人诱拐到澳门猪仔馆，未曾见过西洋官，晚饭后突有洋兵手持洋枪押后，几人绑辫成一队，排列而行，在路喊冤，无人能救，迫得落船。

——郑阿茂等九十人禀称：被人诱到澳门，云出洋做工，价值甚多，虽打八年合同，计中国年月不过四年，就得自便。

——又据张荣纪供：有洋人到浙江温州府平阳县地方，招有十几人同到澳门。又余阿照供：有外国人会说中国话的，拐骗我到澳门猪仔馆顶名各等语。

——澳门一处，自道光二十七年至同治五年，装去六万三千四百五十五人；自同治六年至今年三月，又装去三万五千六百九十四人。

查同治五年照会内开：有澳门一处，并非招工之地等语。而五年以后，仍由澳门装去三万五千余人之多，明与照会不符。

《古巴华工事务节》第1册，陈翰笙编：《华工出国史料汇编》第1辑，第582—583页。

散诸四方被骗出洋而死于难者，每年以千百计，吾闻之有半途病死者，有自经求死者，有凿船焚船同归于尽者，苟幸甫经到岸则售充极劳极苦之工，饮食不足，鞭挞有余，或被东人无辜杀戮，无人保护，贱同蝼蚁。

《澳门"猪仔"论》，《申报》（上海版）1872年8月3日。

美国华人之数量

美国卡厘方利亚省之三藩谢司戈城，华人以其地产金，称为金山，嗣南洋澳大利亚岛亦产金称金山，而以新旧别之。称此为旧金山，美西海滨一大都会也。计华人在美，男女共约十六万名口，居三藩城者约四万人，居卡省别城者，约十万人，余皆散处腹地各属。三藩城立有粤人六大会馆：计三邑会馆（南海、番禺、顺德，附三水、清远、花县），约一万一千人；阳和会馆（香山、东莞、增城，附博罗），约一万二千人；冈州会馆（新会，附鹤山、四会），约一万五千人；宁阳会馆（新宁，凡余姓人不入），约七万五千人；合和会馆（新宁余姓，开平、恩平）约三万五千人；人和会馆（新安、归善、嘉应州），约四千人。

（清）李圭著，谷及世校点：《环游地球新录》卷3，湖南人民出版社，1980年，第107-108页。

在1852年至1858年之间，当苦力贸易自澳门转移于汕头港口时，美国船只曾运出苦力四万名。
D.Henderson，Yankee Ships in China Seas，p186，聂宝璋编：《中国近代航运史资料》第1辑上册，上海人民出版社，1983年，第109页。

一八五五年在汕头载运大三八八名苦力的总数十二艘船之中，有五艘是美国的，这五艘共运出三〇五〇人。据香港一八五七年苦力贸易报告所载，在所使用的总数七〇艘中，二十二艘是美国的。同年，载运苦力往哈瓦那的六十三艘船中，有九艘是美国的。
（美）泰勒·丹涅特著：《美国人在东亚》，姚曾廙译，商务印书馆，1959年，第455页。

在上两星期中，从澳门开出的华工船计有：法国的三桅帆船"寂静号"，载有二百十七名华工；秘鲁船"秘鲁号"，载有四百名，还有葡萄牙船"玛利亚·比亚号"，装了二百三十九名，都是开往哈瓦那的。
N.C.H.，1871.11.29，P925，聂宝璋编：《中国近代航运史资料》第1辑上册，第114页。

申禁略卖人口出洋

广东近年略卖人口出洋之案，例无专条，而情节特重。缘英法各国开垦南洋诸岛，募人佣工。奸猾之民，因而略卖人口渔利。屡经拿案，未一严惩，积久遂至横行。愚民被其胁诱，动辄数十百人载出海外，与洋人交易，多索买价。被买者语言不通，自以为受雇佣工，一经出洋，永无下落。其略卖人口伙党，船户勾通共谋，并无分首从。人口数十，关闭仓底，谓之"买猪崽"。其事较之诱拐子女为加惨，其情较之人口出境为倍重。臣等以为宜明定罪名，凡洋人招工出洋，准其开设招工所，听人投充。但有指引情事，即按人数科罪，设计诱骗略卖者皆斩。

又广东省例载道光二十四年奉部议：拿获洋盗，供认行劫重情，如无事主报案，仍应照案行查，勘讯明确，不得以并无事主报案，遽照犯供定谳等语。臣等查盗案缉捕，参限甚严，又例须赔赃。各省地方呈报盗案，常至凌厉州县，亦恃例文之足以相胁制也。广东劫案繁多，不独不能追赃，即盗犯亦不易获，乃至以呈报盗案为大忌，需索磨难，使不得申诉。百姓亦遂以报案为累，相为隐忍。被劫民户或系乡村居民，或系店铺，或系经过客商。江洋劫案则本省客商与外省客商参半，大率报案者十之一，未经报案者十之九。至有致毙事主无人报案者，各州县乡村小路详报无名男子被杀，报验皆盗案而无主名，间获一犯就所供认二三案，行查各县动须传讯事主补勘补详，或事隔数年，事主无可传讯，即不能定谳，盗贼享行查之利，事主反受拖累之苦，滞碍已多。至于洋盗行劫，率在大海风涛之中，搜赃杀人，焚烧船只，即事主亦不知名姓，行劫地方又不知坐落何县，故海洋报案更少于内地，获案行查之难，亦更甚于内地。武营拿获盗船，有赃，有供，有凶械，有正盗，有伙党，甚或有血迹可证，而必责令地方官勘详，舍近而求诸远，舍实而求诸虚，每讯一盗犯，文移往复，疑难万端，亦见数十年来酿乱之由，此又省例之急当变通者也。（同治三年八月）

梁小进主编：《郭嵩焘全集》第4册，第167-168页。

请豁除旧禁招徕华民疏

……臣于光绪十七年奏派道员黄遵宪为新嘉坡总领事官，属令到任后，详察流寓华民情形，核实禀报。兹据称，南洋各岛华民不下百余万人，约计沿海贸易落地产业所有利权，欧洲阿剌伯巫来由人各居十之一，而华人乃占十之七，华人中如广琼惠嘉各籍约居七之二，粤之潮州、闽之漳泉乃占七之五，粤人多来往自如，潮人则去留各半，闽人最称殷富，惟土著多而流寓少，皆置田园，长子孙，虽居外洋已百余年，正朔服色仍守华风，婚丧宾祭亦沿旧俗。近年各省筹赈筹防，多捐巨款，竞邀封衔翎顶，以志荣幸。观其拳拳本国之心，知圣泽之浃洽者深矣，惟筹及归计，则皆蹙额相告，以为官长之查究，胥吏之侵扰，宗党邻里之讹索，种种贻累，不可胜言。凡挟赀回国之人，有指为通盗者，有斥为通番者，有谓为偷运军火、接济海盗者，有谓其贩卖猪仔、要结洋匪者，有强取其箱箧肆行瓜分者，有拆毁其屋宇不许建造者，有伪造积年契券藉索逋欠者，海外羁氓孤行孑立，一遭诬陷，控诉无门，因是不欲回国，间有以商贾至者，不称英人则称荷人，反倚势挟威干犯法纪，地方有司莫敢谁何？今欲扫除积弊，必当大张晓谕，申明旧例既停，新章早定，俾民间耳目一新，庶有裨益。盖黄遵宪体察既深，见闻较熟，故言之详切如此。臣窃惟保富之法，肇于周官，怀远之谟，陈于管子。民性何常，惟能安彼身家者，是趋是附，中国出洋之民数百万，粤人以佣工为较多，其俗虽贱视之，尚能听其自便，衣食之外颇积余财，至今滨海郡县稍称殷阜，未始不藉乎此。闽人多富商巨贾，其俗则待之甚苛，拒之过峻，往往拥赀百万，羁栖海外，十无一还，且华民非无依恋故土之思也。国家亦本非行驱禁之政也……是疏于光绪十九年五月十六日，由英伦使馆发递，七月初十日奉硃批，该衙门议奏，钦此。

（清）薛福成：《庸庵文编·海外文编》卷1，文海出版社，1973年，第1166-1172页。

李氏，梁康道聘妻，名春娘，夫往外洋不归，氏年三十于归。

道光《新会县志》卷10《列女》。

二、海外粤商

工多奇技，商大小列廛，其挟赀以游者，虽远涉重洋而不为惮。康雍时，服贾极远止及苏松、乍浦、汀赣广惠之间。近数十载则海邦遍历，而新加坡、暹罗尤多，列肆而居。

光绪《海阳县志》卷7《舆地略六·风俗》。

雍正二年，谕暹罗国来船，梢目虽系广东、福建、江西等省人民，然住居该国已经数代，各有亲属妻子，实难勒令还归，着照所请，仍令回国居住，钦此。

《钦定大清会典则例》卷94《礼部》，第111页。

（乾隆三年六月）琼州镇总兵武进升奏称，琼州客民，私买安南仔，男女多人，事干严禁，正在酌议。复据总督鄂弥达奏称，现在缉拿伙犯，追出买过番仔，实有若干，查交该官收养。一面咨明该国王，候有便船，按名给以口粮盘费送回。但琼州西南，与安南接壤，客贩往来，俱应立法查禁，以为经久之计。得旨，依议。寻据刑部议奏，兴贩外夷人口，请照内地略诱本律，不分首从杖一百，流三千里。文武官弁，稽查不力者，分别议处。仍行文该国王，自行严禁，毋许串同通事，诱卖处境。从之。

《清高宗实录》卷70，《清实录》第10册，第121页。

龙山周彦才商于越南国，粤游民之出关采金沙者，常为行旅患，乃集赀于货，募壮卫行，推彦才领之。会争国事起，以壮助阮氏，有功封以官，使理铸钱局。先是越南兵用鸟枪市诸英舶，必验其可用，乃成价，积欠不赀，黠者或加药燃试，遂炸。夷忿己物之不良也，辄弃之河干，扬帆去，而后拾其遗铁，自改造焉。夷知之，不平。嘉庆十三年大班者遇张保于洋，与约其图越南。明年募兵至，则相与夹攻，保许之。既而郑石氏与保私而孕，将产矣。诸贼目恶其上蒸，渐形携贰，于是保亟求抚跟跄，先送石氏羊城为质，实避产期也。已而，夷兵果以舶至，抵越南，闻保已投诚，惧募费无所出，则驻舟索宿负，越南乃使彦才如夷舟调停其事，量减至若干万圆，夷舶遂返。道光十八九年，彦才老而归其乡，自述于人如此，事之有无，未可知。然当时保与石氏方掠内河村落，饱餍而出，势非穷蹙，若但以郭学显先降之故，则他盗之为其羽翼者尚多，今遽就抚，是当有故也，附志之。

咸丰《顺德县志》卷21《列传一》。

闽粤人到此（指马六甲）采锡及贸易者甚众。

（清）谢清高口述，杨炳南笔录：《海录校释》卷9《麻六呷》，第45页。

商船出洋之时，每船所报人数，连舵手、客商总计，多者不过七八十人，少者六七十人，其实每船皆私载二三百人。到彼之后，照外多出之人，俱存留不归。更有一种嗜利船户，略载些须货物，竟将游手之人偷载至四五百人之多，每人索银八两或十余两，载往彼地，即行留住。此等人大约闽省居十之六七，粤省与江、浙等省居十之三四。

陈翰笙编：《华工出国史料汇编》第1辑，第1—2页。

新嘉坡总领事刘玉麟请通饬保护南洋回籍商民禀（光绪二十五年）

敬禀者，窃查南洋流寓华民，大半籍隶闽粤，自弛海禁，久客思归，懋迁往来，行装络绎，运资回里者有之，置产故乡者有之。旋因满载而归，动遭羡忌，或为乡里鱼肉，或为吏役欺凌，或构衅以陷其身，或藉端以罄其橐，甚至宗支坟墓横被侵吞，新构田园立遭蹂躏，当经前总领事黄遵宪禀由，前出使大臣薛奏准示禁在案，无如日久玩生，复萌故态。职道访闻该商民等回籍之后，仍有地方棍徒无赖绅衿纷投索扰，胁制百端，商民以众寡不敌，孤掌难鸣，多隐忍而受其挟诈，遂致风闻相戒，视华籍为畏途，对故乡如荆棘。凡在外洋经商，广有资产者，悉皆望洋裹足，惴惴焉，有不敢回里之势，前车之鉴覆辙可寻，此实外洋商民之实在苦衷也。伏思朝廷民胞物与，一视同仁，岂忍听此数百万黎民弃遗海外？况近来水旱频仍，时间告匮，内地饷源日绌，度支维艰，各省赈项多有在南洋捐集者，即使一隅之款，无裨大宗，而集腋成裘，不无小补。该商民等既能不分畛域，推解情殷，尤当团结其心，因势利导，以资臂助。

（清）颜世清辑：《约章成案汇览》乙篇卷5下成案，《续修四库全书》史部第875册，第219-220页。

（光绪）二十六年，广东巡抚德寿奏，粤民出洋贸易人数甲于他省，回籍时为关吏势豪索诈，在所不免。适江苏题奏道苏元瑞来见，与之熟，商设局保护。先在省城设立保商总局，局绅不支薪水，司事等经费月需银百余两，该道劝绅商筹捐不动公款，刊印空白护照，分寄外洋各埠之会馆绅董，如有回华商民，即将其人姓名、籍贯、执业填明，并贴照相，交本人带回赴局验明，如有欺诈等事，报局转知地方官清理，其出洋妇女幼孩取具保结，报局给予护照，方准上船。嗣后各关税务司查无粤局护照，即予扣留，省外沿海各处，俟各局办有成效，再行推广，以期周密。

（清）刘锦藻：《清朝续文献通考》卷391《实业考十四》，第11398页。

胡璇泽，一名玉机，字琼轩，黄埔人，随父与诸父往外洋新加坡治商业，不数年业日增，名益起。同治八年，总署大臣奏派为新加坡领事官，以不习吏事辞。光绪二年大学士李文忠公鸿章以津海关道黎兆棠与璇泽有桑梓谊，属函劝出仕，仍固辞。适兵部侍郎郭嵩焘使英，道出新加坡，面劝勤恳，始不复执初意。三年，嵩焘保奏奉旨授新加坡领事，以道员选用，复由总理衙门南北洋大臣代奏奉恩旨，准其兼受外国官爵，并佩带宝星。中国于外洋设领事官自璇泽始。俄国及日本国设领事官于新加坡，而使中国官兼任，亦自璇泽始。璇泽任俄领事，不受俸，署美领事，任日本领事，任英议例局员，佩带一等宝星，受奥男爵之封，佩带宝星，亦俱不受俸。

宣统《番禺县续志》卷22《人物五》。

陈旭，字印波，冼沙人。九龄病痘，几殆，梦伟丈夫持心肝来，血淋漓剖腹易之。大骇而觉，病遂瘳。年十六弃儒而贾，历新嘉坡槟榔屿等处，归至汲水门，遇盗丧其赀，乃入行伍，时金陵陷贼，钦差大臣向荣移军孝陵卫，旭投忠勇营中，屡却敌，保六品顶戴……

民国《东莞县志》卷73《人物略二十》。

洪贞女敏娘，上莆都人，州同洪朝光次女，质性聪慧，颇涉群书，知大义，少许字同都许氏子，未于归，许乃挈眷商新嘉坡，因家焉。嗣从西洋耶苏教，娶教女，贻书与洪辞婚。女闻泣下曰："妇人从一而终，既已许之，愿守志不二，以待其归。"迟之久，见许无归志，遂绝粒卒，年二十有六。

光绪《海阳县志》卷44《列传十三》。

粤商在南洋

张振，字勋、肇燮，号弼士……年十八随估客赴南洋，至荷属噶啰吧，经营数年，囊渐裕，创裕和公司，植谷米、椰子树胶、咖啡、木棉茶诸物。振勋见荷人在南洋各岛，专务种植，尽地利。英人则专辟商场，兴商开矿，皆获厚利。思兼用其长，乃于荷属设怡厘公司、笠旺公司、日丽银行，英属文东埠创文东公司，槟榔屿创万裕公司，营商业，辟锡矿，事垦植，诸利并兴，积赀益富，侨民有所执业，至者日众。荷政府以振勋兴商辟利，增益税务，有功地方，礼遇优异，欲授以职。婉谢之，人问故，曰："吾华人当为祖国效力，服官异邦，非吾志也。"光绪癸巳，驻英公使龚照瑗抵槟榔屿，振勋谒见，与语器之，荐于朝，并函直督李鸿章，力言振勋才可用，奏派驻槟榔屿领事官。甲午，升星嘉坡总领事，中东之役，输募巨款助国。丁酉，李鸿章委办大清银行，庚子奉调回华，随办商务。辛丑，委总办佛山铁路。癸卯三月，奉军机大臣奏保人才，召见二次，奏对称旨，赏给侍郎衔，以三品京堂候补。甲辰，电召进京，奏陈兴农工商矿铁路水利一权度量衡圜法共十二条，传旨嘉奖，赏给头品顶戴，补授太仆寺卿，督办闽广农工路矿大臣，旋命为考察南洋商务大臣，兼槟榔屿管学大臣，捐助南洋槟榔屿及香港大学堂各十万元，港大学赠给法学博士，以酬之。振勋挽回外溢利权，独出赀百万，在烟台创张裕葡萄酿酒公司，惨淡经营十余年，始克收效。

民国《大埔县志》卷21《人物志二十六》。

州俗土瘠民贫，山多田少，男子谋生各抱四方之志，而家事多任之妇人。故乡村妇女耕田采樵缉麻缝纫中馈之事，无不为之，絜之于古，盖女功男功皆兼之矣。自海禁大开，民之趋南洋者如鹜，始至为人僱佣，迟之又久，囊橐稍有余积，始能自为经纪，其近者或三四年、五七年始一归家，其远者或十余年、二十余年始一归家，甚有童年而往，皓首而归者，当其出门之始，或上有衰亲，下有弱子，田园庐墓概责妇人为之经理，或妻为童养媳，未及成婚，迫于饥寒遽出谋生者，往往有之。然而妇人在家，出则任田园樵苏之役，入则任中馈缝纫之事。古乐府所谓"健妇持门户，亦胜一丈夫"，不啻为吾州言之也。其或番银常来，俗谓往南洋者为番客，故信曰番信，银曰番银，则为之立产业，营新居，谋婚嫁，延师课子，莫不井井有条。其或久赋远游，杳无音信，亦多食贫攻苦，以俟其归，不萌他志。凡州人之所以能远游谋生，亲故相因依，近年益倚南洋为外府，而出门不作惘惘之状者，皆赖有妇人为之内助也。向使吾州妇女亦如他处，缠足则寸步难移，诸事倚任婢媪，而男子转多内顾之忧，必不能皆怀远志矣。

光绪《嘉应州志》卷8《礼俗》。

罗芳伯，少负奇气，业儒不成，去而浮海，乾隆中叶客南洋婆罗洲之坤甸（所属唠唠、双钩月、文澜、东万律、万唠等土皆产金，故俗或称金山）值鳄鱼肆虐，吞啮人畜，日以百数，乃纠合华夷仿昌黎在潮故事，投其文望海祭之，鳄鱼果避去。群惊为神，谓三宝之复生也。因奉为王，号令赏罚，悉听之。华夷故多争，自罗为政，奉约束维谨，声赫濯俨然王者，年七十余终，立庙通衢，规模壮丽，穷极土木，堂上金扁，字大四尺，曰："雄镇华夷"。中国人至者必入而瞻拜之，吧城博物馆中藏有兰芳大总制衔牌，盖罗之遗物也。自罗之后，江阙宋刘相继为王，始于乾隆四十年，终于光绪九年，共一百有八年。《采访册》《谈梅》。

光绪《嘉应州志》卷23《人物五十八》。

饶申祥，生二岁，父即游南洋，音书旷绝，稍长询母即泣，乡有由南洋归者，访知父所在，急欲往，家赤贫，无以为资，尽鬻服物而行。至坤甸，日行山中，荆棘载涂，裹草以渡，血缕缕不避，讵见父，顾不以为子也。申祥悲涕持弗释，乃许之偕归，归益贫，旋往台湾佣工，以资赡养，闻父殁以毁卒。《采访册》。

光绪《嘉应州志》卷23《人物七十三》。

李步南，字九香，自海禁大开，中外通商，步南即往南洋，致巨万，念积而能散之义，凡道路之有崎岖不平者，水步之无桥梁与渡者，长途之无茶者，人或有不告，告则未尝不以自任也。如水兴之瑞兴桥，丙村之久远桥，松口小河之广福桥，上坝头之河堤、峰市之救生船，皆捐千金与数千金，无吝色。又若育婴堂之经费，梅东书院之增课，李氏大宗祠之月课，均拨田店为永远之费。又拨峰市店租助新入学者，两斋老师赆见之费。光绪二十一年，时方苦旱，米价翔贵，伏莽欲发，人心惶惶。步南时在噶罗巴，先时拨数千金买米平巢，适以时至，乡里赖以安靖，其后连年米贵，松口诸善士购米平粜，源源接济，所由消患于无形者，皆本步南倡之也，卒年六十八。《采访册》。

光绪《嘉应州志》卷23《人物八十五》。

朱学发，七巩人，勤恳敦厚，度量恢宏，孝弟力田，为宗族乡党所推重。光绪间，感国势日弱，由财力不充，财力不充由地利未辟，知开矿为救国要图，时年五十余，犹欲赴南洋佣身矿场，为资经验，以子海均愿以身代而止，因勖海均专致力于矿业，海均果精其术，致巨富。屡报效于国家，学发之教也。卒年五十有四。

民国《阳山县志》卷11《列传》。

邑地狭民稠，故赴台湾耕佃者十之二三，赴吕宋、咖喇吧者十之一。吕宋在南海中，明时为佛朗机所并，然与中国贸易仍称吕宋，有大吕宋、小吕宋。大吕宋在法兰西之南，即意氏班牙。乾隆四十八年进口，《海国闻见录》作是班牙，吕宋之祖家也。小吕宋今谓之岷唎喇，其地宜稻，米贱时，石值三四百钱，即昂贵亦不过一两。遇风便十日可至澳门。又吕宋有属国曰米时哥，其地多铸花边银钱，无物产，海船来粤者，惟载银钱而已。咖喇吧在西南海中，荷兰所属地，由万山外罗新洲绕陆耐国后，向南行约四日，至崐仑山为安南境，又南行约五日至柔佛国，又南行一日至纲甲峡口，又过三洲洋正南行三日为咖喇吧山名头峙山，又南行二十余里至海峙山，过此为咖喇吧大山，广袤二百余里，有城郭。荷兰番在此者约三四千人，别有乌番兵二三千人。又有土番无来由种类也。凡外番无可考者，俗谓之无来由。见《海国闻见录》。土产燕窝、麝香、丁香、沉香、落花生、蔗糖、咖哒、流连子，形似柚而小、孟姑生形似柿有核，其味清美；又有赴金山者，按：金山不见《外番志》。相传其地产金，至其地者惟淘金为业。考之《职方外纪》诸书，有巴大我尼亚国，其国近火地，其西有利马地，至利地，属大吕宋，产金银当即此地也。近闻有人至苏喇，按苏喇在嗌喟北，舟行三日，陆行四五日可至。嗌喟在小西洋之北少西，皆红毛所辖，产玛瑙、棉花、乳香、没药、阿魏鱼膏、鱼翅之属，苏喇土产有血蝎，为嗌喟所无。

同治《石窟一征》卷3《教养》。

光绪三十三年八月十九日本院代奏陈发檀条陈一件……暹罗立国南徼，互市之利始自隋唐，流寓之人多系闽粤，梯航通道，久被华风，系我朝属国。近岁锐意图强，俨然独立，与各国订约通商，冠盖四出，西人咸目为东方比利时。国不以弱小而轻之,其全国户口不满千万,而华侨乃三百万人。人数之众过于爪哇,商业之盛过于西贡。惟我国尚未派有使臣领事为之保护,势孤气馁,外人未免相轻。

(清)朱寿朋:光绪朝《东华续录》光绪二百十五,《续修四库全书》史部第385册,第697页。

粤人在美国

黄廷章,号云航,大朗乡人,少颖悟,年十三即通五经,下笔数百言,文不加点,有神童之誉。以郡庠生中式。同治元年乡荐,旋丁父艰,副将邓安邦欲延致幕下,力拒不就。人问其故,曰:"吾兄弟仅两人,弟既远贾,吾若离母从戎,谁奉甘旨乎?"乃设帐授徒于邻村,时母方患蛊,廷章朝夕归省,虽疾风暴雨无间,母死哀毁骨立,终丧后,犹有戚容。弟汉章商于赣,廷章抚其子女如己出,竭数十年修脯所蓄,筑成一室,与弟共之。其孝友如此。黄故巨族,族中有两强房,积不能相尝。因小故纠党械斗,闻廷章至,皆匿械走。廷章集两房父老,为立条约,约束子弟,卒使尽泯前嫌,和好如初。其化及乡人又如此。生平淡泊无宦情,授徒里中,常以敦品励行相劝勉。邑中知名之士多出其门。年六十,就美洲旧金山华侨之聘,充三邑会馆堂长。时华侨习尚奢侈,性好斗很,廷章极力晓譬,遂变其俗。终廷章任事期内,无一斗案焉。既返国,地方不靖,值副将黄金福奉檄举办清乡会,同南番两县委廷章为四社团练局长,办理严明,无枉无纵。崔莩敛迹,闾里赖安,如是者十余年而卒,卒时年七十九。

宣统《番禺县续志》卷24《列传》。

刘宗骏,字论道,号云房,南门人。弱冠进庠,文名颇著。时廷议遣幼童赴美国肄业,吾粤陈兰彬、容闳方使美,都稔知其贤,敦聘出洋,充汉文教习,输课官学生唐绍怡、梁诚等百二十人,循循善诱,得士称盛,调使署随员,旋派往古巴襄办总领事署事,时华工鬻身为猪仔者六万余人,率皆辗转贩卖,葬身于异域,不知凡几。宗骏悯之,集同志呈公使,延律师申辩,卒得直,立释数万人。先是华工在外日久,其家属多不知存亡。宗骏代之缮寄家书,并访其家属,有已升祔致祭多年者,一旦得书皆惊喜逾望,万里重洋,音问不梗,至今犹称道之。宗骏见义勇为,不避劳怨,当其再充古巴马丹萨领事也,同僚有私缮护照,由古巴运华工赴美者,事泄,华工遇害者甚众。宗骏据情上闻。同僚恨之,卒被逸,迁调日斯巴尼亚使署,宗骏处之夷然。时小吕宋未设领事，苛待华人。宗骏上书公使及总署，请设领事。当时格于条约，后卒如议。宗骏凡驻美日古三处，先后十余年，遇交涉俱力持大体，历任星使皆倚任之。积劳保至知府加盐运使衔，回国复受知于曾纪泽、李鸿章，历膺要职。性伉爽好施，遇有贫苦者，常解囊以助，无德色多不令家人知者，光绪甲辰旅沪卒。

民国《香山县志续编》卷11《列传》。

李鸿章奏广东潮州出洋商民捐赈，未及请奖者，请俟该地方编辑志书时，将姓名事迹一并列入，允之。

（清）朱寿朋撰：《东华续录》光绪二十九，《续修四库全书》史部第383册，第289页。

第十章
海难救助

一、救助夷船

乾隆三年,安南国番邓兴等因在海洋地面驾船采钓,行驶之际,陡遇飓风猝起,势甚猛烈,时当仓猝,人力实无可施,虽极力救护,仅未至于覆溺。而风狂浪大,不能择地收泊,任风吹驶,幸于乾隆三年五月初四日将该番等船只漂入文昌县清澜港口。又令安南番令奉等,因驾船装谷,于乾隆三年五月十三日被风漂至崖州保平港……又安南国番阮文雄,因装货于三年七月初八日,被风漂至大镬洋面……先后批行布政使伤给口粮抚恤,发遣回国。

《清高宗实录》卷101,《清实录》第10册,第521-522页。

外国船只遭风漂至广东口岸

兵部尚书兼都察院右都御史、总督广东广西等处军务、兼理粮饷、加二级、纪录二次、驻扎肇庆府臣马尔泰谨题,为汇报发遣等事。该臣看得外国夷船被风飘到内地,查验原船可修即与修整,如破烂难修,酌量发遣归国一案,例应岁底汇疏题报。兹乾隆三年分查一起安南国难番邓兴等,因驾船采钓,于乾隆三年五月初四日被风飘入文昌县清澜港,又一起安南国难番令奉等,因驾船装谷,于乾隆三年五月二十三日被风飘至崖州属保平港,又一起暹罗国船商柯汉,因驾船来广贸易,在香山县属洋面遭风沉船,逃活水梢郭斌使等;又一起暹罗国船商郭意公,因驾船来广贸易,在香山县属洋面遭风沉船,逃活番民叮呱哆呢等,俱于乾隆三年八月初一日到省。又一起安南国难番阮文雄等,因驾船装货,于乾隆三年七月初八日被风飘至大镬洋面,又一起外夷若哥等,因驾船运米,于乾隆三年二月二十八日被风飘至墺海,又一起吕宋国难番弗浪西咕等因驾船贸易被风坏船,遂乘三板一只于乾隆三年八月初日飘至墺(澳)门海面,节据各该地方文武详报,俱经前任督臣鄂弥达先后批行布政司饬给口粮抚恤,发遣回国去后。兹据原任布政使刁承祖详报,安南国难番邓兴等,觅有黄昌盛船只,于乾隆三年九月十五日驾送回国,又安南国难番令奉等,雇有朱合利商船,于乾隆三年十月十三日遣送回国,又暹罗国难番郭斌使等,并叮呱哆呢等附搭卢仕华商船,于乾隆四年二月十九日驾送回国,又安南国难番阮文雄等,附搭林恒顺商船,于乾隆四年二月十六日开行回国,又外夷若哥等,将原船修好,于乾隆四年三月初八日开行回国,吕宋难番弗浪西咕等,亦于乾隆四年三月初八日附搭若哥番商船回国,等由前来。

所有乾隆三年分被飘到粤,陆续发遣难番归国日期,相应题报,伏乞皇上睿鉴,敕部查照施行,臣谨会题请旨。乾隆四年七月二十五日题,九月十六日奉旨:该部知道。

《香山明清档案辑录》,第419-420页。

英国遭海难之船只

(乾隆八年八月)又谕,据署广东总督策楞等奏,上年十一月内,英吉利国巡哨船只,遭风坏船,飘至澳门海面,并遣夷目撑驾三板小船,径至省城,恳求接济水米,沿途水塘汛弁,绝无盘诘稽查。后经督抚准令湾泊内海,接济口粮,采买木料,修理船只,俟风信便时,饬令出口。……策楞随将海口毫无查察之副将王璋、并不早为揭报之总兵焦景竑题参。夫题参固当,然亦该省向来因循之所致也。马尔泰到任后,当极力整顿之。

《清高宗实录》卷198,《清实录》第11册,第545页。

日本遭海难之船只

左都御史兼署两广总督、广东巡抚臣朱圭跪奏,为日本国遭风难民咨送赴浙,搭船回国事。据香山县详,本年六月十二日,据澳门夷目唻嚛哆禀,有日本国难番源三良等,于上年十二月内遭风漂至安南,船货沉失无存,止逃生九人。本年四月内搭本澳第八号呢咕唠啡呜咪船,于五月二十日到澳,求搭便船回国,但本澳船只向无开往日本国贸易,恳代转请发遣回国,等情。计开:源三良一名、清七一名、幸吉一名、已之松一名、仲吉一名、关藏一名、羊五良一名、幸大良一名、门次良一名,当经饬司确查去后。据藩司陈大文详查,广东省向无往趁日本国商船,难以附搭。惟查乾隆五十四年四月内,有日本国难番伊兵卫等十五人，遭风漂至广东惠来县属乌涂澳外，经前司许祖京详请，照例支给口粮、行粮、茶薪等银，委员送至浙江乍浦同知交收，搭船回国，经前督臣福康安奏咨在案。（宫中朱批奏折，乾隆六十年七月十八日）。

《香山明清档案辑录》，第454页。

琉球遭风之船只

（嘉庆）十九年甲戌，琉球国难番飘至县境，资送归国。琉球船难番四十余人，飘入港内，知县宋如楠照例给以衣粮，修理舟楫，送其归国。

道光《电白县志》卷13《前事纪》。

吕宋遭风之船只

两广总督臣阮元跪奏为闽省递到吕宋国遭风难夷，照例抚恤，搭船回国，恭折奏闻事。窃准福建抚臣咨会，据台湾府详报，吕宋国难夷阿牛食顶立务懒等十七名驾船出洋买卖，遭风漂泊闽省，奏明照例恤给口粮，护送至粤。询明遇有吕宋使船附搭回国等因。旋据闽省将难夷阿牛食顶立务懒等十七名递到，当经转饬译讯明确，递送香山县妥为安顿，俟有便船附搭回国，去后，兹据藩臬两司详，据广州府转据南海县传同通事译讯，该难夷阿牛食顶立务懒等十七名俱供驾船出洋，往该国内骂悦地方买卖谷食货物，遭风漂泊台湾洋面，与在闽所供无异，照例恤给口粮，派委员役，递送香山县交澳门夷目收领，搭船回国。随据香山县申报难夷内黎吻朵苏仔一名在途身故，验明捐棺收殓，其余十六名一并护至澳门。适澳内有明咭唎嗄船往哥斯达贸易，该难夷等即搭该船于道光三年二月十七日开行回国，哥斯达去吕宋不远，可以转搭回国，各难夷归心甚切，众皆喜悦等由。（军机处录副奏折，道光三年四月初二日）。

《香山明清档案辑录》，第491-492页。

来粤贸易夷船遭遇海难

署理两广总督印务广东巡抚臣祁㙔跪奏为来粤贸易夷船在洋遭风被雇倩引带之渔船纠抢拒伤先后获犯多名审明分别定拟具奏仰祈圣鉴事。窃照本年六月内，海洋飓风大作，商民船只多有飓风损坏，经前督臣卢坤会同臣派员沿海查察，风闻有英吉利货船来粤在外洋遭风，被渔匪乘机抢掠之事，当即咨行水师提镇并饬地方文武官严密查办。旋据洋商伍绍荣等禀报接据在澳之夷商咈哒信称，有英吉利货船一只来粤贸易，船主名咀呕，六月初七日在洋面遭风，将船打坏，招雇渔船十余号，引带赴澳，许给谢资二百七圆。十一日，带至新宁县界东矾石洋面，咀呕等因渔船不善引带，欲另行雇觅，止谢给每船洋银十圆，各渔船嫌少，索增未允，即纠约人船执持刀械，过船抢去银二十一箱，内装洋银七万五千圆，又零星洋银及时辰表等物，并将船主、火长、水手拒伤等语。臣等以夷人如果桀骜，不遵天朝法度，应示之以威，令知儆惧；若被内地匪徒纠抢受害，则应严行究办，追赃给领，以靖奸究而示体恤，当即一面严饬沿海州县会营，迅速密访严拿，一面委候补知府周寿龄、知县文晟前往失事地方查勘。旋据阳江、顺德、香山、新会各营县文武官会同委员及该管营县督带弁兵差役，先后访获要犯黄利六、黄富灿、吴茂彩、吴大汉保及黎胜鳌等共三十五名，渔船十一只，在各该匪住屋及船内并各海岸沙土内搜获原赃新洋钱三万二十五圆。（道光十五年十一月十四日）。

《香山明清档案辑录》，第243-244页。

荷兰等夷船遭风漂散

两广总督臣策楞谨奏为奏明事。窃查本年六月内，有红毛番舶二只，贺【荷】兰番舶三只，先后寄碇于香山县之外洋大头洲、九澳、鸡颈等地方。臣因红毛、贺【荷】兰俱与吕宋有隙，恐其等候吕夷在洋滋事，当即飞饬该地文武弁多拨兵船，严加防范，并禁止货卖粮食接济夷船，一面令左翼镇亲往澳门往来弹压。嗣据查明红毛船二只，一系赴广贸易商船，一系该国王恐其途遇吕夷差拨护送之哨船，商船业已开进黄埔，哨船仍泊外洋。其贺【荷】兰船只，据讯夷目内称，伊等自本国开行共有五船，同往日本，后至中途被风飘散二只，此内摩遮一船，系有货商船，遮亚喇奴、逢叮啡二船亦系该国王差拨护送之哨船，并据禀称，船上水手现俱患病，所带水米食物将完。吁请准买接济，随有澳门夷目认保具有，并不致于滋事甘结在案。

臣查外夷商船，失风飘至内地，原有赈恤之例。今贺【荷】兰之船既因趁洋前往日本，遭风至此，自应准其买备水米，以昭天朝柔远之仁。臣现在行令澳门同知会同武员饬著住澳夷目代为买备口粮，仍令暂泊外洋，并严禁渔蛋小船私卖食物，致有偷漏，一俟风便之日，即押开行，事关外番遭风商哨船只，所有臣查办缘由，理合奏明，伏乞皇上睿鉴施行，为此谨奏。（乾隆十年七月二十八日）。

《香山明清档案辑录》，第420页。

二、粤船被救

乾隆四十二年广东行商李光等搭乘商船漂流至朝鲜

问：你们二十九人姓名、年纪、居住？……

答：客人李光年六十，罗五年五十一，已上二人住广东省广州府南海县。

问：天津之于广东，比同安尤为绝远。广东客人，缘何作伴耶？

答：广东客人李光等以行商来天津，故与之同舟也。

问：你们当初装载凉花（棉花）几斤，枣子几石，价为几许？

答：凉花一百九十包，枣子一千多担，而凉花每包为一百五十斤，价银十七两，枣子每担为一百斤，价银二两。

问：凉花、枣子，尽为漂失耶，货主是谁？

答：凉花即客人李光等五人之货，枣子是船户金长美之物，尽为漂散。渔船破之时，而凉花之漂着浦边者，贵国人拯出，而换给棉布至八十匹之多，感谢无地。

朝鲜李氏王朝《备边司誊录·正祖年丁酉条》，转引袁晓春：《海上丝绸之路朝鲜史料中的广东船》，《广东造船》2015年第1期。

（康熙八年六月癸未），先是广东都司刘世虎等驾舟巡海，遇风漂泊至广南国境内，广南国王差赵文炳等，送刘世虎等归粤，并带来货物船只。

《清圣祖实录》卷30，《清实录》第4册，第408页。

安南留守潘文磷等寄呈阮光平启书一函内称，本年（乾隆五十五年）七月十一日，有广东遂溪县船户陈朝球等船只被劫，经该国巡洋屯将范光章，剿杀盗匪，将原船收获等语。范光章巡哨海洋，见有内地船被劫，即能奋勇追捕，将盗匪剿杀，实属可嘉。着赏给大缎二匹，即令该抚面交阮光平，于回国时给与该屯将范光章，以示奖励。并着陈用敷告知该藩，此事奏达大皇帝，深为嘉予，特赏范光章大缎二匹，交国王敬谨赍回，遵旨赏给。至国王涯膺思眷，屏翰南交，本有地方之责。安南与粤东洋面毗连，遇有盗船逃窜国王境内沿海一带，务须饬令镇目屯将等，一体严缉查拿。若拒捕即当剿杀，不可以中国之人，略从观望，以期绥靖海洋。国王承受恩荣，更无既极，将此谕令知之。

《清高宗实录》卷1364，《清实录》第26册，第309-310页。

（乾隆六十年）又谕曰长麟等奏广东商民陈裕来等出洋遭风，飘至安南，经该国王照料资送，由谅山镇进关等语。安南国王阮光缵自袭封以来，甚为恭顺，今因内地商民遭风被难，即饬照料资送来关，尤为小心谨慎，殊属可嘉。

《清高宗实录》卷1476，《清实录》第27册，第722页。

光绪六年广船许必济漂流到朝鲜

庚辰十一月初九日

府启曰：忠清道庇人县漂到大国人九名，暹罗国人十八名，入接弘济院后，使本府共事官及译官，详细问情，别单输入，而今此漂人皆愿速归，留一宿发送，何知。答曰：允。

庇人县漂人问情别单

问：一路辛苦啊。

答：吃苦不少。

问：你们是何国人，通共几个人哪？

答：我们十个人，是大清国人，那个十四个人，并两个女人，一个幼男，是暹罗国人，通共二十七人。

问：你们大清国人，住在哪个地方？

答：我们九个人，住在广东省潮州府汕头埠，一个人，住在海南。

问：潮州府距皇城多少路？

答：住在遐方，不知皇城路途几里。

问：海南距潮州府几里？

答：距潮州府南四千里。

问：你们什么缘故，与那暹罗国人一同骑船？

答：以做买卖缘故，今年五月初四日，在暹罗国发船，前往山东烟台地方，收买货物，又往山东营口地方买豆装载，要回潮州之致，同载暹罗国十七人，作为船格，使之行船。

问：你们中国人是民人还是旗人？

答：我们都是民人。

问：你们各人姓名什么，年纪多少？

答：许必济年三十四，吴丁年三十一……贞兴年二十五。

……

问：自潮州府往暹罗国相距几里？

答：一万四千里水路。

问：你们在哪个海面遭风漂这里？

答：我们今年五月初四日，从暹罗国发船回来之路，九月二十九日在山东洋面忽遭飓风，船只破碎，仅驾从船，飘荡到这里。

问：你们既在海面漂泊多日，没有淹死与病害之人么？

答：暹罗国人一名名叫番合的不幸落水淹死，我们仗着贵国福庇，幸免尽死了。

问：你们见有什么带来的东西么？

答：妈祖神像一位，系是船上供养祈祷的，再有红参九柜，从营口买来的炒饼六匣，羊毛褥五件，雨伞两柄，环刀两柄，斧子一柄，白米一袋，布被二件，干饭一袋，洋铁小匣二个，琉璃壶一个，锅碗一个，铜茶罐一个，洋铁筒一个，并船上杂用家伙，一狗一猫。

朝鲜李氏王朝《备边司誊录·高宗十七年庚午条》，转引袁晓春：《海上丝绸之路朝鲜史料中的广东船》，《广东造船》2015年第1期。

第十一章
船舶类型

一、广船

广船

每年造船出海贸易者，多至千余，回来者不过十之五六。其余悉卖在海外，赍银而归。官造海船十只，尚须数万金，民间造船何如许之多？且有人条奏，海船龙骨必用铁梨筋木，此种不产于外国，惟广东有之。故商人射利偷卖，即加查讯，俱捏称遭风打坏。

（清）王先谦：《东华录》康熙九十八，《续修四库全书》史部第370册，第594页。

渔船……查粤省定例，只许单桅，梁头不得过一丈，舵水不得过二十名，不许越出本省境内。此种船只或出洋采捕，或装载客商货物在沿海口岸往来，谓之贸捕船，又有一种梁头七八尺至一丈不等，船式与贸捕船相似，方舟连缆，伺风出海，溯浪取鱼，所获便捷，行驶务必成对，而业采捕，谓之拖风船。至内港取鱼之小船从前督抚诸臣酌定，梁头不许过五尺，舱面不许盖板，水手不得过五人，准带一日口粮，朝出暮归。

《宫中档雍正朝奏折》第4辑，第855页。

雍正元年题准出海商渔船，自船头起至鹿耳梁头止，大桅上截一半，各照省分油饰，江南用青油漆饰，白色钩字；浙江用白油漆饰，绿色钩字；福建用绿油漆饰，红色钩字；广东用红油漆饰，青色钩字。船头两披刊刻某省某州县某字某号字样，沿海汛口及巡哨官弁，凡遇商渔船验系照依各本省油饰刊刻字号者，即系民船，当即放行。如无油饰刊刻字号，即系匪船，拘留究讯。

三年议准西洋人附居广东澳门共有大小二十五船，地方官编列号数，刊刻印烙，各给执照一纸，将船户舵水及商贩夷人该管头目姓名填注照内，即以此二十五船为定额。不许增置，若实系朽坏，不堪修补，呈明地方官察验，取具印甘各结，申报督抚，准其补造，仍用原编字号。又覆准广东渔船梁头，不得过五尺，舵水不得过五人。

（清）允祹等纂：《钦定大清会典则例》卷114《兵部》，第358页。

海船制造之禁

顺治十二年题准，海船除给有执照，许令出洋外，若官民人等擅造两桅以上大船，将违禁货物出洋贩往番国，并潜通海贼，同谋结聚及为向导，劫掠良民，或造成大船图利，卖与番国，或将大船赁与出洋之人，分取番人货物者，皆交刑部分别治罪。至单桅小船，准民人领给执照，于沿海近处捕鱼取薪，营汛官兵，不许扰累。

康熙四十二年议准，出洋贸易商船，许用双桅梁头，不得过一丈八尺，如一丈八尺梁头连两披水沟统算有三丈者，许用舵水八十人，……若舵水越数多带，或诡名顶替，守口官弁盘察不出者，降三级调用，借端勒索者，降二级调用，受贿者，革职，计赃治罪。若兵有需索情弊，该管官照衙役犯赃例议处。

又议准，渔船梁头不得过一丈，舵水不得过二十人，取鱼不许越出本省境界。欲造船者，先报明地方官，取澳甲里族各长并邻右保结，方准。成造完日，地方官亲验，将船身烙号刊名舵水人等，取具船户保结，然后给照，照内将在船之人年貌、籍贯，分晰填明。……

雍正元年题准，出海商渔船，自船头起至鹿耳梁头止，大桅上截一半，各照省份油饰，江南用青油漆饰白色钩字；浙江用白油漆饰绿色钩字；福建用绿油漆饰红色钩字；广东用红油漆饰青色钩字。船头两披，刊刻某省某州县某字某号字样，沿海汛口及巡哨官弁，凡遇商渔船验系照，依各省油饰刊刻字号者，即系民船，当即放行，如无油饰刊刻字号，即系匪船，拘留究讯。

（雍正）三年议准，西洋人附居广东澳门，共有大小二十五船，地方官编列号数，刊刻印烙，各给执照一纸，将船户舵水及商贩夷人该管头目姓名，填注照内，即以此二十五船为定额，不许增置。若实系朽坏，不堪修补，呈明地方官察验，取具印甘各结，申报督抚，准其补造，仍用原编字号。

（清）允祹等纂：《钦定大清会典则例》卷114《兵部》，第357页。

闽、广洋舶

闽、广洋舶，专贩货于海外诸岛。大者容百万斤，长辄十余丈，广数丈，不施桨橹，往来全仗风力。桅二杆，大径数抱。舵绘画五彩，头嵌两目，取象于鱼。每舶必有一木龙主之。夫木龙者，似蛇非蛇，屈信隐见不测，大或合围，小若簪管。舶装竣，则其自来。所异者饵以鸡卵，翌日黄吸尽而壳无损，只中空焉。相传静吉动凶，未易窥其形迹，舶或不利，则露形遁去。戊戌四月，有金祥顺舶泊珠江候客，夜闻呻吟声，众皆警惕。越早有蛇蟠花渡，头大径尺，性甚驯，识者知为木龙，以谷围收养，冀索酬。值舶商认得己物，赎二十金，羿归延巫修醮，祓以香汤，蜿蜒缩小，……予适造访亲见之。后挂帆出洋，至万里石塘，遭风覆没，同舟百余人，生还者八。一说海船遭溺，虽大洋，定有一二遇救，谓之留报云。

（清）颜松年：《越台杂记》，林子雄点校：《清代广东笔记五种》，广东人民出版社，2006年，第467页。

行舶艚船

行舶艚船，亦云洋船、商船，以之载货出洋，闽粤沿海皆有之。闽船绿头，较大；潮船红头，较小；用粉白油腹而甚便于行，故名。各有双桅、单桅之别。其船头目有三，首出海掌数兼管通船诸务，次舵公把舵，次押班，能直上桅端整修帆索等物。邑之富商巨贾，当糖盛熟时（按糖赤、白不同，皆绞甘蔗汁煮成，惟澄人习此，故以煮糖佣工雷琼等处甚多）持重货往各乡买糖，或先放账糖寮【即煮糖厂】至期收之，有自行货者，有居以待价者。候三四月好南风，租舶艚船装所货糖包，由海道上苏州、天津，至秋东北风起，贩棉花色布回邑，下通雷琼等府，一往一来，获息几倍，以此起家者甚多。

嘉庆《澄海县志》卷6《风俗七》。

造船以河南为聚处，工厂80间。另里缆桨橹约40间，葵蓬茭藿约20间，市桥新洲等处亦均有之，但不及河南之盛。

宣统《番禺县续志》卷12《实业》。

二、洋船

洋舶

洋舶之大者，曰独樯舶，能载一千婆兰，一婆兰三百斤，番语也。次牛头舶，于独樯得三之一。次三木舶，于牛头得三之二。次料河舶，于三木得三之一。底二重，皆以铁力木厚三四尺者为之。锢以沥青、石脑油、泥油，填以礧石。矴以独鹿木，扎以藤，缝以椰索。其碇以铁力、水杪，钉以桄榔、箆笋，淬钉以蛇皮内膏。盖海水咸，烂铁妨磁石，故皆不用铁物云。桅凡三，一桅常植。二桅以风而植。桅长者十四五丈或二三接，中皆横一杆，上有望斗，容四十余人。又以木为人，或升或降，遍置梯绳之间，前木照后柁，以黑鬼善没者司之。其舶小者，四围皆密，腹中仅留一孔，自上而下。飘洋时，梢公缚身桅下，余悉在舶腹之中。凡上舶容人千余，中者数百，皆有舵师、历师，然必以罗经指南。尸罗经者，为一舶司命，毫末分利害焉。每舶有罗经三，一置神楼，一舶尾，一在半桅之间，必三缄相对不爽，乃敢行海。大鱼至，以铜铳击而退之。大鱼去而波浪为怪，以长剑斩之。其人为西南诸番将卒工商之属，一一凶狠，海寇皆莫敢近。故得输其珠宝奇物，以辐辏五羊。

尝有贺兰国舶至闽，有客往观之，谓其舶崇如山岳，有楼橹百十重，上悬五色幡帜，环飞庐皆置木偶以疑远，内则含伏大佛朗机百位，外则包裹牛革数重，月以丹漆涂堨一周以为固，梯以藤结而上下。客登，则番人从雀室探其首，眼皆碧绿，发黄而面黎，以手相援，见之惊犹魑魅。登未及半，则施放火器，黄雾蔽人，咫尺渺不相见，声如丛雷，轰闐足底。译人云：" 此吾国所以敬客，愿毋恐。" 其人无事皆细绒大笠，着红褐长襕，金纽连绵至地，或持骨朵，或负手闲行，自晨至暮不息。帆绳交结如网罗，或皆在其上坐卧。帆以布，凡七张之，绳以棕细藤，窗牖以玻璃嵌之。舱以辟支缎铺之。凡十数重。酒以葡萄以香舂，器以宝玉椀，高倾以泻注成贯珠为礼。瓜蔬味皆酸脆碧色。笔管以木为之，如冠簪而细小。有一卷长二丈余，绘画山川，有番字识其下。考之皆五虎门内水深浅处，其心故不可测也。贺兰舶亦尝至广州，予得登焉。舶腹凡数重，缒之而下，有甜水井、菜畦。水柜水垢浊，以沙矾滤之复清。悬釜而炊。张锦绷白叠毛而卧，名曰软床。人各以柔韦韬手，食则脱之。食皆以苏合油煎烙，曼头牛臑，皆度色如金黄乃食。其刀可屈信如蛟蛇，左右盘拿，类古之鱼肠剑。然时鼓弄铜琴铜弦，拍手髀肩，对舞以娱客，似有礼者。

吾广承平时，西南诸番尝至者有十五国。其安南、占城、暹罗、真腊斛、锁里五国，岁一朝贡，余则或至或不至。所患者，吾奸民为彼舌人通事，时或椎发环耳，侏离入群，为之乡导，诱之以妇女妖淫，告之以官司重轻，示之以地形虚实，为我腹心祸患。正德间，佛朗机绐称入贡，自西海突犯莞城。大肆杀掠，此其明征矣。贺兰从古未至，而红毛鬼者，长身赤发，深目蓝睛，势尤狰狞可畏。比年数至广州，其头目号曰白丹，每多闽漳人伪为之，其骄恣多不可制。红毛鬼所居大岛在交趾南，盖倭奴之别种也。常入洋中为盗。其船有五桅者、九桅者，首尾皆有舵。以利回旋。舵工分班使风，昼夜兼行，惟视罗经所向，时登桅视千里镜，见远舟如豆子大，则不可及，若大如拇指许，即接长其桅而追之。桅有雌雄二窍，箍而楔之，益左右帆，数百里之遥，逾时可及。吾船亦有三五桅者，两舷作木城，摇橹于中，且行且战。若大炮多、风顺，亦可逸去。倘众寡不敌，为所擒，则尽屠矣。红毛鬼之为恶若此。嗟夫！吾粤三面阻海，而南澳为左蔽，涠洲为右翼，虎门为前屏，此皆险要。倭与红毛若乘汛举连天之舶而前，则南澳必先受敌。虎门犄角二隅，未多置兵，则内户不键也。诸舶既往来飘忽，而山寇阴行勾引，其为祸可胜道哉！

（清）屈大均：《广东新语》卷18《舟语》，第481—483页。

蜈蚣船

蜈蚣船：船曰蜈蚣，象形也。其制始于东南外番，专以驾佛朗机铳，铳之重者千斤，至小者亦百五十斤。其发之烈也，虽木石铜锡，犯冈不碎，触冈不焦；其达之迅也，虽奔雷掣电，势莫之疾，神莫之追。其法流入中国，中国因用之，诸凡火攻之具，炮箭枪毬，无以加焉。海行甚速而迟者，斗风故也。惟蜈蚣船底尖面阔，两傍列楫数十，其行如飞，而无倾覆之患。除飓风暴作、狂风怒号外，有无顺逆皆可行矣。况海中昼夜两潮，顺流鼓枻，一日何尝不数百里哉！

雍正《广东通志》卷9《海防》。

洋船

洋船底二重，皆以铁力木厚三四尺者为之，锢以沥青、石脑油、泥油，填以礧石，矴以独鹿木，扎以藤篷，以椰索其桳，以铁力木枒钉，以桄榔蓉篓淬钉，以蛇皮内膏囗，海水咸烂，铁妨磁石，故皆不用铁物。云桅凡三：一桅尝植；二桅以风而植。桅长者十四五丈，或二三接，中皆横一杆，上有望斗，容四十余人。又以木为人，或升或降，遍置梯绳之间，前木照后柁，以黑鬼善没者司之。其舶小者四围皆密，腹中仅留一孔自上而下。飘洋时梢公缚身桅下，余悉在船腹之中。凡上舶容人千余，中者数百，皆有舵师、历师，然必以罗经指南，掌罗经者为一舶司命，毫末分利害焉。每舶有罗经三：一置神楼，一舶尾，一在半桅之间。必三针相对不爽，乃敢行海。大鱼至，以铜铳击而退之……

雍正《广东通志》卷9《海防志》。

西洋船

西洋船之长深广，见余所咏《番舶诗》，而其帆尤异。桅竿高数十丈，大十余抱，一桅之费数千金。船三桅，中桅其最大者也。中国之帆上下同阔，西洋帆则上阔下窄，如折扇展开之状，远而望之几如垂天之云，盖阔处几及百丈云。中国之帆曳而上，只一大缅着力，其旁每幅一小缅，不过揽之使受风而已。西洋帆则每缅皆着力，一帆无虑千百缅，纷如乱麻，番人一一有绪，略不紊。又能以逆风作顺风，以前两帆开门，使风自前入触于后帆，则风折而前，转为顺风矣，其奇巧非可意测也。红毛番舶，每一船有数十帆，更能使横风、逆风皆作顺风云。

（清）赵翼：《檐曝杂记》卷4《西洋船》，《续修四库全书》子部第1138册，第331页。

东西二洋常有舶来闽广，其大者曰独樯舶，能载一千斤婆兰。一婆兰三百斤，番语也。

（清）范端昂：《粤中见闻》卷24《东西洋舶》，第272页。

番船

番船不进口，多在黄浦易小舟以入。番船备极坚固，四面各安铜炮，以防海寇，极利极巧。其极大者长数十丈，宽至十丈，其楼有三重，其帆大者有数，小者甚多，方圆横直不一，随风所向，皆可使用。其行甚驶，其旗帜红白相间，各有记号。

（清）关涵等著：《岭南随笔（外五种）》，第131页。

番鬼

番鬼所长者，入海不死，可居数日。所短者，登陆无庸，难致寸步。故粤海谣云："机巧使炮精，帆巧使船轻，目力不能明，足力不成行。"上二句言其在水，下二句言其在陆。

（清）关涵等著：《岭南随笔（外五种）》，第131页。

再前奉谕旨传谕粤海关监督文，劝令洋商购买夷船该监督首先倡捐银一万九钱两置办战船一只。又捐银三千两铸造战船，需用炮位、炮架。复劝令洋商伍秉鉴、潘正炜等各购买夷船一只。现因黄埔停泊夷船多系载货来粤，未肯出售，俟随后探听进埔夷船，如有坚固愿售者，仍当设法广为购买。是其办理妥远殊堪嘉奖在该监督受恩深重，固不敢仰邀甄叙，而奴才等又未敢泯其劳绩……

刘志伟、陈玉环主编：《叶名琛档案：清代两广总督衙门残牍》第1册，第469页。

澳船二十五号名目

第一号：央打华离

第二号：安多呢古鲁苏

第三号：万威必都卢

第四号：禄地里古多尼

第五号：尼阿古西离华

第六号：知古列地

第七号：戎务各愚

第八号：尼古劳非乌未

第九号：若瑟亚彼留

第十号：明旺疏夏

第十一号：毕度虑山度地古鲁苏

第十二号：利安度路卢马

第十三号：威万利未西华

第十四号：马诺哥思达

第十五号：万威利瓜路

第十六号：委星的黎威鲁

第十七号：素些变若加剌花卢

第十八号：弗浪斜劳尼劳

第十九号：类斯山治

第二十号：山度安多尼

第二十一号：朗皮罗西牙里

第二十二号：若望蒙打惹

第二十三号：华猫殊

第二十四号：万威微先地罗自

第二十五号：弗浪西古打剌家度

番舶视外洋夷舶差小，以铁力木厚二三尺者为之，锢以沥青、石脑油，钉以独鹿木，束以藤，缝以椰索，其碇以铁力木，水杪底二重，或二樯、三樯，度可容数百人。行必以罗经，掌之者为一舶司命，每舶用罗经三，一置神楼，一舶后，一桅间，必三针相对而后行。向编香字号，由海关监督给照，凡二十五号。乾隆十年同知印光任分守时，有一十六号。比张汝霖接任，止一十三号，二十余年间，飘没殆半。澳番生计日绌，其夷目舶税上货，抽加二次，加一五，又次加一。小艇曰三板，长丈余。

（清）梁廷枏：《粤海关志》卷27《夷商二》，第538-539页。

夷人采买铁钉、木石各料，在澳修船，令该夷目将船身丈尺数目、船匠姓名，开列呈报海防衙门。即唤该船匠估计实需铁斤数目，取具甘结，然后给与牌票、印照，并报粤海关衙门给发照票在省买运回澳，经由沿途地方汛弁验照放行。仍知照在澳县丞查明，如有余剩缴官存贮。倘该船所用无几，故为多报买运，希图夹带等弊，即严提夷目、船匠人等讯究。

（清）梁廷枏：《粤海关志》卷28《夷商三》，第541页。

海舶种类

海舶百种不止，约有三等，小者仅容数十人，用以传书信，不以载物，其腹空空，自上达下，唯留一孔，四围点水不漏，下镇一石，一遇风涛，不习水者，尽入舟腹，密闭其孔，涂以沥青，使水不进，操舟者缚其身于樯桅，任水飘荡，其腹空虚，永不沉溺。船底有镇石，亦不翻覆，俟浪平，舟人自解缚，万无一失，一日可行千里。中者容数百人，自小西洋以达广东则用此舶。其大者，上下八层，高约八丈，最下一层镇以沙石千余石，使舶不倾震荡，二三层载货与食用之物。海中得淡水最艰，须装千余大桶，以足千人一年之用，他物称是。上近地平板一层，中下人居之，或装细软切用等物，地平板外则虚百步，为扬帆习武游戏之地，前后各建屋四层，为尊贵者之居，中有甬道，可通头尾。尾建水阁，可纳凉，以待贵者游息。舶两旁列大铳数十门，其铁弹有三十余斤重者，上下前后有风帆十余道，桅之大者二十丈，周一丈二尺，帆阔八丈，约需白布二千四百丈为之，铁猫重六千三百五十余斤，其缆绳周二尺五寸，重一万四千三百余斤。水手二三百人，将卒铳士三四百人，客商数百。有舶总管贵官一员，是西国国王所命，以掌一舶之事，有赏罚生杀之权。又有舶师三人，通天文二士，舶师专掌候风使帆，整理器用，吹号头，指使夫役探试浅水礁石，以定趋避。通天文士专掌窥测天文，昼测日夜测星，用海图量取度数，以识险易，知里道。又有官医，主一舶疾病，有市肆贸易食物，大舶不畏风浪，独畏山礁浅沙，又畏火。舶上火禁极严，千人之命攸系，其起程但候风色，不选择日时，亦未尝有大失。若多舶同走，大者先行引路，舶后尾楼夜点灯笼照视，灯笼周二丈四尺，高一丈二尺，皆玻璃板凑成，行海昼夜无停，有山岛可记者，指山岛行，至大洋中万里无山岛，则用罗经以审方，审方之法全在海图量取度数，即知舶行至某处，离某处若干里，了如指掌。

（清）张潮：《虞初新志》卷19，河北人民出版社，1985年，第377-380页。

蛾峨百丈船，横潮若山蟫。一载千婆兰，其巨不可量。
前绘鹢首狞，旁点鱼目鲜。器大资材多，制造费万匠。……
后楼为明窗，主者居颇畅。玻璃嵌绮疏，辟支裁锦帐。
架土有菜畦，列盆作花当。琐屑无不备，益见衺且广。
当其泛海来，澎湃乘溟涨。柂师视罗经，芒芴辨厥向。

（清）赵翼：《瓯北集》卷17《番舶》，上海古籍出版社，1997年，第344页。

红毛番舶，每一船有数十帆，更能使横风、逆风皆作顺风云。

（清）赵翼：《簷曝杂记》卷4《西洋船》，《续修四库全书》子部第1138册，第331页。

（道光二十二年十月）洋商伍敦元购买美利坚夷船一只，潘绍光购买吕宋夷船一只，驾驶灵便。

《清宣宗实录》卷383，《清实录》第38册，第899页。

黄埔堡，城东十八里内，有小村四，曰黄埔、曰金鼎、曰长洲、曰潖洲，往来大道,有新洲埠,为外国修理海船之处,有黄埔汛,有海关,有浯洲寺、浯洲塔。

同治《广东图说》卷2《番禺县》。

机器仿制武器

机器局在文明门外聚贤坊,旧为常平仓地,并购民铺十余间,于同治十三年督抚会同奏请创建试办机器,仿外洋制造枪驳、轮船各武备焉。《档册》。两广总督瑞麟、广东巡抚张兆栋附驿片奏略曰:近年讲求武备,以练习火器为先,而枪驳火药等项,来自外洋者尤为精致,轮船一项驾驶迅速,亦缉捕所必需。粤东自军务平定以来,筹办善后水陆巡防,及查缉各属土匪,需用军火各件,多赴香港等处采买。同治五年暨六七两年,经臣瑞麟先后购买大小轮船七号,在于内河外海各处巡缉,地方赖以安靖。复又筹款购买大小洋炮存储省局,以便操演,惟军火采诸外洋所费甚巨,且轮船汽机,时有损坏,必须赴香港修补,办理亦多周折,莫若置买机器,自行修造,以期省便。先经募匠仿照外洋新式制造抬枪,分给各营练习,极为便捷合用。随后查有在籍候选员外郎温子绍等精于机器,即于省城设立军装机器局一所,委派该绅等在局经理,于同治十二年兴工,自开局以来,购置车床刨床各项器具,将应用枪炮火药均仿外洋造法,陆续试办。各号轮船,遇有损坏,亦即由局修葺,现又拟造内河轮船,为近省一带缉捕之用。臣等与各司道不时前往查看,洵属工作精良,著有成效,当试办之初,购买机器及制造机房铁石、木料、铜器杂费共支银一万四千九百八十五两有奇,局绅薪水及各项匠役工资饭食杂用,每月约支银一千二百余两。其修造各项,随时核实开支,俱由善后局筹给,将来制造日精,添器加工,尚须酌增经费,所有动支帑项,例应报销。据善后总局司道等详请奏明立案前来,臣等谨合词陈明云云。

光绪《广州府志》卷65《建置略二》。

第十二章
文化交流

一、西洋科技

番舶带来奇货

客从番舶来,遗予奇货二:一为演微镜,其大如钱,外赘一物,乃瓜子白也;中有细纹如蜘蛛丝,绸缪不可辨识。持镜演之,白中丝缕忽现为山川人物、茂林修竹、豆觞七箸、博弈赌胜之具,种种备有。饮酒者七人,侍坐五人。瓜子白仅豇豆比耳,纳于镜,影现尺幅,向之丝缕绸缪者,俨若云林笔意。已而去镜索像,山川人物复为丝缕。此大小之喻也。一为千里镜,其状如筒,筒函三镜,镜竟筒口,中杀二之一,侧筒置窗穴中,从内觑外,莽苍人物移而接于眉睫,若可舒手及也;倒置筒管,咫尺人物又可推而出之莽苍之外,攀跻如不及,此远近之喻也。由是恍然有得,宇宙之内,人物之赜,大小远近之数,尽属幻形,因幻形而成幻影,因幻影而成幻见,因幻见而成幻想,世间所有种种事物,悉从幻生,语言文字之所发挥,丹青图画之所名邈,皆幻也。明知其幻,日游戏于幻中。能超然于幻外者,惟香山广文石子铁霁与东樵之老樵相视莫逆,别去一载余,犹昨日也。

(清)成鹫和尚著,曹旅宁、杨权等点校:《咸陟堂集》,广东旅游出版社,2008年,第34页。

西洋药品

总督广东、广西等处地方军务兼理粮饷,兵部右侍郎兼都察院右副都御史臣赵弘灿、巡抚广东等处地方提督军务兼理粮饷,都察院右副都御史臣范时崇谨折跪请皇上圣安。

臣等身居粤南，未得时侍天颜，心殷恋主，朝夕瞻依，已经专差家人恭请圣安，惟愿我皇上珍养圣躬，加飨御膳，景福愈增，臣民忭祝。康熙四十七年十二月二十九日，臣家人回肇，齐到武英殿监造员外郎张常住传旨与广东督抚：奉旨著寻西洋格而墨斯，着实要紧，得了急速著台报上送来，再著西洋人写信，台报上带去与广东众西洋人，有格而墨斯著台报上送来，如无将阿尔格而墨斯速速送来，钦此。外又药样一包，张常住付来与广东西洋人字一封。臣随即星夜差人前往广城、澳门寻觅，并投发到书字。今据西洋人送到上写格而墨斯子一包锡盒，第一盒格而墨斯药一件磁碗贮，第二盒格而墨斯药一件；锡小花盒二，盒样一件，小磁杯格而墨斯制成的药第一盒样一件；又格而墨斯子一封，又西洋人书二封。臣随逐加查点，所有药盒杯碗原俱封固交来，臣未识药性，不敢启视，除见在多方寻觅，再有所得另折恭进外，谨同原发来样一包及西洋人交到各药总贮一匣固封，差家人雍正南、刘士杰恭进，伏乞皇上敕下该衙门察收。再奉到旨意原著交发台报送进，但广东路途遥远，且西洋制成药料封贮磁器，若由驿递邮传少有迟误疏失，臣罪奚辞？（康熙四十八年）。

故宫博物院编：《史料旬刊》第1册，北京图书馆出版社，2008年，第157-158页。

西洋科技

【两广总督阿里衮奏报葡萄牙国王派使来澳门候旨进京情形折】乾隆十七年七月十三日，据署广州府海防同知武启图、香山县知县彭科禀称，本月十二日，据澳门夷目唩嚛哆等禀称，本月初七日，有大西洋波尔都噶尔船一只来澳，系本国王遣使臣巴这哥航海来粤，赴京恭请圣安，现在候示，等情转报到臣。据此，当经饬查去后。兹据覆称，因该国王新经嗣位，虔遣使臣赍进方物二十九箱，到粤恭候圣旨起程，赴京恭请皇上圣安，以展向化感慕之诚。并带有西洋人三名，汤德微、林德瑶知天文算法，张继贤善于外科，亦一同赴京，如蒙皇上俞允留用，汤德微等亦愿住京效力。等语。臣伏查，该国于雍正四年曾遣使臣诣阙，今岁似仍应查照往例办理，俟抚臣会疏具题外，谨将西洋国使臣到粤候旨，并带有西洋人三名一同赴京缘由，先行缮折奏闻。伏乞睿鉴。谨奏。（宫中朱批奏折，乾隆十七年七月三十日）。

《香山明清档案辑录》，第422页。

（乾隆）三十一年，覆准：嗣后西洋人来广，遇有原进土物及习天文、医科、丹青、钟表等技，情愿赴京效力者，在澳门令告知夷目，呈明海防同知，在省令告知行商，呈明南海县，随时详报总督具奏请旨，护送进京。仅带书信物件，由海防同知、南海县交提塘转递。

（清）梁廷枏：《粤道贡国说》卷4《西洋诸国》，第222页。

乾隆四十一年，蒙皇上天恩，准令西洋人席道明住居广东省城，料理本国新来听用之人并一切事务，达洪等得以在京专心效力。今席道明病故，无人接管。现有西洋人多罗、马记诺二人在广东居住，若令多罗、马记诺长住省城，接管一切，实为妥便。

《清中前期西洋天主教在华活动档案史料》第1册，第339页。

《引痘略》自序

……嘉庆元年，外洋医人悯其国中婴孩，常遭此厄，尽心讲求，得牛痘之法，于毒之未发，先行引之，不择天时，不烦禁忌，不延医，不服药，以此流传邻近诸国，如响斯应。迨嘉庆十年四月，由小吕宋舟载婴儿，递传其种以至澳门。予时操业在澳，闻其事不劳而效甚大也。适予未出天花，身试果验。洎行之家人戚友，亦无不验者。于是洋行好善诸公，以予悉此，属于会馆专司其事，历十数寒暑。凡问途接踵而至者，累百盈千，无有损失……此法予既得之最先，且行之无误，用敢笔之于书，以质之于世。爰取其法之历验者条述之，并绘为图，都为一帙，仁人君子知有此法，不鄙是编，相与讲明而流布之，俾婴儿不罹天花之厄，共嬉游于光天化日中也，不亦慈幼者之所同快哉！嘉庆二十二年丁丑冬南海邱熺浩川识。

（清）邱熺：《引痘略》，陈建华主编：《广州大典》第44辑第12册，第201-202页。

西洋诸器物

西洋人性多黠慧，所造诸器用极巧。有玻璃千人镜，悬之，物物在镜中。有多宝镜，远照，一人作千百人，一物作千百物。有千里镜，见数十里外塔尖铃索宛然，字画横斜一一不爽。有显微镜，见花须之蛆，背负其子；见虮虱，毛寸余若可数。又有自鸣钟，以索转机，机激则鸣。昼夜十二时皆然。有风乐，藏革柜中不可见，内排牙管百余，外按以囊，嘘吸微风入之，有声自柜出，若八音并奏，亦名风琴。有机统，长仅尺许，外以铁箍五六束之，函火石如豆，旁置铁耳，嘎火立发。可藏衣袛间。有绕指郁刀，卷之，首尾相连；舒之，劲直自若。可以穿铁甲，洞坚石。上有龙虎细文，或旋螺花，或芝麻、雪花。刀室藏小匕，谓之刀奴。刀头凡作二层：一置罗经，一置千里镜。澳彝常佩之。其它有璇玑、月影、海洋全图之属。虽间亦有裨日用，要亦古所谓奇技淫巧也。

（清）张渠：《粤东闻见录》卷下《洋器》，第140—141页。

夷人精于制器，有天文器、兵器、乐器，天文器则十二辰盘、自鸣钟、自行表、日规、月影、鹅卵沙漏（形如鹅卵，实沙其中，颠倒渗之，以候更数）寒暑针（管长二尺许，注水银，其中随节气为盈缩）。兵器则大铳，即咖思嘛炮，台中大铜具。……他如眼镜、照身镜、千里镜、显微镜、火镜之属，皆工致余，多淫巧。

光绪《香山县志》卷22《附志》。

西式学校

一八二八年十一月十七日，予生于彼多罗岛（Pedro Island）之南屏镇。镇距澳门西南可四英里。澳门，葡萄牙殖民地也。岛与澳门间，有海峡广半英里许。……

一八三四年，伦敦妇女会议在远东提倡女学。英教士古特拉富之夫人（Mrs.Gutzlaff）遂于是时莅澳，初设一塾，专授女生。未几复设附塾，兼收男生。……

一八三五年，随父至澳门，入古夫人所设西塾，予见西国妇女始此。……

其后有一比邻，向在天主教士某处，为印刷书报工人。适由澳门请假归，偶与予母言教士欲雇用童子折叠书页，仅识英字母及号码无误即得，程度不必过高。予母告以此事予能为之，乃请其介绍于教士。条约既定，别母赴澳门就新事，月获工资四圆五角……俟玛礼逊学校开课时送予入校云。……时予母方深资予助。……命予前往澳门辞别天主教教士。……

（清）容闳：《西学东渐记》，岳麓书社，1985年，第41—46页。

西洋钟表绘画

两广总督昭信伯臣李侍尧跪奏为请旨事。窃照定例，西洋人来少，遇有谙习丹青、钟表等技，情愿赴京效力者，准令呈明地方官详报，臣衙门具奏请旨等因。兹据广东布政使姚成烈转据南海县详报，据洋行商人潘同文等禀称，有西洋人李俊贤，年三十五岁，熟理钟表，潘廷章年三十三岁，熟习绘画，于乾隆三十六年附搭法兰西哑国咘咀嗟商船到广，情愿赴京效力，恳请代奏等情到臣。查洋人李俊贤、潘廷章来广，情愿赴京效力，应否准其进京之处，相应循例，奏闻请旨，如蒙俞允容，臣另行委员伴送进京。（乾隆三十七年五月二十二日）。

《香山明清档案辑录》，第438页。

西洋医学

两广总督臣苏昌谨奏为西洋人情愿进京效力谨具奏请旨事。据广东布政使胡文伯详据署广州府海防同知殷长立详，据澳门夷目唛嚟哆禀称，有大西意大利亚国夷人叶尊孝，年四十五岁，搭澳门十七号洋船于本年七月二十六日到澳，素习医治内科。今叶尊孝情愿赴京效力，从前并未到过京城，恳请转详代禀等情到臣。伏查乾隆二十四年升任督臣李侍尧条奏防范夷人一折，经军机处议覆，嗣后西洋人寄居澳门，呈明海防同知转详督臣，分别奏咨办理等因。嗣有西洋夷人安德义、李衡良二人，情愿进京效力，经署督臣托恩多于乾隆二十六年奏奉朱批准来京，钦此。当经照例委官伴送进京在案。今西洋人叶尊孝以素习医治内科，情愿赴京效力，呈请代奏前来。因否准其进京效力之处，臣未敢擅便，理合恭折。（军机处录副奏折，乾隆二十八年十二月十八日）。

《香山明清档案辑录》，第431页。

署理两广总督杨廷璋谨奏为奏覆事。乾隆三十年十二月二十二日准兵部火票，递到大学士公傅恒、大学士尹继善、大学士刘统勋字寄乾隆三十年十二月初十日奉上谕，闻佛朗机亚国巴姓云云，钦此。遵旨寄信到臣，遵即传唤，佛朗机行商潘振承面询，据称亚国巴姓历年随同佛朗机商船来粤行医，仍随原船归国。本年夏月到粤，已于十二月附搭佛朗机国吗咏吔商船回椗去讫等语。臣查本年佛朗机抵粤夷船共计四只，内吗咏吔船系同哪嗙哃一船于十二月初四放关出口，又哦叱、咁唧二船亦于十二月十四日回椗，但此旬日内，多南风，恐尚阻滞逗留，亦未可定，随即知会粤海关监督臣方体浴各差家人，携带通事，伴同行商播振承驰赴虎门、澳门各口，细加确查，佛朗机船开行后并无寄碇逗留在境。并据澳门总口委员富隆阿禀称，登望洋台用千里镜探看，近海岛屿均无船只湾舶，询据驻澳之佛朗机大班覆称，巴姓实已附船归国，但巴姓每年常同佛朗机船来粤，每次年六月内即可到来，俟到时当即报闻大班，此对愿先写字附交红毛回棹之便船，带至佛朗机，催唤巴姓速来等情禀报。据此臣查巴姓业医，既常年往来粤地，且愿赴京居住，则本年六月复来，自意料之中，容臣留心查看，如果巴姓航海重来，当即遵旨晓谕，派员照看，由驿送京。

《香山明清档案辑录》，第432—433页。

西洋人欲赴京效力

署两广总督臣杨廷璋谨奏为查议覆奏事。乾隆三十一年五月二十日准兵部火票递到办理军机处封寄大学士公傅恒等奏稿一件，内开据西洋人蒋友仁等呈称，自乾隆二十七年间澳门西洋头目不许法郎济亚管事人寄居澳门，京广两地信不易通，前有外科与乾隆三十年到广，因无人申报，仍随洋船回国，乞施善法，卑乡信易通，天文、医科、丹青、钟表等伎，陆续来京效力，并附陈愿进土物，闻乡国来人带有丝绒织就草花人物单子六张，亦因乏人料理，无能发送来京等情。据词奏明，是否应与设法通融，卑得稍达音信，抑或事关例禁，不便遽与准行之处，令臣酌量情形，或应行查办，或毋庸置疑，据实具奏，请旨遵行等因。乾隆三十一年五月初一日，奉旨：知道了，钦此。等因。录寄到臣，钦遵。分札行查去后，兹据广东布政使胡文伯会同按察使费元龙覆称，行据澳门海防同知查询夷目唛嚓哆称乾隆二十七年法郎济亚管事人始欲来澳寄居，后竟不来，并非唛嚓哆等不容居住，现今尚有法郎济亚班上味㖞因上年货欠未清，寄居在澳，可证传询，味㖞供同。又行据广州府查询行商潘振承禀称，上年六月，有亚国巴姓即吧呧搭洋船到广城，住在法兰西夷馆，专治外科，于十二月内搭吗咏咃船回国，并未往住澳门，亦未向行商通事人等说要进京效力的话，是以未经呈报，上年十二月内曾奉行查当将缘由回明。今年法郎济亚洋货船已到一只，吧呧未见同来等语。先后具覆到司，据此查西洋人在京效力者，其乡信往来，向系澳门夷目或在省行商雇人代为传递，迨乾隆二十四年奉准军机大议覆前督臣李侍尧条奏防范外夷规条内开，应如该督所请，严谕行商脚夫人等嗣后一切事务，俱呈明地方官，听其酌量查办，倘有不遵禁约，仍前雇倩往来，即将代为觅雇及递送之人，一并严拿究治。至西洋人寄住澳门，遇有公务转达钦天监，应饬令夷目呈明海防同知转详督臣，分别咨奏之处，亦应如该督所请办理。又夷商到粤销货后，俱令依期随同原船回棹，惟行欠未清者，许令在澳居住，俟其交易清楚，顺搭归国等因。自定例以来，现俱遵照奉行，兹查明乾隆二十七年澳门西洋头目，并无不许法郎济亚管事人寄居之事。乾隆三十年吧呧亦无进京效力之语……（宫中朱批奏折，乾隆三十一年七月二十日）。

《香山明清档案辑录》，第434页。

牛痘术传入

乾隆间，蕃商哆啉哎携牛痘种至粤，其法用极小刀向小儿左右臂微剔之，以他小儿痘浆点入，两臂不过两三点。越七八日，痘疮即向点处发出。比时行之痘大两倍，而儿并无所苦。自尔不复出，即间有出者，断不至毙，诚善法也。洋商郑崇谦司马刊《种痘奇书》一卷，以广其传，其原痘浆殆出之牛，故称牛痘云。顾粤人未深信，其种渐失。嘉庆辛未，蕃商剌佛复由小吕宋携小夷数十，沿途种之，比至粤，即以其小儿痘浆传种中国人。洋商潘有度、卢观恒两都转伍秉鉴方伯共捐银三千两，发商生息，以垂永久，募习者，得番禺梁辉、香山张尧、南海邱熺、谭国四人，其后梁返黄埔，张归翠微，邱、谭两人遂擅其技，初设局洋行会馆，后迁丛桂里三界庙西偏。至道光壬寅，经费为当事者亏折，伍方伯崇曜遂独力支柱者十年，至同治壬戌，制府劳文毅公崇光札谕惠济义仓，岁拨银约百五十两，仍俾当事者后人分董之，以永其传。盖盛夏隆冬，人尽爱怜儿女，屏迹不来，必多择娈人子之壮且少者，反畀以金递种以留其浆。又虞其传染疯疾当事者……故经费均不可缺。阮元达公常有诗云，阿芙蓉毒深中国，禁之仍恐禁未全。若得此丹（自注：即痘种，见《藏经》）传各省，稍将儿寿补人年。今粤人共知洋痘之善，惟岭外人尚有未深信者。若遍传远近，亦视乎好善者之愿力何如耳。

光绪《广州府志》卷163《杂录四》。

牛痘之方，英吉利蕃商哆啉哎于嘉庆十年携至粤东，其法：刺牛膊上小痘，剔取浆水，点小儿两膊之白夹穴，痘即如期从穴出。嗣后以小儿痘浆如法递传，如期奏功，永不复出。时洋行商人郑崇谦绎刊《种痘奇书》一卷，募人习之，同时习者数人梁辉、邱熹、张尧、谭国，而粤人未大信，其种遂失传。迨十五年蕃商剌佛复由小吕宋载十小儿传其种至。洋行商人伍敦元、潘有度、卢观恒合捐数千金于洋行会馆，属邱、谭二人传种之。寒暑之交，有不愿种者，反给以货，活婴无算。《阮通志》谓其方出自邱氏，殆未究其原也。据《常惺惺斋诗注》《采访册》参修。

道光《南海县志》卷44《杂录二》。

骆秉章信札：……前二兄大人在都与同乡诸公，倡种牛痘之局，此真功德无量，鹿侪先生临行时，将局事交弟管理，去年曾向湖北取浆接种。现同乡学操刀者甚多，前所留之洋刀，业已用完。在都定做者皆不合用。兹付来京纹六两，祈代购种痘洋刀十余把，差使付到，俾得应手。（同治十二年五月十二日）。

广州市荔湾区文化局等编：《海山仙馆名园拾萃》，花城出版社，1999年，第107页。

邱浩川种痘引略书后

人事补天天无功，天心牖人人乐从。
牛痘始种自夷域，传来粤海今成风。
等此批却导大窍，化尽险厄调鸿蒙。
爷娘未省吃惶恐，保尔赤子硕且丰。
邱君挑剔最纯熟，两臂按穴霏轻红。
以气感气血感血，岂必炫耀矜神工。
吁嗟乎！
时医临时补苴耳，尚欲奏技相争雄。
曲突徙薪计宜早，汝独不有群儿童。

（清）伍秉镛：《渊云墨妙山房诗钞》卷下，《清代诗文集汇编》第476册，第336-337页。

嘉庆庚辰六七月间，各处有瘟疫传染之症，先是二三月时，有老人贴药方于街路牌坊间，谓可治疫。大约用贯众、苍术、大黄等物，其近海滨一带最剧。其症之初起，云自暹罗海船来，据此则先几之言多不可忽。

光绪《海阳县志》卷46《杂录》。

学习西方造船等技术

黎晋贤，号翌廷，黎村乡人，殉难威海。黎晋莘，其再从昆弟也，晋贤由船政学生出身，充当福星兵船管轮。光绪五年，福建船政大臣黎召棠以晋贤才性刚明，状貌魁伟，选派往德国监造北洋海军定远、镇远等铁舰。又派入德国鱼雷厂学习制造鱼雷炮，前后留德六年。甲申岁，中法衅起，李爵相电饬回华，创办旅顺鱼雷营，委任旅顺鱼雷营总管，统理各鱼雷船，配置大沽口各炮机，及旅顺东西南北四岸炮台机器事务，历补直隶大沽协营尽先游击加副将衔，好读书，通西文。公余之暇，手不释卷，著有《鱼雷图说》上下二卷，由李爵相题签刊印，饬派鱼雷厂各兵轮暨海军学堂学生学习，积劳病怔忡，告假归，卒年三十有八。据《采访册》修。

宣统《南海县志》卷21《列传八》。

制作水雷

（道光二十三年闰七月，两广总督革职留任祁𡋤等奏），上年十月内，因在籍候选道潘仕成，禀称捐资雇觅美利坚国夷官壬雷斯，配合火药，制造水雷，而水雷一器，尤为精巧利用。经前任靖逆将军奕山会同臣祁𡋤等恭折具奏，声明俟造成之后，如果演试有效，该道员自行派人赍送进京，听候阅验。……凡九阅月，而水雷始成。经臣等会同在附省河面演试，并派司道先后复演，计时入水半刻许，水雷即行轰起水面二丈有余。又于坚重木排之下，试加演放，木排亦被轰断碎，似颇得力。……兹据潘仕成禀称，因在籍承造船只，不能亲身进京，谨缮绘《水雷图说》一册，并将造成水雷二十具，遵照原奏，派令曾经学习制造水雷并传习配制火药之生员李光钤……带同各匠役，赍送进京，听候恭呈御览。……查该道员潘仕成先经叠次倡捐，铸炮造船，练勇填河，嗣又捐助军需银八万两，叠经仰沐恩施，赏戴花翎，并加按察司衔。现又捐资雇觅美利坚国夷人制造水雷火药，赍送进京，所费又属不少，实属始终诚奋急公。……再潘仕成派人学造水雷时，臣等亦遣精细之人，并委派营弁带同兵丁，随同学习，现亦均可制造，合并声明。

《鸦片战争》第4册，上海人民出版社，1957年，第196页。

洋人医馆

不仅如此，马礼逊博士几个月前还开设了一家医馆，为中国穷人治疗疾病并且发放药品。每天早上他都亲自到医馆照料一两个小时，我也经常去医馆，有机会仔细观察中国医生治病的细节，通常每天都能看到10至15个病例。……我很高兴告诉大家，马礼逊博士的医馆做了很多善事——解除了很多病人的痛苦。三百余名恢复健康的患者都表达了他们的感激之情。有一些就诊过的病人只是略有好转，还有一些没有任何起色，这些病人中有一部分被西方医药治愈了。至今没有发生过一例死亡。……因此，我敢肯定只要医馆存在，它将很快证明，我们能够并且愿意帮助中国人，为他们做好事，我们可以彼此传递有益的信息。

（英）艾莉莎·马礼逊：《马礼逊回忆录》第2卷，杨慧玲等译，大象出版社，2008年，第12-13页。

金鸡勒

查慎行《人海记》：西洋有一种树皮，名金鸡勒，以治疟，一服即愈。嘉庆五年，予宗人晋斋自粤东归，带得此物，出以相示，细枝中空，俨如去骨远志，味微辛。云定达营卫，大约性热专捷行气血也。治疟：澳番相传，不论何疟，用金鸡勒一钱，肉桂五分，同煎服，壮实人金鸡勒可用二钱，一服即愈；解酒：煎汤下咽即醒，亦澳番传。

（清）赵学敏：《本草纲目拾遗》卷6《木部》，《续修四库全书》子部第994册，第685页。

今西洋诸国，书旁行斜上，皆拉体纳字。今钦天监有书拉体纳字文。鸟迹蛛丝，由左以达右，斯其俗相近，二矣。

（清）萧令裕：《粤东市舶论》，（清）王锡祺：《小方壶斋舆地丛钞》第18册，第9帙，杭州古籍书店，1985年，第1页。

（《澳门月报》）又曰："道光十七八年，澳门有《依湿杂说》，乃西洋人士罗所印，由英吉利字译出中国字，以中国木板会合英吉利活字板，同印在一篇。序云：'数百年前，英吉利有一掌教僧，将本国言语同讷体那言语同印，今仿其法，所言皆用中国人之文字。'此书初出时，中国人争购之。因其中多有讥刺官府之陋规，遂为官府禁止。中国居天下人中三分之一，其国又居阿细亚洲地方之半，周围东方各国，皆用其文字，其古时法律、经典皆可长久，其勇敢亦可与高加萨人相等，性情和顺灵巧，孝亲敬老，皆与欧罗巴有王化国分相等。惟与我等隔一深渊，即是言语文字不通。马礼逊自言'只略识中国之字，若深识其文学，即为甚远'。在天下万国中，惟英吉利留心中国史记、言语，然通国亦不满十二人，而此等人在礼拜庙中尚无座位。故凡撰字典、撰杂说之人，无益名利，只可开文学之路，除两地之坑堑而已。"

（清）姚莹著，欧阳跃峰整理：《康輶纪行》卷12，中华书局，2014年，第326页。

粤汉铁路

（光绪）三十一年命张之洞督办粤汉铁路。又盛宣怀奏，中葡会订商办广澳铁路合同，略称准外务部咨中葡铁路公司建造，由澳门至广东省城铁路业于增改《中葡条约》案内，准其订办，饬臣与该公司议立合同，并函示训条，以华洋合办之局，必须扼定商办，不与两国国家相涉为第一要义。时葡使白朗谷来沪会商，带同葡商伯多禄所递条款，应驳甚多。适有粤商林德远呈请认集华股，与葡商平权合办，当与该使逐款磋议，应需资本，华商葡商各认一半，公司权利悉遵商律，葡国国家不能干预，应筑轨路绘图，呈候核准，方可开工。每段工竣，由两广督臣舆澳门总督议定该段抽收税则，方可开车。按照商路机器材料照纳官税，官地民产概给租值，铁路进项除养修费用分给商息外，每年另提百分之三，拨还本银，再有盈余以三成归中国，国家本银逐年清还，中国即可收路，毋庸议价。

《清朝续文献通考》卷364《邮传考五》，第11089页。

筹设炼铁厂折

……查洋铁畅销之故，因其向用机器，煅链精良，工省价廉，察华民习用之物，按其长短、大小、厚薄，预制各种料件，如铁板、铁条、铁片、铁鍼等类，凡有所需，各适其用。若土铁则工本既重，镕铸欠精，生铁价值虽轻，一经炼为熟铁，反形昂贵。是以民间竟用洋铁，而土铁遂致滞销。以本省铁货出入计之，每年洋铁入廉州者约四五十万斤，入琼州者百万斤有奇，入省城、佛山者约一千余万斤，入汕头者约二百余万斤。内地铁货出洋以锅为大宗，其往新嘉坡、新、旧金山等处，由佛山贩去者约五十余万口，由汕头贩去者约三十余万口，（惠州淡水贩去者约二十余万口），由廉州运往越南者约四万余口。此外铁锤运往澳门等处者每年约五六万斤，铁线运往越南者先年约十余万斤，近因越税太苛，业经停贩。然此皆粗贱之物，凡稍精稍贵之铁板、钢条，则不惟不能外行，且皆取资洋产。（光绪十五年八月二十六日）

（清）张之洞：《筹设炼铁厂折》，赵德馨主编：《张之洞全集》第2册，第262页。

机器铸钱

粤省此次订购铸钱机器内，兼有铸银元机器，拟即选募西人善铸银元者来华试造。若附在钱局内铸造，计此岁铸银元三千万枚之机器，其机器价值厂屋工料火耗，一年所费，不过四五万金。专设一厂，亦不过十余万金。外洋银元，每元重漕平七钱三分，今拟每元加重一分五厘有奇，定为库平七钱三分。银元上一面铸光绪元宝四字，清文汉文合璧。一面铸蟠龙纹，周围铸广东省造库平七钱三分十字，兼用汉文洋文。以便与外洋交易。铸成之后，支放各种饷需官项，与征收厘捐盐课杂税，及粤省洋关税项向收洋银者，均与洋银一同行用，……试造之初，先铸一百万元。察其能否流通，陆续添铸。

（清）张之洞：《粤省试铸银元片》，盛康辑：《皇朝经世文续编》卷58《户政·钱币上》，文海出版社，1972年，第6775页。

二、饮食休闲文化

洋酒、洋烟、洋药

总督广东、广西等处地方军务兼理粮饷兵部右侍郎兼都察院右副都御史臣赵弘灿谨折跪请皇上圣安。康熙四十八年正月二十八日赵昌传旨与广东总督弟男子侄：以后凡本处西洋人所进皇上上用物件并启奏的书字，即速著妥当家人雇包程骡子星夜送来，不可误了时刻，钦此。传知到臣，臣即星速差家人前赴澳门，传旨与西洋理事官唛嚟哆等及省城各天主堂西洋人一体钦遵去后。今据省城西洋人穆德我等交到酒一箱、洋烟一箱。又据西洋人毕登庸交到酒一箱。又据西洋人景明亮交到酒一箱、药一瓶、字共三封，臣检收原箱俱系封固，不敢启视，特差家人曾复元雇包程骡脚装驮，一并星速恭进，伏乞皇上敕下该衙门查收。

故宫博物院编：《史料旬刊》第1册，第158页。

西洋酒

总督广东、广西等处地方军务兼理粮饷，兵部右侍郎兼都察院右副都御史，戴罪图功。臣赵弘灿、巡抚广东等处地方提督军务兼理粮饷，都察院右副都御史臣范时崇谨俯伏恭请皇上圣安。本年闰七月初十日臣等接到住澳西洋人沙国安等信一封，内开多乐闻皇上利用真葡萄酒。特托人采觅寄来，今多乐虽辞世，不敢隐其先志，应否送省乞示进止。计开加纳列国葡萄酒一箱七十小瓶，伯尔西亚国葡萄酒二箱共二十大圆瓶，波尔图噶国葡萄酒二箱共二十四方瓶。臣等因未请圣示意，不敢遽行赍送，应否进呈伏候圣旨，臣等谨奏。

康熙四十九年闰七月十四日。朱批：随便带来。

故宫博物院编：《史料旬刊》第1册，第160-161页。

西洋各种生活器物

两广总督奴才杨琳，为奏进事。据住澳门西洋人理事官唛嚓哆等呈称，哆等住居澳门，世受皇上恩典，泽及远彝，贸易资生，俾男妇万余口得以养活。圣恩高厚，无可报答，敬备土物十六种，伏乞代进，稍尽微诚。

计开：进上物件：洋锦缎三匹、珊瑚二树、西洋香糖粒九瓶、玻璃器四件、鼻烟十二罐、衣香一盒、槟榔膏六罐、珊瑚珠二串共二百零七粒、金线带五丈、火漆一小盒、水安息香共二十个、鼻烟盒六个、戒指六个、保心石大小共二十个、银盒一个内小盒六个、绒线狗四个等情到奴才。

据此，查澳门住居彝人，感戴皇恩，每遇岁时万寿，诵经礼拜，共祝圣寿无疆。今备具土物，呈请奴才代进，乃远人一片诚敬实心。合将缴到物件代为恭进。谨奏。（宫中朱批奏折，康熙五十八年正月初九日）。

《香山明清档案辑录》，第413页。

西洋夷人进见抚部

乾隆五十七年四月十五日，于广抚郭公世勋公署前，观西洋夷人宝云山等三人进见，头戴黑绒帽，前后两幅，旁幅差高而阔，脑没帽下，有貂皮一片；身穿黑短袄，似是汴绫，下穿黑缎裤，紧缚之至脚；穿鞓薄而且窄，鞓上有索，用银番作纽系之。喫烟似用笔管，笛甚小。有两通事为之传语，其中一少年说是钦天监监正之子，入都省觐者。抚军盛陈兵卫，海关亦来会验，贡物俱列大方箱。夷人由角门膝行而进。既见，赏以酒食，夷人以取帽为拜跪之礼。

（清）关涵等著：《岭南随笔（外五种）》，第129页。

洋画

洋画以京师为最，一切古鼎彝器，无不确似。为山树楼阁，远近深邃，尺幅千里，一丘一壑，一枝一叶，一棂一庋，皆能突起于阴阳向背之间。闻其初，来自西域。京师易之，所谓界尺活也。至人物则以广南玻璃画为独步。面目须发,跃跃有欲飞之势。余有一律云:一幅亚洋画得成,千盘万曲讶深闳。定神玩去疑身入,着手摸来似掌平。幻出楼台蜃气结,描将人物黛眉生。壁间高挂终惶惑,错认邻家院落横。辛丑游粤,在新会袁春舫业师署,闻库中有西洋美人画一对,甚异。师令胥吏持入庙观之。已昏,设炬置桌。俄而持二版至,各长四五尺,盖随人画刑而剜之者,皆系以械。其一衣绯,色剥落,约二十许,丰颐隆准,高钿云髻。一手持物如灯台形,一手自理衣带如大家娃;其一衣黄,修容坠马半面惊顾之状,两手捧物不能辨,丰神凛然,面上有爪痕,年较稚。灯光寻丈之外,望之若生,流波凝睇,若接若离,可惊可怖。

(清)曾七如著,南山点校:《小豆棚》卷12《怪异类》,第227页。

窃照番商来粤贸易,所带食物如牛奶油、番蜜饯、洋酒、麦头干、番小菜、腌肉、腌鱼等物,进口之日俱各照例征收税银,其食用余剩,出口之日例仍输税……可否仰邀皇上殊恩俯念番商食用所需已征进口,所有出口税银特颁谕旨准予豁免,则凡属番属均沐皇仁于无既矣。

故宫博物院编:《史料旬刊》第3册,第196-197页。

我们在花地的新年聚会,参加者包括所有在广州从事贸易各国的外国人。有英国人、美国人、荷兰人、西班牙人和葡萄牙人,有的来自印度或澳门。不用说,由于有缘来到一起过着一种奇特的生活,我们之间存在着某种很好的伙伴关系。

(美)威廉·C·亨特:《广州番鬼录·旧中国杂记》,第200页。

衣兜烟卷

紫竹林通商埠头,粤人处此者颇多。原广东通商最早,得洋气在先,类多效泰西所为。尝以纸卷烟叶,衔于口,吸食之。又如衣襟下每用布兜,装置零物,取其便也。近则津人习染,衣襟无不作兜,凡成衣店、估衣铺所制新衣,亦莫不然。更有洋人之侍童马夫辈,(英语呼僮曰百宁,广语呼曰细崽),率多短衫窄绔,头戴小草帽,口衔烟卷(英语呼烟卷曰司个而),时辰表链,特挂胸前,顾影自怜,惟恐不肖。殊难索解,可博一粲。

(清)张焘纂:《津门杂记》卷下,天津古籍出版社,1986年,第137-138页。

番桃:木本,花五出丛生,紫色,别茎实如瓠,棱绿色,六囊合而一扁,簿类豆筴，攒成味甚酸，一名洋桃，来自外洋也。

乾隆《吴川县志》卷4《土产》。

澳门夷人习俗

澳门地名蚝镜，属香山县，去县东南百二十里。……又六十里至关，关外有番数百家。关前有寨，寨置重兵守御，以厄其吭，与澳门南北相对。初至为青洲，桄榔、槟榔之树交植成林，林中楼榭参差。又十里至澳，番人设列大铜铳以自。所居为楼三层，率依山高下，楼方圆棱角诸形不一。自居楼上，而居唐人其下。番称中国人为唐人也。

山麓左右有东、西望洋二寺。其中为三巴寺，高十余丈。奉耶苏天主。僧号法王，司天主之教。番人有罪，法王不许忏悔则立殛之；若许则自以铁钩钩四体，血流乃已。男女日夕赴寺礼拜，敬奉法王如神。女惟法王所欲，与法王生子，谓之天主子，则绝贵重矣。男带黑倭帽，相见脱之以为礼。锦氆缠身。腰带长刀，刀尾拖地。发垂肩，绀绿螺蜷。面白色，惟鼻昂眼碧。从者蓬发，通体如漆，谓之鬼奴。每食必击钟。以白氎布荐，玻璃器盛物，上洒蔷薇花露。食用左手，谓右手止可溷用也。以金匕割炙。以白氎布拭手。一拭辄弃去，更易新者。食已皆卧，及暮始起，张灯作人事。

番俗重女轻男，女承父业，男子则出嫁。男子不得有二色，犯者杀无赦。女子夜起贸易。美者宝鬟华毯，五色照耀，惟眼微碧，稍异于唐。若得一唐人作婿，则举澳相贺。西洋国岁遗官程课。诸番番船满载珍异，白银巨万，皆鬼子钱，钱有鸡钱，有十字钱，有银豆，有牛舌饼。至则闽人为董其事，分散百工作诸器，用淫巧以易瑰货。其货则有玻璃千人镜。悬之，物物在镜中。有多宝镜，远照一人作千百人，一物作千百物。有千里镜，精者能见三十里外，字画一一不爽。有显微镜，见花须之蛆皆负其子；见虮虱毛黑色，长寸许，若可数。又有自鸣镜、璇玑。诸器暨象牙、犀角、珊瑚、翡翠、真珠、猫睛以为宝，哆啰、叭叽、舞布、树皮布以为衣，酿葡萄、屑沉香以为酒，蜜渍豆蔻以为果。乐有风琴。药用猴枣，花则贝多，宝珠茉莉。禽则红白鹦鹉，绿毛倒挂。兽则獴猣、短狗，皆澳中番物也。

（清）钱以垲：《岭南见闻》卷2《澳门》，《四库全书存目丛书》史部第250册，第238-239页。

予诗："南海多玄国，西洋半黑人"，谓此。予广盛时，诸巨室多买黑人以守户，号曰鬼奴，一曰黑小厮。其黑如墨，唇红齿白，发卷而黄，生海外诸山中，食生物，捕得时与火食饲之，累日洞泄，谓之换肠。此或病死，或不死即可久畜。能晓人言，而自不能言。绝有力，负数百斤。性淳不逃徙，嗜欲不通，亦谓之野人。……有曰奴囝者，出暹罗国。暹罗最好僧，谓僧作佛，佛乃作王。其贵僧亦称僧王，国有号令决焉。有罪者没为奴囝。富家畜奴囝数百口，粤商人有买致广州者，皆鬈黑深目，日久亦能粤语。又红毛舶至，常以白小子赠人，长仅尺许，面与手足皆如玉雪，独发绀耳。见人辄能脱帽跪拜，语甚细，咿嚶不可辨。云小人之国所产，男女皆然，不能耕种，有自然粉豆取食可以饱云。

（清）屈大均：《广东新语》卷7《黑人》，第233-234页。

西洋礼仪

予（杜臻）至澳，彼国使臣率其部人奏番乐以迎之，其乐器有觱篥、琵琶，歌声咿嗢不可辨。使臣手握赤藤杖，质如珊瑚，光润通明而柔韧可卷，不知何物，为彼国所甚重，非王赐不敢握，若符节，然澳中握杖者四人而已。已而，迎者益众，竞放鸟枪，其声拉杂。将至馆，两炮台声大作，山谷为动。馆予之室，有三层，作旋螺径以入。每进益高，斫石为砌，精工绝伦，床几皆泥金也。铺鲜花蕊，瓣厚数寸，红紫烂然。侍童有黑白二种，白者曰白鬼，质如凝脂，最雅靓，惟羊目不眴，与中国人异。黑者曰黑鬼，绝丑怪，即所谓昆仑波斯之属也。白者为贵种，大率皆子弟。黑鬼种贱，世仆隶耳。

（清）杜臻：《粤闽巡视纪略》卷2，《近代史料中国丛刊续编》第98辑，第20页。

广东的外国人

广东为海外诸番所聚，有白番、黑番，粤人呼为白鬼子、黑鬼子。白者面微红而眉发皆白，虽少年亦皓如霜雪。黑者眉发既黑，面亦黔，但比眉发稍浅，如淡墨色耳。白为主，黑为奴，生而贵贱自判。黑奴性最愨，且有力，能入水取物，其主使之下海，虽蛟蛇弗避也。古所谓"摩诃"及"黑昆仑"，盖即此种。某家买一黑奴，配以粤婢，生子矣，或戏之曰："尔黑鬼，生儿当黑。今儿白，非尔生也。"黑奴果疑，以刀斫儿胫死，而胫骨乃纯黑，于是大恸。始知骨属父，而肌肉则母体也。又有红夷一种，面白而眉发皆赤，故谓之红毛夷，其国乃荷兰云。香山县之澳门，久为番夷所僦居，我朝设一同知镇之。诸番家于澳，而以船贩海为业。女工最精，然不肯出嫁人，惟许作赘婿。

香山人类能番语，有贪其利者，往往入赘焉。

（清）赵翼：《檐曝杂记》卷4《诸番》，《续修四库全书》子部第1138册，第331-332页。

澳门西蕃

澳门，一名濠镜，隶香山县，其地周六里，三面环海，惟前山一径通出入。其南有四山，离立海水，纵横贯之，成十字曰十字门。今合称澳门云。明嘉靖中，蕃舶讬言舟触风涛，愿借濠镜地暴诸水渍，贡物海道副使汪柏许之，结茇舍其间，后渐运领甓榱桷为屋，佛朗机人始混入，岁输廛缗五百一十有五，久之，遂为所据。

至国初已尽易大西洋意大里亚人，汔今二百年，孳育蕃息，其户口三千有奇，白主黑奴，内剌兵一百五十名，其渠目曰兵头一，掌兵理事官一，司库判事官一，司狱而总领于蕃僧一人。其国有二王，曰教化、曰治世。治世奉教化之命，贸易夷人皆治世类。居澳蕃僧则教化类也。其慧者，习天官家言，精制造，国中敬信天主邪苏教，蕃僧出入张盖树旛，男女见之跪捧足，俟过乃起。其女尼夷人敬奉尤甚于僧，一女为尼，一家皆为佛眷，人罹重辟，得尼片纸立宥之。其在澳者，别立寺，既入，则终身不出，戒律颇严。夷人所役之黑鬼奴，即唐时所谓昆仑奴，明时名乌鬼。生海外诸岛，通体如漆，夷人杂坐，以黑奴进食，食余倾之一器，如马槽。黑奴男女以手持食，夷屋多层楼，处黑鬼于下，夷人语言文字必译，而后通，其书右行，西蕃各国通行之，字相传为马逻可国所遗，用三十六字母，谐声比附以成字，各国大略相同，谓之拉丁字，亦谓拉体纳字。……然西蕃既与粤人错居数百年，多能作华语，不止曾游京师之蕃僧也。粤人亦多能解蕃语，有不待于通译者，既暱处相狎习，故民蕃恒构怨，法令有不尽行。自明以来患之，屡刊禁碑示约束，防制不稍懈，然卒无他虞者，以其距本国九万里，海道险远，必数年来还，自闭唐人庙，禁天主教，其国主不输财至澳，澳夷益贫。额船二十五柁，今以赀匮，半停泊荒屿断港间。又以楼下屋僦华民，仰其租息，故昔号富强，而今稍贫弱矣。其前山建闸驻兵，以扼其吭，如澳中有事，闭其关闸，绝水米即足制其生命，夷人舍航海，别无出路，惟德威并济，操纵有宜，则迩安远来之道，在是矣。

（清）汤彝：《盾墨》卷4《澳门西番》，《续修四库全书》史部第445册，第104-105页。

树兰，相传来自暹罗，故又名暹兰。

康熙《阳江县志》卷4《物产志》。

树兰，花如金粟，香如兰，故亦名兰。有三叶者，花不甚香。有五叶者，名暹兰，相传来自暹罗云。

康熙《阳春县志》卷14《物产》。

外国酒

《外国名酒记》南蛮有槟榔酒，扶南有安石榴酒，土瓜根酒；赤土有甘蔗酒，以暹罗酒为第一。

外洋有葡萄酒，味甘而淡；红毛酒，色红味辛烈，广人传其法，亦酿之，与洋酒无异。洋酒有数十种，惟此二种内地能造之，其余不能酿也。又有黑酒，番鬼饭后饮之。云此酒可消食也。番人药物多蒸为露，或榨为油，如蔷薇露、桂花露、荷花露、丁香油、肉桂油、薄荷油、檀香油，今广人皆能为之。

道光《广东通志》卷95《舆地略十三·酒》。

关作霖，字苍松，江浦司竹径乡人。少家贫，思托业以谋生，又不欲执艺居人下，因附海舶遍游欧美各国，喜其油相传神，从而学习。学成而归，设肆羊城，为人写真，栩栩欲活，见者无不诧叹。时在嘉庆中叶。此技初入中国。西人亦惊以为奇得本曾有云。

宣统《南海县志》卷21《列传》。

《咏西洋显微镜》
以镜视小物皆成大形，虫蚁眉目皮毛靡不毕见

大道粲中天，奇淫出穷海。兹镜西洋来，微显义兼在。
雕棘具猴体，穿杨贯虱胸。何如造兹镜，微妙生其中。
蚊睫焦螟巢，蜗角触蛮战。以兹当少怪，况乃多多见。
芥子纳须弥，毛间盈海水。微今显镜中，显却在微里。
我目有神镜，我心超离娄。拂镜归玉匣，及观将内求。

（清）陈子升：《中洲草堂遗集》卷5，《清代诗文集汇编》第48册，第32页。

潘有度《西洋杂咏》

头缠白布是摩卢（摩卢，国名。人皆用白布缠头），黑肉文身唤鬼奴。
供役驶船无别事，倾囊都为买三苏（夷呼中国之酒为三苏。鬼奴岁中所获，倾囊买酒）。

（清）潘义增、潘飞声：《番禺潘氏诗略》第2册《义松堂遗稿》，《明清时期澳门问题档案文献汇编》第6册，第816页。

荷兰豆，本外洋种，初出，甚贵，今各处皆莳之矣。

同治《番禺县志》卷7《舆地略五·物产》。

荷兰豆

荷兰豆，本外洋种，粤中向无有也。乾隆五十年间，番船携其豆仁至十三行，分与土人种之，九月重阳前后播种，苗高二三尺许，叶翠花白，正月时结豆，甘脆异常。初惟西关一老圃能得莳植之法，每年八月杪，以小提蓝携豆种上街，人争买之。初出甚贵，今则遍岭海皆有之。余前乞养居家，辟园种半亩以资供养。作诗云："新种荷兰豆，传来自外洋。莳当重九节，买自十三行。采杂中原菽，添燃异国香。晨葩香莫匹，馨膳此初尝。"豆种自荷兰国来，故因以为名云。

（清）刘世馨：《粤屑》卷1《荷兰豆》，《广州大典》第49辑第3册，第322页。

《题西洋画》

西番画法异常伦，如雾如烟总未真。
酷似少翁娱汉武，隔帏相望李夫人。

（清）陈恭尹：《独漉堂集·小禺二集》，中山大学出版社，1998年，第260页。

百千灯耀小林崖，锦作云峦蜡作花。
妆点冬山齐庆赏，黑人舞足应琵琶。

冬山以木为石骨，以锦为山峦，染蜡红蓝为花树，状似鳌山。黑人歌唱舞足，与琵琶声相应，在耶稣圣诞节前后。

（清）吴历撰，章文钦笺注：《吴渔山集笺注》卷2《三巴集》，中华书局，2007年，第180页。

黄沙白屋黑人居，门柳如葵秋不疏。
夜半疍船来泊此，斋厨午饭有鲜鱼。
自注云：黑人俗尚，淡黑为美，淡者为丑。鱼有鲥鲦两种，用大西阿里袜油炙之，供四旬斋素。"
（清）吴历撰，章文钦笺注：《吴渔山集笺注》卷2《三巴集》，第161页。

濠境澳多产番物，矮小毛如狮，番人甚贵之，饮食先与狗，然后及己奴团。其奴，又名鬼子。生自蚝镜澳，携来羊城隅。团毛若山狮，饲食皆海鱼。尖帽小番团，难与大番俱。宁作鬼家狗，不作鬼家奴。
（清）李调元：《粤东皇华录》卷3《番狗怨》，《丛书集成初编》第2315册，中华书局，1991年，第97页。

洋狗

西洋狗大小不一。毛皆披茸长数寸，碧眼狮形，状丑怪，宛然肖其国人，与予向在都下所见诸太监戏弄哈叭狗小者相类。大者狰狞，迥不侔。广州城内，一日有人牵一大洋狗入市，市中群狗见之，以为非其族类，皆狺狺欲噬。洋狗亦时张牙作威，然终帖然不敢妄肆者，其势孤也。使洋狗成群，彼胆壮则毒焰且张。吾恐狺狺者为之靡矣。
（清）陈徽言撰，谭赤子校点：《南越游记》卷2《风土 物产》，第183页。

西洋狗，小者最贵。有黑者，有黄色者，鬼子与之同饮食寝处。又有一种稍大，而毛长尺许，深目短喙，状如狮子，尤狞丑。
（清）吴震方：《岭南杂记》，《四库全书存目丛书》史部第249册，第522页。

洋葱

洋葱，形似独颗蒜而无肉，剥之如葱。澳门白鬼饷客，缕切为丝，珑玲满盘，味极甘辛。余携归二颗种之，发生如常，葱至冬而萎。
（清）吴震方：《岭南杂记》下卷，《丛书集成初编》第3129册，第53页。

椰珠菜，一名番芥兰，叶蓝色，类芥兰而大一科，重至数斤。茎端嫩叶，团结似椰子，内珠味甘脆，种来自番舶，邑人多植之。

光绪《香山县志》卷5《舆地下·物产》。

西邦庆节

十八日为西人大庆之期，是日为耶稣降世，华人谓为西邦冬至节，非也。从教之国皆欢欣庆贺，各衙门商店一例放假。本报亦展期一日，始行派报。先一夜十二钟时，各教堂诵经祝福者，不绝于途。是日为澳督生辰，中西官绅更形闹热。

《镜海丛报》光绪十九年十一月二十日，第22页。

三、中华文化西渐

洋人学习汉语

总督广东广西等处地方军务兼理粮饷兵部右侍郎兼都察院右副都御史臣赵弘灿、巡抚广东等处地方提督军务兼理粮饷都察院右副都御史臣范时崇谨折跪请皇上圣安。五月十七臣等家人柴逢智、王宗齐回折子，奉圣旨：知道了，近夏月西洋船到时问明速报，钦此。又于五月二十五日臣等家人薛廷士、焦德齐回折子，奉赵昌、王道化、张常住、李国屏传圣旨：尔等差人问哆啰：你国并无用五爪龙边之理，"皇"字亦非尔等之话，种种违式与例不合，念尔系外国之人，或不谙中国之法，或中国无知之徒写的亦未可知，尔再详察，若认错不知即速改来，本部院转奏，若不改，不认错，本部院不但不奏，将中国写汉字之人从众治罪。再，西洋新来之人且留广东学汉话，若不会汉话即到京里亦难……

臣等查得，西洋船七月已尽尚未有报到，俟后有到时另折奏闻。至传旨指示臣等诘问哆啰情由，查哆啰已于五月十二日病故，并无别情，取结在案，无庸申饬。前所奏技巧三人，山遥瞻、马国贤、德里格已安插广州府天主堂内，令伊等学习汉话，俟伊等会时另行启奏。马国贤所画之画，今止送到山水一幅、人物一幅，遵旨先行进呈，俟伊复有画到再行差送。及问伊曾否会画人像，据伊口称会画，事关启奏，不敢冒昧，着令广城天主堂掌教郭多禄出具甘结，据布政司详称郭多禄不肯出结，臣等乃以本地配飨孔庙理学名臣陈献章遗像令伊摹仿，今将马国贤所画陈献章遗像一并进呈御览。

臣等再启，七月初三日报有香山本澳船一只于上年十二月往小西洋贸易，今该船附有要进京西洋人两名，一名杨广文、一名麦大成，据称俱晓天文历法，应否差人伴送来京，或同山遥瞻等亦在广州学习汉话，恭候圣旨遵行。为此具折差家人柴逢智、王宗齐进请旨，臣等谨奏。康熙四十九年闰七月十四日。

故宫博物院编：《史料旬刊》第1册，第161-163页。

《海录》序

余乡有谢清高者，少敏异，从贾人走海南，遇风覆其舟，拯于番舶，遂随贩焉。每岁遍历海中诸国，所至辄习其言语，记其岛屿、阨塞、风俗、物产，十四年而后返粤。自古浮海者所未有也。后盲于目，不能复治生产，流寓澳门，为通译以自给。

嘉庆庚辰春，余与秋田李君游澳门遇焉，与倾谈西南洋事甚悉。向来志外国者，得之传闻，证于谢君所见，或合或不合，盖海外荒远，无可征验，而复佐以文人藻缋，宜其华而尟实矣。谢君言甚朴拙，属余录之，以为平生阅历得藉以传，死且不朽。余感其意，遂条记之，名曰《海录》。所述国名，悉操西洋土音，或有音无字，止取近似者名之。不复强附载籍，以失其真云。嘉应杨炳南序。

（清）谢清高口述，杨炳南笔录，安京校释：《海录校释》，第329页。

谢云龙重刻《海录》序

海客谈瀛洲，论者以为烟涛微茫，大都学士文人逞其臆说奇谈以欺世，未可援为实据。此《海录》所以少成书，测海者何从征信乎？吾粤滨海之南，操奇赢者，每贸易海外诸国。族兄清高，奇男子也，读书不成，弃而浮海。凡番舶所至，以及荒陬僻岛，靡不周历。其风俗之异同，道里之远近，与夫物产所出，一一熟识于心，垂老始归，盲于目，侨寓澳门，为人通译。同里杨秋衡孝廉适履其地，询向（问）所见闻，乃具述之，其未至者缺焉。性已朴实，语复率真，非奇谈臆说可比。因录以付梓，厥后徐松龛中丞作《瀛环志略》，魏默深刺史作《海国图志》多采其说。……今国家海禁大开，通商互市者且数十国，比年使车四出，熟谙洋务者类皆博高官厚禄，令生逢其盛，必能有以自见,不至以穷愁拓落终,岂仅于斯录传者。

(清)谢清高口述,杨炳南笔录:《海录校释》,第332页。

繁华的珠江内河

从广场上望珠江,可以看到各式各样大大小小的船艇在不停地来往,几乎把整个江面都盖满了。这景象提供了一个图解,说明这些人民在岸上同样是不息地劳作,使他们在土地上放出异彩。这些小艇中十有九只是整个家庭的唯一住所,全家人从不在岸上落脚。这些人里面不仅有生意人、工匠、木匠、鞋匠,以及裁缝、卖故衣、卖食品、卖饰物的,而且还有算命先生、应急郎中,也许还有"正规的"开业医生、剃头匠、爆玉米花的,和专门替人洗头的。总而言之,这些浮家泛宅的居民,就像陆上的居民一样,各行各业,干什么的都有。我们应该称赞那些男女船民高超的技巧和优良的品质;他们划着桨、扯着帆、摇着橹,要把船驶向什么方向就是什么方向。他们的生活是清苦的,吃的终年都是米饭加点蔬菜、茶,偶尔才能吃像鱼或猪肉这样质量稍好的东西。

珠江上面,无论是靠广州这边还是靠河南那边,总是不断有挤满乘客的大船启航或靠岸。有时是官员的船艇,有两排桨,每边各二三十枝,插着漂亮的各色旗子,旗上写着船艇所属地方的名字,还写着船艇里所载官员的官衔。这官衔还写在灯笼的四边以及船尾的栏杆上。有时是往来于行商货栈之间的驳艇或货艇。这些艇由于它们奇特的形状而被叫作"西瓜艇"。江上可以看到走运河和内河的船艇神气地驶过。船舷和舱面都用清漆油过,舱面高出水面好几英尺,船的整个后部是掌船人一家的住所,相当宽敞。前面有供大班和他的会计,以及乘客住的舱房。这些船上有一件很显眼的东西,就是靠近船中间的两边舷内竖立着一对高大的剪子,用来悬挂巨大的方形席帆,这帆只有在顺风时才使用。产茶的地方先将茶叶运进广东省内的转运点,然后就由这些船经过几天的航程运来广州。这是江上能够看到的外观最干净、最好的一种船艇。

(美)威廉·C.亨特:《广州番鬼录·旧中国杂记》,第211—212页。

广东英语

"广东英语"这个名词,是专指在广州的中国人与"西洋人"之间用作进行商业交易和往来媒介的独特语言。在我到来后的许多年里,外国侨民中懂中文的只有3人——马礼逊博士;现在的德庇时爵士,他是英国东印度公司商馆的最后一位主任;还要一位美国人,即我本人。"广东英语"是广州口岸在早期对外交往中产生的。这种奇特语言的产生是很自然的。外国人来广州的时间短暂，他们不愿意或不能够致力于学习像中文这样一种难学的语言，甚至要学讲一些极普通的话也不容易做到，即使学会了，到其他地方也毫无用处。加上当地政府严厉禁止学习它，甚至将一个讲授中文的中国教师斩首。这是马礼逊博士之前有过的先例，他谈及在我来之前发生过的一个事例。他还告诉我，在他到来几年之后——1807年，他不得不在晚上学习中文，并将房间里的灯光遮蔽，以保护他自己的中文教师。

另一方面，伶俐的中国人巧妙地运用听惯的外国音调，成功地弥补自己语言的不足，并依照自己单音节表达方式，同时使用最简单的中国话来表达他们的意思。他们就这样创造出一种语言，可以说是没有句法也没有逻辑联系的语言，只将其化为最简单的成分，但它却很牢固地扎下了根，成了许多数额巨大的生意或极为重要的事情的便利的交际媒介，以其活力和奇特性一直流行到今天。

这无疑是中国人的一种发明，在英国人出现在广州很久之前已有它的根源。这可以在其中找到一些葡萄牙语和印度语的混合来证明，后者的来源可能是由那些最初经过印度的西方来客传来的。英国人在一百年以后才到来，他们语言中的一些词汇逐渐被吸收进去，增加到使葡萄牙语消失，葡语便只限在他们的殖民地澳门使用。后来英国最终成了最主要的贸易者，这种语言便成了著名的"广东英语"。

Pigeon English（"广东英语"）的Pigeon一词完全是business（生意）一词的讹转，它们合起来的意思是商业英语。在葡萄牙语源方面，最确实的证据，我们可以找到这样的几个词……

（美）威廉·C.亨特：《广州番鬼录·旧中国杂记》，第66-67页。

白马灵旗带晚霞，风涛万顷走龙蛇。
通宵不夜非关月，到处行空可是槎。
天上有星分野外，眼前无地说中华。
楼船事往皆春梦，千古还因汉使嗟。
遥闻飒沓铁衣声，玉破珠残历乱倾。
风卷一山天际落，涛惊万鼓水中鸣。
陆沉城阙苍烟出，鬼市楼台白昼生。
鲁漫零丁俱在望，七洲洋外不知名。

（清）大汕：《海外纪事》卷1《虎门望海二首》，第4页。

香山之南路险巘，层峦叠嶂号熊罴。
濠镜直临大海岸，蟠根一茎如仙芝。
西洋道士识风水，梯航万里居于斯。
火烧水运经营惨，雕墙峻宇开通衢。
堂高百尺尤突兀，丹青神像俨须眉。
金碧荧煌五彩合，珠帘绣柱围蛟螭。
风琴自鸣天籁发，歌声呜呜弹朱丝。
白头老人发垂耳，娇童彩袖拂冰肌。
红花满座延上客，青鸟衔桃杯玻璃。
扶杖穿屐迎道左，稽首厥角语喁咿。
自言慕义来中夏，天朝雨露真无私。
世世沐浴圣人化，坚守臣节誓不移。
我闻此言甚欣喜，揽辔停骖重慰之。
如今宇宙歌清晏，男耕女织相熙熙。
薄海内外无远迩，同仁一视恩膏施。
还归寄语西洋国，百千万祀作藩篱。

（清）杜臻：《经纬堂诗集》卷4《香山澳》，《清代诗文集汇编》第133册，第590页。

广南之王公贵人，信仰佛教者兼而有之。广东之内，长寿庵禅僧石莲，据称道德盛成，去年秋，陈添官及吴资官二人，被派为使者，为邀请事遣派广东。石莲有感广南王公贵人正信之心，召集僧俗弟子凡百人，于今年正月中旬，自广东出船。总而言之，石莲之出生地为南京，住广东二十余年，其间之行化殊胜，远近官民，别而归依，尤本船乘员之内，亦有参诣长寿庵者。右段属实无差，自然，日后由广南来朝之船亦当有申报。（亥年七月廿八日）。

《华夷变态》卷22，元禄八年乙亥（康熙三十四年，1695）《三十六号广东船之唐人报告》。

十三洋行在幽兰门之西，结构与洋画同。对渡名花地，花木甚繁，广外卖花处也。余自以为无花不识，至此仅识十之六七，询其名，有《群芳谱》所未载者，或土音之不同欤？

（清）沈复著，朱奇志校译：《浮生六记》卷4《漫游记快》，中国青年出版社，2009年，第128页。

涟漪阁之北，厅事二：一曰澄碧，一曰光霁。平地用阁楼之制，由阁尾下靠山房一直十六间，左右皆用窗棂，下用文砖亚次。阁尾三级，下第一层三间，中设疏寮隔间，由两边门出；第二层三间，中设方门出；第三层五间，为澄碧堂。盖西洋人好碧，广州十三行有碧堂，其制皆以连房广厦，蔽日透月为工。是堂效其制。故名澄碧。联云：湖光似镜云霞热（黄滔），松气如秋枕簟凉一（何上元）。

（清）李斗撰，汪北平、涂雨公点校：《扬州画舫录》卷12，中华书局，2007年，第285页。

我已生活了四个月的广州是座大城，更确切地说，它是由高大美观的城墙分隔开的三个城市的集合体；然而这三个城市连接得又如此紧密，已至同一座城门既是一个城市的出口，又是另一个城市的入口，整个集合体略呈方形，其方圆我看比巴黎小不了多少。远离市中心的人出外访客，有时要乘坐一小时的轿子。然而城里既无空地也无宽敞的园子，街道长、直、窄，只有几条较宽，在较宽的街道上隔一段距离，便可看到一座相当漂亮的凯旋门。

（法）杜赫金编：《耶稣会士中国书简集：中国回忆录》，大象出版社，2001年，第272页。

番官赠槚

安南国河仙镇有莫姓者，父本中国人，为番官。少年能诗，酷嗜词翰，曾自署曰："文章自本中原气，事业留为异国香。"贸安南者，乞粤人诗歌以献。一日，宴内苑，指册中诗问佘语山先生，贸者答曰："人间福人，父子祖孙，登甲乙榜，齐眉四代，年跻九十，健步豪吟。"次及梁君仲鸾，答谓："与佘公有云泥隔，年七十，贫而无子。"莫君闻而太息，谓君反粤日，愿以相闻。宴罢，亦不复记忆。逮归粤，莫忽遣番官四人，舁沙木一具为梁君赠。梁君，贫儒也，不自为槚市其值，得二百余金，用赡余年。外国番官有此怜才好义之士，人可以地限哉？

（罗天）尺，乾隆壬戌春与仲鸾遇于海幢，鸾为诵《谢赠槚诗》，甚佳。仲鸾，顺德人，侨居花田教读。回忆旧有摭园居士林其藻，字泉公，亦安南人，酷慕南海张太初诗，恨不能见面，约各绘一小影相寄，以当面晤。岁岁海船归，必有物相饷。何海外之多奇士也。

（清）罗天尺：《五山志林》卷2《识今》，《清代广东笔记五种》，第48–49页。

外国侨民在广州所占踞的地方离珠江边约300英尺，离澳门80英里，离伶仃60英里，离虎门炮台40英里，离黄埔碇泊所10英里，这片地方东西宽约1000英尺，各国商馆就建在上面，每个前来贸易的国家，最初各以一所大房子作为居停贸易之所，由此形成商馆，每座商馆的正面是一样的，全部朝南。"公司"所占的两座建筑物中有一座是新的，这是在1822年那场大火之后仿照原来的样子重建的。这场大火几乎把所有的商馆都烧掉，幸免者并不多。根据官方的记述，"中国方面烧掉西郊一万二千间房屋、店铺及庙宇"。每座商馆都包括许多相连的房屋，一间接一间，中间由狭窄的空地或院落相隔开来，商馆由南向北伸延，前面的称为一号，后面的称为二号、三号，以此类推，几乎全部是三层楼的房子。当时房屋数目最少的是美国馆，最多是丹麦馆和荷兰馆，分别占7间和8间房屋。

（美）威廉·C.亨特：《广州番鬼录·旧中国杂记》，第33页。

别开邸第馆诸夷，一十三家各斗靡。窗槛玲珑巢翡翠，轩屏眩转吠琉璃。
铺排景物观殊壮，变易华风事岂宜。好语吾民守耕凿，只今圣主贱珍奇。
（清）李兆洛：《端午偕补金小严半樗山子光云寺守之观竞渡，遂至海幢寺还过洋商肆楼，登海珠寺炮台》，徐世昌编：《晚晴簃诗汇》卷118，第5066页。

庆贺西神

西教有所谓圣庄巴的士打者，耶稣之首徒也，通澳西洋人奉之为福神。初一为其诞日，澳之议事公局例奉神像巡游，先期发帖，遍请中西商庶是日五点半钟齐到大庙颂祝后，奉神巡街，俗则谓之西夏至神诞。

《镜海丛报》，光绪二十一年五月初四日（1895年6月26日），澳门基金会、上海社会科学院出版社联合出版，2000年，第256页。

圣化广招徕，梯航通万国。粤民杂岛夷，珠海走番舶。
渐开交市场，货物日充积。象犀备器用，钟表按漏刻。
中有木偶人，神采何奕奕。形骸俨生成，衣冠备华饰。
（清）赵良澍：《游洋市观木偶人作书画》，陈永正编注：《中国古代海上丝绸之路诗选》，第321页。

凡文武官下澳，率坐议事亭上，彝目列坐进茶毕，有欲言则通事番译传语。通事率闽粤人，或偶不在侧，则上德无由宣，下情无由达。彝人违禁约，多由通事导之。

康熙《香山县志》卷10《外志·澳彝》。

传教士赴京

两广总督奴才杨琳、广东巡抚奴才杨宗仁为奏闻事。本年八月初四日，有续到西洋人三名，一名贾蒙铎、一名夏历三、一名席若汉。询称，康熙五十八年九月内，教化王差同大臣来中国复命，令其分路先来。贾蒙铎、夏历三二名，系传教修道之士。席若汉会雕刻木石、人物、花卉，兼会做玉器。奴才等试其技艺，精巧手快，俟员外李秉忠起身，即将席若汉一名带同来。此后如有通晓天文及技艺之人到粤，当即差人伴送来京。再，本年外国洋船至八月十四日止，共计到有十三只；澳门本港回棹彝船，共计有十六只；自安南贸易回广商船，共计四只；从外国搭船回籍及自置船回籍者，共计十二起，男妇共三百五名口。（宫中朱批奏折，康熙五十九年八月十四日）。

《明清时期澳门问题档案文献汇编》第1册，第128-129页。

四、传教士在华活动

法国传教士

两广总督奴才杨琳、广东巡抚奴才杨宗仁，为奏闻事。本年六月初一日，据香山副将陈良弼报，有法兰西洋船一只在澳外洋面寄碇，往问艾若瑟信息。据船头人说，艾若瑟原搭船来中国，路上病故，柩木现在船上，有伊徒弟樊守义，系中国人，原随艾若瑟往西洋，今亦回来，并带有进上物件，等语。奴才等随专差往唤樊守义，赍带进上物件到澳门，由陆路内河来省，原船押由虎门入口去后。于六月十三日，樊守义到省，奴才等公同询问。据樊守义说，他原是山西平阳府人，自幼跟艾若瑟做徒弟，四十六年艾若瑟奉旨往西洋去，带他同行。四十七年到了西洋，见过教化王，在都宁地方住了几年，又到别国住了几年。五十七年，有法兰西船上带去武英殿发来的红字票，教化王看见，就叫艾若瑟来复命。五十八年三月内，搭法兰西船起身，带来进上箱匣共七个，乌枪一杆。艾若瑟原患咽食病，于五十九年二月初七日在小西洋大狼山地方病故。等语。奴才等随令守义在广州天主堂暂住，将进上箱匣公同加封交布政司看定。奴才等于六月初八日现准内务府咨文，奉旨差员外李秉忠来广，想因江西一带雨水阻滞，谅不日可到。俟李秉忠到日，即将西洋进上物件及樊守义遣人护送来京。合先专差把总刘彦家人王德驰驿奏闻。

再，本年五月二十七、六月初六等日，省城到有英吉利洋船二只。其樊守义搭坐法兰西之船，自澳开行来省，尚未进口。合并奏闻。谨奏。（宫中朱批奏折，康熙五十九年六月十三日）。

《香山明清档案辑录》，第414-415页。

英国传教士

两广总督奴才杨琳、广东巡抚奴才杨宗仁，为奏闻事。本年七月二十二日，到英吉利洋船一只，内搭载西洋人二名，称系教化王差来复命，赍有教化王进上表文。奴才等随即公同传询，据二人说，一名费理伯，一名何济各，教化王感戴万岁爷恩典，先差我等赍表来复命，随后差大臣一员，选带能精天文、技艺的人同来。我等自上年正月起身，从马上赶到曰儿玛尔呢亚国搭船，水陆行了十九个月，方到广东，等语。奴才等恐其不能驰驿行走，令将教化王表文取来，先差人赍进。据费理伯等说，教化王着我等亲赍表文进呈万岁爷陛下，以表恭敬之诚。我等在洋船上日久，歇息数天就可驰驿前去。等语。奴才等随验表文，系金线所缝，又用金锁封固，远人一段敬心，应听其自行赍进。现在代备行装于七月二十九日填给勘合，差员护送来京。合先具折，专差百总李廷印、郭丰驰赍奏闻。所有员外李秉忠、西洋人利国安各奏折一封，一并进呈。再，今年外国洋船前后共到十只。合并奏知。谨奏。（宫中朱批奏折，康熙五十九年七月二十四日）。

《香山明清档案辑录》，第416-417页。

我到达中国仅几个月，踏上这片土地时，见到不久前曾给人以如此美好希望的一个传教会处境这般艰难，使我感触良多。教堂被毁，基督徒被驱散，流亡的传教士在中国第一港广州闭门不出，因为他们不得进入帝国内地，宗教本身也即将被禁止，这便是在我进入帝国之际呈现在我眼前的凄惨景象，而人们先前却在这个帝国发现了如此有利于听从福音的倾向。我们两名滞留广州的传教士利用他们的流亡成就了实实在在的善事，值得热心拯救灵魂的人们的关注。他们在不几年时间里为大批临终的孩子施了洗。

《耶稣会士中国书简集》第2卷之"耶稣会传教士宋君荣（Gaubil）神

父致图卢兹大主教德纳蒙（de Nemond）先生的信"（1722年11月4日于广东省），大象出版社，2001年，第281页。

（雍正）四年六月初五日，谕意达里亚国教化王：览王奏请援释放德里格之例，将广东监禁之毕天祥、计有纲一体施恩释放等语。查德里格于康熙五十九年，因传信不实，又妄行陈奏，圣祖仁皇帝念系海外之人，从宽禁锢。及朕即位后，颁降恩诏：凡情罪可原者，悉与赦免，开以自新。德里格所犯与赦款相符，故得省释。彼时广东大吏未曾以毕天祥、计有纲之案入大赦册内具题上闻。今据王奏请，朕查二人所犯，非在不宥之条，即王不行陈奏，朕亦必察出施恩。今特降旨与广东大吏，将毕天祥、计有纲释放，以示朕中外一体，宽大矜全之至意。兹因使臣回国，再赐人参、貂皮等项，用展朕怀，王其收受，故兹敕谕。

（清）梁廷枏：《粤道贡国说》卷4《西洋诸国》，第226-227页。

西洋宗教的传播

（雍正）十一年，上以福建有西洋夷人倡行天主教，招致男妇开堂诵经，大为人心风俗之害，降勅查禁。时汝霖权同知事，念澳门诸夷寺外别立天主堂，名曰唐人庙，专引内地民人入教，法在当禁。遂密揭台院请封之。

张汝霖《请封唐人庙奏记》：遵查香邑逼近澳夷，诚恐境内有称系天主教，诱人诵习者，细加密访，通邑城乡实无此等不法之徒。惟澳门一处唐夷杂处，除夷人自行建寺奉教不议外，其唐人进教者约有二种：一系在澳进教，一系各县每年一次赴澳进教，其在澳进教者，久居澳地，渐染已深，语言习尚渐化为夷，但其中亦有数等，或变服而入其教，或入教而不变服，或娶鬼女而长子孙，或藉资本而营贸易，或为工匠，或为兵役；又有来往夷人之家，但打鬼辫，亦欲自附于进教之列，以便与夷人交往者，此种倏往倏来，不能查其姓名，今查得林先生、周世廉等一十九人，而林先生蕃名咭吷叽吵，住持进教寺内，率其子与其徒，专以传教为事；周世廉蕃名哎哆哾咽嘀吔，又呼卖鸡周，俨然为夷船之主，出洋贸易，娶妻生子，此二人尤为在澳进教之魁也。其各县每年一次赴澳进教者，缘澳门三巴寺下，建有天主堂，名为进教寺，专为唐人进教之所，建于康熙十八年，五十八年重修阔大，系蕃僧倡首，而唐人醵金以建者，向系林先生住居其中，以行医为名，实为传教。每年清明前十日，各持斋四十九日，名曰封斋。至冬至日为礼拜之期，附近南、番、东、顺、新、香各县赴拜者接踵而至，间有外省之人。惟顺德县紫泥人为最多，礼拜之后有即行返棹者，有留连二三日者，既经进教，其平时因事至澳，亦必入寺礼拜，一切进教之人，俱向林先生取经诵习，此种姓名，今已无可查开。前经印同知示禁查拿，来者渐少，职抵任，复经示禁，林姓旋即潜逃，该寺现系蕃兵唤知古看守，盖澳门唐人进教之情形如此。

至于办理之法，伏查夷人在澳二百余年，以致唐人渐习其教，由来已久，然非圣人之书，即为名教所必斥，非王者之道，即为盛世所不容，况以天朝之人，而奉外夷之教，则体统不尊，且恐夷性之狡，将滋唐匪之奸，则防微宜急，夫除弊之道，绝流不如塞源，应请将进教一寺，或行拆毁，或行封锢，其寺中神像经卷或行焚烧，或饬交夷人收领，各县民人概不许赴澳礼拜，违者拿究，并令附近各县多张晓示，凡从前已经赴澳进教之人，许令自新，再犯加倍治罪，其有因不能赴澳礼拜，或于乡村城市私行礼拜诵经，及聚徒传习者，察出以左道问拟，则各县每年一起赴澳进教之弊似可渐除矣。惟是在澳进教一种有稍宜熟筹者，伊等挟有资本，久与夷人交关，一经迫逐，猝难清理，其妻室子女，若令离异，似觉非情，若许携归则以鬼女而入内地，转恐其教易于传染，应否分别办理，其未经娶有鬼女，又无资本与夷人合伙，但经在澳进教自行生理者，不论所穿唐衣、鬼衣，俱勒令出教，回籍安插，其但有资本合伙，未娶鬼女者，勒限一年清算，出教还籍，其娶有鬼女，挟资贸易及工匠兵役人等穿唐衣者，勒令出教，穿蕃衣者，勒令易服出教，均俟鬼女身死之日，携带子女回籍。其未回籍之日，不许仍前出洋贸易及作水手出洋，充当蕃兵等项。应先勒令改业，至买办、通事，澳夷所必需，但勒令易服出教，不必改业，仍各取具地保、夷目收管备查，其往来夷人之家，但打鬼辫者，一并严行禁止。至现在十九人之外，或有未经查出者，除再密查外，应令自行首明，并饬夷目查明呈报，隐匿者察出治罪，似亦逐渐清除在澳进教之一法也。抑更有请者，夷人在澳，有必须用唐人之处，势难禁绝，然服其役，即易从其教，苟非立法稽查，必致阴违阳奉，请饬行夷目及地保人等将夷人应用唐人之处，逐一查明，造册具报，岁终出具，并无藏留进教唐人甘结，缴查其册，一年一造，有事故更换者，据实声明，如此则稽查较密，而唐夷不致混杂矣。澳门进教，原与夷人在内地开堂设教者不同，且积重之势，返之当有其方，故斟酌情法，期于妥便，愚昧之见，未知当否，亦不敢冒昧举行，相应密禀，钧裁衡夺。

（清）印光任、张汝霖：《澳门记略》，第29-31页。

正是广州的来信使我们知道，传教士们再也不能把这座城市视为避难地了。巡抚一接到礼部裁决就立即在其辖地公布，同时派人向当地传教士宣布，他们必须趁早准备去澳门；他还声称，到6月、至迟到7月，他辖区中的传教士将一个也不剩。广州巡抚的举措不符合亲王向我们转达的意思,因为亲王说过:陛下告诉他要让我们留在北京和广州,还说巡抚就此会向他上奏,我们只要给巡抚去信就行了等等。尽管我们确信写信毫无意义,但为了使我们无可指摘,费隐神父和巴多明神父仍致函巡抚,告诉他十三亲王对我们所说的内容。

《耶稣会士中国书简集》第2卷之"耶稣会传教士冯秉正神父致本会某神父的信"(1724年10月16日于北京),大象出版社,2005年,第333-334页。

明末历法疏舛,礼臣请以其(指利玛窦——编者注)国新法相参校,书成未上。本朝建元始采取其说,先后命西洋人汤若望、南怀仁等为钦天监官,并许自行其教。余凡直隶各省开堂设教者,严行禁止。康熙九年六月,国王阿丰肃遣陪臣奉表进贡,得旨西洋地居极边,初次进贡,具见慕义之诚,可从优赏馈,寻遣归国。

(康熙)十七年八月,贡狮子,上召见使臣于太和殿,宴馈如例。

(康熙)五十六年,广东总兵官陈昂疏称天主一教开堂聚众,在广州城内外者尤多,乞循康熙八年例,再行严禁,从之。

雍正元年,浙闽总督觉罗满保疏言西洋人于内地行教,闻见渐淆,请除送京效力人员外,俱安置澳门,其天主堂改为公廨,从之。

(雍正)二年,两广总督孔毓珣疏言,西洋人先后来广东者甚众,澳门地窄难容,请令暂居广州城天主堂内,惟不许妄自行走,衍倡教说。其外府之天主堂,悉撤为公廨,内地人民入其教者,严行禁止。从之。

(雍正)三年八月,意达里亚国教化王伯纳第多遣使贡方物,宴馈如例,赐敕谕令,馈捧归国。

乾隆二十五年,广东南海县民林六因缘入教,至于变易服饰、娶妻生子,经两广督臣奏准,比照左道惑众为从例治罪,因奉旨严禁,勿使滋蔓,盖所以杜异教,重边制焉。

乾隆官修《清通典》卷99《边防》,第2745页。

李可蕃,字衍修,侨居佛山……又闻广东各处民人,近日多有潜入天主教者,缘粤省地近外洋,如香山县澳门地方,又为西洋夷人寄居之所,以致易为煽惑,其香山、南海、番禺、顺德、三水各县,即妇女亦多有入教者,实为风俗人心之害。更恐有奸人潜踪教内,假烧香念经为名,转相引诱,滋生事端,尤不可不防其渐,相应请旨,敕下两广督抚严饬所属,将各处拜会之土匪及入教之莠民,设法严密查办,并实力编查保甲,谕令各处绅耆互相稽察禀究,自行约束族党,毋得纵容拜会入教,违者并治家长以应得之罪。倘地方文武衙门兵役有任意株连及藉端索诈者,准该绅耆执送究治,以免滋累,庶几人知奉法,则地方靖而风俗端矣。

道光《南海县志》卷39《列传八》。

天主教传播

　　红毛乃西岛番总名,中有荷兰、法兰西、大西洋、小西洋、英圭黎、千丝蜡诸国,皆凶狡异常,到处窥觇,图谋人国,如噶啰吧本巫来由地方,缘与红夷交易,遂被占踞,为红夷市舶之所。吕宋亦巫来由分族,缘国人习天主教,遂被西洋占夺,为市舶之所。今天主教盛行于中国湖广、河南、江西、福建、广西,无处无之。雍正元年浙闽总督满保以西洋人行教惑众,大为地方之害,请将各省天主堂改作书院、义学,各省西洋人俱送澳门,俟有便船归国,广东督抚市恩奏请夷人老病不愿回者,听其在省天主堂居住,不许召致本地男妇行教诵经,违者治罪逐回,功令煌煌,曾几何日,今省城天主堂八处,召集一万余人矣。又有女天主堂亦八处,召集二千余人矣。羞辱中国,伤风败化,凡有人心,罔不切齿,此岂待教而后诛之乎?万里经商,本为求财,无故而轻数百千万之银钱,买人归附,此其意欲何为哉?今日万人,明日万人,不胥全省,而买遍不止,岂尚可掩耳闭目,阳为不知而不问,先民有言"防微杜渐",涓涓不息将为江河,而况狂澜四溢,人心荡漾,在省郡者,既实繁有徒,在澳门者又居然天险,内外交通,铳炮非常,脱有前此吕宋噶啰吧之谋,不知何以待之?

　　(清)蓝鼎元:《鹿洲初集》卷11《粤彝论》,文海出版社,第821-823页。

　　伍崇曜,原名元薇,字紫垣。先世自闽迁粤,父秉鉴以洋商致富,喜施予。尝与新会卢文锦共捐赀十万,将桑园围改筑石隄。总督阮元撰碑,纪其事。崇曜弱冠进庠。道光四年,常熟翁心存视粤学,赏其沉香,浦怀古赋,补廪饩,急公有父风。计伍氏先后所助不下千万,捐输为海内冠。咸丰四年,土寇发,省城四面皆贼,各乡消息不通。大吏筹兵议饷,库项支绌,不能不借贷于洋人。遣崇曜往,共借洋人银二十六万有奇。五年正月,大兵克沙荻,责助饷四十万,始清结。自后省垣捐输,皆以为重,盖家本饶,人谅其无私,而调处得宜。又阅历所致也。粤省号富饶,而书板绝少,坊间所售,惟科场应用之书,此外无从购。崇曜思刊刻书籍,以惠士林,乃延同邑谭莹与编订,首刊《岭南遗书》六十二种、《粤东十三家集》各种、《楚庭耆旧诗》七十二卷,粤东文献略备，乃广搜秘本，刻王象之《舆地纪胜》二百卷。此外，零珠碎璧，集腋成裘，共成《粤雅堂丛书》一百余种，丛书诸体兼收，自明左氏百川学海，遍走四方，而我朝毛氏《津逮秘书》、鲍氏《知不足斋》、张氏《学津讨原》、吴氏《艺海珠尘》，搜罗或百余二百种，集成大观，而古笈亦赖以传。崇曜所刻多世不传本，与同时番禺运使潘仕成《海山仙馆丛书》，并为艺林所重。自此广州学者不出门，而坐拥百城矣。先以捐输赐举人，再以劳绩加二品顶戴，赏戴花翎，给三世一品封典。盖异数云。其卒也，官吏及泰西官商咸往致奠，其得人心如此。据《南海志》《采访册》修。

光绪《广州府志》卷129《列传十八》。

《格术补》[①]序

《格术补》者，古之算家有所谓格术，后世亡之。而吾友邹特夫征君补之也。格术之名，见《梦溪笔谈》。其说云：阳燧照物，迫之则正，渐远则无，所见过此则倒，中间有碍故也。如人摇橹臬为之碍，本未相格，算家谓之格术。又云阳燧面洼向日，照之则光聚，向内离镜一二寸聚为一点，著物火发。《笔谈》之说如此，皆格术之根源也。其推衍为算术。宋时盖有，其书后世失其传矣。征君得《笔谈》之说，观日月之光影，推求数理，穷极微眇，而知西洋制镜之法，皆出于此，乃为书一卷，以存古算家之术。夫古所谓阳燧者，铸金为镜也。西洋铁镜即阳燧也，其玻璃为镜，亦与阳燧同一理，故推阳燧之理，可以贯而通之。有此书而古算家失传之法，复明于世，又可知西洋制器之法，实古算家所有。此今世算家之奇书也。若夫宋时算术后世失传如此者，当复不少，吾又因此书而慨然矣。

（清）陈澧：《东塾集》卷3，《广州大典》第56辑第46册，第759页。

西洋教堂

直省开堂之禁，始于康熙八年。是时，钦天监复用西洋人，又因南怀仁推闰得实，奉仁庙特旨，许西洋人在京师者，自行其教，惟不准传教于中国。及直省开堂者，禁之。然明季至国初，各省私设之天主教堂，未奉追毁，而西人方以得自行其教，恃为护符，互相容匿，于是开堂传教之风久而愈炽。

（康熙）五十六年，广东碣石镇总兵官陈昂奉言天主一教，各省开堂聚

[①] 刘正刚按：《格术补》一卷，清朝南海县人邹伯奇撰。

众，在广州城内外者尤多，加以洋船所汇，同类招引，恐滋事端，乞循康熙八年例，再行严禁，毋使滋蔓，从之。五十七年两广总督杨琳疏言，西洋人开堂设教，其风未息，请循五十六年例，再行禁止。五十九年西洋人德里格以妄行陈奏获罪，从宽禁锢。雍正元年恩诏赦归。时闽浙总督觉罗满保疏言，西洋于内地行教，闻见渐淆，请除送京效力人员外，俱安置澳门。其天主堂改为公廨，奏入，得旨："远人住居各省年久，今令其迁移，可给限半年，委官照看，毋使地方扰累，沿途劳苦。"二年十二月，两广总督孔毓珣疏言，西洋人先后来粤者，若尽送澳门安置，滨海地窄难容，亦无便舟回国。请令暂居广州城内天主堂，有年壮愿回者附洋舶归国，年老有疾不能归者听。惟不许妄自行走，倡衍教说。其外府之天主堂悉改为公廨，内地人民入其教者，出之。三年二月，毓珣又疏言，广东香山澳有西洋人来居此二百余年，户口日繁至三千余丁，请著为定额。多者悉令随舶回国，俱报可。

（清）葛士濬辑：《清经世文续编》卷111《洋务》，《近代中国史料丛刊》正编第75辑，文海出版社，1972年，第2978-2979页。

（康熙五十六年四月）兵部议复广东碣石总兵官陈昂疏言，天主一教设自西洋，今各省设堂，召集匪类，此辈居心叵测。目下广州城设立教堂，内外布满，加以同类洋船丛集，安知不交通生事。乞敕早为禁绝，毋使滋蔓。查康熙八年，会议天主教一事。奉旨：天主教除南怀仁等照常自行外，其直隶各省，立堂入教者严行晓谕禁止。但年久法驰，应令八旗直隶各省，并奉天等处，再行严禁，从之。

《清圣祖实录》卷272，《清实录》第6册，第669页。

（乾隆十一年）其各县每年一次赴澳进教者，缘澳门三巴寺下建有天主堂，名为进教寺，专为唐人进教之所，建于康熙十八年，五十八年重修阔大，系蕃僧倡首，而唐人醵金以建者。向系林先生住居其中，以行医为名，实为传教。每年清明前十日，各持斋四十九日，名曰封斋。至冬至日为礼拜之期，附近南、番、东、顺、新、香各县赴拜者接踵而至，间有外省之人，惟顺德县紫泥人为最多。礼拜之后，有即行返棹者，有留连二三日者。既经进教，其平时因事至澳，亦必入寺礼拜。

乾隆《香山县志》卷8《濠境澳》。

海外同胞捐屋碑

　　伴圣高贤，流光甚远，千古共仰，万世不磨；闻风起敬，为后人楷模。如赛义德大贤者，自唐时奉穆罕默德至圣付托，远来东土，阐扬圣教，后至辞世。响墓在粤，迄今千百九十余年。遐迩向慕，四海来宗，坐静者朝，名宦者至，生生不息，仰望开经。坦尼虽居海外，幸来东粤，父举美意，男继父志，一点真诚，特捐屋一间……送入怀圣光塔寺。……
　　乾隆五十年岁次乙巳仲春吉旦。

碑在广州怀圣寺

第十三章
社会影响

一、民众生活

吴兴祚《议除藩下苛政疏》

为备陈粤东民困仰祈速议除豁事。窃照粤东一省之民,备受藩逆父子数十年刻剥入骨之害,诚利尽锱铢,痛踰汤火,有难以绘图者。是以宪臣条奏民困五款,议为除豁,内惟市舶一款议应如例收税,其议盐埠、渡税、总店、渔课四款,或议令归地方官民,或议令禁革豪强。原为粤民苏困计也。臣受皇上特恩深重,苟有管见,若因避嫌不吐非特仰负君恩,即臣心亦自难俯昧,矧既经详查,安敢不补牍备陈。盖粤东自藩下分驻,拥有百万巨资,遍搜厚利,于稍可经营之处,莫不密布爪牙心腹,横行剔括,以归私橐。又见其子孙亲戚并翼下官丁,亦无不各自渔猎射利,以夺民间之恒业,计其所入之利,每年原不止数十万,皆从小民剥肤锥髓而后出,是以藩逆利孔之多,有可从而略陈者。如……总店一项,其名原自藩逆创立。查粤例货物到境有落地一税,载在全书,其余日用鸡豚及蔬果等物,从无收税之例。藩逆使土棍横称总店之后,将不税之物一概截抽,且勒加数倍,其铜铁锡木等在散行已纳税者,又加私抽,量其所得,每年亦不下十余万两,而割民膏脂已至扫地无余,又粤民受困之一也。再渔课一项,查旧额通省共银五千四百二十余两,自土寇谢厥扶投藩,委管重敛苛征,凡渔户所资活口微利一网全收,量其所入,亦自不下数万。然沿海生民从而忍饥负痛者已十年,于兹又粤东民困之一也。至市舶一款,原与民无害,自藩棍沈上达乘禁海之日番舶不至,遂勾结亡命私造大船,擅出外洋为市,其获利不赀,难以数计,然利入奸宄,国课全无。今蒙皇上明见,万里许听番舶自来,在香山澳与商民陆地贸易,我民既不出洋,仍与海禁无碍,相应照旧抽税，以资国用。据该司道会议，抽征陆地唐夷货物，自康熙十九年十二月起，仅得税银二十六两四钱零，二十年正月起至年终止共收银一万二千二百余两，若将来海寇殄灭，诸舶会集二万有余之旧额，自仍可照收。此项应自逐年报增，另疏题报者也。

雍正《广东通志》卷62《艺文四》。

锦纶祖师碑记（雍正九年十二月）

郡城之西隅，业蚕织者宁仅数百家。从前助金修建关帝庙于西来胜地，以为春秋报赛，及萃聚众心之所。迨后生聚日众，技业振兴，爰于癸卯之岁，集众金金题助金，构堂于关帝庙之左，以事奉仙槎神汉博望张侯焉。盖蚕织之事，虽肇端于黄帝之世，然机杼之巧、花样之新，实因侯于元狩年间乘槎至天河得支机石，遂擅天孙之巧。于是创制立法，传之后人。至今咸蒙其利，赖兹构堂崇奉，实食德报本，不忘所自之舆情也。征予言以记其事。予不禁为之喜曰："即此可观世道之隆焉。"粤自文明既启，天地有必泄之精华。章服既兴，组织有日，工之制作。然旷览前朝季世，大东有咏，每嗟杼轴之空，短褐不完，易起无衣之叹，欲求其锦绣，遍于寰区，蚕织易于倍售者，又安能乎？兹幸值圣天子在位，德教诞敷，恩覃薄海，彼都人士擅衣冠文物之奇，远国商帆，亟困载贸迁之盛，则合坊之经营于斯、艺聚集于斯土者，不其安适丰裕哉，独是事之有始者，尤贵于善后，各宜德心相照，信义交孚，勿作诈伪。

陈建华主编：《广州市文物普查汇编·荔湾区卷》，第235-236页。

洋钱流行广东

两广总督臣吴熊光跪奏为察访粤东情形设法筹办恭折，奏闻仰祈圣训事。自前年抵任以来，因海疆重地，夷商云集，易滋弊端，时时留心访察，窃见粤东民风浇薄，富者徇利忘义，贫者重利轻生，积习相仍，骤难化导，曾经附折奏闻在案，揆厥所由，盖缘省会及佛山镇五方杂处，贸易皆以洋钱，遂流行通省，小民惟利是图，趋之若鹜。虽绅士等亦沾沾以洋钱常挂齿颊，即如鸦片烟之流毒内地，番摊馆之引诱良民，及西洋邪教易于煽惑人心者，未始不由于此。甚至民间行使，必须先将纹银兑换洋钱，再将洋钱兑换制钱使用，是国宝流通转使外夷潜操交易之柄，于国政甚有关系。……查粤海关则例只有倭铅一项，自系指外来之铅而言，乃检查所报税册，每年进口者皆系黑铅，而出口白铅较进口者多至数倍，且韶、梧两关商贩铅斤何以又源源不绝？自系铅厂透漏所致。查白铅不能制造丸弹，虽无关军火之用，向例未禁出洋，第鼓铸所需，亦当定以限制。贵州、广西铅斤贩运东省必经由韶、梧两关，臣现已饬查，可否再请敕下粤海关监督于每年出洋铅斤予以定限，或暂行停止，庶各省鼓铸不致缺铅而杜渐防微，并免才使低银之患。……（嘉庆十二年十一月十六日）。

《清代外交史料》嘉庆朝第2册，第8—9页。

道光二年谕御史黄中模奏请严禁海洋偷漏银两一折，所奏甚是。定例：广东洋商与夷人交易止用货物收买，转贸不准用银，立法甚为周备。近因民间喜用洋钱，洋商用银向其收买，致与江浙等省茶客交易作价甚高，并或用银收买洋货，实属违例病民，不可不严行查禁。着广东督抚暨海关监督派委员弁认真巡查，出口洋船不准偷漏银两，仍不时查察，如有纵放之员，即行参革治罪。

《清朝续文献通考》卷19《钱币考一》，第7692页。

（道光五年）又申禁粤洋民人以纹银易货，洋人以洋银易货。

《清朝续文献通考》卷19《钱币考一》，第7692页。

鸦片走私猖獗与钱荒

嘉应吴石华、广文兰《修弭害篇》曰：鸦片之类……嘉庆初食者尚少，不二十年蔓衍天下。自士大夫以至贩竖走卒群而趋之，靡然而不返，所谓利一而害百者，此也。鸦片之入贩于澳门，后徙零丁洋【初，澳门叶恒树专屯鸦片，道光元年阮宫保按治之，乃不归。屯户自贩于零丁洋，其地近蛟门，水路四通，大舶六七只，终岁停泊，谓之趸船。凡洋船载鸦片者，皆贮舱面，一入老万山，以三板驳赴趸船，然后入口省城包买，户谓之窑口，由银号兑价，洋馆给单，至趸船交土来往，护送艇谓之快蟹，亦曰扒龙，炮械毕具，健儿数十辈操之，其行如飞，惟天津、上海、宁波、厦门等船自与洋船交易，在趸过载，不经窑口】初至约数百箱乌土，每箱价约一千二百圆【每箱百斤光面洋银，每圆七钱二分，常行以七钱为率】白皮每箱约千圆，红皮约八百圆，总计岁耗洋银约数十万圆。近年多至二万余箱，乌土约八千箱，每箱约八百圆，白皮约一万三千箱，每箱约六百圆，红皮约二千箱，每箱约四百圆，总计岁耗洋银一千五百万圆，其始犹以洋银买货，今则尽以归国矣。始则专收光面，今则兼用碎花纹银矣。【光面洋银曰出舱戳印，及铲轻者谓之成圆，剪破曰碎花，广东兼用之。彼国止用光面，其戳印等银，别铸一式，谓之芽菜，永不入中国】始则英吉利之银不来，今则美利坚港脚之银亦少来矣。【美利坚港脚来广者，以货相易，仍带洋银，今彼国多以银付英吉利，书券行息至广，英吉利以鸦片银归之，如中国之汇银也】。

光绪《广州府志》卷163《杂录四》。

夷钱流通

（道光八年）十一月初六日奉上谕，御史张曾奏闻广东省行使夷钱，内有光中通宝、景盛通宝两种最多，间有景兴通宝、景兴巨宝、景兴大宝、嘉隆通宝，谓之夷钱掺杂，行使十居六七，并有数处专使夷钱，内地奸民利其钱质浇薄，依样仿铸，且恐有另立名号，托为夷钱，不可不防其渐。谨封呈钱样请旨饬禁等语。广东福建滨海地方，俱与外夷接壤，各该夷人通市贸易，自应以银易换制钱，岂可令外夷钱文公然于内地，掺杂行使，且有奸民利其钱质浇薄，依样仿铸，着该督抚严饬所属，确切查明，如有前项弊端，立即严挐究办，将此各谕令知之。《道署档案》。

……（道光九年）六月二十七日奉上谕，御史章沅奏粤洋通市不得违例私易银钱，请旨饬议章程一折，向来粤洋与内地通市，只准以货易货，例禁綦严。近日夷商所通货物，务为奇巧，藉相炫惑渔利，取值不啻数十百倍。据该御史奏称，该夷人赋性狡黠，托用机心，卖物必索官银制钱，买物则用番银，是以番银之行日广，官银之耗日多，至鸦片烟一物流毒尤甚，该处伪标他物名色，夹带入粤，每岁易银至数百万两之多，非寻常偷漏可比。若不极力严禁，弊将何所终极。嗣后该省通市，务当恪遵定例，只准易货，毋许易银，其违禁货物，尤应随时稽察，不准私入。《道署档案》。

道光《肇庆府志》卷22《事纪》。

洋银出洋

道光十三年四月上谕，前因给事中孙兰枝奏，江浙钱贱银昂，商民交困，除弊各款，当经降旨交陶澍等悉心筹议。兹据陶澍、林则徐酌筹利民除弊事宜，分晰具奏，所称洋钱平价，民间折耗滋多，惟当设法以截其流……嗣经总督卢坤会同奏言，伏查洋银一项来自夷船，内地因其计枚定价，不必较银色之高低，又无需秤分两之轻重，远行服贾，便于携带，是以东南沿海各省市廛通行，而粤东为夷人贸易之所，行用尤广，大商小贩无不以洋银交易。海口出入向不查禁。御史黄爵滋因内地每有仿造洋银，即与纹银无异，奏准将洋银一并禁止出洋，原为慎重海防起见。臣等详加体察，并传洋商伍绍荣等查询粤省洋银出洋，有内地商贾携带者，有外洋夷船携带者，在内地商贾或由别省载货来售，或由粤省携资往贩，多系航海往还，资本盈千累万，其中固多贸迁货物，而有时无货可贩，或货少本多，即挟资而归，或携本往别省置货，制钱既难多带，金银出洋又干例禁，势不能不携带洋银，亦势不能因商贾携有洋银，即禁其不由海洋行走，此内地商贾来往不能无出海之洋银也。至夷船载运洋银来粤，系备买货找价之需，所带洋银多寡不定，其置买内地货物或多或少，亦听其自便，如进口货多出口货少，该夷船所带洋银即有余剩，势不能禁其不仍带回，即内地洋商与夷人交易，除以茶叶、大黄、湖丝、䌷缎等物易换洋货之外，价值如有不敷，既不便强令夷人添置货物，又不准官银交兑，向以番银找给历经奏明有案，既以番银找给夷人即不能禁其不载运回帆。此外，洋夷人来往不能无出海之洋银也。是禁止洋银出洋，于广东夷商均有窒碍，且恐因禁止洋银，而转致金银偷漏，更于海防非宜。至内地仿造番银，名为土板，其银色成本，原未必轻于外洋，而经纪交易，向不行用，即间有搀入洋银行使者，亦必挑出发换，不特不能行之夷人，即内地商贾亦不行使，更不必因此为纹银出洋之虑，所有广东省洋银出入海口，应仍照旧章办理，免其查禁，谨合词恭折具奏，奉旨依议。

（清）梁廷枏：《粤海关志》卷17《禁令一》，第351—353页。

……民间开店营生，原属例所不禁，惟联兴、同文等街铺户，大半交易夷人，甚至悬挂夷字招牌，肆行散法，同非正经贸易良民可比，意须全行禁止，以绝弊端。应即责成该府、县先先晓谕，立定限期，勒令迁移他处，毋许在此开设，所有房屋概行锢闭封锁：如铺家房主敢于抗违，或蹈聚众上庙恶习，即为豪猾之尤，府、县、副将等立即会同中广两协、广州府南番二县，督率兵役，将首先滋事之犯，按名查拿，房屋全行拆毁。其各街内，如有住家之人，亦即编立保甲，分别莠良，毋任奸民溷迹其中，复萌故智。

（清）林则徐：《信及录》卷下，《近代中国史料丛刊·续编》第39辑，文海出版社，1977年，第72页。

道光二十七年四月广东省佛两处泥水木匠规条

盖闻君父之仇不共戴天，邦国之难，有死无二。红毛逆鬼，无端生事，大起兵戈，公然占据沿海一带铺店，上下共十三条街巷，要建夷馆并礼拜寺，并横坝河南一带地方，建立炮台。昨日已有夷兵丈量地址，我百姓稍有议论，即开枪轰击伤害，从此无法无天，万民无不切齿痛恨。今我省佛两镇、及各埠泥水做木二行，大众公议，将来红毛如敢在省兴工，建造楼屋，我两镇工役头人，不许承接包办。如香港澳门黄浦有人胆敢承办，我两行必将此项工人，按名搜杀，并传之其乡，将承办工人之屋宇，立刻烧毁，断不稍容。特此通知。此系通省百姓忠义之心，即皇上闻知，亦必别有嘉奖。我等务宜齐心报仇，勿生疑心，贪此叛逆之财也。省城佛镇两行泥水木匠长红，如有人敢扯毁此长红，即是汉奸，俱擒捉送府学西街大佛寺杨仁里各会馆，即送花红银二大员。

（清）黄元颐：《夷务杂录钞本》卷24，转引彭泽益编：《中国近代手工业史资料（1840—1949）》第1卷，第510-511页。

【两广总督徐广缙广东巡抚叶名琛奏】查广东为诸夷聚集之地，客民土著向赖通商贸易以求衣食者，实繁有徒。其始不过谋利营生，继则因专利之故，暗通外夷，挟制官长，以遂其把持垄断之私。其中为鬼为蜮者，多系旧日洋商行店中散出之人，本与该夷素相熟悉，究其营谋实据，皆在夷人处所，行踪最为诡秘，查拿颇难着手。道光二十八年十二月初九日。

（清）文庆等纂辑：《筹办夷务始末》道光朝卷79，第244页。

（道光）二十九年二月初六日粤省锦联堂公启

尝闻近悦远来，经营方得顺遂，河清海晏，货值自可通流。如我匹头一行，买自外夷，行于各省，一向相安无异。自道光二十一年，英夷扰后，各家生理日渐短少。试问数年来，我行中能获蝇头者有几人乎？兹复闻英夷有入城之议，不胜骇异。向来外夷数百年来未闻进城，各国皆守分乐业，华夷并安。今英夷忽有此举，以致人情惶恐，客心疑惑。在粤之商，早决归计；远方之客，闻风不来，则货物何处销售，更恐意外骚扰，又于何处寄顿。是以爰集同人，定议章程，暂停与夷人交易。所有入口匹头，不准私买；即夷船开投零星货物，亦不准往投，务祈合志同心，足见义愤。况红罗紫绮，皆可为衣，吴绵蜀锦，亦可谋利，岂必呢羽等物乎？如夷人罢议，我行中再行照常交易，斯时各安生理，共获无穷之利矣。谨议条款，开列于后：

一议本行各店，不得买受夷人货物。

一议本行各店，不得与洋行仔毡店及买办买受货物。

一议本行各店，不得到夷馆投受货物。

一议本行各店，不得与外行并客商买受夷人匹头货物。

一议本行各店，不得假手别行客店，转受夷人货物。

一议本行各店，不得与孖毡店私相授受。

以上六款，列在必行，各宜凛遵！如有瞻徇违例者，众议罚银四百两；知情报信者，公所谢花红银二百两；如该店伙伴，知情不报，本行永不雇用。

（清）黄元颐：《夷务杂录钞本》卷24，转引彭泽益编：《中国近代手工业资料（1840—1949）》第1卷，第511页。

前因夷酋封河之际，大关税饷，不禁而自停。省澳各处铺户，纷纷将洋货搬迁其内地。零星小贩土货。亦因大关停征，或有由海运往闽、浙、雷、琼各处销售者，意图乘机漏报。

清代钞档：咸丰八年十一月初十日，粤海关监督恒祺奏，转引彭泽益编：《中国近代手工业史资料（1840—1949）》第1卷，第598页。

佛山在广州以西，相距几英里，这里被雇佣的工人和所完成的作业数量是很可观的。每年有一万七千名男女童工从事于织绸工作，他们的织机很简单，但出品一般都很精致。

彭泽益：《中国近代手工业史资料（1840—1949）》第1卷，第217页。

听说（广州）有些中国妇女终年从事刺绣上选的织品，每月可赚到二十元，有时甚至二十五元。鞋匠也很多，他们维持着一个很大的行业，一共有四千二百人。此外，在木器、铜器、铁器、石器及其他原料加工制造方面的从业人数也很多。每一种职业，在一定程度上是彼此划分的行业，各有其本行的规章惯例。

彭泽益：《中国近代手工业史资料（1840—1949）》第1卷，第174-175页。

三水本来主要是农业区，但已逐渐变成产丝区了。最近几年中，农民相当广泛地种植桑树，妇女也都学着如何养蚕。在西南开有大茧行三家，手工缫丝作坊五家，还有蒸气缫丝厂两家，使用外国机器，雇佣着工人三百人以上。西南市场上出售的蚕茧，每年计值关平银三十万两，其中三分之二的茧子都是本区生产的。出售的丝经估计每年约值关平银九万两。

彭泽益：《中国近代手工业史资料（1840-1949）》第2卷，第358页。

白洋纱开始输入中国后，经常由江西、兴宁及其邻近地带移居的客家人使用洋纱织布。他们把这种布循广东的东江经惠州运至佛山，染成青布，叫作冲青布，即仿"长青布"。这种布和它所仿制的布一样，大部分输出至新加坡。

洋纱是由汕头输入的，在运往兴宁以前每件要完纳关税和厘金四两七钱五分，合计征从价税百分之六。这种（洋纱织的）布在运往佛山，再由佛山运至香港的途中，当然还要收税。我们[按指英国]的制造商如果在别的地方都能和这些土布竞争，这里似乎是一个很有利的机会。

彭泽益：《中国近代手工业史资料（1840-1949）》第2卷，第246页。

珠三角机器缫丝业

从前丝厂，以顺德为多，南海次之，新会亦有约近百家。近数年日更多设，其大厂有用八九百工人者，大率以四五百人居多。

……丝厂之本及利益：用本视工人多少，然向来丝厂合本多在二万两之谱。从前四五工之厂，需建置银一万五六千两，近则需二万以上。……利益则视乎出丝之优劣，卖价之高低，其卖出价值，以每担一百斤算，有相悬至一百八十员者。由癸卯年至甲辰春止，亏本至一二万两之多者，十居其九。

工人之工资：邑中丝厂，均用女工，每工每日缫丝约二两零至三两零之谱。其工资视乎缫丝之多寡，及丝之粗细，约一毫以上至三毫零不等。

宣统《南海县志》卷4《舆地略》。

土丝一项，全省每年约出四千万，顺德四之二，番（禺）、香（山）、新（会）占其一，县属占其一，九江、西樵、大同、沙头出丝最盛。从前未有机器缫丝，以手工为之，其丝略粗，只供人织绸及绉纱之用。近来洋庄丝出，其价倍昂，其利愈大。洋庄丝居十之六七，土庄十之三四而已。

宣统《南海县志》卷4《舆地略》。

桑市

设桑市。该处植桑既多，蚕户亦伙，自宜于中站人多来往聚会之处，开设桑市，以便买卖。市须近水，以便桑艇搬运往来，其市模率用砖砌，榷头上面钉桁盖瓦，或有从廉用葵篷搭盖者，其近水磡边或砌石级或扎版级，俾易上落。市上设一公秤，凡来卖桑者，俱凭此秤，权其轻重，以昭公允。每桑百斤抽收秤钱十文或二十文不等，以充公费。该项或由买家所出，或由卖家所出，更有代支结出单，随后收回者，总以因地酌宜，各取其便，每年每造预早标明，何日开秤，俾得周知。另设平码戥子各一具，钱银酌备，则各桑客交收价值，就可于市上，比兑找换也。至于市价倏贵倏贱，转瞬悬殊，毋得执拗争论，此市规之大略也。

（清）卢燮宸：《粤中蚕桑刍言》，《续修四库全书》子部第978册，第445页。

辨别蚕种。蚕有金、银两种，金种者粗生，易养，俗所云大青即此种也。惟近年洋人办银茧丝多，故人多养银种的有名，为大造者，其蚕性贪凉，故只头造可养，入夏不甚相宜，盖恐不免为苍蝇所蛀也。大造亦有数种，一名黄蚕，其丝黄色，又有黄蚕而丝白色者，更有名乌猫公者，其蚕皮色花斑数种，皆多食两日桑，至二十日方熟，另有名潭州种者，大眠后食桑四日，乃熟，凡大造蚕，茧倍大于轮月种，轮月者，谓每月一轮，月余即完，一造也，天时养十八日即熟，大率养蚕家于头造多养大造，其余各造多养轮月，此种类所宜辨也。凡造中桑叶茂盛，该造蚕必好丝围，此乃造化使然也。

……设丝市。养蚕之家既多，则得丝必盛。自宜于近市之处，另设丝市，以便买卖，该市地近水更佳，其市模市规，随时随地妥酌。如该处丝未畅旺，不能开市，可先设熟茧市，招客交易，亦变通之一法也。

（清）卢燮宸：《粤中蚕桑刍言》种桑事宜条列，《续修四库全书》子部第978册，第447-453页。

土丝出口

土丝为吾邑出口之大宗。缫丝之法，咸同间用手机，俗称手纺，亦曰大纺。光绪初，又用足机，俗称踮纺。及光绪中叶，用汽机缫丝者日盛，俗称鬼纺，又曰丝偈。（《龙山乡志》云：乡之有汽机缫丝厂，自同治甲戌始。又采访册云：光绪初，大良北关创建怡和昌汽机缫丝厂，有女工五六百人，由九江大同招女工教习，特其时未盛耳。）手机成本轻，起丝亦少，足机起丝稍多，而沽价亦贱，惟汽机则费用虽繁，然丝条柔而价值高，其法尤良，其利尤巨。计土丝一项，全省每年所出，约值四千万，吾邑占四之三，此就光宣间言之。

……粤丝自咸丰初已销流外国，其最先输出者为七里丝，又称手纺丝，复有所谓括丝（与今日之日本式括丝不同），计每年出口约仅万包。逮咸丰中叶，有南海陈启元者，具新思想，游历欧美，考察粤丝销流状况。归国后，本其所得，于光绪初年创办机器缫丝厂，用蒸汽发动机制作。（《龙山乡志》谓：乡之有机器缫丝厂，始自同治甲戌，与此略异。）其时风气未开，咸加诽谤，陈遂设厂澳门试办。制出之丝，别为两种：一曰四角丝，运销美国；一曰六角丝，运销欧洲，成效渐著。继复设厂于南海西樵，为内地倡。于是各处闻风兴起，纷向南海、顺德产茧地方竞相设立，桑蚕区域，亦逐渐扩充。

民国《顺德县续志》卷1《舆地·丝部》。

至光绪末，全粤丝厂已有百一二十间。时又有孖结丝一类，与车丝并行欧美。其制法用脚踏机（即跐缁），虽规模略小，女工多则百十人，少则六七人。然年中输出额，亦占粤丝三分之一。惜其工作不能画一，劣点极多，较之机器车丝，大相悬绝，故近来（指光绪末宣统年间）脚踏机丝绝迹于欧美矣。

民国《顺德县续志》卷1《舆地·丝部》。

《晨报》（Morning Herald）的一位中国通讯记者证实了这一消息。他写道："【广州】黄埔东北的那些贫苦人民发现了是进口的洋纱夺去了他们纺纱的生意，曾在各乡镇逼贴标语提出警告，凡在广州购纱入乡者，一经拿获，立即处死。现在，广州的洋纱小贩对此事颇为戒惧，以致洋纱生意陷于停顿。"

彭泽益：《中国近代手工业史资料（1840—1949）》第1卷，第248-249页。

近年华茶生理，皆为印茶所夺。凡茶务中人，不惟尽失从前应得大利，且不得不改图别业。又恐各业之无从钻营也，因而自贬工价，以为进身之阶，月得无几，每苦入不敷出。加以新旧金山两埠，现均禁逐华工，向来出洋谋生者，以广东新会、新宁、开平、恩平等县为多，往往经营数年，囊资归里，履厚席丰。自该两埠严悬例禁，侨寓者各赋归来，欲往者咸思裹足，利源既塞，生路愈隘。且从前该两埠华人众多，凡华商贩运油米等货前往以资华人之用者，均得获利而回。现自禁逐之后，华人稀少，遂致华商货无所销，亦皆废然思返，以庶民有限之财，日见其绌。

《光绪十九年拱北口华洋贸易情形论略》，《通商各关华洋贸易总册》下卷，中国第二历史档案馆、中国海关总署办公厅编：《中国旧海关史料：1859-1948》第21册，京华出版社，2001年，第212页。

近三年内，粤商开设机器磨房六间，多在河南地面，以北来麦子磨粉，期与美国面粉争胜，乃二十三年内收去二间，今年（一八九八年）又收去一间。该磨房每间需本一万元或六千元，每日可出粉五十担至一百担。其机器系华人手造，比外洋价贱便易。现在尚存三间，窥其生意情形，不久亦将闭歇矣。

光绪二十四年广州口华洋贸易情形论略，《通商各关华洋贸易总册》下卷，《中国旧海关史料：1859-1948》第28册，第223页。

西村文明阁自来火公司，设在粤汉铁路首站。去年（一九〇七年）九月经已开办，雇用工人二百名，男女小孩均备，只有手机一副，用以转运自来火木料使之蘸药，余均人工手造制。出自来火极好，每包只售铜钱三十二枚，每包十盒，每盒百枝。

光绪三十四年广州口华洋贸易情形论略，《通商各关华洋贸易总册》下卷，《中国旧海关史料：1859-1948》第48册，第373页。

绸缎绣货两色，向为粤省出产大宗，近被日本挽夺。日本绸缎，在该国工人固极意模仿西式，而又价廉易售，惟近于滥贱。……所虑者，自被挽夺后，粤省此项工人已大半散亡，再向定制货物，不知尚能应接否？

光绪二十二年广州口华洋贸易情形论略，《通商各关华洋贸易总册》下卷，《中国旧海关史料：1859-1948》第24册，第219页。

龙津堡凡五村，曰陈村，曰弼滘，曰黄村，曰壮甲，曰瓦窑……五村中首数陈村旧墟，烟户稠密，铺舍连络，百货辐辏。乾隆十三年续开新墟尤旺，远近皆就市易，盖一县适中地也。疍户以巨艘驶出海洋，载货还售，人多而强，若统以澳甲，有事可招为用。

咸丰《顺德县志》卷2《图经》。

广州的各种制造工厂和行业是为数很多的，这里没有真正称为机器的设备，因而也没有像现代欧洲由于机器动力而发展起来的各种大规模的制造工厂。中国人不懂得时间的可贵，——供应广州商店的各种货品，其制造工作有很多都是在佛山完成的。佛山在广州以西，相距几英里，这里被雇佣的工人和所完成的作业数量是很可观的。……

从事织造各种布匹的工人共约五万人，产品需求紧迫的时候，工人就大量增加。工人们分别在大约二千五百家织布工厂做工，平时每一工厂平均有二十个工人。

彭泽益：《中国近代手工业史资料（1840-1949）》第1卷，第256-257页。

亡姊汤宜人墓碑铭

澧之姊适候选郎中汤尔泰，诰封宜人。宜人幼而明慧，沉静有度，言笑不闻声，行步不动尘，为女红精巧绝人，通晓世务，偶有论说，简要峻肃，伟丈夫不如也。汤氏，仁和人，家于粤，为盐商。是时，商家豪侈，宜人嫁，未几，而君舅卒。郎中年少，性益豪。澧幼为宜人爱怜，常嬉戏其家，堂罗众宾，歌舞喧阗，百戏竞作。时或清暇，宜人晨兴理妆，妾婢环侍，妆毕临西洋大镜自照。携余手徐步以出，登小楼，眺假山，观红鱼，弄鹦鹉，澧乐之忘归。是时，盐事已坏，宜人佐郎中计划之，凡运道之险易，吏牍之繁杂，宾友之书问，酬酢恩怨争讼，瞭若指掌。卑幼入白事，皆受宜人指挥，唯诺惟谨。然事竟不支，逋负巨万，郎中得心疾，宜人亦患气。痛无子，郎中立兄子兹鼎为后，遂卒。宜人为债家所迫，典卖衣装略尽，赁居外，而债家踵至，病遂笃。澧问疾，手杯茗，劝宜人归其家。宜人首肯，亟舁以归，遂卒，年五十二，道光十九年十一月二十四日也。权厝广州城东永胜寺，今十余年，兹鼎言相墓家云，郎中墓地有蚁不可祔葬，乃葬长腰岭，近吾家先茔，遂以某年某月某日葬。澧流涕而铭之……

（清）陈澧：《东塾集》卷6，《广州大典》第56辑第46册，第809页。

洋货充斥市场

中国自通商以来，洋货日销，土货日绌。洋纱洋布，岁销五千三百万，其余钟表、机器、呢绒、毡毯、火油、食物，以至纽扣、针线之细。皆规我情形，探我玩好，务夺我小工小贩一手一足之业者，而乃销流日广，始于商埠，蔓于内地，流于边鄙。……夫彼耗万万之资材，耗于有形，犹可数计，而小工小贩，因失业以坐失万万之资财者，实耗于无形，而不可以算。如以吾粤论，佛山针行，向称大宗，佣工仰食以千万计，自有洋针，而离散殆尽矣。乡邑妇女，多藉纺织以谋食，自有洋布，而土布无过问矣。其余纽扣线袜，向之著名专利者，亦冷落无趣，势将坐食。吾粤如是，余省可知矣。

（清）刘桢麟：《论各省善堂宜设工艺厂以养贫民》，倚剑生：《光绪二十四年中外大事汇记》，华文书局，1968年，第219页。

（1859年英国人呤唎在广州街上看见）"很多中国姑娘的天足上穿着欧式鞋，头上包着鲜艳的曼彻斯特式的头巾，作手帕形，对角折叠，在颏下打了一个结子，两角整整齐齐的向两边伸出。我觉得广州姑娘的欧化癖是颇引人注目的"。

（英）呤唎：《太平天国革命亲历记》上册，王维周译，上海古籍出版社，1985年，第7页。

又多行使洋钱，其银皆范为钱式，来自西南二洋，约有数等：大者曰马钱，为海马形；次约花边钱；又次曰十字钱。花边钱亦有大、小、中三等，大者重七钱有奇，中者重三钱有奇，小者重一钱有奇。又有刻做人面，或为全身，其背为宫室、器皿、禽兽、花草之类，环以番字。亦有两面皆为人形者，闽粤之人称为番银，或称为花边银，凡荷兰、弗朗机诸国商船所载，每以数千万圆计。

（清）席裕福、沈师徐辑：《皇朝政典类纂》卷68《钱币十一》，文海出版社，1982年，第251页。

二、城镇港口

修灵应祠记（康熙二十三年）

南海，广郡附郭邑也，所隶有佛山堡，距会城五十里，为上游地。连乡接畛，沃衍四达，漓郁之所经于其北，四方商贾之至粤者，率以是为归。河面广逾十寻，而舸舶之停泊者，鳞砌而蚁附。中流行舟之道至不盈数武。桡楫交击，争沸喧腾，声越四、五里，有为郡会之所不及者。沿岸而上，屋宇森覆，弥望莫极。其中若纵若横，为衢为街，几以千数。阛阓层列，百货山积，凡希觌之物，会城所未备者，无不取给于此。往来驿络，骈踵摩肩，廛肆居民，楹踰十万，虽曲遂之状无以过也。

道光《佛山忠义乡志》卷12《金石上》，《广州大典》第34辑第11册，第403-404页。

焦祈年《巡视澳门记》

雍正七年冬十二月，使者奉天子命巡视东粤。次年四月，至岭南而韶而肇。七月，而雷琼。十二月，将有事于澳门。澳门者，故广州之南鄙，明嘉靖中赐之番彝，以为藩篱者也。初二日，出永清门，登舟南行，遥岑远水，明秀逼人。两岸多沙田，潮汐所通也。过顺德县元戎镇之以防海者，海口数处，哨楼翼然，部典森森也。初六日，抵香山县，裨将守之，统于顺德镇者也。越日，陆行十余里，即入山口，层折登顿，盘边缘岭，俯视绝壑，为之凛然。前为平径山，乃万山之最高者，凌风绝顶，桃花盛开，遥望瀑布，飞流乱云，低压行人，曲折上下，如画图然。再前为驰马坡，下此则平原旷野，无复崎岖。初八日，至前山寨，都司守之，所以扼澳彝也。二十里至关闸，沙堤一线，蜿蜒数里，大海回环，夹辅左右，此南北之门户、华彝交界处矣。前行至濠镜澳，彝长率兵来迎。彝有黑白鬼二种，白贵而黑贱，蝟鬚雎结发，各种种帽三角，短衣五色不等，扣累累如贯珠。咸佩刃，鞾拖后齿，绷胫上。彝长六，译使一，迎使者入穹庐，坐以次，献技以鼓节之，有问则脱帽夹肘间以对。进澳城，入三巴寺，彝所崇礼也，极壮丽，楼可走马，洋琴铮铮，然有太古音。阅炮台，层级而上，三面环海，森茫无际，老万山当其南，两澳当其东西，九州岛当其东南，虎门当其东北。天清日朗，罗列水面，若明镜之点云鬓，而玉盘之浮青螺也。畴昔之岁，盗贼出没，岛屿不靖，今兹风恬波平，梯航万里，商贾不惊，盖我朝之明德远矣。澳北一山浮海中，曰青洲，与扬子之金焦相似，草木翁翳，有亭榭廊宇，土人指为鬼子园囿云。鬼子之居如蜂房蚁垤，可容二三万人，此地向为市舶交易之所。自有明来，彝人叨为已有，生聚日繁，而中原估客反僦屋而居焉。瞻瞩之顷，忽大声震动，天地海水为之簸扬，则鬼子演放大铳，以为致敬使者也。铳十二响，凡三匝，轰轰如雷霆不绝，使者乃返息公所，招彝长来，为之宣扬圣天子威灵，特命抚绥尔等，以昭柔远之意。其敬守此土，长享太平。译使前致辞为言，彝等久沾圣化，无可报，称愿率其丑伍永为外臣，乃北面稽首，欢跃而退。使者明日遂行。是役也，往返不过旬日，而山海之观，疆域之固，华彝之情，识与夫朝廷之德威皆于使者旌节中得之矣，是乌可以不记。

雍正《广东通志》卷62《艺文四》。

国朝孔毓珣陈澳门等事疏略，查西洋人附居广东之澳门历有年所，圣朝嘉其向风慕义之诚，所以包容覆育，俾得安居乐业，但种类日繁，惟资出洋贸易，若无以防范，恐逐利无厌，必致内诱奸猾，外引番夷，混淆错杂，渐滋多事。查澳门夷船旧有一十八只，又从外国买回七只，大小共二十五只，请将现在船只，令地方官编列字号，刊刻印烙，各给验票一张，将船户、舵工、水手及商贩夷人该营头目姓名俱逐一填注票内，出口之时，于沿海该管营汛验明挂号，申报督抚存案。如有夹带违禁货物，并将中国人偷载出洋者，一经查出，照通贼之例治罪。此夷舶二十五只题定之后，如有实在朽坏不堪修补者，报明该地方官，查验明白出具印甘，各结申报督抚准其补造，仍用原编字号。其西洋人头目遇有事故，由该国发来更换者，应听其更换，其无故前来之西洋人，一概不许容留居住。每年于夷船出口、入口之时，守口各官俱照票将各船人数姓名逐一验明通报，倘有将无故前来之人夹带入口及容留居住者，将守口各官并该管之地方文武各官照失察例议处，舵工、水手及头目人等俱照窝盗例治罪。

道光《广东通志》卷180《经政略二十三》。

《樟林游火帝歌》

第一有钱长发厂，铺户俱是绸缎行。
第二便是永兴街，米豆机行亦整齐。
第三就是西门外，厂名唤作古新街。
第四仙桥近涵头，亦有茶居在高楼。
第五便是洽兴街，洋货交易在外溪。
第六顺兴多洋行，亦有当铺共糖房。
第七广盛销海味，亦有扣舶共牵罾。
第八仙园四角街，酒坊药材亦整齐。
中股行去是马路，早市到来人万千。
……
积祖富贵亦叁少，发有洋船数十号。
陈姓发只号贞兴，一只庠发更才能。
杨姓一号叫和裕，洪姓万昌愈更兴。
许姓有只美书公，发有三号上威风，
一号叫做万合发，二号叫做万合隆，
三号叫做万合成。瓜册命爷更才能，
一号洋船叫福顺，二号洋船是大升。
余下船号说不完，唱出神事人知端。

林远辉编：《潮州古港樟林：资料与研究》，第427—428页。

薛馧《澳门记》

澳夷西洋族，自嘉靖三十年来此，岁输廛缗五百一十有五，孳育蕃息，迄今二百有余年矣。其户四百二十有奇，其丁口三千四百有奇。白主黑奴，内刺兵一百五十名。……其教号天主，其业惟市舶，慧者肆天宫术。为庙者八，曰三巴、曰咖斯兰、曰大庙、曰板樟、曰龙松、曰凤信、曰支粮、曰花王。附庙置狱，狱三重。薄罪圈拘，听礼拜庙即释。重则缚置炮口，击入海。为炮台者六：曰东望洋、曰咖斯兰、曰三巴、曰南湾、曰西望洋、曰娘妈阁。炮：铜具四十六，铁具三十；大者六十一，小者十有五。凡庙若炮台，独三巴为崇闳焉。

乾隆十年乙丑二月十四日，予（薛韫）以巡海至止，偕海防印同知光任、香山江令日暄登乃台。译人次理事官前导，而兵目领蕃卒，手布绣旗，肩鸟铳，一十二人排右。台方广可百亩，中有堂，西南指十字门。东望则九洲洋，如列星罗几研间，下即宋文天祥勤王经由之伶仃洋也；西望则三灶、黄杨诸山而北，折而上为崖山也。转而内瞩，洲屿参互，水有艨艟哨桨之次比，陆有亭障壁垒之相望，前山寨拊其背，虎门扼其吭，国家御内控外，大一统岂不伟哉！

《明清时期澳门问题档案文献汇编》第6册，第605-606页。

作为一个海口和边境重镇的广州，显然有很多华洋杂处的特色。欧洲各国在城外江边建立了一排他们的洋行。华丽的西式建筑上面悬挂着各国国旗，同对面中国建筑相映，增添了许多特殊风趣。货船到港的时候，这一带外国人熙熙攘攘，各穿着不同服装，操着不同语言，表面上使人看不出这块地方究竟是属于哪一国家的。

这些洋行附近，建立了一些存放从欧洲船上卸下来准备卖给中国的欧洲货物以及准备装船出口的中国货物的仓库。广州有一两条街的商店专门为供应外国人的货品，差不多每个商店的后边都住有人家。交易由代理店出面接洽，或由外国船员个人直接进行。大宗交易俱由代理店进行。个人交易中有时发生一些欺骗行为，但由代理店出面接洽的大宗交易都是十分规矩的。……

广州的出口货物包括许多项目，但茶叶为最大的一宗。欧洲其他国家的洋行加起来，他们购买茶叶的总数量过去大大超过英国一个行的购买量。根据东印度公司几位董事的调查，这些国家从中国购买了茶叶之后，其中绝大部分后来又偷运至英国出售。原因是英国议会对茶叶的进口税征收的过重，以致偷运私货能获更利。茶叶是偷运英国的主要私货。而且通过它还带进来其他项次要私货。

（英）斯当东：《英使谒见乾隆纪实》，叶笃义译，上海书店出版社，2005年，第479-480页。

澳门夷人生活

澳中彝目为西洋理事官，督理濠镜澳事务，通事一名，番书一名。文上县用呈，县行拘提则牌仰理事官。八十余年以来，澳彝安居乐业，生齿益蕃。

雍正八年册呈，彝人五百一十七名，彝奴六百六十三名，彝妇一千三百九十七口，彝婢九百九十口。岁输租银五百两，解司库。

彝地东北枕山，高建围墙；西南倚水为界，屋上架楼以居，设有炮台六座，拨番兵防守。

衣服内着紧身、窄袖、密钮，外被长阔裰。番帽名札标，以毡搥成，抽为三角，皂色，头披假发，然后戴之。脱帽拖脚扯手，是为行礼。

贵女贱男，生女则喜，女年及笄，父母与择偶，通知子女，如允从，女则解戒指以定。男媒闻于僧，僧访无故旧之亲，方准其匹配。至婚期，媒引男女至庙，僧即面问：你夫妇日后有无怨悔呢？均曰无之。僧诵经文，令媒引其齐至女家，设席以待，父母姊妹将女送到男家，亦设席，名曰交印。

奉天主教。凡父母殁，报于僧，僧即鸣钟以示遐升之义。先于庙内开穴置棺，延僧至舍，同亲朋送尸至庙，入棺盖定，以土掩之，诵经文，亲朋各散，子女回家闭门不出八日，不举火，不炊爨，亲朋送饮食。越八日，方往谢。服制三载，以衣青为孝服。

俗好施予，建寺独多枕近望厦村，故有东、西望洋寺，又有三巴寺、板障庙、支粮庙、风信庙、龙崧庙、花王庙、家司栏庙、飞来寺、医人寺、尼姑寺、望人寺、唐人寺、发疯寺，以上六寺，雍正八年理事官册内，未开存废，俟查。若崇闳瑰丽，惟三巴寺为最。

旧有提调、备倭、巡缉行署三所，今惟关部税署及议事亭，凡文武官至澳，坐议事亭上，彝目列坐进茶毕，有欲言则通事传之。

关闸上楼三间，岁久圮。康熙十二年知县申良翰重修，复于旁建官厅二间。

乾隆《香山县志》卷8《濠镜澳》。

张甄陶《上广督论制驭澳夷状》

——夷人寄寓澳门已逾百载，其国富饶伎巧，雄长诸番，凡各番国若瑞、若连、若英吉利、法兰西。字偏旁从口者，皆其属国，即天方国之支流余裔也。凡各番书信，由澳夷而关通。货物以澳夷为寄顿，制驭夷人。乃制驭各番舶之纲领，必须揣得其情，而后可以制其死命。现在澳夷奉法惟谨，别无他虑，惟是澳中民夷杂处，数盈二万，凡命盗斗殴之事，势所必有，民人有妨损于夷人者，地方官皆尽法处治，无少徇庇。至夷人之有害于民人者，夷目必多方抗匿，或云情甘回国不在澳居住，或欲登台燃炮以死抗拒，内地官司亦竭力尽法。至于断其贸易，禁其米谷，将兴大兵，酿大狱，然后途穷力尽，乃就法。其实皆澳中夷目妄意为之，以示自大，非该国夷王之意，并非澳内番夷之意也。

　　查洋夷自入澳以来，衣食所资，仰给于此。又取其羡利以归奉夷王，凡西洋船入澳税额较各番舶轻减倍蓰，该国视澳门为外府，澳夷断不敢抗颜干纪，舍澳地而去，而自取该国夷王之大戮，亦断无合澳夷人皆愿以身为齑粉，以袒一二不法夷人之理。凡其桀骜抗拒，皆以视吾法之必行与否耳？况澳中弹丸六里，此外海天相接，离该国一载程途何所凭依？公然抗拒必不然矣。……

　　——澳夷言语不通，必须通事传译。历来俱以在澳行商传宣言语，该商人之鼻息，两相浃洽，言语易从。后于设立同知，定议章程之时，内有将同知标兵拨出二名充为通事一条。商人即欲卸责地方，而标兵充当通事，既与澳夷不相谙熟，不能得澳夷要领，且人微言轻，反以启侮，更或侵渔生事，关系非轻，仍请照前用洋商通事，乃商人视为畏途，多方推诿，此件颇为驭夷枢要，用商人则夷人曲折，无不谙晓，用兵役则此辈无知，反视夷人为奇货，滋事作奸其弊无穷。况商人之当通事，犹民人之充地保，按年轮换，不过暂时答应，非有苦累，不可听其置身事外。盖澳夷惟利是知，别无瞻顾，商人服饰丽都，钱财充牣，可以取重于夷人，又平日夷人孰良孰莠，孰富孰贫，无不周知，断不宜骤易生手兵役致传译不通，事有窒碍。

　　——向来各番从无带人口入内地之例。近年乃有一二番舶，将妇女载入内地。经前制宪行司查议，许其寄搭澳门居住，回船仍载出口，盖恐番妇在行，民夷杂处，恐滋意外。澳门则夷人气类相通，别无嫌忌也。不知澳夷性情黠巧，与各番不同。凡澳夷与各番夷欲其离、不欲其合，何则凡关部之例，各番船俱由东莞虎门入口，即时赴关上税，每番舶一只上税二三万金不等，惟澳夷之舶则由十字门入口收泊澳门，并不向关上税，先将货搬入澳，自行抽收，以充番官、番兵俸饷；又有羡余则解回本国。至十三行商人赴澳承买，然后赴关上税，是所科乃商人之税，与澳夷无与。又则例甚轻，每一舶不过收税三四千金不等，故澳夷得住澳之后，震夸诸国，以澳门地图为宝。近年以来天主教不行，该国夷王不肯输财于澳，澳夷渐以困苦，所有题定洋船二十五只，多不能营运，现在惟有十余号而已，竟有将船照私赁吕宋夷舶，影射入澳，均分其利者，其迹甚秘，无可寻求，犹幸各番与澳夷不睦，尚未有勾通之路，且澳夷藐视诸番，不相款洽。今若听各番得以妇女入澳，则由寄顿而探视，由探视而亲熟，万一凿破混沌，将澳舶名号赁与各番，则澳门添数舶于税额不增，外蕃漏一舶则于税有缺，海关每舶少万余金之税，则澳夷辄增数万金之利，关系非小，请于现在洋舶回空之时，严谕以后不许携带妇女入口，万一仍有无知番人将妇女入口者，即责令行家看守，以洋行住一番妇，料无大事，不可听其寄顿澳门，以为交通捷径。

——澳门虽为地无几，然夷人入住多年，专以行教为事，其志实不在小，盖由该国有二王，一曰善世国王，系属僧身；一曰治世国王，系属民身。僧王气势在民王之上，专以行教为事，如闻中土奉教者众，则源源输财而至，澳中始得饶富。又夷人所有汞银，乃银矿水银合药煎炼而成，若得华人目睛则易于点化，凡入教之人将死，夷人必窃其睛以去。夷人诱人入教，非特异志，亦有所图也。澳中旧有唐人庙一所，唐人奉教者皆入庙礼拜，凡香山、顺德、新会、东莞、南海、番禺沿海嗜利之徒，多入其教。至乾隆九年，香山令张汝霖始详请将庙封闭，大费心力，始克成事。此后，各处奉教民人始不敢至唐人庙礼拜。然闻尚有竟至三巴寺礼拜者，此为禁戢夷人之根柢。但其教不行，则气势自然衰止，仍请饬下沿海各附近澳门州县，每年将不许阴行奉教，及偷至三巴寺礼拜事由，禁谕一次，其礼拜之期在冬至前后，仍饬澳门同知严紧稽查，但邪教永永不行，则此等夷人久之又久，亦与内地耕凿之民，同安无事矣。

（清）贺长龄辑：《皇朝经世文编》卷83《兵政十四》，第2982-2985页。

澳门形势

澳门外接重洋，内连省会，由越南及廉琼海道来者，必经其地，是为粤省西路咽喉。其北关闸，可通前山寨城，与省城陆路相接。

轮船：大轮船可到，停泊口外。潮长时，亦能进口。

商船、渔船：商船十余号，渡船二十余号，大小渔船数百号。

……国朝以来，外国商船至广东贸易卸货之后，悉回澳门驻冬。由是诸番辐凑，廛肆益盛。嘉庆十三年七月，英吉利兵船九只来泊鸡颈头洋面，以兵三百名登岸，分占澳门东西炮台，数月始去。遂为葡人沿住至今。道光二十一年，英人乞香港建立码头，外洋商船皆至香港停泊，澳门商务遂移，渐形贫弱。

（清）张之洞：《广东海图说·澳门》，《广州大典》第34辑第29册，第355页。

香港开埠

【两广总督耆英等奏请准令各国夷商赴澳贸易或在澳租贮货以系澳夷之心而分香港之势片】再，查上年西洋夷目所请九款内，有准令各国商船赴澳门一体贸易一款，业经臣等查与旧制不符，议驳在案。兹臣耆英抵澳，复据夷目唛黎哆禀称，伊等旧有额船二十五只，赴小吕宋、哥斯达等处往来贸易，其各国夷商定例赴黄埔进口卸货，仍准在澳租房寄租，伊等既有船只可以贩运，又有房屋可以收租，澳内数千人藉资养赡。乃近年以来，额船破坏六只，不能修整，仅剩十九只，又因英夷迁居香港，澳门房屋多有空闲，以致生计日形拮据。伊等虽系外国之人，但自前明以来，多系在澳生长，计傲居十余世至数世不等，实已无家可归，惟赖天朝施恩调剂，方免流离失所。现蒙大皇帝准与各国一体赴五口通商，本属格外体恤，无如伊等于修船置货均乏资本，实在无力前往，此外亦不敢妄有干请，惟求恩准各国来澳贸易，伊等或可藉收房租，得沾余利，于海关课税，亦可按例征收，并无窒碍。等语。臣耆英复饬藩司黄恩彤、即选道潘仕成转饬驻澳县丞张裕密加侦访，所禀均系实在情形。

臣等复查，澳门系粤海关分设口岸，收税旧例本与大关不同，是以各国商船不准赴澳卸货。现经议定新例，各口一体输将，所有澳门收税旧章，俱已奏明停止，是各国商船或进黄埔，或赴澳门，均由海关按新例计货抽税，办理本无窒碍。且香港为番舶经过之所，概不准其赴澳停泊，则英夷转属得计，数年以后，必至澳门日益贫难，而香港渐形殷庶，似于控制转失机宜。况澳夷傲居已久，无家可归，而贸易之外又别无生计可图，倘不酌予调剂，竟致数千人糊口无资，亦非柔远安边之道。臣等与粤海关监督臣文丰公同商酌，拟请嗣后如有各国夷商情愿赴澳门贸易，或租房囤贮货物者，均勿庸禁止，不愿赴澳者，亦听其便，所有收纳税钞章程，均照新例办理。如此量为变通，既可以击澳夷之心，并可以分香港之势，于夷务似有裨益，而税课并无出入。（道光二十四年八月初六日）。

《香山明清档案辑录》，第792页。

广州沙面

大清头品顶戴兵部尚书兼都察院右部御史总督广东广西等处地方提督军务兼理粮饷劳（崇光）为大英钦命管理本国通商事物驻广州领事馆哈里·帕克斯同立约据永租地基事：照得向来大英国在粤东经商，因昔年所租地基不敷商民建筑房屋之用，现查粤东省城外西关地方，有地一段名为沙面，丈量共计两百六十四亩，即照英国量地之式共计四十四埃格相同，全系官地，今经本部代大清国议将此租给大英国官宪永为大英国随意使用，既以此约为租给议定之据，由大英国每年以铜钱纳租，每亩按一千五百文核算，自立约之日起，先交一年租钱，嗣后每满一年照数续交，如不缺少租钱，大清国均不能在此地内执掌地方、收受饷项，以及经理一切事宜，如此地大英国随意使用、应用，并无阻止等事，即由大英国按年将新定租钱共计三百九十六千文按期交足，断不缺少。

为此，同立约据两纸，各执一纸为据，须至约者。

咸丰十一年七月二十九日，耶苏一千八百六十一年九月三日。

钟俊鸣主编：《沙面》，广东人民出版社，1999年，第24页。

澳门闱姓

光绪八年，李燕伯刺史以澳门葡萄牙情形上书当道云，窃以欧罗巴之通商于粤也，始于前明，而国则自葡萄牙始，地则自澳门始。《明史》称澳为濠镜，葡夷居澳，自称大西洋……迨英夷得地香港，以澳门海有横沙，巨舶往来，非潮不便。凡外夷通商之船，遂弃澳门聚香港，澳门因而廛市萧条，其土著由明至今历四百年，已与华人无异，特其衣冠未改耳。于其国无田园室家之恋，欲归未能，于澳无农工商贾之业，其贫殊甚。即其国遣官驻此，无利可图，亦欲弃澳归去。林文忠公督粤，曾请以高廉道驻澳门，果如其请直可以改土归流治之。后闱姓内禁，而闱姓遂移于澳门。澳夷岁纳其规数十万，奸民嗜利，举凡触网犯禁之事，见移之澳，而官遂无如何也。于是咸恃澳为逋逃薮，日轻官而敢于藐法。举凡奸淫邪盗之事，悉萃于澳，澳夷悉倚以为利，岁收摊规，白鸽票规又十数万，其他贩私土、私盐、私硝、私矿、火药、洋枪者，各纳其规，合之又三数十万，澳门纵横不及二十里，致澳夷岁收百万之利，积年计之，其蠹我粤省民财非少矣。而又因我之利厚我之毒，于是添设水师理事等官，添置水陆绿衣等兵。同治十一年则令我厘厂由拱北湾而移马留洲矣。光绪二年又从妈阁而自分洋界矣。近且包庇奸民走私，或该夷自行走私，漏我厘税，不容过问矣。修炮台、置兵船，实有夜郎自大之势，则闱姓之利启之也。是知中外交涉之地，举凡我所欲禁而不能，必外夷之不相梗者，不若姑徐徐而阴弭之，毋使奸民铤而走险，毋使外夷因而得间，国体所关，民心所系……方今各国通商悉有和约，惟葡不与，由其弱小本甚，近闻澳夷兵头欲入京师，乞同英法一体立和约，立领事，虽不至竟如所请，而其狡狯宜防，是即声罪致讨，令其还我租界，拆其洋楼，驱其族类，该国主仅足自存，断不能集三五万兵，筹百数万饷，从数万里外来，与我争此弹丸无益之地，不特澳夷为然，即通商各国富民多半来华贸易，蓄资财、拥妻子、盖洋楼、造花园，大有聚国族斯之意，惟恐一国失和，肇起兵端，将各国生意皆为之累，此又各国之情势也。是即葡夷国本富强，力与我争兵端一结，自有他国居间于中，仍归和好，况葡夷万万不能至此乎。

（清）金武祥：《粟香三笔》卷3，《续修四库全书》子部第1183册，第546—549页。

佛山商民

道光间,英人入我广州,谋国不善,割大屿岛以和,即今之香港也。自是海舶集于是岛。又五口分设商埠,非粤货不到广州。咸丰庚申以后,各国纷请立约,洋货充斥我国,商务愈不可问。而佛山先承其弊。从前通津利步各街近海,行店多至二百余家,铺尾通海深二三十丈不等,今皆闭歇。夫彼既以通商来,我当以通商往,彼能来我不能往,非策也。忧时之士于是有商战之议,其策三:一曰振兴土货,二曰师彼之长,力图抵制,三曰视彼我之所缺,权其缓急以为操纵。或输之使往焉,或辇之使来焉。商战之善者也,而必以人才为根本。我粤世长海滨,开通最早,其营业各洲,连拥大埠,富敌彼国者不乏其人,如伍敦元、近人胡琼、陆佑之属。即以吾镇而论,冼恩球、冼耀南伯侄世为越南客卿,名驰海外。梁定荣、陈善性生际时艰,发愤救国。于商战诸策实能兼综靡遗,造就人才,自其家始,略著明效矣。论者以历年河道淤浅,途有戒心,土货且不振,焉能与各国争逐。然而飞舶腾于九霄,铁轨周乎万里,电线达于五洲,其机关多在佛山。会垣设治河处,讲求水法,次第推行,交通利便,指日可待,安在今不古?若近者简氏兄弟创设南洋烟草公司,虽以英美之富,不能挽夺。又助巨资立琼崖实业公司,志在振兴土货。大基头赵氏在沪设轮船公司,洋舶不能专利,亦抵制之一部。竹栏阮氏在暹罗、越南分设米埠,粤地民食赖以接济。广茂泰招氏收东三省黄豆,岁输外洋千数百万,为各国食品一大宗,见李盛铎豆腐公司,金山、秘鲁、吧拿马、檀香山设栈收吸外货,出口茶、丝亦多。视彼我之所缺,权其缓急,以为操纵者,此也。此三策之已行者也。

民国《佛山忠义乡志》卷14《人物志八》。

汕头商埠

汕头商埠西北约二十英里,有村曰沙连,现有制鸦片烟厂一所,其所制之烟,与印度无异。其司理人曾在香港某洋行充当管事,又曾至槟榔屿习得此法,不用机器,以大铁镬纳内地鸦片煮之,和以药物杂质,味浓气烈。既成丸之,约重六磅,包以白罂粟叶,一切皆以女人为之。西人往求其制法,秘不与。此人本拟回华后禀官专利,恐胥吏兹扰,故只小试其法,而西人则颇惧其夺印烟之利云。

彭泽益:《中国近代手工业史资料(1840-1949)》第2卷,第401页。

贸易中心的广州：一七〇二年的"皇商"

十七世纪末叶，由于厦门、宁波等其他口岸所加苛重而漫无限制的勒索，中国的对外贸易已大半被吸引到广州去了。

（美）马士：《中华帝国对外关系史》第1卷，第68页。

濠镜澳南有四山离立，海水纵横贯其中，成十字曰十字门，今合称澳门，或曰澳有南台、北台两山，相对如门，今西洋意大里亚夷人俄居环以海，惟一径达前山，故前山为扼吭地。

道光《广东通志》卷125《建置略一》。

香港崛起

查香港一荒岛也，英人经营四十年而市廛喧嚣，人烟稠密，一榻之地，月租数金，诘其何由？免税而已。货在西洋值十金者，香港只值五金，且有不及五金者。盖西洋各国之内，税敛繁苛，而香港皆无之。且中国各省出洋之货，昔年皆聚广东，而广东工艺制造极精，出洋之货尤多。澳门为明代以来洋商贸易之场，是以广州、澳门皆为洋商聚集之地。自香港设埠，广东百货皆聚于斯，洋商遂亦乐居其地。西人之在中国者，近年统计不及七千人，而香港则居十之六焉。

《明清时期澳门问题档案文献汇编》第6册，第686页。

参考文献

本书征引广东方志除特别标明外，均为《广东历代方志集成》所收版本，岭南美术出版社，2007年至2009。

1. （清）曾七如. 南山点校. 小豆棚. 武汉：荆楚书社，1989.
2. （清）陈康祺. 晋石点校. 郎潜纪闻初笔. 北京：北京：中华书局，1984.
3. （清）陈澧. 东塾集. //陈建华. 广州大典. 广州：广州出版社，2015.
4. （清）杜臻. 粤闽巡视纪略. 台北：文海出版社，1983.
5. （清）方东树. 考槃集文录//纪宝成. 清代诗文集汇编. 上海：上海古籍出版社，2010.
6. （清）关涵，等，黄国声点校. 岭南随笔（外五种）. 广州：广东人民出版社，2015.
7. （清）贺长龄. 皇朝经世文编. 台北：文海出版社，1972.
8. （清）蓝鼎元. 鹿洲初集. 台北：文海出版社，1977.
9. （清）乐钧. 青芝山馆诗集//纪宝成. 清代诗文集汇编. 上海：上海古籍出版社，2010.
10. （清）李士桢. 抚粤政略. 台北：文海出版社，1988.
11. （清）李调元. 南越笔记. 北京：中华书局，1985.
12. （清）梁松年. 心远小榭文集//广州大典. 广州：广州出版社，2015.
13. （清）梁廷枏. 粤道贡国说. 北京：中华书局，1993.
14. （清）梁廷枏，袁钟仁点校. 粤海关志. 广州：广东人民出版社，2014.
15. （清）凌扬藻. 蠡勺编. 北京：中华书局，1985.
16. （清）刘锦藻. 清朝续文献通考. 杭州：浙江古籍出版社，2000.

17．（清）刘子芬．竹园陶说//中华美术丛书：20册．北京：北京古籍出版社，1998．

18．（清）卢坤，等修，（清）陈鸿墀，等．广东海防汇览//陈建华．广州大典．广州：广州出版社，2015．

19．（清）罗天尺．罗瘿晕集//罗云山．广东文献．南京：江苏广陵古籍刻印社，1994．

20．（清）罗天尺，等，林子雄点校．清代广东笔记五种．广州：广东人民出版社，2006．

21．（清）穆彰阿，潘锡恩，等．大清一统志//顾廷龙．续修四库全书．上海古籍出版社，2002．

22．（清）那彦成．那文毅公奏议//顾廷龙．续修四库全书．上海古籍出版社，2002．

23．（清）钱仪吉．碑传集．北京：中华书局，1993．

24．（清）屈大均．广东新语．北京：中华书局，1985．

25．（清）王庆云．石渠余纪．北京：北京古籍出版社，1985．

26．（清）王韬．弢园文录外编．上海：上海书店出版社，2002．

27．（清）王之春．国朝柔远记//四库未收书辑刊．北京：北京出版社，2000．

28．（清）席裕福，沈师徐．皇朝政典类纂．台北：文海出版社，1982．

29．（清）魏源．海国图志．郑州：中州古籍出版社，1999．

30．（清）文庆，等．筹办夷务始末（道光）．上海：上海古籍出版社，2008．

31．（清）吴震方．岭南杂记．北京：中华书局，1985．

32．（清）夏燮．中西纪事．台北：文海出版社，1967．

33．（清）谢元淮．养默山房诗稿//顾廷龙．续修四库全书．上海古籍出版社，2002．

34．（清）佚名．夷艘入寇记//陈建华．广州大典．广州：广州出版社，2015．

35．（清）佚名．粤东例案//陈建华．广州大典．广州：广州出版社，2015．

36．（清）印光任，张汝霖著，赵春晨点校．澳门记略．广东高等教育出版社，1988．

37．（清）俞讷居士．咄闻录．//顾廷龙．续修四库全书．上海古籍出版社，2002．

38. （清）张之洞. 广东海图说//陈建华. 广州大典. 广州：广州出版社，2015.
39. （清）赵光. 赵文恪公（退庵）自定年谱. 台北：文海出版社，1970.
40. （清）赵翼. 檐曝杂记. //顾廷龙. 续修四库全书. 上海古籍出版社，2002.
41. （清）朱枟. 粤东成案初编//陈建华. 广州大典. 广州：广州出版社，2015.
42. （法）李明. 中国近事报道（1678-1692）. 郭强，等译，大象出版社，2004.
43. （法）伊凡. 广州城内：法国公使随员1840年代广州见闻录. 张小贵、杨向艳译，广东人民出版社，2008.
44. （美）菲利普·查德威克·福斯特·史密斯. 中国皇后号. 广州：广州出版社，2007.
45. （美）泰勒·丹涅特. 美国人在东亚. 姚曾廙译. 北京：商务印书馆，1959.
46. （美）马士. 东印度公司对华贸易编年史. 区宗华译. 广州：中山大学出版社，1991.
47. （美）马士. 中华帝国对外关系史. 张汇文，等译. 上海：上海书店出版社，2006.
48. （美）威廉·C. 亨特. 广州番鬼录·旧中国杂记. 冯树铁，沈正邦译. 广州：广东人民出版社，2009.
49. （英）艾莉莎·马礼逊. 马礼逊回忆录. 杨慧玲，等译. 郑州：大象出版社，2008.
50. （英）斯当东. 英使谒见乾隆纪实. 叶笃义译. 上海：上海书店出版社，2005.
51. 澳门专档. 台北："中央研究院"近代史研究所编印，1996.
52. 宫中档乾隆朝奏折. 台北：台北故宫博物院，1985.
53. 陈永正. 中国古代海上丝绸之路诗选. 广州：广东旅游出版社，2001.
54. 明清史料丙编. 台北：台北"中央研究院"历史语言研究所，1999.
55. 钦定大清会典则例//文津阁四库全书. 北京：商务印书馆，2005.
56. 清朝通典. 杭州：浙江古籍出版社，2000.
57. 清朝文献通考. 杭州：浙江古籍出版社，2000.
58. 清实录. 北京：中华书局，1985-1986.
59. 中国第一历史档案馆. 明清宫藏中西商贸档案. 北京：中国档案出版

社，2010．

60．世祖章皇帝圣训//文津阁四库全书．北京：商务印书馆，2005．

61．北平故宫博物院编．清代外交史料．1932．

62．陈翰笙．华工出国史料汇编．北京：中华书局，1981．

63．陈建华．广州市文物普查汇编．广州：广州出版社，2006．

64．东莞市文化广电新闻出版局编．东莞历代碑刻选集．上海：上海古籍出版社，2014．

65．故宫博物院．史料旬刊．北京：北京图书馆出版社，2008．

66．顾廷龙，戴逸．李鸿章全集．合肥：安徽教育出版社，2008．

67．广东省社会科学院历史研究所，等．明清佛山碑刻文献经济资料．广州：广东人民出版社，1987．

68．广州市委宣传部，广州市文化局．广州文化遗产：海上丝绸之路文献辑要卷．北京：文物出版社，2008．

69．蒋廷黻．筹办夷务始末补遗（道光）．北京：北京大学出版社，1988．

70．梁嘉彬．广东十三行考．广州：广东人民出版社，1999．

71．梁小进．郭嵩焘全集．长沙：岳麓书社，2012．

72．林远辉．潮州古港樟林：资料与研究．北京：中国华侨出版社，2002．

73．林则徐全集编辑委员会．林则徐全集．福州：海峡文艺出版社，2002．

74．刘芳．葡萄牙东波塔档案馆藏清代澳门中文档案汇编．澳门基金会，1999．

75．刘志伟，陈玉环．叶名琛档案：清代两广总督衙门残牍．广州：广东人民出版社，2012．

76．聂宝璋．中国近代航运史资料．上海：上海人民出版社，1983．

77．潘刚儿，黄启臣等．潘同文（孚）行．广州：华南理工大学出版社，2006．

78．彭泽益．中国近代手工业史资料（1840-1949）．北京：生活·读书·新知三联书店，1957．

79．中国第一历史档案馆，广州市黄埔区人民政府．明清皇宫黄埔秘档图鉴．广州：暨南大学出版社，2006．

80．上海书店出版社．清代档案史料选编．上海：上海书店出版社，2010．

81．谭棣华，曹腾，冼剑民．广东碑刻集．广州：广东高等教育出版社，2001．

82．汤开建，吴志良．《澳门宪报》中文资料辑录（1850-1911）．澳门基金会，2002．

83. 吴晗. 朝鲜李朝实录中的中国史料. 北京：中华书局，1980.

84. 伍宇星. 19世纪俄国人笔下的广州. 郑州：大象出版社，2011.

85. 夏东元. 郑观应集. 上海：上海人民出版社，1982.

86. 徐世昌. 晚晴簃诗汇. 北京：世界书局，1989.

87. 许地山. 达衷集. 台北：文海出版社，1974.

88. 严中，等. 中国近代经济史统计资料选辑. 北京：科学出版社，2016.

89. 杨继波，等. 明清时期澳门问题档案文献汇编. 北京：人民出版社，1999.

90. 姚贤镐. 中国近代对外贸易史资料（1840—1895）. 北京：科学出版社，2016.

91. 苑书义，等. 张之洞全集. 石家庄：河北人民出版社，1998.

92. 赵德馨. 张之洞全集. 武汉：武汉出版社，2008.

93. 中国第二历史档案馆，中国海关总署办公厅. 中国旧海关史料：1859-1948. 北京：京华出版社，2001.

94. 中国第一历史档案馆、广州市荔湾区档案馆. 清宫广州十三行档案精选. 广州：广东经济出版社，2002.

95. 中国第一历史档案馆. 清中前期西洋天主教在华活动档案史料. 北京：中华书局，2003.

96. 中国第一历史档案馆. 鸦片战争档案史料. 天津：天津古籍出版社，1992.

97. 中国第一历史档案馆. 英使马戛尔尼访华档案史料汇编. 北京：国际文化出版公司，1996.

98. 中国第一历史档案馆. 清宫粤港澳商贸档案全集. 北京：中国书店，2002.

99. 中国史学会主. 鸦片战争. 上海：上海人民出版社，1957.

100. 中山市档案局（馆），中国第一历史档案馆. 香山明清档案辑录. 上海：上海古籍出版社，2006.

后记

2000年以来，我有幸参与了我的硕士导师黄启臣教授主持的广东省人民政府参事室和省文史馆等联合发起的重大社科研究课题"广东海上丝绸之路史"，后又受我的博士导师杨国桢教授之命，参与了他主持的教育部重大攻关社科项目"中国海洋文明史研究"。在两位恩师的不断点拨下，我对海上丝绸之路和海洋史学的认识有了提高。

本资料选集是应广东省人民政府参事室（文史研究馆）和广东省珠江文化研究会主持的"广东海上丝绸之路"资料篇的内容之一部分。近年来，上述两个单位响应国家"一带一路"的战略号召，致力于海上丝绸之路的历史与现实研究，已经组织专家学者完成了"海上丝绸之路研究书系（星座篇）"的计划，于2015年正式出版，本人承担了《徐闻古港——海上丝绸之路第一港》的任务。

本资料集是上述两个单位主持的"广东海上丝绸之路"研究的另一书系。说实话，资料选集的编纂是一件出力不讨好的工作，一方面是随着当下电子资讯的普及，大量的图书资料可以借助网络进行阅读；另一方面对汗牛充栋的清代资料进行选编，不同的人有不同的标准。但即便如此，我仍然认为这一工作是相当重要，而且很值得为之花费心力去做。因为这样做的简单目的就是，既可以为不是专业的读者提供一个较好了解广东海上丝绸之路资料的路径，也可以为专业学者查阅资料搭一个框架。

本资料集受书名限制，即仅与清代广东海上丝绸之路相关的资料。在选择资料时，因考虑到不同的读者群，所以既对专业学者常引用的资料加以收录，也尽量放宽视野选择更多的新资料。我们在选择史料时，不仅对政书、档案、地方志、笔记、文集、报刊、碑刻，以及外国人的著述等不同文献进行参阅，而且也尽量考虑历史时期资料选择的平衡。在繁重的教学与科研工作中，仅凭个人的力量无法完成这一工作。为此，我发动在读的研究生先阅读相关书籍，并通过互联网查阅下载相关资料，最后由我和钱源初同学通读、定稿，然后再到图书馆核对纸本文献。在此，向参与此项工作的所有研究生表示感谢！需要说明的是，本资料集有时出现同一部文献征引自不同版本的现象，之所以没有完全统一，也是为了显示版本众多，从而为读者今后查阅原始资料提供线索。

最后，要特别感谢陈鸿钧先生对本书稿的审阅，提出了许多建设性意见。但由于时间紧迫，无法一一改正。广东经济出版社周晶女士对本书的出版付出了辛勤的劳动，在此表示感谢！

刘正刚
2017年9月10日
暨南大学文学院大楼306室